■令和６年３月29日現在

労働安全衛生規則 実務便覧

労働調査会 編

労働調査会

序

労働安全衛生規則は、職場における労働者の安全と健康を確保することを目的とした労働安全衛生法に基づく労働省令として、昭和四七年九月に制定された。同規則は、安全衛生管理体制、労働者の危険又は健康障害の防止、労働者の健康管理、快適な職場環境の形成などに関し事業者が講ずべき措置の具体的内容を中心に規定しているものであるが、その内容は逐次充実されてきたところである。

本書は、令和六年三月二九日までの改正を盛り込んだ最新の労働安全衛生規則を編集したものである。

労働災害を未然に防止し、職場の安全衛生水準の維持向上を図るためには、職場における自主的な安全衛生活動の活発化が重要である。本書が労使をはじめ関係者の方々に広く活用され、労働災害の防止に役立つところがあれば幸いである。

令和六年七月

編　者

凡例

一　労働安全衛生規則の全条文を**令和六年三月二九日現在**で完全収録するとともに、各頁の上段には条文ごとに見出しを付した。

目次

労働安全衛生規則

制定　昭和四七・九・三〇　労働省令第三二号
最終改正　令和六・三・一八　厚生労働省令第四五号

第一編　通則

第一章　総則

共同企業体の代表者の選定届

（共同企業体）

第一条　労働安全衛生法（以下「法」という。）第五条第一項の規定による代表者の選定は、出資の割合その他工事施行に当たつての責任の程度を考慮して行なわなければならない。

2　法第五条第一項の規定による届出をしようとする者は、当該届出に係る仕事の開始の日の十四日前までに、様式第一号による届書を、当該仕事が行われる場所を管轄する都道府県労働局長に提出しなければならない。

3　法第五条第三項の規定による届出をしようとする者は、代表者の変更があつた後、遅滞なく、様式第一号による届書を前項の都道府県労働局長に提出しなければならない。

4　前二項の規定による届書の提出は、当該仕事が行なわれる場所を管轄する労働基準監督署長を経由して行なうものとする。

第二章　安全衛生管理体制

第一節　総括安全衛生管理者

総括安全衛生管理者の選任

（総括安全衛生管理者の選任）

第二条　法第十条第一項の規定による総括安全衛生管理者の選任は、総括安全衛生管理者を選任すべき事由が発生した日から十四日以内に行なわなければならない。

2　事業者は、総括安全衛生管理者を選任したときは、遅滞なく、様式第三号による報告書を、当該事業場の所在地を管轄する労働基準監督署長（以下「所轄労働基準監督署長」という。）に提出しなければならない。

※**〔編注〕**本条第二項は、令六省令第四五号により次のとおり改正され、令和七年一月一日から施行される。

2　事業者は、総括安全衛生管理者を選任したときは、遅滞なく、情報通信技術を活用した行政の推進等に関する法律（平成十四年法律第百五十一号）第六条第一項に規定する電子情報処理組織（以下「電子情報処理組織」という。）を使用して、次に掲げる事項を、当該事業場の所在地を管轄する労働基準監督署長（以下「所轄労働基準監督署長」という。）に報告しなければならない。

一　労働保険番号
二　事業の種類並びに事業場の名称、所在地及び電話番号
三　常時使用する労働者の数
四　総括安全衛生管理者の氏名、生年月日及び選任年月日
五　総括安全衛生管理者の経歴の概要
六　前任者がいる場合はその氏名及び辞任、解任等の年月日
七　初めて総括安全衛生管理者を選任した場合はその旨
八　報告年月日及び事業者の職氏名

総括安全衛生管理者の代理者

（総括安全衛生管理者の代理者）

第三条　事業者は、総括安全衛生管理者が旅行、疾病、事故その他やむを得ない事由によつて職務を行なうことができないときは、代理者を選任しなければならない。

総括安全衛生管理者が統括管理する業務

（総括安全衛生管理者が統括管理する業務）

第三条の二　法第十条第一項第五号の厚生労働省令で定める業務は、次のとおりとする。

一　安全衛生に関する方針の表明に関すること。
二　法第二十八条の二第一項又は第五十七条の三第一項及び第二項の危険性又は有害性等の調査及びその結果に基づき講ずる措置に関すること。
三　安全衛生に関する計画の作成、実施、評価及び改善に関すること。

第二節　安全管理者

安全管理者の選任

（安全管理者の選任）

第四条　法第十一条第一項の規定による安全管理者の選任は、次に定めるところにより行わなければならない。

一　安全管理者を選任すべき事由が発生した日から十四日以内に選任すること。

二　その事業場に専属の者を選任すること。ただし、二人以上の安全管理者を選任する場合において、当該安全管理者の中に次条第二号に掲げる者がいるときは、当該者のうち一人については、この限りでない。

三　化学設備（労働安全衛生法施行令（以下「令」という。）第九条の三第一号に掲げる化学設備をいう。以下同じ。）のうち、発熱反応が行われる反応器等異常化学反応又はこれに類する異常な事態により爆発、火災等を生ずるおそれのあるもの（配管を除く。以下「特殊化学設備」という。）を設置する事業場であつて、当該事業場の所在地を管轄する都道府県労働局長（以下「所轄都道府県労働局長」という。）が指定するもの（以下「指定事業場」という。）にあつては、当該都道府県労働局長が指定する生産施設の単位について、操業中、常時、法第十条第一項各号の業務のうち安全に係る技術的事項を管理するのに必要な数の安全管理者を選任すること。

四　次の表の中欄に掲げる業種に応じて、常時同表の下欄に掲げる数以上の労働者を使用する事業場にあつては、その事業場全体について法第十条第一項各号の業務のうち安全に係る技術的事項を管理する安全管理者のうち少なくとも一人を専任の安全管理者とすること。ただし、同表四の項の業種にあつては、過去三年間の労働災害による休業一日以上の死傷者数の合計が百人を超える事業場に限る。

一	建設業 有機化学工業製品製造業 石油製品製造業	三百人
二	無機化学工業製品製造業 化学肥料製造業 道路貨物運送業 港湾運送業	五百人
三	紙・パルプ製造業 鉄鋼業 造船業	千人
四	令第二条第一号及び第二号に掲げる業種（一の項から三の項までに掲げる業種を除く。）	二千人

2　第二条第二項及び第三条の規定は、安全管理者について準用する。

※【編注】本条第二項は、令六省令第四五号により次のとおり改正されるとともに、第三項が追

加され、令和七年一月一日から施行される。

2　第三条の規定は、安全管理者について準用する。

3　事業者は、安全管理者を選任したときは、遅滞なく、電子情報処理組織を使用して、次に掲げる事項を、次条第一号の研修その他所定の研修を修了した者であることにつき証明することができる電磁的記録（電子的方式、磁気的方式その他人の知覚によつては認識することができない方式で作られる記録であつて、電子計算機による情報処理の用に供されるものをいう。以下同じ。）等必要な電磁的記録を添えて、所轄労働基準監督署長に報告しなければならない。

一　第二条第二項第一号から第三号まで及び第八号に掲げる事項
二　安全管理者の氏名、生年月日及び選任年月日
三　安全管理者の経歴の概要
四　安全管理者の担当する職務の内容（複数の安全管理者を選任した場合にあつては当該安全管理者ごとに担当する職務の内容）
五　専属であるか否かの別及び他の事業場に勤務している場合はその事業場の名称
六　専任であるか否かの別及び他の業務を兼務している場合はその業務の内容
七　前任者がいる場合はその氏名及び辞任、解任等の年月日
八　指定事業場である場合はその旨
九　初めて安全管理者を選任した場合はその旨

安全管理者の資格

（安全管理者の資格）

第五条　法第十一条第一項の厚生労働省令で定める資格を有する者は、次のとおりとする。

一　次のいずれかに該当する者で、法第十条第一項各号の業務のうち安全に係る技術的事項を管理するのに必要な知識についての研修であつて厚生労働大臣が定めるものを修了したもの

イ　学校教育法（昭和二十二年法律第二十六号）による大学（旧大学令（大正七年勅令第

三百八十八号）による大学を含む。以下同じ。）又は高等専門学校（旧専門学校令（明治三十六年勅令第六十一号）による専門学校を含む。以下同じ。）における理科系統の正規の課程を修めて卒業した者（独立行政法人大学改革支援・学位授与機構（以下「大学改革支援・学位授与機構」という。）により学士の学位を授与された者（当該課程を修めた者に限る。）若しくはこれと同等以上の学力を有すると認められる者又は当該課程を修めて同法による専門職大学の前期課程（以下「専門職大学前期課程」という。）を修了した者を含む。第十八条の四第一号において同じ。）で、その後二年以上産業安全の実務に従事した経験を有するもの

ロ　学校教育法による高等学校（旧中等学校令（昭和十八年勅令第三十六号）による中等学校を含む。以下同じ。）又は中等教育学校において理科系統の正規の学科を修めて卒業した者で、その後四年以上産業安全の実務に従事した経験を有するもの

二　労働安全コンサルタント

三　前二号に掲げる者のほか、厚生労働大臣が定める者

安全管理者の巡視及び権限の付与

（安全管理者の巡視及び権限の付与）

第六条　安全管理者は、作業場等を巡視し、設備、作業方法等に危険のおそれがあるときは、直ちに、その危険を防止するため必要な措置を講じなければならない。

2　事業者は、安全管理者に対し、安全に関する措置をなし得る権限を与えなければならない。

第三節　衛生管理者

ばならない。

衛生管理者の選任

第七条　法第十二条第一項の規定による衛生管理者の選任は、次に定めるところにより行わなければならない。

一　衛生管理者を選任すべき事由が発生した日から十四日以内に選任すること。

二　その事業場に専属の者を選任すること。ただし、二人以上の衛生管理者を選任する場合において、当該衛生管理者の中に第十条第三号に掲げる者がいるときは、当該者のうち一人については、この限りでない。

三　次に掲げる業種の区分に応じ、それぞれに掲げる者のうちから選任すること。

イ　農林畜水産業、鉱業、建設業、製造業（物の加工業を含む。）、電気業、ガス業、水道業、熱供給業、運送業、自動車整備業、機械修理業、医療業及び清掃業　第一種衛生管理者免許若しくは衛生工学衛生管理者免許を有する者又は第十条各号に掲げる者

ロ　その他の業種　第一種衛生管理者免許、第二種衛生管理者免許若しくは衛生工学衛生管理者免許を有する者又は第十条各号に掲げる者

四　次の表の上欄に掲げる事業場の規模に応じて、同表の下欄に掲げる数以上の衛生管理者を選任すること

事業場の規模（常時使用する労働者数）	衛生管理者数
五十人以上二百人以下	一人
二百人を超え五百人以下	二人

五百人を超え千人以下	三人
千人を超え二千人以下	四人
二千人を超え三千人以下	五人
三千人を超える場合	六人

五　次に掲げる事業場にあつては、衛生管理者のうち少なくとも一人を専任の衛生管理者とすること。
イ　常時千人を超える労働者を使用する事業場
ロ　常時五百人を超える労働者を使用する事業場で、坑内労働又は労働基準法施行規則（昭和二十二年厚生省令第二十三号）第十八条各号に掲げる業務に常時三十人以上の労働者を従事させるもの
六　常時五百人を超える労働者を使用する事業場で、坑内労働又は労働基準法施行規則第十八条第一号、第三号から第五号まで若しくは第九号に掲げる業務に常時三十人以上の労働者を従事させるものにあつては、衛生管理者のうち一人を衛生工学衛生管理者免許を受けた者のうちから選任すること。

2　第二条第二項及び第三条の規定は、衛生管理者について準用する。

※**〔編注〕**　本条第二項は、令六省令第四五号により次のとおり改正されるとともに、第三項が追加され、令和七年一月一日から施行される。

2　第三条の規定は、衛生管理者について準用する。
3　事業者は、衛生管理者を選任したときは、遅滞なく、電子情報処理組織を使用して、次に掲げる事項を、都道府県労働局長の免許を受けた者その他第十条各号に定める資格を有する者で

あることにつき証明することができる電磁的記録を添えて、所轄労働基準監督署長に報告しなければならない。

一　第二条第二項第一号から第三号まで及び第八号に掲げる事項
二　衛生管理者の氏名、生年月日及び選任年月日
三　衛生管理者が衛生工学に関するものを管理する者であるか否かの別
四　衛生管理者の担当する職務の内容（複数の衛生管理者を選任した場合にあつては当該衛生管理者ごとに担当する職務の内容）
五　専属であるか否かの別及び他の事業場に勤務している場合はその事業場の名称
六　専任であるか否かの別及び他の業務を兼務している場合はその業務の内容
七　坑内労働又は労働基準法施行規則第十八条各号に掲げる業務に常時従事する労働者の数
八　坑内労働又は労働基準法施行規則第十八条第一号、第三号から第五号まで若しくは第九号に掲げる業務に常時従事する労働者の数
九　前任者がいる場合はその氏名及び辞任、解任等の年月日
十　初めて衛生管理者を選任した場合はその旨

衛生管理者の選任の特例

（衛生管理者の選任の特例）

第八条　事業者は、前条第一項の規定により衛生管理者を選任することができないやむを得ない事由がある場合で、所轄都道府県労働局長の許可を受けたときは、同項の規定によらないことができる。

共同の衛生管理者の選任

（共同の衛生管理者の選任）

第九条　都道府県労働局長は、必要であると認めるときは、地方労働審議会の議を経て、衛生管理者を選任することを要しない二以上の事業場で、同一の地域にあるものについて、共同して衛生管理者を選任すべきことを勧告することができる。

（衛生管理者の資格）

衛生管理者の資格

第十条　法第十二条第一項の厚生労働省令で定める資格を有する者は、次のとおりとする。

一　医師

二　歯科医師

三　労働衛生コンサルタント

四　前三号に掲げる者のほか、厚生労働大臣が定める者

（衛生管理者の定期巡視及び権限の付与）

衛生管理者の定期巡視及び権限の付与

第十一条　衛生管理者は、少なくとも毎週一回作業場等を巡視し、設備、作業方法又は衛生状態に有害のおそれがあるときは、直ちに、労働者の健康障害を防止するため必要な措置を講じなければならない。

2　事業者は、衛生管理者に対し、衛生に関する措置をなし得る権限を与えなければならない。

（衛生工学に関する事項の管理）

衛生工学に関する事項の管理

第十二条　事業者は、第七条第一項第六号の規定により選任した衛生管理者に、法第十条第一項各号の業務のうち衛生に係る技術的事項で衛生工学に関するものを管理させなければならない。

第三節の二　安全衛生推進者及び衛生推進者

（安全衛生推進者等を選任すべき事業場）

安全衛生推進者等を選任す

第十二条の二　法第十二条の二の厚生労働省令で定める規模の事業場は、常時十人以上五十人未満

べき事業場

の労働者を使用する事業場とする。

安全衛生推進者等の選任

（安全衛生推進者等の選任）

第十二条の三　法第十二条の二の規定による安全衛生推進者又は衛生推進者（以下「安全衛生推進者等」という。）の選任は、都道府県労働局長の登録を受けた者が行う講習を修了した者その他法第十条第一項各号の業務（衛生推進者にあつては、衛生に係る業務に限る。）を担当するため必要な能力を有すると認められる者のうちから、次に定めるところにより行わなければならない。

一　安全衛生推進者等を選任すべき事由が発生した日から十四日以内に選任すること。

二　その事業場に専属の者を選任すること。ただし、労働安全コンサルタント、労働衛生コンサルタントその他厚生労働大臣が定める者のうちから選任するときは、この限りでない。

2　次に掲げる者は、前項の講習の講習科目（安全衛生推進者に係るものに限る。）のうち厚生労働大臣が定めるものの免除を受けることができる。

一　第五条各号に掲げる者

二　第十条各号に掲げる者

安全衛生推進者等の氏名の周知

（安全衛生推進者等の氏名の周知）

第十二条の四　事業者は、安全衛生推進者等を選任したときは、当該安全衛生推進者等の氏名を作業場の見やすい箇所に掲示する等により関係労働者に周知させなければならない。

第三節の三　化学物質管理者及び保護具着用管理責任者

（化学物質管理者が管理する事項等）

第十二条の五　事業者は、法第五十七条の三第一項の危険性又は有害性等の調査（主として一般消費者の生活の用に供される製品に係るものを除く。以下「リスクアセスメント」という。）をしなければならない令第十八条各号に掲げる物及び法第五十七条の二第一項に規定する通知対象物（以下「リスクアセスメント対象物」という。）を製造し、又は取り扱う事業場ごとに、化学物質管理者を選任し、その者に当該事業場における次に掲げる化学物質の管理に係る技術的事項を管理させなければならない。ただし、法第五十七条第一項の規定による表示（表示する事項及び標章に関することに限る。）、同条第二項の規定による文書の交付及び法第五十七条の二第一項の規定による通知（通知する事項に関することに限る。）（以下この条において「表示等」という。）並びに第七号に掲げる事項（表示等に係るものに限る。以下この条において「教育管理」という。）を、当該事業場以外の事業場（以下この項において「他の事業場」という。）において行つている場合においては、表示等及び教育管理に係る技術的事項については、他の事業場において選任した化学物質管理者に管理させなければならない。

一　法第五十七条第一項の規定による表示、同条第二項の規定による文書及び法第五十七条の二第一項の規定による通知に関すること。

二　リスクアセスメントの実施に関すること。

三　第五百七十七条の二第一項及び第二項の措置その他法第五十七条の三第二項の措置の内容及びその実施に関すること。

四　リスクアセスメント対象物を原因とする労働災害が発生した場合の対応に関すること。

五　第三十四条の二の八第一項各号の規定によるリスクアセスメントの結果の記録の作成及び保存並びにその周知に関すること。
六　第五百七十七条の二第十一項の規定による記録の作成及び保存並びにその周知に関すること。
七　第一号から第四号までの事項の管理を実施するに当たつての労働者に対する必要な教育に関すること。
2　事業者は、リスクアセスメント対象物の譲渡又は提供を行う事業場（前項のリスクアセスメント対象物を製造し、又は取り扱う事業場を除く。）ごとに、化学物質管理者を選任し、その者に当該事業場における表示等及び教育管理に係る技術的事項を管理させなければならない。ただし、表示等及び教育管理を、当該事業場以外の事業場（以下この項において「他の事業場」という。）において行つている場合においては、表示等及び教育管理に係る技術的事項については、他の事業場において選任した化学物質管理者に管理させなければならない。
3　前二項の規定による化学物質管理者の選任は、次に定めるところにより行わなければならない。
一　化学物質管理者を選任すべき事由が発生した日から十四日以内に選任すること。
二　次に掲げる事業場の区分に応じ、それぞれに掲げる者のうちから選任すること。
イ　リスクアセスメント対象物を製造している事業場　厚生労働大臣が定める化学物質の管理に関する講習を修了した者又はこれと同等以上の能力を有すると認められる者
ロ　イに掲げる事業場以外の事業場　イに定める者のほか、第一項各号の事項を担当するために必要な能力を有すると認められる者
4　事業者は、化学物質管理者を選任したときは、当該化学物質管理者に対し、第一項各号に掲げ

る事項をなし得る権限を与えなければならない。
5 事業者は、化学物質管理者を選任したときは、当該化学物質管理者の氏名を事業場の見やすい箇所に掲示すること等により関係労働者に周知させなければならない。

保護具着用管理責任者の選任等

（保護具着用管理責任者の選任等）
第十二条の六 化学物質管理者を選任した事業者は、リスクアセスメントの結果に基づく措置として、労働者に保護具を使用させるときは、保護具着用管理責任者を選任し、次に掲げる事項を管理させなければならない。
一 保護具の適正な選択に関すること。
二 労働者の保護具の適正な使用に関すること。
三 保護具の保守管理に関すること。
2 前項の規定による保護具着用管理責任者の選任は、次に定めるところにより行わなければならない。
一 保護具着用管理責任者を選任すべき事由が発生した日から十四日以内に選任すること。
二 保護具に関する知識及び経験を有すると認められる者のうちから選任すること。
3 事業者は、保護具着用管理責任者を選任したときは、当該保護具着用管理責任者に対し、第一項に掲げる業務をなし得る権限を与えなければならない。
4 事業者は、保護具着用管理責任者を選任したときは、当該保護具着用管理責任者の氏名を事業場の見やすい箇所に掲示すること等により関係労働者に周知させなければならない。

ならない。

第四節　産業医等

産業医の選任等

第十三条（産業医の選任等）　法第十三条第一項の規定による産業医の選任は、次に定めるところにより行わなければならない。

一　産業医を選任すべき事由が発生した日から十四日以内に選任すること。

二　次に掲げる者（イ及びロにあつては、事業場の運営について利害関係を有しない者を除く。）以外の者のうちから選任すること。

イ　事業者が法人の場合にあつては当該法人の代表者

ロ　事業者が法人でない場合にあつては事業を営む個人

ハ　事業場においてその事業の実施を統括管理する者

三　常時千人以上の労働者を使用する事業場又は次に掲げる業務に常時五百人以上の労働者を従事させる事業場にあつては、その事業場に専属の者を選任すること。

イ　多量の高熱物体を取り扱う業務及び著しく暑熱な場所における業務

ロ　多量の低温物体を取り扱う業務及び著しく寒冷な場所における業務

ハ　ラジウム放射線、エックス線その他の有害放射線にさらされる業務

ニ　土石、獣毛等のじんあい又は粉末を著しく飛散する場所における業務

ホ　異常気圧下における業務

ヘ　さく岩機、鋲（びよう）打機等の使用によつて、身体に著しい振動を与える業務

ト　重量物の取扱い等重激な業務
チ　ボイラー製造等強烈な騒音を発する場所における業務
リ　坑内における業務
ヌ　深夜業を含む業務
ル　水銀、砒素、黄りん、弗化水素酸、塩酸、硝酸、硫酸、青酸、か性アルカリ、石炭酸その他これらに準ずる有害物を取り扱う業務
ヲ　鉛、水銀、クロム、砒素、黄りん、弗化水素、塩素、塩酸、硝酸、亜硫酸、硫酸、一酸化炭素、二硫化炭素、青酸、ベンゼン、アニリンその他これらに準ずる有害物のガス、蒸気又は粉じんを発散する場所における業務
ワ　病原体によつて汚染のおそれが著しい業務
カ　その他厚生労働大臣が定める業務
四　常時三千人をこえる労働者を使用する事業場にあつては、二人以上の産業医を選任すること。
2　第二条第二項の規定は、産業医について準用する。ただし、学校保健安全法（昭和三十三年法律第五十六号）第二十三条（就学前の子どもに関する教育、保育等の総合的な提供の推進に関する法律（平成十八年法律第七十七号。以下この項及び第四十四条の二第一項において「認定こども園法」という。）第二十七条において準用する場合を含む。）の規定により任命し、又は委嘱された学校医で、当該学校（同条において準用する場合にあつては、認定こども園法第二条第七項に規定する幼保連携型認定こども園）において産業医の職務を行うこととされたものについては、この限りでない。

※〔編注〕本条第二項は、令六省令第四五号により次のとおり改正され、令和七年一月一日から施行される。

2　事業者は、産業医を選任したときは、遅滞なく、電子情報処理組織を使用して、次に掲げる事項を、第十四条第二項各号に掲げる者であることにつき証明することができる電磁的記録等必要な電磁的記録を添えて、所轄労働基準監督署長に報告しなければならない。ただし、学校保健安全法（昭和三十三年法律第五十六号）第二十三条（就学前の子どもに関する教育、保育等の総合的な提供の推進に関する法律（平成十八年法律第七十七号。以下この項及び第四十四条の二第一項において「認定こども園法」という。）第二十七条において準用する場合を含む。）の規定により任命し、又は委嘱された学校医で、当該学校（同条において準用する場合にあっては、認定こども園法第二条第七項に規定する幼保連携型認定こども園）において産業医の職務を行うこととされたものについては、この限りでない。

一　第二条第二項第一号から第三号まで及び第八号に掲げる事項

二　前項第三号に掲げる業務に常時従事する労働者の数

三　産業医の氏名、生年月日及び選任年月日

四　産業医が第十四条第二項各号又は労働安全衛生規則等の一部を改正する省令（平成八年労働省令第三十五号）附則第二条各号のいずれに該当するかの別及び医籍の登録番号

五　産業医の専門科名

六　専属であるか否かの別及び他の事業場に勤務している場合はその事業場の名称

七　前任者がいる場合はその氏名及び辞任、解任等の年月日

八　初めて産業医を選任した場合はその旨

3　第八条の規定は、産業医について準用する。この場合において、同条中「前条第一項」とあるのは、「第十三条第一項」と読み替えるものとする。

4　事業者は、産業医が辞任したとき又は産業医を解任したときは、遅滞なく、その旨及びその理

由を衛生委員会又は安全衛生委員会に報告しなければならない。

産業医及び産業歯科医の職務等

（産業医及び産業歯科医の職務等）

第十四条　法第十三条第一項の厚生労働省令で定める事項は、次に掲げる事項で医学に関する専門的知識を必要とするものとする。

一　健康診断の実施及びその結果に基づく労働者の健康を保持するための措置に関すること。

二　法第六十六条の八第一項、第六十六条の八の二第一項及び第六十六条の八の四第一項に規定する面接指導並びに法第六十六条の九に規定する必要な措置の実施並びにこれらの結果に基づく労働者の健康を保持するための措置に関すること。

三　法第六十六条の十第一項に規定する心理的な負担の程度を把握するための検査の実施並びに同条第三項に規定する面接指導の実施及びその結果に基づく労働者の健康を保持するための措置に関すること。

四　作業環境の維持管理に関すること。

五　作業の管理に関すること。

六　前各号に掲げるもののほか、労働者の健康管理に関すること。

七　健康教育、健康相談その他労働者の健康の保持増進を図るための措置に関すること。

八　衛生教育に関すること。

九　労働者の健康障害の原因の調査及び再発防止のための措置に関すること。

2　法第十三条第二項の厚生労働省令で定める要件を備えた者は、次のとおりとする。

一　法第十三条第一項に規定する労働者の健康管理等（以下「労働者の健康管理等」という。）

を行うのに必要な医学に関する知識についての研修であつて厚生労働大臣の指定する者（法人に限る。）が行うものを修了した者
二　産業医の養成等を行うことを目的とする医学の正規の課程を設置している産業医科大学その他の大学であつて厚生労働大臣が指定するものにおいて当該課程を修めて卒業した者であつて、その大学が行う実習を履修したもの
三　労働衛生コンサルタント試験に合格した者で、その試験の区分が保健衛生であるもの
四　学校教育法による大学において労働衛生に関する科目を担当する教授、准教授又は講師（常時勤務する者に限る。）の職にあり、又はあつた者
五　前各号に掲げる者のほか、厚生労働大臣が定める者
3　産業医は、第一項各号に掲げる事項について、総括安全衛生管理者に対して勧告し、又は衛生管理者に対して指導し、若しくは助言することができる。
4　事業者は、産業医が法第十三条第五項の規定による勧告をしたこと又は前項の規定による勧告、指導若しくは助言をしたことを理由として、産業医に対し、解任その他不利益な取扱いをしないようにしなければならない。
5　事業者は、令第二十二条第三項の業務に常時五十人以上の労働者を従事させる事業場については、第一項各号に掲げる事項のうち当該労働者の歯又はその支持組織に関する事項について、適時、歯科医師の意見を聴くようにしなければならない。
6　前項の事業場の労働者に対して法第六十六条第三項の健康診断を行なつた歯科医師は、当該事業場の事業者又は総括安全衛生管理者に対し、当該労働者の健康障害（歯又はその支持組織に関

するものに限る。）を防止するため必要な事項を勧告することができる。
7　産業医は、労働者の健康管理等を行うために必要な医学に関する知識及び能力の維持向上に努めなければならない。

産業医に対する情報の提供

（産業医に対する情報の提供）

第十四条の二　法第十三条第四項の厚生労働省令で定める情報は、次に掲げる情報とする。
一　法第六十六条の五第一項、第六十六条の八第五項（法第六十六条の八の二第二項又は第六十六条の八の四第二項において読み替えて準用する場合を含む。）又は第六十六条の十第六項の規定により既に講じた措置又は講じようとする措置の内容に関する情報（これらの措置を講じない場合にあつては、その旨及びその理由）
二　第五十二条の二第一項、第五十二条の七の二第一項又は第五十二条の七の四第一項の超えた時間が一月当たり八十時間を超えた労働者の氏名及び当該労働者に係る当該超えた時間に関する情報
三　前二号に掲げるもののほか、労働者の業務に関する情報であつて産業医が労働者の健康管理等を適切に行うために必要と認めるもの
2　法第十三条第四項の規定による情報の提供は、次の各号に掲げる情報の区分に応じ、当該各号に定めるところにより行うものとする。
一　前項第一号に掲げる情報　法第六十六条の四、第六十六条の八第四項（法第六十六条の八の二第二項又は第六十六条の八の四第二項において準用する場合を含む。）又は第六十六条の十第五項の規定による医師又は歯科医師からの意見聴取を行つた後、遅滞なく提供すること。

二　前項第二号に掲げる情報　第五十二条の二第二項（第五十二条の七の二第二項又は第五十二条の七の四第二項において準用する場合を含む。）の規定により同号の超えた時間の算定を行つた後、速やかに提供すること。

三　前項第三号に掲げる情報　産業医から当該情報の提供を求められた後、速やかに提供すること。

産業医による勧告等

（産業医による勧告等）

第十四条の三　産業医は、法第十三条第五項の勧告をしようとするときは、あらかじめ、当該勧告の内容について、事業者の意見を求めるものとする。

2　事業者は、法第十三条第五項の勧告を受けたときは、次に掲げる事項を記録し、これを三年間保存しなければならない。

一　当該勧告の内容

二　当該勧告を踏まえて講じた措置の内容（措置を講じない場合にあつては、その旨及びその理由）

3　法第十三条第六項の規定による報告は、同条第五項の勧告を受けた後遅滞なく行うものとする。

4　法第十三条第六項の厚生労働省令で定める事項は、次に掲げる事項とする。

一　当該勧告の内容

二　当該勧告を踏まえて講じた措置又は講じようとする措置の内容（措置を講じない場合にあつては、その旨及びその理由）

産業医に対する権限の付与等

（産業医に対する権限の付与等）

第十四条の四　事業者は、産業医に対し、第十四条第一項各号に掲げる事項をなし得る権限を与えなければならない。

2　前項の権限には、第十四条第一項各号に掲げる事項に係る次に掲げる事項に関する権限が含まれるものとする。
一　事業者又は総括安全衛生管理者に対して意見を述べること。
二　第十四条第一項各号に掲げる事項を実施するために必要な情報を労働者から収集すること。
三　労働者の健康を確保するため緊急の必要がある場合において、労働者に対して必要な措置をとるべきことを指示すること。

産業医の定期巡視

（産業医の定期巡視）

第十五条　産業医は、少なくとも毎月一回（産業医が、事業者から、毎月一回以上、次に掲げる情報の提供を受けている場合であつて、事業者の同意を得ているときは、少なくとも二月に一回）作業場等を巡視し、作業方法又は衛生状態に有害のおそれがあるときは、直ちに、労働者の健康障害を防止するため必要な措置を講じなければならない。
一　第十一条第一項の規定により衛生管理者が行う巡視の結果
二　前号に掲げるもののほか、労働者の健康障害を防止し、又は労働者の健康を保持するために必要な情報であつて、衛生委員会又は安全衛生委員会における調査審議を経て事業者が産業医に提供することとしたもの

産業医を選任すべき事業場以外の事業場の労働者の健康管理等

（産業医を選任すべき事業場以外の事業場の労働者の健康管理等）

第十五条の二　法第十三条の二第一項の厚生労働省令で定める者は、労働者の健康管理等を行うのに必要な知識を有する保健師とする。

2　事業者は、法第十三条第一項の事業場以外の事業場について、法第十三条の二第一項に規定す

る者に労働者の健康管理等の全部又は一部を行わせるに当たつては、労働者の健康管理等を行う同項に規定する医師の選任、国が法第十九条の三に規定する援助として行う労働者の健康管理等に係る業務についての相談その他の必要な援助の事業の利用等に努めるものとする。

3　第十四条の二第一項の規定は法第十三条の二第二項において準用する法第十三条第四項の厚生労働省令で定める情報について、第十四条の二第二項の規定は法第十三条の二第二項において準用する法第十三条第四項の規定による情報の提供について、それぞれ準用する。

第五節　作業主任者

作業主任者の選任

（作業主任者の選任）

第十六条　法第十四条の規定による作業主任者の選任は、別表第一の上欄に掲げる作業の区分に応じて、同表の中欄に掲げる資格を有する者のうちから行なうものとし、その作業主任者の名称は、同表の下欄に掲げるとおりとする。

2　事業者は、令第六条第十七号の作業のうち、圧縮水素、圧縮天然ガス又は液化天然ガスを燃料とする自動車（道路運送車両法（昭和二十六年法律第百八十五号）に規定する普通自動車、小型自動車又は軽自動車（同法第五十八条第一項に規定する検査対象外軽自動車を除く。）であつて、同法第二条第五項に規定する運行（以下「運行」という。）の用に供するものに限る。）の燃料装置のうち同法第四十一条第一項の技術基準に適合するものに用いられる第一種圧力容器及び高圧ガス保安法（昭和二十六年法律第二百四号）、ガス事業法（昭和二十九年法律第五十一号）又は電気事業法（昭和三十九年法律第百七十号）の適用を受ける第一種圧力容器の取扱いの作業については、前項の規定にかかわらず、ボイラー及び圧力容器安全規則（昭和四十七年労働省令第三十三号。以下「ボイラー則」という。）の定めるところにより、特定第一種圧力容器取扱作業主任者免許を受けた者のうちから第一種圧力容器取扱作業主任者を選任することができる。

作業主任者の職務の分担

（作業主任者の職務の分担）

第十七条　事業者は、別表第一の上欄に掲げる一の作業を同一の場所で行なう場合において、当該作業に係る作業主任者を二人以上選任したときは、それぞれの作業主任者の職務の分担を定めなければならない。

作業主任者の氏名等の周知

（作業主任者の氏名等の周知）

第十八条　事業者は、作業主任者を選任したときは、当該作業主任者の氏名及びその者に行なわせる事項を作業場の見やすい箇所に掲示する等により関係労働者に周知させなければならない。

令第六条第十三号の厚生労働省令で定める船舶

（令第六条第十三号の厚生労働省令で定める船舶）

第十八条の二　令第六条第十三号の厚生労働省令で定める船舶は、船員の育成及び確保に資することを目的とする船員室の新設、増設又は拡大により総トン数五百トン以上五百十トン未満となつたと認められる船舶とする。

第六節　統括安全衛生責任者、元方安全衛生管理者、店社安全衛生管理者及び安全衛生責任者

令第七条第二

（令第七条第二項第一号の厚生労働省令で定める場所）

項第一号の厚生労働省令で定める場所

第十八条の二の二　令第七条第二項第一号の厚生労働省令で定める場所は、人口が集中している地域内における道路上若しくは道路に隣接した場所又は鉄道の軌道上若しくは軌道に隣接した場所とする。

元方安全衛生管理者の選任

（元方安全衛生管理者の選任）

第十八条の三　法第十五条の二第一項の規定による元方安全衛生管理者の選任は、その事業場に専属の者を選任して行わなければならない。

元方安全衛生管理者の資格

（元方安全衛生管理者の資格）

第十八条の四　法第十五条の二第一項の厚生労働省令で定める資格を有する者は、次のとおりとする。

一　学校教育法による大学又は高等専門学校における理科系統の正規の課程を修めて卒業した者で、その後三年以上建設工事の施工における安全衛生の実務に従事した経験を有するもの

二　学校教育法による高等学校又は中等教育学校において理科系統の正規の学科を修めて卒業した者で、その後五年以上建設工事の施工における安全衛生の実務に従事した経験を有するもの

三　前二号に掲げる者のほか、厚生労働大臣が定める者

権限の付与

（権限の付与）

第十八条の五　事業者は、元方安全衛生管理者に対し、その労働者及び関係請負人の労働者の作業が同一場所において行われることによつて生ずる労働災害を防止するため必要な措置をなし得る権限を与えなければならない。

店社安全衛生

（店社安全衛生管理者の選任に係る労働者数等）

管理者の選任に係る労働者数等

第十八条の六　法第十五条の三第一項及び第二項の厚生労働省令で定める労働者の数は、次の各号の仕事の区分に応じ、当該各号に定める数とする。

一　令第七条第二項第一号の仕事及び主要構造部が鉄骨造又は鉄骨鉄筋コンクリート造である建築物の建設の仕事　常時二十人

二　前号の仕事以外の仕事　常時五十人

2　建設業に属する事業の仕事を行う事業者であつて、法第十五条第二項に規定するところにより、当該仕事を行う場所において、統括安全衛生責任者の職務を行う者を選任し、並びにその者に同条第一項又は第三項及び同条第四項の指揮及び統括管理をさせ、並びに法第十五条の二第一項の資格を有する者のうちから元方安全衛生管理者の職務を行う者を選任し、及びその者に同項の事項を管理させているもの（法第十五条の三第一項又は第二項の規定により店社安全衛生管理者を選任しなければならない事業者に限る。）は、当該場所において同条第一項又は第二項の規定により店社安全衛生管理者を選任し、その者に同条第一項又は第二項の事項を行わせているものとする。

店社安全衛生管理者の資格

（店社安全衛生管理者の資格）

第十八条の七　法第十五条の三第一項及び第二項の厚生労働省令で定める資格を有する者は、次のとおりとする。

一　学校教育法による大学又は高等専門学校を卒業した者（大学改革支援・学位授与機構により学士の学位を授与された者若しくはこれと同等以上の学力を有すると認められる者又は専門職大学前期課程を修了した者を含む。別表第五第一号の表及び別表第五第一号の二の表において

同じ。）で、その後三年以上建設工事の施工における安全衛生の実務に従事した経験を有するもの

二　学校教育法による高等学校又は中等教育学校を卒業した者（学校教育法施行規則（昭和二十二年文部省令第十一号）第百五十条に規定する者又はこれと同等以上の学力を有すると認められる者を含む。別表第五第一号の表及び第一号の二の表において同じ。）で、その後五年以上建設工事の施工における安全衛生の実務に従事した経験を有するもの

三　八年以上建設工事の施工における安全衛生の実務に従事した経験を有する者

四　前三号に掲げる者のほか、厚生労働大臣が定める者

店社安全衛生管理者の職務

（店社安全衛生管理者の職務）

第十八条の八　法第十五条の三第一項及び第二項の厚生労働省令で定める事項は、次のとおりとする。

一　少なくとも毎月一回法第十五条の三第一項又は第二項の労働者が作業を行う場所を巡視すること。

二　法第十五条の三第一項又は第二項の労働者の作業の種類その他作業の実施の状況を把握すること。

三　法第三十条第一項第一号の協議組織の会議に随時参加すること。

四　法第三十条第一項第五号の計画に関し同号の措置が講ぜられていることについて確認すること。

安全衛生責任者の職務

（安全衛生責任者の職務）

第十九条　法第十六条第一項の厚生労働省令で定める事項は、次のとおりとする。

一　統括安全衛生責任者との連絡

二　統括安全衛生責任者から連絡を受けた事項の関係者への連絡
三　前号の統括安全衛生責任者からの連絡に係る事項のうち当該請負人に係るものの実施についての管理
四　当該請負人がその労働者の作業の実施に関し計画を作成する場合における当該計画と特定元方事業者が作成する法第三十条第一項第五号の計画との整合性の確保を図るための統括安全衛生責任者との調整
五　当該請負人の労働者の行う作業及び当該労働者以外の者の行う作業によつて生ずる法第十五条第一項の労働災害に係る危険の有無の確認
六　当該請負人がその仕事の一部を他の請負人に請け負わせている場合における当該他の請負人の安全衛生責任者との作業間の連絡及び調整

統括安全衛生責任者等の代理者

（統括安全衛生責任者等の代理者）

第二十条　第三条の規定は、統括安全衛生責任者、元方安全衛生管理者、店社安全衛生管理者及び安全衛生責任者について準用する。

第七節　安全委員会、衛生委員会等

安全委員会の付議事項

（安全委員会の付議事項）

第二十一条　法第十七条第一項第三号の労働者の危険の防止に関する重要事項には、次の事項が含まれるものとする。

一　安全に関する規程の作成に関すること。
二　法第二十八条の二第一項又は第五十七条の三第一項及び第二項の危険性又は有害性等の調査及びその結果に基づき講ずる措置のうち、安全に係るものに関すること。
三　安全衛生に関する計画（安全に係る部分に限る。）の作成、実施、評価及び改善に関すること。
四　安全教育の実施計画の作成に関すること。
五　厚生労働大臣、都道府県労働局長、労働基準監督署長、労働基準監督官又は産業安全専門官から文書により命令、指示、勧告又は指導を受けた事項のうち、労働者の危険の防止に関すること。

衛生委員会の付議事項

（衛生委員会の付議事項）

第二十二条　法第十八条第一項第四号の労働者の健康障害の防止及び健康の保持増進に関する重要事項には、次の事項が含まれるものとする。
一　衛生に関する規程の作成に関すること。
二　法第二十八条の二第一項又は第五十七条の三第一項及び第二項の危険性又は有害性等の調査及びその結果に基づき講ずる措置のうち、衛生に係るものに関すること。
三　安全衛生に関する計画（衛生に係る部分に限る。）の作成、実施、評価及び改善に関すること。
四　衛生教育の実施計画の作成に関すること。
五　法第五十七条の四第一項及び第五十七条の五第一項の規定により行われる有害性の調査並びにその結果に対する対策の樹立に関すること。
六　法第六十五条第一項又は第五項の規定により行われる作業環境測定の結果及びその結果の評

価に基づく対策の樹立に関すること。
七　定期に行われる健康診断、法第六十六条第四項の規定による指示を受けて行われる臨時の健康診断、法第六十六条の二の自ら受けた健康診断及び法に基づく他の省令の規定に基づいて行われる医師の診断、診察又は処置の結果並びにその結果に対する対策の樹立に関すること。
八　労働者の健康の保持増進を図るため必要な措置の実施計画の作成に関すること。
九　長時間にわたる労働による労働者の健康障害の防止を図るための対策の樹立に関すること。
十　労働者の精神的健康の保持増進を図るための対策の樹立に関すること。
十一　第五百七十七条の二第一項、第二項及び第八項の規定により講ずる措置に関すること並びに同条第三項及び第四項の医師又は歯科医師による健康診断の実施に関すること。
十二　厚生労働大臣、都道府県労働局長、労働基準監督署長、労働基準監督官又は労働衛生専門官から文書により命令、指示、勧告又は指導を受けた事項のうち、労働者の健康障害の防止に関すること。

委員会の会議

（委員会の会議）

第二十三条　事業者は、安全委員会、衛生委員会又は安全衛生委員会（以下「委員会」という。）を毎月一回以上開催するようにしなければならない。

2　前項に定めるもののほか、委員会の運営について必要な事項は、委員会が定める。

3　事業者は、委員会の開催の都度、遅滞なく、委員会における議事の概要を次に掲げるいずれかの方法によつて労働者に周知させなければならない。

一　常時各作業場の見やすい場所に掲示し、又は備え付けること。

二　書面を労働者に交付すること。

三　事業者の使用に係る電子計算機に備えられたファイル又は電磁的記録媒体（電磁的記録（電子的方式、磁気的方式その他人の知覚によつては認識することができない方式で作られる記録であつて、電子計算機による情報処理の用に供されるものをいう。以下同じ。）に係る記録媒体をいう。以下同じ。）をもつて調製するファイルに記録し、かつ、各作業場に労働者が当該記録の内容を常時確認できる機器を設置すること。

※**〔編注〕** 本条第三項第三号は、令六省令第四五号により次のとおり改正され、令和七年一月一日から施行される。

三　事業者の使用に係る電子計算機に備えられたファイル又は電磁的記録媒体（電磁的記録に係る記録媒体をいう。以下同じ。）をもつて調製するファイルに記録し、かつ、各作業場に労働者が当該記録の内容を常時確認できる機器を設置すること。

4　事業者は、委員会の開催の都度、次に掲げる事項を記録し、これを三年間保存しなければならない。

一　委員会の意見及び当該意見を踏まえて講じた措置の内容

二　前号に掲げるもののほか、委員会における議事で重要なもの

5　産業医は、衛生委員会又は安全衛生委員会に対して労働者の健康を確保する観点から必要な調査審議を求めることができる。

関係労働者の意見の聴取

（関係労働者の意見の聴取）

第二十三条の二　委員会を設けている事業者以外の事業者は、安全又は衛生に関する事項について、

関係労働者の意見を聴くための機会を設けるようにしなければならない。

第八節　指針の公表

指針の公表

第二十四条　法第十九条の二第二項の規定による指針の公表は、当該指針の名称及び趣旨を官報に掲載するとともに、当該指針を厚生労働省労働基準局及び都道府県労働局において閲覧に供することにより行うものとする。

第八節の二　自主的活動の促進のための指針

自主的活動促進指針の公表

第二十四条の二　厚生労働大臣は、事業場における安全衛生の水準の向上を図ることを目的として事業者が一連の過程を定めて行う次に掲げる自主的活動を促進するため必要な指針を公表することができる。

一　安全衛生に関する方針の表明

二　法第二十八条の二第一項又は第五十七条の三第一項及び第二項の危険性又は有害性等の調査及びその結果に基づき講ずる措置

三　安全衛生に関する目標の設定

四　安全衛生に関する計画の作成、実施、評価及び改善

第二章の二　労働者の救護に関する措置

救護に関し必要な機械等

（救護に関し必要な機械等）

第二十四条の三　法第二十五条の二第一項に規定する事業者（以下この章において「事業者」という。）は、次の各号に掲げる機械、器具その他の設備（以下「機械等」という。）を備え付けなければならない。ただし、メタン又は硫化水素が発生するおそれのないときは、第二号に掲げるメタン又は硫化水素に係る測定器具については、この限りでない。

一　空気呼吸器又は酸素呼吸器（第三項において「空気呼吸器等」という。）

二　メタン、硫化水素、一酸化炭素及び酸素の濃度を測定するため必要な測定器具

三　懐中電燈等の携帯用照明器具

四　前三号に掲げるもののほか、労働者の救護に関し必要な機械等

2　事業者は、前項の機械等については、次の各号の区分に応じ、当該各号に掲げる時までに備え付けなければならない。

一　令第九条の二第一号に掲げる仕事　出入口からの距離が千メートルの場所において作業を行うこととなる時又はたて坑（通路として用いられるものに限る。）の深さが五十メートルとなる時

二　令第九条の二第二号に掲げる仕事　ゲージ圧力が〇・一メガパスカルの圧気工法による作業を行うこととなる時

3　事業者は、第一項の機械等については、常時有効に保持するとともに、空気呼吸器等について

は、常時清潔に保持しなければならない。

救護に関する訓練

（救護に関する訓練）

第二十四条の四 事業者は、次に掲げる事項についての訓練を行わなければならない。

一 前条第一項の機械等の使用方法に関すること。

二 救急そ生の方法その他の救急処置に関すること。

三 前二号に掲げるもののほか、安全な救護の方法に関すること。

2 事業者は、前項の訓練については、前条第二項各号の区分に応じ、当該各号に掲げる時までに一回、及びその後一年以内ごとに一回行わなければならない。

3 事業者は、第一項の訓練を行つたときは、次の事項を記録し、これを三年間保存しなければならない。

一 実施年月日

二 訓練を受けた者の氏名

三 訓練の内容

救護の安全に関する規程

（救護の安全に関する規程）

第二十四条の五 事業者は、第二十四条の三第二項各号の区分に応じ、当該各号に掲げる時までに、労働者の救護の安全に関し次の事項を定めなければならない。

一 救護に関する組織に関すること。

二 救護に関し必要な機械等の点検及び整備に関すること。

三 救護に関する訓練の実施に関すること。

四　前三号に掲げるもののほか、救護の安全に関すること。

人員の確認

（人員の確認）

第二十四条の六　事業者は、第二十四条の三第二項各号の区分に応じ、当該各号に掲げる時までに、ずい道等（ずい道及びたて坑以外の坑（採石法（昭和二十五年法律第二百九十一号）第二条に規定する岩石の採取のためのものを除く。）をいう。以下同じ。）の内部又は高圧室内（潜かん工法その他の圧気工法による作業を行うための大気圧を超える気圧下の作業室又はシヤフトの内部をいう。）において作業を行う労働者の人数及び氏名を常時確認することができる措置を講じなければならない。

救護に関する技術的事項を管理する者の選任

（救護に関する技術的事項を管理する者の選任）

第二十四条の七　法第二十五条の二第二項の規定による救護に関する技術的事項を管理する者の選任は、次に定めるところにより行わなければならない。

一　第二十四条の三第二項各号の区分に応じ、当該各号に掲げる時までに選任すること。

二　その事業場に専属の者を選任すること。

2　第三条及び第八条の規定は、救護に関する技術的事項を管理する者について準用する。この場合において、同条中「前条第一項」とあるのは「第二十四条の七第一項第二号」と、「同項」とあるのは「同号」と読み替えるものとする。

救護に関する技術的事項を管理する者の資格

（救護に関する技術的事項を管理する者の資格）

第二十四条の八　法第二十五条の二第二項の厚生労働省令で定める資格を有する者は、次の各号の区分に応じ、当該各号に掲げる者で、厚生労働大臣の定める研修を修了したものとする。

一　令第九条の二第一号に掲げる仕事　三年以上ずい道等の建設の仕事に従事した経験を有する者
二　令第九条の二第二号に掲げる仕事　三年以上圧気工法による作業を行う仕事に従事した経験を有する者

権限の付与

（権限の付与）
第二十四条の九　事業者は、救護に関する技術的事項を管理する者に対し、労働者の救護の安全に関し必要な措置をなし得る権限を与えなければならない。

第二章の三　技術上の指針等の公表

技術上の指針等の公表

第二十四条の十　第二十四条の規定は、法第二十八条第一項又は第三項の規定による技術上の指針又は労働者の健康障害を防止するための指針の公表について準用する。

第二章の四　危険性又は有害性等の調査等

危険性又は有害性等の調査

（危険性又は有害性等の調査）
第二十四条の十一　法第二十八条の二第一項の危険性又は有害性等の調査は、次に掲げる時期に行うものとする。
一　建設物を設置し、移転し、変更し、又は解体するとき。
二　設備、原材料等を新規に採用し、又は変更するとき。

三　作業方法又は作業手順を新規に採用し、又は変更するとき。
四　前三号に掲げるもののほか、建設物、設備、原材料、ガス、蒸気、粉じん等による、又は作業行動その他業務に起因する危険性又は有害性等について変化が生じ、又は生ずるおそれがあるとき。
2　法第二十八条の二第一項ただし書の厚生労働省令で定める業種は、令第二条第一号に掲げる業種及び同条第二号に掲げる業種（製造業を除く。）とする。

指針の公表

（指針の公表）
第二十四条の十二　第二十四条の規定は、法第二十八条の二第二項の規定による指針の公表について準用する。

機械に関する危険性等の通知

（機械に関する危険性等の通知）
第二十四条の十三　労働者に危険を及ぼし、又は労働者の健康障害をその使用により生ずるおそれのある機械（以下単に「機械」という。）を譲渡し、又は貸与する者（次項において「機械譲渡者等」という。）は、文書の交付等により当該機械に関する次に掲げる事項を、当該機械の譲渡又は貸与を受ける相手方の事業者（次項において「相手方事業者」という。）に通知するよう努めなければならない。
一　型式、製造番号その他の機械を特定するために必要な事項
二　機械のうち、労働者に危険を及ぼし、又は労働者の健康障害をその使用により生ずるおそれのある箇所に関する事項
三　機械に係る作業のうち、前号の箇所に起因する危険又は健康障害を生ずるおそれのある作業

に関する事項

四　前号の作業ごとに生ずるおそれのある危険又は健康障害のうち最も重大なものに関する事項

五　前各号に掲げるもののほか、その他参考となる事項

2　厚生労働大臣は、相手方事業者の法第二十八条の二第一項の調査及び同項の措置の適切かつ有効な実施を図ることを目的として機械譲渡者等が行う前項の通知を促進するため必要な指針を公表することができる。

危険有害化学物質等に関する危険性又は有害性等の表示等

（危険有害化学物質等に関する危険性又は有害性等の表示等）

第二十四条の十四　化学物質、化学物質を含有する製剤その他の労働者に対する危険又は健康障害を生ずるおそれのある物で厚生労働大臣が定めるもの（令第十八条各号及び令別表第三第一号に掲げる物を除く。次項及び第二十四条の十六において「危険有害化学物質等」という。）を容器に入れ、又は包装して、譲渡し、又は提供する者は、その容器又は包装（容器に入れ、かつ、包装して、譲渡し、又は提供するときにあつては、その容器）に次に掲げるものを表示するように努めなければならない。

一　次に掲げる事項

イ　名称

ロ　人体に及ぼす作用

ハ　貯蔵又は取扱い上の注意

ニ　表示をする者の氏名（法人にあつては、その名称）、住所及び電話番号

ホ　注意喚起語

ヘ　安定性及び反応性

二　当該物を取り扱う労働者に注意を喚起するための標章で厚生労働大臣が定めるもの

2　危険有害化学物質等を前項に規定する方法以外により譲渡し、又は提供する者は、同項各号の事項を記載した文書を、譲渡し、又は提供する相手方に交付するよう努めなければならない。

第二十四条の十五　特定危険有害化学物質等（化学物質、化学物質を含有する製剤その他の労働者に対する危険又は健康障害を生ずるおそれのある物で厚生労働大臣が定めるもの（法第五十七条の二第一項に規定する通知対象物を除く。）をいう。以下この条及び次条において同じ。）を譲渡し、又は提供する者は、特定危険有害化学物質等に関する次に掲げる事項（前条第二項に規定する者にあつては、同条第一項に規定する事項を除く。）を、文書若しくは磁気ディスク、光ディスクその他の記録媒体の交付、ファクシミリ装置を用いた送信若しくは電子メールの送信又は当該事項が記載されたホームページのアドレス（二次元コードその他のこれに代わるものを含む。）及び当該アドレスに係るホームページの閲覧を求める旨の伝達により、譲渡し、又は提供する相手方の事業者に通知し、当該相手方が閲覧できるように努めなければならない。

一　名称

二　成分及びその含有量

三　物理的及び化学的性質

四　人体に及ぼす作用

五　貯蔵又は取扱い上の注意

六　流出その他の事故が発生した場合において講ずべき応急の措置

七　通知を行う者の氏名（法人にあつては、その名称）、住所及び電話番号
八　危険性又は有害性の要約
九　安定性及び反応性
十　想定される用途及び当該用途における使用上の注意
十一　適用される法令
十二　その他参考となる事項

2　特定危険有害化学物質等を譲渡し、又は提供する者は、前項第四号の事項について、直近の確認を行つた日から起算して五年以内ごとに一回、最新の科学的知見に基づき、変更を行う必要性の有無を確認し、変更を行う必要があると認めるときは、当該確認をした日から一年以内に、当該事項に変更を行うように努めなければならない

3　特定危険有害化学物質等を譲渡し、又は提供する者は、第一項の規定により通知した事項に変更を行う必要が生じたときは、文書若しくは磁気ディスク、光ディスクその他の記録媒体の交付、ファクシミリ装置を用いた送信若しくは電子メールの送信又は当該事項が記載されたホームページのアドレス（二次元コードその他のこれに代わるものを含む。）及び当該アドレスに係るホームページの閲覧を求める旨の伝達により、変更後の同項各号の事項を、速やかに、譲渡し、又は提供した相手方の事業者に通知し、当該相手方が閲覧できるように努めなければならない。

第二十四条の十六　厚生労働大臣は、危険有害化学物質等又は特定危険有害化学物質等の譲渡又は提供を受ける相手方の事業者の法第二十八条の二第一項の調査及び同項の措置の適切かつ有効な実施を図ることを目的として危険有害化学物質等又は特定危険有害化学物質等を譲渡し、又は提

供する者が行う前二条の規定による表示又は通知を促進するため必要な指針を公表することができる。

作動部分上の突起物等の防護措置

規格を具備すべき防毒マスク

規格を具備すべき防毒機能を有する電動ファン付き呼吸用保護具

第三章 機械等並びに危険物及び有害物に関する規制

第一節 機械等に関する規制

（作動部分上の突起物等の防護措置）

第二十五条 法第四十三条の厚生労働省令で定める防護のための措置は、次のとおりとする。

一 作動部分上の突起物については、埋頭型とし、又は覆(おお)いを設けること。

二 動力伝導部分又は調速部分については、覆(おお)い又は囲いを設けること。

（規格を具備すべき防毒マスク）

第二十六条 令第十三条第五項の厚生労働省令で定める防毒マスクは、次のとおりとする。

一 一酸化炭素用防毒マスク

二 アンモニア用防毒マスク

三 亜硫酸ガス用防毒マスク

（規格を具備すべき防毒機能を有する電動ファン付き呼吸用保護具）

第二十六条の二 令第十三条第五項の厚生労働省令で定める防毒機能を有する電動ファン付き呼吸用保護具は、次のとおりとする。

一 アンモニア用の防毒機能を有する電動ファン付き呼吸用保護具

二　亜硫酸ガス用の防毒機能を有する電動ファン付き呼吸用保護具

規格に適合した機械等の使用

（規格に適合した機械等の使用）

第二十七条　事業者は、法別表第二に掲げる機械等及び令第十三条第三項各号に掲げる機械等については、法第四十二条の厚生労働大臣が定める規格又は安全装置を具備したものでなければ、使用してはならない。

通知すべき事項

（通知すべき事項）

第二十七条の二　法第四十三条の二の厚生労働省令で定める事項は、次のとおりとする。

一　通知の対象である機械等であることを識別できる事項

二　機械等が法第四十三条の二各号のいずれかに該当することを示す事実

安全装置等の有効保持

（安全装置等の有効保持）

第二十八条　事業者は、法及びこれに基づく命令により設けた安全装置、覆（おお）い、囲い等（以下「安全装置等」という。）が有効な状態で使用されるようそれらの点検及び整備を行なわなければならない。

安全装置等についての遵守事項

第二十九条　労働者は、安全装置等について、次の事項を守らなければならない。

一　安全装置等を取りはずし、又はその機能を失わせないこと。

二　臨時に安全装置等を取りはずし、又はその機能を失わせる必要があるときは、あらかじめ、事業者の許可を受けること。

三　前号の許可を受けて安全装置等を取りはずし、又はその機能を失わせたときは、その必要がなくなつた後、直ちにこれを原状に復しておくこと。

四　安全装置等が取りはずされ、又はその機能を失つたことを発見したときは、すみやかに、その旨を事業者に申し出ること。

2　事業者は、労働者から前項第四号の規定による申出があつたときは、すみやかに、適当な措置を講じなければならない。

型式検定を受けるべき防毒マスク

（型式検定を受けるべき防毒マスク）

第二十九条の二　令第十四条の二第六号の厚生労働省令で定める防毒マスクは、次のとおりとする。

一　一酸化炭素用防毒マスク

二　アンモニア用防毒マスク

三　亜硫酸ガス用防毒マスク

型式検定を受けるべき防毒機能を有する電動ファン付き呼吸用保護具

（型式検定を受けるべき防毒機能を有する電動ファン付き呼吸用保護具）

第二十九条の三　令第十四条の二第十四号の厚生労働省令で定める防毒機能を有する電動ファン付き呼吸用保護具は、次のとおりとする。

一　アンモニア用の防毒機能を有する電動ファン付き呼吸用保護具

二　亜硫酸ガス用の防毒機能を有する電動ファン付き呼吸用保護具

自主検査指針の公表

（自主検査指針の公表）

第二十九条の四　第二十四条の規定は、法第四十五条第三項の規定による自主検査指針の公表について準用する。

第二節　危険物及び有害物に関する規制

名称等を表示すべき危険物及び有害物

（名称等を表示すべき危険物及び有害物）

第三十条　令第十八条第二号の厚生労働省令で定める物は、別表第二の上欄に掲げる物を含有する製剤その他の物（同欄に掲げる物の含有量が同表の中欄に定める値である物並びに四アルキル鉛を含有する製剤その他の物（加鉛ガソリンに限る。）及びニトログリセリンを含有する製剤その他の物（九十八パーセント以上の不揮発性で水に溶けない鈍感剤で鈍性化した物であつて、ニトログリセリンの含有量が一パーセント未満のものに限る。）を除く。）とする。ただし、運搬中及び貯蔵中において固体以外の状態にならず、かつ、粉状にならない物（次の各号のいずれかに該当するものを除く。）を除く。

※【編注】本条各号列記以外の部分は、令五省令第一二一号により次のとおり改正され、令和七年四月一日から施行される。

（名称等を表示すべき危険物及び有害物）

第三十条　令第十八条第二号の厚生労働省令で定める物は、別表第二の物の欄に掲げる物とする。ただし、運搬中及び貯蔵中において固体以外の状態にならず、かつ、粉状にならない物（次の各号のいずれかに該当するものを除く。）を除く。

一　危険物（令別表第一に掲げる危険物をいう。以下同じ。）

二　危険物以外の可燃性の物等爆発又は火災の原因となるおそれのある物

三　酸化カルシウム、水酸化ナトリウム等を含有する製剤その他の物であつて皮膚に対して腐食の危険を生ずるもの

名称等を表示すべき含有物

第三十一条　令第十八条第三号の厚生労働省令で定める物は、次に掲げる物とする。ただし、前条ただし書の物を除く。

※**〔編注〕**　本条各号列記以外の部分は、令五省令第一二二号により次のとおり改正され、令和七年四月一日から施行される。

第三十一条　令第十八条第四号の厚生労働省令で定める物は、次に掲げる物とする。ただし、前条ただし書の物を除く。

一　ジクロルベンジジン及びその塩を含有する製剤その他の物で、ジクロルベンジジン及びその塩の含有量が重量の〇・一パーセント以上一パーセント以下であるもの

二　アルフアーナフチルアミン及びその塩を含有する製剤その他の物で、アルフアーナフチルアミン及びその塩の含有量が重量の一パーセントであるもの

三　塩素化ビフエニル（別名ＰＣＢ）を含有する製剤その他の物で、塩素化ビフエニルの含有量が重量の〇・一パーセント以上一パーセント以下であるもの

四　オルトートリジン及びその塩を含有する製剤その他の物で、オルトートリジン及びその塩の含有量が重量の一パーセントであるもの

五　ジアニシジン及びその塩を含有する製剤その他の物で、ジアニシジン及びその塩の含有量が重量の一パーセントであるもの

六　ベリリウム及びその化合物を含有する製剤その他の物で、ベリリウム及びその化合物の含有量が重量の〇・一パーセント以上一パーセント以下（合金にあつては、〇・一パーセント以上三パーセント以下）であるもの

七 ベンゾトリクロリドを含有する製剤その他の物で、ベンゾトリクロリドの含有量が重量の〇・一パーセント以上〇・五パーセント以下であるもの

名称等の表示

（名称等の表示）

第三十二条 法第五十七条第一項の規定による表示は、当該容器又は包装に、同項各号に掲げるもの（以下この条において「表示事項等」という。）を印刷し、又は表示事項等を印刷した票箋を貼り付けて行わなければならない。ただし、当該容器又は包装に表示事項等の全てを印刷し、又は表示事項等の全てを印刷した票箋を貼り付けることが困難なときは、表示事項等のうち同項第一号ロから二まで及び同項第二号に掲げるものについては、これらを印刷した票箋を容器又は包装に結びつけることにより表示することができる。

表示する者の氏名等

第三十三条 法第五十七条第一項第一号ニの厚生労働省令で定める事項は、次のとおりとする。

一 法第五十七条第一項の規定による表示をする者の氏名（法人にあつては、その名称）、住所及び電話番号

二 注意喚起語

三 安定性及び反応性

第三十三条の二 事業者は、令第十七条に規定する物又は令第十八条各号に掲げる物を容器に入れ、又は包装して保管するとき（法第五十七条第一項の規定による表示がされた容器又は包装により保管するときを除く。）は、当該物の名称及び人体に及ぼす作用について、当該物の保管に用いる容器又は包装への表示、文書の交付その他の方法により、当該物を取り扱う者に、明示しなければならない。

文書の交付

名称等を通知すべき危険物及び有害物

（文書の交付）

第三十四条　法第五十七条第二項の規定による文書は、同条第一項に規定する方法以外の方法により譲渡し、又は提供する際に交付しなければならない。ただし、継続的に又は反復して譲渡し、又は提供する場合において、既に当該文書の交付がなされているときは、この限りでない。

（名称等を通知すべき危険物及び有害物）

第三十四条の二　令第十八条の二第二号の厚生労働省令で定める物は、別表第二の上欄に掲げる物を含有する製剤その他の物（同欄に掲げる物の含有量が同表の下欄に定める値である物及びニトログリセリンを含有する製剤その他の物（九十八パーセント以上の不揮発性で水に溶けない鈍感剤で鈍性化した物であつて、ニトログリセリンの含有量が〇・一パーセント未満のものに限る。）を除く。）とする。

※〔編注〕本条は令五省令第一二一号により次のとおり改正され、令和七年四月一日から施行される。

（名称等を通知すべき危険物及び有害物）

第三十四条の二　令第十八条の二第二号の厚生労働省令で定める物は、別表第二の物の欄に掲げる物とする。

第三十四条の二の二　令第十八条の二第三号の厚生労働省令で定める物は、次に掲げる物とする。

※〔編注〕本条各号列記以外の部分は、令五省令第一二一号により次のとおり改正され、令和七年四月一日から施行される。

第三十四条の二の二　令第十八条の二第四号の厚生労働省令で定める物は、次に掲げる物とする。

一　ジクロルベンジジン及びその塩を含有する製剤その他の物で、ジクロルベンジジン及びその

塩の含有量が重量の〇・一パーセント以上一パーセント以下であるもの
二　アルフアーナフチルアミン及びその塩を含有する製剤その他の物で、アルフアーナフチルアミン及びその塩の含有量が重量の一パーセントであるもの
三　塩素化ビフエニル（別名ＰＣＢ）を含有する製剤その他の物で、塩素化ビフエニルの含有量が重量の〇・一パーセント以上一パーセント以下であるもの
四　オルトートリジン及びその塩を含有する製剤その他の物で、オルトートリジン及びその塩の含有量が重量の〇・一パーセント以上一パーセント以下であるもの
五　ジアニシジン及びその塩を含有する製剤その他の物で、ジアニシジン及びその塩の含有量が重量の〇・一パーセント以上一パーセント以下であるもの
六　ベリリウム及びその化合物を含有する製剤その他の物で、ベリリウム及びその化合物の含有量が重量の〇・一パーセント以上一パーセント以下（合金にあつては、〇・一パーセント以上三パーセント以下）であるもの
七　ベンゾトリクロリドを含有する製剤その他の物で、ベンゾトリクロリドの含有量が重量の〇・一パーセント以上〇・五パーセント以下であるもの

名称等の通知

（名称等の通知）

第三十四条の二の三　法第五十七条の二第一項及び第二項の厚生労働省令で定める方法は、磁気ディスク、光ディスクその他の記録媒体の交付、ファクシミリ装置を用いた送信若しくは電子メールの送信又は当該事項が記載されたホームページのアドレス（二次元コードその他のこれに代わるものを含む。）及び当該アドレスに係るホームページの閲覧を求める旨の伝達とする。

とする。

（通知を行う者の氏名等）
第三十四条の二の四　法第五十七条の二第一項第七号の厚生労働省令で定める事項は、次のとおりとする。
一　法第五十七条の二第一項の規定による通知を行う者の氏名（法人にあつては、その名称）、住所及び電話番号
二　危険性又は有害性の要約
三　安定性及び反応性
四　想定される用途及び当該用途における使用上の注意
五　適用される法令
六　その他参考となる事項

（通知の時期）
第三十四条の二の五　法第五十七条の二第一項の規定による通知は、同項の通知対象物を譲渡し、又は提供する時までに行わなければならない。ただし、継続的に又は反復して譲渡し、又は提供する場合において、既に当該通知が行われているときは、この限りでない。
2　法第五十七条の二第一項の通知対象物を譲渡し、又は提供する者は、同項第四号の事項について、直近の確認を行つた日から起算して五年以内ごとに一回、最新の科学的知見に基づき、変更を行う必要性の有無を確認し、変更を行う必要があると認めるときは、当該確認をした日から一年以内に、当該事項に変更を行わなければならない。
3　前項の者は、同項の規定により法第五十七条の二第一項第四号の事項に変更を行つたときは、変更後の同号の事項を、適切な時期に、譲渡し、又は提供した相手方の事業者に通知するものとし、文書若しくは磁気ディスク、光ディスクその他の記録媒体の交付、ファクシミリ装置を用いた送

信若しくは電子メールの送信又は当該事項が記載されたホームページのアドレス（二次元コードその他のこれに代わるものを含む。）及び当該アドレスに係るホームページの閲覧を求める旨の伝達により、変更後の当該事項を、当該相手方の事業者が閲覧できるようにしなければならない。

成分の含有量

第三十四条の二の六　法第五十七条の二第一項第二号の事項のうち、成分の含有量については、令別表第三第一号1から7までに掲げる物及び令別表第九に掲げる物ごとに重量パーセントを通知しなければならない。

2　前項の規定にかかわらず、一・四―ジクロロ―二―ブテン、鉛、一・三―ブタジエン、一・三―プロパンスルトン、硫酸ジエチル、令別表第三に掲げる物、令別表第四第六号に規定する鉛化合物、令別表第五第一号に規定する四アルキル鉛及び令別表第六の二に掲げる物以外の物であって、当該物の成分の含有量について重量パーセントの通知をすることにより、契約又は交渉に関し、事業者の財産上の利益を不当に害するおそれがあるものについては、その旨を明らかにした上で、重量パーセントの通知を、十パーセント未満の端数を切り捨てた数値と当該端数を切り上げた数値との範囲をもって行うことができる。この場合において、当該物を譲渡し、又は提供する相手方の事業者の求めがあるときは、成分の含有量に係る秘密が保全されることを条件に、当該相手方の事業場におけるリスクアセスメントの実施に必要な範囲内において、当該物の成分の含有量について、より詳細な内容を通知しなければならない。

※【編注】　本条第一項は、令五省令第一二一号により次のとおり改正され、令和七年四月一日から施行される。

第三十四条の二の六　法第五十七条の二第一項第二号の事項のうち、成分の含有量については、令第十八条の二第一号及び第二号に掲げる物並びに令別表第三第一号1から7までに掲げる物ごとに重量パーセントを通知しなければならない。

リスクアセスメントの実施時期等

（リスクアセスメントの実施時期等）

第三十四条の二の七　リスクアセスメントは、次に掲げる時期に行うものとする。

一　リスクアセスメント対象物を原材料等として新規に採用し、又は変更するとき。

二　リスクアセスメント対象物を製造し、又は取り扱う業務に係る作業の方法又は手順を新規に採用し、又は変更するとき。

三　前二号に掲げるもののほか、リスクアセスメント対象物による危険性又は有害性等について変化が生じ、又は生ずるおそれがあるとき。

2　リスクアセスメントは、リスクアセスメント対象物を製造し、又は取り扱う業務ごとに、次に掲げるいずれかの方法（リスクアセスメントのうち危険性に係るものにあつては、第一号又は第三号（第一号に係る部分に限る。）に掲げる方法に限る。）により、又はこれらの方法の併用により行わなければならない。

一　当該リスクアセスメント対象物が当該業務に従事する労働者に危険を及ぼし、又は当該リスクアセスメント対象物により当該労働者の健康障害を生ずるおそれの程度及び当該危険又は健康障害の程度を考慮する方法

二　当該業務に従事する労働者が当該リスクアセスメント対象物にさらされる程度及び当該リスクアセスメント対象物の有害性の程度を考慮する方法

三　前二号に掲げる方法に準ずる方法

リスクアセスメントの結果等の記録及び保存並びに周知

（リスクアセスメントの結果等の記録及び保存並びに周知）

第三十四条の二の八　事業者は、リスクアセスメントを行つたときは、次に掲げる事項について、記録を作成し、次にリスクアセスメントを行うまでの期間（リスクアセスメントを行つた日から起算して三年以内に当該リスクアセスメント対象物についてリスクアセスメントを行つたときは、三年間）保存するとともに、当該事項を、リスクアセスメント対象物を製造し、又は取り扱う業務に従事する労働者に周知させなければならない。

一　当該リスクアセスメント対象物の名称

二　当該業務の内容

三　当該リスクアセスメントの結果

四　当該リスクアセスメントの結果に基づき事業者が講ずる労働者の危険又は健康障害を防止するため必要な措置の内容

2　前項の規定による周知は、次に掲げるいずれかの方法により行うものとする。

一　当該リスクアセスメント対象物を製造し、又は取り扱う各作業場の見やすい場所に常時掲示し、又は備え付けること。

二　書面を、当該リスクアセスメント対象物を製造し、又は取り扱う業務に従事する労働者に交付すること。

三　事業者の使用に係る電子計算機に備えられたファイル又は電磁的記録媒体をもつて調製するファイルに記録し、かつ、当該リスクアセスメント対象物を製造し、又は取り扱う各作業場に、当該リスクアセスメント対象物を製造し、又は取り扱う業務に従事する労働者が当該記録の内容を常時確認できる機器を設置すること。

いて準用する。

（指針の公表）

第三十四条の二の九　第二十四条の規定は、法第五十七条の三第三項の規定による指針の公表について準用する。

（改善の指示等）

第三十四条の二の十　労働基準監督署長は、化学物質による労働災害が発生した、又はそのおそれがある事業場の事業者に対し、当該事業場において化学物質の管理が適切に行われていない疑いがあると認めるときは、当該事業場における化学物質の管理の状況について改善すべき旨を指示することができる。

2　前項の指示を受けた事業者は、遅滞なく、事業場における化学物質の管理について必要な知識及び技能を有する者として厚生労働大臣が定めるもの（以下この条において「化学物質管理専門家」という。）から、当該事業場における化学物質の管理の状況についての確認及び当該事業場が実施し得る望ましい改善措置に関する助言を受けなければならない。

3　前項の確認及び助言を求められた化学物質管理専門家は、同項の事業者に対し、当該事業場における化学物質の管理の状況についての確認結果及び当該事業場が実施し得る望ましい改善措置に関する助言について、速やかに、書面により通知しなければならない。

4　事業者は、前項の通知を受けた後、一月以内に、当該通知の内容を踏まえた改善措置を実施するための計画を作成するとともに、当該計画作成後、速やかに、当該計画に従い必要な改善措置を実施しなければならない。

5　事業者は、前項の計画を作成後、遅滞なく、当該計画の内容について、第三項の通知及び前項の計画の写しを添えて、改善計画報告書（様式第四号）により、所轄労働基準監督署長に報告しなければならない。

6　事業者は、第四項の規定に基づき実施した改善措置の記録を作成し、当該記録について、第三項の通知及び第四項の計画とともに三年間保存しなければならない。

有害性の調査

（有害性の調査）

第三十四条の三　法第五十七条の四第一項の規定による有害性の調査は、次に定めるところにより行わなければならない。

一　変異原性試験、化学物質のがん原性に関し変異原性試験と同等以上の知見を得ることができる試験又はがん原性試験のうちいずれかの試験を行うこと。

二　組織、設備等に関し有害性の調査を適正に行うため必要な技術的基礎を有すると認められる試験施設等において行うこと。

2　前項第二号の試験施設等が具備すべき組織、設備等に関する基準は、厚生労働大臣が定める。

新規化学物質の名称、有害性の調査の結果等の届出

（新規化学物質の名称、有害性の調査の結果等の届出）

第三十四条の四　法第五十七条の四第一項の規定による届出をしようとする者は、様式第四号の三による届書に、当該届出に係る同項に規定する新規化学物質（以下この節において「新規化学物質」という。）について行った前条第一項に規定する有害性の調査の結果を示す書面、当該有害性の調査が同条第二項の厚生労働大臣が定める基準を具備している試験施設等において行われたことを証する書面及び当該新規化学物質について予定されている製造又は取扱いの方法を記載し

労働者が新規化学物質にさらされるおそれがない旨の厚生労働大臣の確認の申請等
申請書等の記載事項の変更の届出
確認を取り消す通知
新規化学物質の有害性がない旨の厚生労働大臣の確認の申請

た書面を添えて、厚生労働大臣に提出しなければならない。

（労働者が新規化学物質にさらされるおそれがない旨の厚生労働大臣の確認の申請等）

第三十四条の五　法第五十七条の四第一項第一号の確認を受けようとする者は、当該確認に基づき最初に新規化学物質を製造し、又は輸入する日の三十日前までに様式第四号の四による申請書に、当該新規化学物質について予定されている製造又は取扱いの方法を記載した書面を添えて、厚生労働大臣に提出しなければならない。

第三十四条の六　前条の確認を受けた事業者は、同条の申請書又は書面に記載された事項に変更を生じたときは、遅滞なく、文書で、その旨を厚生労働大臣に届け出なければならない。

第三十四条の七　厚生労働大臣は、法第五十七条の四第一項第一号の確認をした後において、前条の規定による届出その他の資料により労働者が新規化学物質にさらされるおそれがあると認めるに至つたときは、遅滞なく、当該確認を取り消し、その旨を当該確認に係る事業者に通知するものとする。

（新規化学物質の有害性がない旨の厚生労働大臣の確認の申請）

第三十四条の八　法第五十七条の四第一項第二号の確認を受けようとする者は、当該確認に基づき最初に新規化学物質を製造し、又は輸入する日の三十日前までに様式第四号の四による申請書に、当該新規化学物質に関し既に得られている次条の有害性がない旨の知見等を示す書面を添えて、厚生労働大臣に提出しなければならない。

法第五十七条の四第一項第二号の厚生労働省令で定める有害性

（法第五十七条の四第一項第二号の厚生労働省令で定める有害性）

第三十四条の九　法第五十七条の四第一項第二号の厚生労働省令で定める有害性は、がん原性とする。

少量新規化学物質の製造又は輸入に係る厚生労働大臣の確認の申請等

（少量新規化学物質の製造又は輸入に係る厚生労働大臣の確認の申請等）

第三十四条の十　令第十八条の四の確認を受けようとする者は、当該確認に基づき最初に新規化学物質を製造し、又は輸入する日の三十日前までに様式第四号の四による申請書を厚生労働大臣に提出しなければならない。

確認の有効期限

第三十四条の十一　令第十八条の四の確認は、二年を限り有効とする。

通知

（通知）

第三十四条の十二　厚生労働大臣は、第三十四条の五、第三十四条の八及び第三十四条の十の申請書を受理したときは、遅滞なく、審査を行い、その結果を申請者に通知するものとする。

法第五十七条の四第一項第四号の厚生労働省令で定めるとき

（法第五十七条の四第一項第四号の厚生労働省令で定めるとき）

第三十四条の十三　法第五十七条の四第一項第四号の厚生労働省令で定めるときは、本邦の地域内において労働者に小分け、詰め替え等の作業を行わせないとき等労働者が新規化学物質にさらされるおそれがないときとする。

新規化学物質の名称の公表

（新規化学物質の名称の公表）

第三十四条の十四　法第五十七条の四第三項の規定による新規化学物質の名称の公表は、同条第一項の規定による届出の受理又は同項第二号の確認をした後一年以内に（当該新規化学物質に関して特許法（昭和三十四年法律第百二十一号）第三十六条第一項の規定による願書の提出がなされている場合にあつては、同法第六十四条第一項の規定による出願公開又は同法第六十六条第三項の規定による特許公報への掲載がなされた後速やかに）、次項に定めるところにより行うものとする。

2　新規化学物質の名称の公表は、三月以内ごとに一回、定期に、官報に掲載することにより行うものとする。

学識経験者からの意見聴取

（学識経験者からの意見聴取）

第三十四条の十五　厚生労働大臣は、法第五十七条の四第四項の規定により学識経験者の意見を聴くときは、速やかに、次条の変異原性試験等結果検討委員候補者名簿に記載されている者のうちから、検討すべき内容に応じて、検討委員を指名し、その者の意見を聴くものとする。

変異原性試験等結果検討委員候補者名簿

（変異原性試験等結果検討委員候補者名簿）

第三十四条の十六　厚生労働大臣は、化学物質の有害性の調査について高度の専門的知識を有する者のうちから、変異原性試験等結果検討委員候補者を委嘱して変異原性試験等結果検討委員候補者名簿を作成し、これを公表するものとする。

労働政策審議会への報告

（労働政策審議会への報告）

第三十四条の十七　厚生労働大臣は、法第五十七条の四第四項の規定により新規化学物質の有害性

化学物質の有害性の調査の指示
法第五十七条の五第一項の厚生労働省令で定める事業者
準用
労働政策審議会への報告

の調査の結果について学識経験者の意見を聴いたときは、その内容を、同条第三項の規定による当該新規化学物質の名称の公表後一年以内に、労働政策審議会に報告するものとする。

（化学物質の有害性の調査の指示）

第三十四条の十八　法第五十七条の五第一項の規定による指示は、同項に規定する有害性の調査を行うべき化学物質の名称、当該調査を行うべき理由、当該調査の方法その他必要な事項を記載した文書により行うものとする。

（法第五十七条の五第一項の厚生労働省令で定める事業者）

第三十四条の十九　法第五十七条の五第一項の厚生労働省令で定める事業者は、がんその他の重度の健康障害を労働者に生ずるおそれのある化学物質を製造し、輸入し、又は使用したことのある事業者とする。

（準用）

第三十四条の二十　第三十四条の十五及び第三十四条の十六の規定は、法第五十七条の五第三項の規定により学識経験者の意見を聴く場合に準用する。この場合において、これらの規定中「変異原性試験等結果検討委員候補者名簿」とあるのは「がん原性試験指示検討委員候補者名簿」と、第三十四条の十六中「変異原性試験等結果検討委員候補者」とあるのは「がん原性試験指示検討委員候補者」と読み替えるものとする。

（労働政策審議会への報告）

第三十四条の二十一　厚生労働大臣は、法第五十七条の五第一項の規定による指示に基づき化学物質の有害性の調査の結果について事業者から報告を受けたときは、その内容を当該報告を受けた後一年以内に労働政策審議会に報告するものとする。

第四章　安全衛生教育

雇入れ時等の教育

（雇入れ時等の教育）

第三十五条　事業者は、労働者を雇い入れ、又は労働者の作業内容を変更したときは、当該労働者に対し、遅滞なく、次の事項のうち当該労働者が従事する業務に関する安全又は衛生のため必要な事項について、教育を行なわなければならない。

一　機械等、原材料等の危険性又は有害性及びこれらの取扱い方法に関すること。

二　安全装置、有害物抑制装置又は保護具の性能及びこれらの取扱い方法に関すること。

三　作業手順に関すること。

四　作業開始時の点検に関すること。

五　当該業務に関して発生するおそれのある疾病の原因及び予防に関すること。

六　整理、整頓（とん）及び清潔の保持に関すること。

七　事故時等における応急措置及び退避に関すること。

八　前各号に掲げるもののほか、当該業務に関する安全又は衛生のために必要な事項

2　事業者は、前項各号に掲げる事項の全部又は一部に関し十分な知識及び技能を有していると認められる労働者については、当該事項についての教育を省略することができる。

特別教育を必要とする業務

（特別教育を必要とする業務）

第三十六条　法第五十九条第三項の厚生労働省令で定める危険又は有害な業務は、次のとおりとする。

一　研削といしの取替え又は取替え時の試運転の業務
二　動力により駆動されるプレス機械（以下「動力プレス」という。）の金型、シヤーの刃部又はプレス機械若しくはシヤーの安全装置若しくは安全囲いの取付け、取外し又は調整の業務
三　アーク溶接機を用いて行う金属の溶接、溶断等（以下「アーク溶接等」という。）の業務
四　高圧（直流にあつては七百五十ボルトを、交流にあつては六百ボルトを超え、七千ボルト以下である電圧をいう。以下同じ。）若しくは特別高圧（七千ボルトを超える電圧をいう。以下同じ。）の充電電路若しくは当該充電電路の支持物の敷設、点検、修理若しくは操作の業務、低圧（直流にあつては七百五十ボルト以下、交流にあつては六百ボルト以下である電圧をいう。以下同じ。）の充電電路（対地電圧が五十ボルト以下であるもの及び電信用のもの、電話用のもの等で感電による危害を生ずるおそれのないものを除く。）の敷設若しくは修理の業務（次号に掲げる業務を除く。）又は配電盤室、変電室等区画された場所に設置する低圧の電路（対地電圧が五十ボルト以下であるもの及び電信用のもの、電話用のもの等で感電による危害の生ずるおそれのないものを除く。）のうち充電部分が露出している開閉器の操作の業務
四の二　対地電圧が五十ボルトを超える低圧の蓄電池を内蔵する自動車の整備の業務
五　最大荷重一トン未満のフオークリフトの運転（道路交通法（昭和三十五年法律第百五号）第二条第一項第一号の道路（以下「道路」という。）上を走行させる運転を除く。）の業務
五の二　最大荷重一トン未満のシヨベルローダー又はフオークローダーの運転（道路上を走行させる運転を除く。）の業務
五の三　最大積載量が一トン未満の不整地運搬車の運転（道路上を走行させる運転を除く。）の

業務

五の四 テールゲートリフター（第百五十一条の二第七号の貨物自動車の荷台の後部に設置された動力により駆動されるリフトをいう。以下同じ。）の操作の業務（当該貨物自動車に荷を積む作業又は当該貨物自動車から荷を卸す作業を伴うものに限る。）

六 制限荷重五トン未満の揚貨装置の運転の業務

六の二 伐木等機械（伐木、造材又は原木若しくは薪炭材の集積を行うための機械であつて、動力を用い、かつ、不特定の場所に自走できるものをいう。以下同じ。）の運転（道路上を走行させる運転を除く。）の業務

六の三 走行集材機械（車両の走行により集材を行うための機械であつて、動力を用い、かつ、不特定の場所に自走できるものをいう。以下同じ。）の運転（道路上を走行させる運転を除く。）の業務

七 機械集材装置（集材機、架線、搬器、支柱及びこれらに附属する物により構成され、動力を用いて、原木又は薪炭材（以下「原木等」という。）を巻き上げ、かつ、空中において運搬する設備をいう。以下同じ。）の運転の業務

七の二 簡易架線集材装置（集材機、架線、搬器、支柱及びこれらに附属する物により構成され、動力を用いて、原木等を巻き上げ、かつ、原木等の一部が地面に接した状態で運搬する設備をいう。以下同じ。）の運転又は架線集材機械（動力を用いて原木等を巻き上げることにより当該原木等を運搬するための機械であつて、動力を用い、かつ、不特定の場所に自走できるものをいう。以下同じ。）の運転（道路上を走行させる運転を除く。）の業務

八　チェーンソーを用いて行う立木の伐木、かかり木の処理又は造材の業務
九　機体重量が三トン未満の令別表第七第一号、第二号、第三号又は第六号に掲げる機械で、動力を用い、かつ、不特定の場所に自走できるものの運転（道路上を走行させる運転を除く。）の業務
九の二　令別表第七第三号に掲げる機械で、動力を用い、かつ、不特定の場所に自走できるもの以外のものの運転の業務
九の三　令別表第七第三号に掲げる機械で、動力を用い、かつ、不特定の場所に自走できるものの作業装置の操作（車体上の運転者席における操作を除く。）の業務
十　令別表第七第四号に掲げる機械で、動力を用い、かつ、不特定の場所に自走できるものの運転（道路上を走行させる運転を除く。）の業務
十の二　令別表第七第五号に掲げる機械の作業装置の操作の業務
十の三　ボーリングマシンの運転の業務
十の四　建設工事の作業を行う場合における、ジャッキ式つり上げ機械（複数の保持機構（ワイヤロープ等を締め付けること等によつて保持する機構をいう。以下同じ。）を有し、当該保持機構を交互に開閉し、保持機構間を動力を用いて伸縮させることにより荷のつり上げ、つり下げ等の作業をワイヤロープ等を介して行う機械をいう。以下同じ。）の調整又は運転の業務
十の五　作業床の高さ（令第十条第四号の作業床の高さをいう。）が十メートル未満の高所作業車（令第十条第四号の高所作業車をいう。以下同じ。）の運転（道路上を走行させる運転を除く。）の業務

十一　動力により駆動される巻上げ機（電気ホイスト、エヤーホイスト及びこれら以外の巻上げ機でゴンドラに係るものを除く。）の運転の業務
十二　削除
十三　令第十五条第一項第八号に掲げる機械等（巻上げ装置を除く。）の運転の業務
十四　小型ボイラー（令第一条第四号の小型ボイラーをいう。以下同じ。）の取扱いの業務
十五　次に掲げるクレーン（移動式クレーン（令第一条第八号の移動式クレーンをいう。以下同じ。）を除く。以下同じ。）の運転の業務
イ　つり上げ荷重が五トン未満のクレーン
ロ　つり上げ荷重が五トン以上の跨線テルハ
十六　つり上げ荷重が一トン未満の移動式クレーンの運転（道路上を走行させる運転を除く。）の業務
十七　つり上げ荷重が五トン未満のデリックの運転の業務
十八　建設用リフトの運転の業務
十九　つり上げ荷重が一トン未満のクレーン、移動式クレーン又はデリックの玉掛けの業務
二十　ゴンドラの操作の業務
二十の二　作業室及び気こう室へ送気するための空気圧縮機を運転する業務
二十一　高圧室内作業に係る作業室への送気の調節を行うためのバルブ又はコックを操作する業務
二十二　気こう室への送気又は気こう室からの排気の調整を行うためのバルブ又はコックを操作する業務

二十三　潜水作業者への送気の調節を行うためのバルブ又はコックを操作する業務
二十四　再圧室を操作する業務
二十四の二　高圧室内作業に係る業務
二十五　令別表第五に掲げる四アルキル鉛等業務
二十六　令別表第六に掲げる酸素欠乏危険場所における作業に係る業務
二十七　特殊化学設備の取扱い、整備及び修理の業務（令第二十条第五号に規定する第一種圧力容器の整備の業務を除く。）
二十八　エックス線装置又はガンマ線照射装置を用いて行う透過写真の撮影の業務
二十八の二　加工施設（核原料物質、核燃料物質及び原子炉の規制に関する法律（昭和三十二年法律第百六十六号）第十三条第二項第二号に規定する加工施設をいう。）、再処理施設（同法第四十四条第二項第二号に規定する再処理施設をいう。）又は使用施設等（同法第五十二条第二項第十号に規定する使用施設等（核原料物質、核燃料物質及び原子炉の規制に関する法律施行令（昭和三十二年政令第三百二十四号）第四十一条に規定する核燃料物質の使用施設等に限る。）をいう。）の管理区域（電離放射線障害防止規則（昭和四十七年労働省令第四十一号。以下「電離則」という。）第三条第一項に規定する管理区域をいう。次号において同じ。）内において核燃料物質（原子力基本法（昭和三十年法律第百八十六号）第三条第二号に規定する核燃料物質をいう。次号において同じ。）若しくは使用済燃料（核原料物質、核燃料物質及び原子炉の規制に関する法律第二条第十項に規定する使用済燃料をいう。次号において同じ。）又はこれらによつて汚染された物（原子核分裂生成物を含む。次号において同じ。）を取り扱う業務

二十八の三　原子炉施設（核原料物質、核燃料物質及び原子炉の規制に関する法律第二十三条第二項第五号に規定する試験研究用等原子炉施設及び同法第四十三条の三の五第二項第五号に規定する発電用原子炉施設をいう。）の管理区域内において、核燃料物質若しくは使用済燃料又はこれらによつて汚染された物を取り扱う業務

二十八の四　東日本大震災により生じた放射性物質により汚染された土壌等を除染するための業務等に係る電離放射線障害防止規則（平成二十三年厚生労働省令第百五十二号。以下「除染則」という。）第二条第七項第二号イ又はロに掲げる物その他の事故由来放射性物質（平成二十三年三月十一日に発生した東北地方太平洋沖地震に伴う原子力発電所の事故により当該原子力発電所から放出された放射性物質をいう。）により汚染された物であつて、電離則第二条第二項に規定するものの処分の業務

二十八の五　電離則第七条の二第三項の特例緊急作業に係る業務

二十九　粉じん障害防止規則（昭和五十四年労働省令第十八号。以下「粉じん則」という。）第二条第一項第三号の特定粉じん作業（設備による注水又は注油をしながら行う粉じん則第三条各号に掲げる作業に該当するものを除く。）に係る業務

三十　ずい道等の掘削の作業又はこれに伴うずり、資材等の運搬、覆工のコンクリートの打設等の作業（当該ずい道等の内部において行われるものに限る。）に係る業務

三十一　マニプレータ及び記憶装置（可変シーケンス制御装置及び固定シーケンス制御装置を含む。以下この号において同じ。）を有し、記憶装置の情報に基づきマニプレータの伸縮、屈伸、上下移動、左右移動若しくは旋回の動作又はこれらの複合動作を自動的に行うことができる機

械(研究開発中のものその他厚生労働大臣が定めるものを除く。以下「産業用ロボット」という。)の可動範囲（記憶装置の情報に基づきマニプレータその他の産業用ロボットの各部の動くことができる最大の範囲をいう。以下同じ。）内において当該産業用ロボットについて行うマニプレータの動作の順序、位置若しくは速度の設定、変更若しくは確認（以下「教示等」という。）（産業用ロボットの駆動源を遮断して行うものを除く。以下この号において同じ。）又は産業用ロボットの可動範囲内において当該産業用ロボットについて教示等を行う労働者と共同して当該産業用ロボットの可動範囲外において行う当該教示等に係る機器の操作の業務

三十二　産業用ロボットの可動範囲内において行う当該産業用ロボットの検査、修理若しくは調整(教示等に該当するものを除く。)若しくはこれらの結果の確認(以下この号において「検査等」という。)（産業用ロボットの運転中に行うものに限る。以下この号において同じ。）又は産業用ロボットの可動範囲内において当該産業用ロボットの検査等を行う労働者と共同して当該産業用ロボットの可動範囲外において行う当該検査等に係る機器の操作の業務

三十三　自動車（二輪自動車を除く。）用タイヤの組立てに係る業務のうち、空気圧縮機を用いて当該タイヤに空気を充てんする業務

三十四　ダイオキシン類対策特別措置法施行令（平成十一年政令第四百三十三号）別表第一第五号に掲げる廃棄物焼却炉を有する廃棄物の焼却施設（第九十条第五号の四を除き、以下「廃棄物の焼却施設」という。）においてばいじん及び焼却灰その他の燃え殻を取り扱う業務（第三十六号に掲げる業務を除く。）

三十五　廃棄物の焼却施設に設置された廃棄物焼却炉、集じん機等の設備の保守点検等の業務

三十六　廃棄物の焼却施設に設置された廃棄物焼却炉、集じん機等の設備の解体等の業務及びこれに伴うばいじん及び焼却灰その他の燃え殻を取り扱う業務

三十七　石綿障害予防規則（平成十七年厚生労働省令第二十一号。以下「石綿則」という。）第四条第一項に掲げる作業に係る業務

三十八　除染則第二条第七項の除染等業務及び同条第八項の特定線量下業務

三十九　足場の組立て、解体又は変更の作業に係る業務（地上又は堅固な床上における補助作業の業務を除く。）

四十　高さが二メートル以上の箇所であつて作業床を設けることが困難なところにおいて、昇降器具（労働者自らの操作により上昇し、又は下降するための器具であつて、作業箇所の上方にある支持物にロープを緊結してつり下げ、当該ロープに労働者の身体を保持するための器具（第五百三十九条の二及び第五百三十九条の三において「身体保持器具」という。）を取り付けたものをいう。）を用いて、労働者が当該昇降器具により身体を保持しつつ行う作業（四十度未満の斜面における作業を除く。以下「ロープ高所作業」という。）に係る業務

四十一　高さが二メートル以上の箇所であつて作業床を設けることが困難なところにおいて、墜落制止用器具（令第十三条第三項第二十八号の墜落制止用器具をいう。第百三十条の五第一項において同じ。）のうちフルハーネス型のものを用いて行う作業に係る業務（前号に掲げる業務を除く。）

特別教育の科目の省略

（特別教育の科目の省略）

第三十七条　事業者は、法第五十九条第三項の特別の教育（以下「特別教育」という。）の科目の

全部又は一部について十分な知識及び技能を有していると認められる労働者については、当該科目についての特別教育を省略することができる。

特別教育の記録の保存

（特別教育の記録の保存）

第三十八条　事業者は、特別教育を行なつたときは、当該特別教育の受講者、科目等の記録を作成して、これを三年間保存しておかなければならない。

特別教育の細目

（特別教育の細目）

第三十九条　前二条及び第五百九十二条の七に定めるもののほか、第三十六条第一号から第十三号まで、第二十七号、第三十号から第三十六号まで、第三十九号から第四十一号までに掲げる業務に係る特別教育の実施について必要な事項は、厚生労働大臣が定める。

職長等の教育

（職長等の教育）

第四十条　法第六十条第三号の厚生労働省令で定める事項は、次のとおりとする。

一　法第二十八条の二第一項又は第五十七条の三第一項及び第二項の危険性又は有害性等の調査及びその結果に基づき講ずる措置に関すること。

二　異常時等における措置に関すること。

三　その他現場監督者として行うべき労働災害防止活動に関すること。

2　法第六十条の安全又は衛生のための教育は、次の表の上欄に掲げる事項について、同表の下欄に掲げる時間以上行わなければならないものとする。

事　　項	時　間
法第六十条第一号に掲げる事項 一　作業手順の定め方 二　労働者の適正な配置の方法	二時間
法第六十条第二号に掲げる事項 一　指導及び教育の方法 二　作業中における監督及び指示の方法	二・五時間
前項第一号に掲げる事項 一　危険性又は有害性等の調査の方法 二　危険性又は有害性等の調査の結果に基づき講ずる措置 三　設備、作業等の具体的な改善の方法	四時間
前項第二号に掲げる事項 一　異常時における措置 二　災害発生時における措置	一・五時間
前項第三号に掲げる事項 一　作業に係る設備及び作業場所の保守管理の方法 二　労働災害防止についての関心の保持及び労働者の創意工夫を引き出す方法	二時間

3　事業者は、前項の表の上欄に掲げる事項の全部又は一部について十分な知識及び技能を有していると認められる者については、当該事項に関する教育を省略することができる。

指針の公表

（指針の公表）
第四十条の二　第二十四条の規定は、法第六十条の二第二項の規定による指針の公表について準用する。

指定事業場等における安全衛生教育の計画及び実施結果報告

（指定事業場等における安全衛生教育の計画及び実施結果報告）
第四十条の三　事業者は、指定事業場又は所轄都道府県労働局長が労働災害の発生率等を考慮して指定する事業場について、法第五十九条又は第六十条の規定に基づく安全又は衛生のための教育に関する具体的な計画を作成しなければならない。
2　前項の事業者は、四月一日から翌年三月三十一日までに行った法第五十九条又は第六十条の規定に基づく安全又は衛生のための教育の実施結果を、毎年四月三十日までに、様式第四号の五により、所轄労働基準監督署長に報告しなければならない。

第五章　就業制限

就業制限についての資格

（就業制限についての資格）

第四十一条　法第六十一条第一項に規定する業務につくことができる者は、別表第三の上欄に掲げる業務の区分に応じて、それぞれ、同表の下欄に掲げる者とする。

職業訓練の特例

（職業訓練の特例）

第四十二条　事業者は、職業能力開発促進法（昭和四十四年法律第六十四号）第二十四条第一項の認定に係る職業訓練を受ける労働者（以下「訓練生」という。）に技能を修得させるため令第二十条第二号、第三号、第五号から第八号まで又は第十一号から第十六号までに掲げる業務に就かせる必要がある場合において、次の措置を講じたときは、法第六十一条第一項の規定にかかわらず、職業訓練開始後六月（訓練期間が六月の訓練科に係る訓練生で、令第二十条第二号、第三号又は第五号から第八号までに掲げる業務に就かせるものにあつては五月、当該訓練科に係る訓練生で、同条第十一号から第十六号までに掲げる業務に就かせるものにあつては三月）を経過した後は、訓練生を当該業務に就かせることができる。

一　訓練生が当該業務に従事する間、訓練生に対し、当該業務に関する危険又は健康障害を防止するため必要な事項を職業訓練指導員に指示させること。

二　訓練生に対し、当該業務に関し必要な安全又は衛生に関する事項について、あらかじめ、教育を行なうこと。

2　事業者は、訓練生に技能を修得させるため令第二十条第十号に掲げる業務につかせる必要がある場合において、前項の措置を講じたときは、法第六十一条第一項の規定にかかわらず、職業訓練開始後直ちに訓練生を当該業務につかせることができる。
3　前二項の場合における当該訓練生については、法第六十一条第二項の規定は、適用しない。

第六章　健康の保持増進のための措置

第一節　作業環境測定

作業環境測定指針の公表

（作業環境測定指針の公表）

第四十二条の二　第二十四条の規定は、法第六十五条第三項の規定による作業環境測定指針の公表について準用する。

作業環境測定の指示

（作業環境測定の指示）

第四十二条の三　法第六十五条第五項の規定による指示は、作業環境測定を実施すべき作業場その他必要な事項を記載した文書により行うものとする。

第一節の二　健康診断

雇入れ時の健康診断

（雇入れ時の健康診断）

第四十三条　事業者は、常時使用する労働者を雇い入れるときは、当該労働者に対し、次の項目について医師による健康診断を行わなければならない。ただし、医師による健康診断を受けた後、三月を経過しない者を雇い入れる場合において、その者が当該健康診断の結果を証明する書面を提出したときは、当該健康診断の項目に相当する項目については、この限りでない。
一　既往歴及び業務歴の調査
二　自覚症状及び他覚症状の有無の検査
三　身長、体重、腹囲、視力及び聴力（千ヘルツ及び四千ヘルツの音に係る聴力をいう。次条第一項第三号において同じ。）の検査
四　胸部エックス線検査
五　血圧の測定
六　血色素量及び赤血球数の検査（次条第一項第六号において「貧血検査」という。）
七　血清グルタミックオキサロアセチックトランスアミナーゼ（GOT）、血清グルタミックピルビックトランスアミナーゼ（GPT）及びガンマ―グルタミルトランスペプチダーゼ（γ―GTP）の検査（次条第一項第七号において「肝機能検査」という。）
八　低比重リポ蛋白コレステロール（LDLコレステロール）、高比重リポ蛋白コレステロール（HDLコレステロール）及び血清トリグリセライドの量の検査（次条第一項第八号において「血中脂質検査」という。）
九　血糖検査
十　尿中の糖及び蛋白の有無の検査（次条第一項第十号において「尿検査」という。）
十一　心電図検査

（定期健康診断）

第四十四条　事業者は、常時使用する労働者（第四十五条第一項に規定する労働者を除く。）に対し、

一年以内ごとに一回、定期に、次の項目について医師による健康診断を行わなければならない。
一 既往歴及び業務歴の調査
二 自覚症状及び他覚症状の有無の検査
三 身長、体重、腹囲、視力及び聴力の検査
四 胸部エックス線検査及び喀痰(かくたん)検査
五 血圧の測定
六 貧血検査
七 肝機能検査
八 血中脂質検査
九 血糖検査
十 尿検査
十一 心電図検査
2 第一項第三号、第四号、第六号から第九号まで及び第十一号に掲げる項目については、厚生労働大臣が定める基準に基づき、医師が必要でないと認めるときは、省略することができる。
3 第一項の健康診断は、前条、第四十五条の二又は法第六十六条第二項前段の健康診断を受けた者（前条ただし書に規定する書面を提出した者を含む。）については、当該健康診断の実施の日から一年間に限り、その者が受けた当該健康診断の項目に相当する項目を省略して行うことができる。
4 第一項第三号に掲げる項目（聴力の検査に限る。）は、四十五歳未満の者（三十五歳及び四十

歳の者を除く。）については、同項の規定にかかわらず、医師が適当と認める聴力（千ヘルツ又は四千ヘルツの音に係る聴力を除く。）の検査をもつて代えることができる。

満十五歳以下の者の健康診断の特例

（満十五歳以下の者の健康診断の特例）

第四十四条の二 事業者は、前二条の健康診断を行おうとする日の属する年度（四月一日から翌年三月三十一日までをいう。以下この条において同じ。）において満十五歳以下の年齢に達する者で、当該年度において学校保健安全法第十一条又は第十三条（認定こども園法第二十七条において準用する場合を含む。）の規定による健康診断を受けたもの又は受けることが予定されているものについては、前二条の規定にかかわらず、これらの規定による健康診断（学校教育法による中学校若しくはこれに準ずる学校若しくは義務教育学校を卒業した者又は中等教育学校の前期課程を修了した者に係る第四十三条の健康診断を除く。）を行わないことができる。

2 前二条の健康診断を行おうとする日の属する年度において満十五歳以下の年齢に達する者で、前項に規定する者以外のものについては、医師が必要でないと認めるときは、当該健康診断の項目の全部又は一部を省略することができる。

特定業務従事者の健康診断

（特定業務従事者の健康診断）

第四十五条 事業者は、第十三条第一項第三号に掲げる業務に常時従事する労働者に対し、当該業務への配置替えの際及び六月以内ごとに一回、定期に、第四十四条第一項各号に掲げる項目について医師による健康診断を行わなければならない。この場合において、同項第四号の項目については、一年以内ごとに一回、定期に、行えば足りるものとする。

2 前項の健康診断（定期のものに限る。）は、前回の健康診断において第四十四条第一項第六号から第九号まで及び第十一号に掲げる項目について健康診断を受けた者については、前項の規定にかかわらず、医師が必要でないと認めるときは、当該項目の全部又は一部を省略して行うことができる。

3　第四十四条第二項及び第三項の規定は、第一項の健康診断について準用する。この場合において、同条第三項中「一年間」とあるのは、「六月間」と読み替えるものとする。

4　第一項の健康診断（定期のものに限る。）の項目のうち第四十四条第一項第三号に掲げる項目（聴力の検査に限る。）は、前回の健康診断において当該項目について健康診断を受けた者又は四十五歳未満の者（三十五歳及び四十歳の者を除く。）については、第一項の規定にかかわらず、医師が適当と認める聴力（千ヘルツ又は四千ヘルツの音に係る聴力を除く。）の検査をもつて代えることができる。

海外派遣労働者の健康診断

第四十五条の二　**（海外派遣労働者の健康診断）**　事業者は、労働者を本邦外の地域に六月以上派遣しようとするときは、あらかじめ、当該労働者に対し、第四十四条第一項各号に掲げる項目及び厚生労働大臣が定める項目のうち医師が必要であると認める項目について、医師による健康診断を行わなければならない。

2　事業者は、本邦外の地域に六月以上派遣した労働者を本邦の地域内における業務に就かせるとき（一時的に就かせるときを除く。）は、当該労働者に対し、第四十四条第一項各号に掲げる項目及び厚生労働大臣が定める項目のうち医師が必要であると認める項目について、医師による健康診断を行わなければならない。

3　第一項の健康診断は、第四十三条、第四十四条、前条又は法第六十六条第二項前段の健康診断を受けた者（第四十三条第一項ただし書に規定する書面を提出した者を含む。）については、当該健康診断の実施の日から六月間に限り、その者が受けた当該健康診断の項目に相当する項目を省略して行うことができる。

4　第四十四条第二項の規定は、第一項及び第二項の健康診断について準用する。この場合において、同条第二項中「、第四号、第六号から第九号まで及び第十一号」とあるのは、「及び第四号」と読み替えるものとする。

第四十六条　削除

給食従業員の検便

（給食従業員の検便）

第四十七条　事業者は、事業に附属する食堂又は炊事場における給食の業務に従事する労働者に対し、その雇入れの際又は当該業務への配置替えの際、検便による健康診断を行なわなければならない。

歯科医師による健康診断

（歯科医師による健康診断）

第四十八条　事業者は、令第二十二条第三項の業務に常時従事する労働者に対し、その雇入れの際、当該業務への配置替えの際及び当該業務についた後六月以内ごとに一回、定期に、歯科医師による健康診断を行なわなければならない。

健康診断の指示

（健康診断の指示）

第四十九条　法第六十六条第四項の規定による指示は、実施すべき健康診断の項目、健康診断を受けるべき労働者の範囲その他必要な事項を記載した文書により行なうものとする。

（労働者の希望する医師等による健康診断の証明）

第五十条　法第六十六条第五項ただし書の書面は、当該労働者の受けた健康診断の項目ごとに、その結果を記載したものでなければならない。

労働者の希望する医師等による健康診断の証明

（自発的健康診断）

第五十条の二　法第六十六条の二の厚生労働省令で定める要件は、常時使用され、同条の自ら受けた健康診断を受けた日前六月間を平均して一月当たり四回以上同条の深夜業に従事したこととする。

自発的健康診断の受診要件

第五十条の三　前条で定める要件に該当する労働者は、第四十四条第一項各号に掲げる項目の全部又は一部について、自ら受けた医師による健康診断の結果を証明する書面を事業者に提出することができる。ただし、当該健康診断を受けた日から三月を経過したときは、この限りでない。

自発的健康診断結果を証明する書面の提出

第五十条の四　法第六十六条の二の書面は、当該労働者の受けた健康診断の項目ごとに、その結果を記載したものでなければならない。

診断結果を証明する書面の記載内容

（健康診断結果の記録の作成）

第五十一条　事業者は、第四十三条、第四十四条若しくは第四十五条から第四十八条までの健康診断若しくは法第六十六条第四項の規定による指示を受けて行つた健康診断（同条第五項ただし書の場合において当該労働者が受けた健康診断を含む。次条において「第四十三条等の健康診断」という。）又は法第六十六条の二の自ら受けた健康診断の結果に基づき、健康診断個人票（様式第五号）を作成して、これを五年間保存しなければならない。

健康診断結果の記録の作成

（健康診断の結果についての医師等からの意見聴取）

健康診断の結

果についての医師等からの意見聴取

第五十一条の二 第四十三条等の健康診断の結果に基づく法第六十六条の四の規定による医師又は歯科医師からの意見聴取は、次に定めるところにより行わなければならない。

一 第四十三条等の健康診断が行われた日（法第六十六条第五項ただし書の場合にあつては、当該労働者が健康診断の結果を証明する書面を事業者に提出した日）から三月以内に行うこと。

二 聴取した医師又は歯科医師の意見を健康診断個人票に記載すること。

2 法第六十六条の二の自ら受けた健康診断の結果に基づく法第六十六条の四の規定による医師からの意見聴取は、次に定めるところにより行わなければならない。

一 当該健康診断の結果を証明する書面が事業者に提出された日から二月以内に行うこと。

二 聴取した医師の意見を健康診断個人票に記載すること。

3 事業者は、医師又は歯科医師から、前二項の意見聴取を行う上で必要となる労働者の業務に関する情報を求められたときは、速やかに、これを提供しなければならない。

指針の公表

（指針の公表）

第五十一条の三 第二十四条の規定は、法第六十六条の五第二項の規定による指針の公表について準用する。

健康診断の結果の通知

（健康診断の結果の通知）

第五十一条の四 事業者は、法第六十六条第四項又は第四十三条、第四十四条若しくは第四十五条から第四十八条までの健康診断を受けた労働者に対し、遅滞なく、当該健康診断の結果を通知しなければならない。

健康診断結果報告

第五十二条　常時五十人以上の労働者を使用する事業者は、第四十四条又は第四十五条の健康診断（定期のものに限る。）を行つたときは、遅滞なく、定期健康診断結果報告書（様式第六号）を所轄労働基準監督署長に提出しなければならない。

2　事業者は、第四十八条の健康診断（定期のものに限る。）を行つたときは、遅滞なく、有害な業務に係る歯科健康診断結果報告書（様式第六号の二）を所轄労働基準監督署長に提出しなければならない。

※**〔編注〕**　本条は令六省令第四五号により次のとおり改正され、令和七年一月一日から施行される。

（健康診断結果報告）

第五十二条　常時五十人以上の労働者を使用する事業者は、健康診断（第四十四条又は第四十五条の健康診断であつて定期のものに限る。以下この項において同じ。）を行つたときは、遅滞なく、電子情報処理組織を使用して、次に掲げる事項を所轄労働基準監督署長に報告しなければならない。

一　労働保険番号

二　事業の種類並びに事業場の名称、所在地及び電話番号

三　常時使用する労働者の数

四　報告の対象となる期間、当該期間の属する年における報告の回数及び健康診断の実施年月日

五　健康診断の実施機関の名称及び所在地

六　健康診断を受けた労働者の数及び第十三条第一項第三号に掲げる業務に常時従事する労働

者の数

七　第四十四条第一項第三号（聴力の検査に限る。）及び第四号から第十一号までに掲げる項目について健康診断を受けた労働者の当該項目ごとの数並びに当該項目について異常所見があると診断された労働者の当該項目ごとの数

八　前号の項目のいずれかについて異常所見があると診断された労働者の数及び医師による指示のあつた労働者の数

九　産業医の氏名並びに所属機関の名称及び所在地

十　報告年月日及び事業者の職氏名

2　事業者は、健康診断（第四十八条の健康診断であつて定期のものに限る。以下この項において同じ。）を行つたときは、遅滞なく、電子情報処理組織を使用して、次に掲げる事項を所轄労働基準監督署長に報告しなければならない。

一　前項第一号から第三号まで及び第十号に掲げる事項

二　報告の対象となる期間、当該期間の属する年における報告の回数及び健康診断の実施年月日

三　健康診断の実施機関の名称及び所在地

四　事業場において取り扱う令第二十二条第三項に掲げる物の名称、当該物を取り扱う業務の内容及び当該業務に従事する労働者の数

五　健康診断を受けた労働者の数及び異常所見があると診断された労働者の数

六　産業医を選任している場合は当該産業医の氏名並びに所属機関の名称及び所在地

第一節の三　長時間にわたる労働に関する面接指導等

（面接指導の対象となる労働者の要件等）

面接指導の対象となる労働者の要件等

第五十二条の二　法第六十六条の八第一項の厚生労働省令で定める要件は、休憩時間を除き一週間当たり四十時間を超えて労働させた場合におけるその超えた時間が一月当たり八十時間を超え、かつ、疲労の蓄積が認められる者であることとする。ただし、次項の期日前一月以内に法第六十六条の八第一項又は第六十六条の八の二第一項に規定する面接指導を受けた労働者その他これに類する労働者であつて法第六十六条の八第一項に規定する面接指導（以下この節において「法第六十六条の八の面接指導」という。）を受ける必要がないと医師が認めたものを除く。

2　前項の超えた時間の算定は、毎月一回以上、一定の期日を定めて行わなければならない。

3　事業者は、第一項の超えた時間の算定を行つたときは、速やかに、同項の超えた時間が一月当たり八十時間を超えた労働者に対し、当該労働者に係る当該超えた時間に関する情報を通知しなければならない。

（面接指導の実施方法等）

面接指導の実施方法等

第五十二条の三　法第六十六条の八の面接指導は、前条第一項の要件に該当する労働者の申出により行うものとする。

2　前項の申出は、前条第二項の期日後、遅滞なく、行うものとする。

3　事業者は、労働者から第一項の申出があつたときは、遅滞なく、法第六十六条の八の面接指導を行わなければならない。

4　産業医は、前条第一項の要件に該当する労働者に対して、第一項の申出を行うよう勧奨することができる。

面接指導における確認事項

（面接指導における確認事項）
第五十二条の四　医師は、法第六十六条の八の面接指導を行うに当たつては、前条第一項の申出を行つた労働者に対し、次に掲げる事項について確認を行うものとする。
一　当該労働者の勤務の状況
二　当該労働者の疲労の蓄積の状況
三　前号に掲げるもののほか、当該労働者の心身の状況

労働者の希望する医師による面接指導の証明

（労働者の希望する医師による面接指導の証明）
第五十二条の五　法第六十六条の八第二項ただし書の書面は、当該労働者の受けた法第六十六条の八の面接指導について、次に掲げる事項を記載したものでなければならない。
一　実施年月日
二　当該労働者の氏名
三　法第六十六条の八の面接指導を行つた医師の氏名
四　当該労働者の疲労の蓄積の状況
五　前号に掲げるもののほか、当該労働者の心身の状況

面接指導結果の記録の作成

（面接指導結果の記録の作成）
第五十二条の六　事業者は、法第六十六条の八の面接指導（法第六十六条の八第二項ただし書の場合において当該労働者が受けたものを含む。次条において同じ。）の結果に基づき、当該法第六十六条の八の面接指導の結果の記録を作成して、これを五年間保存しなければならない。
2　前項の記録は、前条各号に掲げる事項及び法第六十六条の八第四項の規定による医師の意見を

記載したものでなければならない。

（面接指導の結果についての医師からの意見聴取）

第五十二条の七　法第六十六条の八の面接指導の結果に基づく法第六十六条の八第四項の規定による医師からの意見聴取は、当該法第六十六条の八の面接指導が行われた後（同条第二項ただし書の場合にあつては、当該労働者が当該法第六十六条の八の面接指導の結果を証明する書面を事業者に提出した後）、遅滞なく行わなければならない。

（法第六十六条の八の二第一項の厚生労働省令で定める時間等）

第五十二条の七の二　法第六十六条の八の二第一項の厚生労働省令で定める時間は、休憩時間を除き一週間当たり四十時間を超えて労働させた場合におけるその超えた時間について、一月当たり百時間とする。

2　第五十二条の二第二項、第五十二条の三第一項及び第五十二条の四から前条までの規定は、法第六十六条の八の二第一項に規定する面接指導について準用する。この場合において、第五十二条の二第二項中「前項」とあるのは「第五十二条の七の二第一項」と、第五十二条の三第一項中「前条第一項の要件に該当する労働者の申出により」とあるのは「前条第二項の期日後、遅滞なく」と、第五十二条の四中「前条第一項の申出を行つた労働者」とあるのは「労働者」と読み替えるものとする。

（法第六十六条の八の三の厚生労働省令で定める方法等）

第五十二条の七の三　法第六十六条の八の三の厚生労働省令で定める方法は、タイムカードによる

生労働省令で定める方法等

法第六十六条の八の四第一項の厚生労働省令で定める時間等

法第六十六条の九の必要な措置の実施

記録、パーソナルコンピュータ等の電子計算機の使用時間の記録等の客観的な方法その他の適切な方法とする。

2　事業者は、前項に規定する方法により把握した労働時間の状況の記録を作成し、三年間保存するための必要な措置を講じなければならない。

（法第六十六条の八の四第一項の厚生労働省令で定める時間等）

第五十二条の七の四　法第六十六条の八の四第一項の厚生労働省令で定める時間は、一週間当たりの健康管理時間（労働基準法（昭和二十二年法律第四十九号）第四十一条の二第一項第三号に規定する健康管理時間をいう。）が四十時間を超えた場合におけるその超えた時間について、一月当たり百時間とする。

2　第五十二条の二第二項、第五十二条の三第一項及び第五十二条の四から第五十二条の七までの規定は、法第六十六条の八の四第一項に規定する面接指導について準用する。この場合において、第五十二条の二第二項中「前項」とあるのは「第五十二条の七の四第一項」と、第五十二条の三第一項中「前条第一項の要件に該当する労働者の申出により」とあるのは「前条第二項の期日後、遅滞なく、」と、第五十二条の四中「前条第一項の申出を行つた労働者」とあるのは「労働者」と読み替えるものとする。

（法第六十六条の九の必要な措置の実施）

第五十二条の八　法第六十六条の九の必要な措置は、法第六十六条の八の面接指導の実施又は法第六十六条の八の面接指導に準ずる措置（第三項に該当する者にあつては、法第六十六条の八の四第一項に規定する面接指導の実施）とする。

2　労働基準法第四十一条の二第一項の規定により労働する労働者以外の労働者に対して行う法第六十六条の九の必要な措置は、事業場において定められた当該必要な措置の実施に関する基準に該当する者に対して行うものとする。

3　労働基準法第四十一条の二第一項の規定により労働する労働者に対して行う法第六十六条の九の必要な措置は、当該労働者の申出により行うものとする。

第一節の四　心理的な負担の程度を把握するための検査等

心理的な負担の程度を把握するための検査の実施方法

（心理的な負担の程度を把握するための検査の実施方法）

第五十二条の九　事業者は、常時使用する労働者に対し、一年以内ごとに一回、定期に、次に掲げる事項について法第六十六条の十第一項に規定する心理的な負担の程度を把握するための検査（以下この節において「検査」という。）を行わなければならない。

一　職場における当該労働者の心理的な負担の原因に関する項目

二　当該労働者の心理的な負担による心身の自覚症状に関する項目

三　職場における他の労働者による当該労働者への支援に関する項目

検査の実施者等

（検査の実施者等）

第五十二条の十　法第六十六条の十第一項の厚生労働省令で定める者は、次に掲げる者（以下この節において「医師等」という。）とする。

一　医師

二　保健師
三　検査を行うために必要な知識についての研修であつて厚生労働大臣が定めるものを修了した歯科医師、看護師、精神保健福祉士又は公認心理師
2　検査を受ける労働者について解雇、昇進又は異動に関して直接の権限を持つ監督的地位にある者は、検査の実施の事務に従事してはならない。

検査結果等の記録の作成等

（検査結果等の記録の作成等）
第五十二条の十一　事業者は、第五十二条の十三第二項に規定する場合を除き、検査を行つた医師等による当該検査の結果の記録の作成の事務及び当該検査の実施の事務に従事した者による当該記録の保存の事務が適切に行われるよう、必要な措置を講じなければならない。

検査結果の通知

（検査結果の通知）
第五十二条の十二　事業者は、検査を受けた労働者に対し、当該検査を行つた医師等から、遅滞なく、当該検査の結果が通知されるようにしなければならない。

労働者の同意の取得等

（労働者の同意の取得等）
第五十二条の十三　法第六十六条の十第二項後段の規定による労働者の同意の取得は、書面又は電磁的記録によらなければならない。
2　事業者は、前項の規定により検査を受けた労働者の同意を得て、当該検査を行つた医師等から当該労働者の検査の結果の提供を受けた場合には、当該検査の結果に基づき、当該検査の結果の記録を作成して、これを五年間保存しなければならない。

検査結果の集団ごとの分析等

（検査結果の集団ごとの分析等）

第五十二条の十四　事業者は、検査を行つた場合は、当該検査を行つた医師等に、当該検査の結果を当該事業場の当該部署に所属する労働者の集団その他の一定規模の集団ごとに集計させ、その結果について分析させるよう努めなければならない。

2　事業者は、前項の分析の結果を勘案し、その必要があると認めるときは、当該集団の労働者の実情を考慮して、当該集団の労働者の心理的な負担を軽減するための適切な措置を講ずるよう努めなければならない。

面接指導の対象となる労働者の要件

（面接指導の対象となる労働者の要件）

第五十二条の十五　法第六十六条の十第三項の厚生労働省令で定める要件は、検査の結果、心理的な負担の程度が高い者であつて、同項に規定する面接指導（以下この節において「面接指導」という。）を受ける必要があると当該検査を行つた医師等が認めたものであることとする。

面接指導の実施方法等

（面接指導の実施方法等）

第五十二条の十六　法第六十六条の十第三項の規定による申出（以下この条及び次条において「申出」という。）は、前条の要件に該当する労働者が検査の結果の通知を受けた後、遅滞なく行うものとする。

2　事業者は、前条の要件に該当する労働者から申出があつたときは、遅滞なく、面接指導を行わなければならない。

3　検査を行つた医師等は、前条の要件に該当する労働者に対して、申出を行うよう勧奨することができる。

（面接指導における確認事項）

第五十二条の十七　医師は、面接指導を行うに当たつては、申出を行つた労働者に対し、第五十二条の九各号に掲げる事項のほか、次に掲げる事項について確認を行うものとする。

一　当該労働者の勤務の状況

二　当該労働者の心理的な負担の状況

三　前号に掲げるもののほか、当該労働者の心身の状況

（面接指導結果の記録の作成）

第五十二条の十八　事業者は、面接指導の結果に基づき、当該面接指導の結果の記録を作成して、これを五年間保存しなければならない。

2　前項の記録は、前条各号に掲げる事項のほか、次に掲げる事項を記載したものでなければならない。

一　実施年月日

二　当該労働者の氏名

三　面接指導を行つた医師の氏名

四　法第六十六条の十第五項の規定による医師の意見

（面接指導の結果についての医師からの意見聴取）

第五十二条の十九　面接指導の結果に基づく法第六十六条の十第五項の規定による医師からの意見聴取は、面接指導が行われた後、遅滞なく行わなければならない。

指針の公表

検査及び面接指導結果の報告

て準用する。

（指針の公表）
第五十二条の二十　第二十四条の規定は、法第六十六条の十第七項の規定による指針の公表について準用する。

（検査及び面接指導結果の報告）
第五十二条の二十一　常時五十人以上の労働者を使用する事業者は、一年以内ごとに一回、定期に、心理的な負担の程度を把握するための検査結果等報告書（様式第六号の三）を所轄労働基準監督署長に提出しなければならない。

※**〔編注〕**　本条は令六省令第四五号により次のとおり改正され、令和七年一月一日から施行される。

（検査及び面接指導結果の報告）
第五十二条の二十一　常時五十人以上の労働者を使用する事業者は、一年以内ごとに一回、定期に、電子情報処理組織を使用して、検査及び面接指導の結果等について、次に掲げる事項を所轄労働基準監督署長に報告しなければならない。

一　労働保険番号
二　事業の種類並びに事業場の名称、所在地及び電話番号
三　常時使用する労働者の数
四　報告の対象となる期間及び検査の実施年月
五　検査を受けた労働者の数及び面接指導を受けた労働者の数
六　検査を実施した者が次のイからハまでのいずれに該当するかの別
　イ　事業者が選任した産業医
　ロ　当該事業場に所属する医師（イに掲げる産業医以外の医師に限る。）、保健師、歯科医師、

看護師、精神保健福祉士又は公認心理師
ハ　検査を委託した医師、保健師、歯科医師、看護師、精神保健福祉士又は公認心理師
七　面接指導を実施した医師が次のイからハまでのいずれに該当するかの別
イ　事業者が選任した産業医
ロ　当該事業場に所属する医師（イに掲げる産業医以外の医師に限る。）
ハ　検査を委託した医師
八　検査の結果についての第五十二条の十四第一項の規定に基づく集団ごとの分析の実施の有無
九　産業医の氏名並びに所属機関の名称及び所在地
十　報告年月日及び事業者の職氏名

第二節　健康管理手帳

令第二十三条第十三号の厚生労働省令で定める場所

（令第二十三条第十三号の厚生労働省令で定める場所）

第五十二条の二十二　令第二十三条第十三号の厚生労働省令で定める場所は、屋内作業場等（屋内作業場及び有機溶剤中毒予防規則（昭和四十七年労働省令第三十六号。以下「有機則」という。）第一条第二項各号に掲げる場所をいう。）とする。

健康管理手帳の交付

（健康管理手帳の交付）

第五十三条　法第六十七条第一項の厚生労働省令で定める要件に該当する者は、労働基準法の施行の日以降において、次の表の上欄に掲げる業務に従事し、その従事した業務に応じて、離職の際に又は離職の後に、それぞれ、同表の下欄に掲げる要件に該当する者その他厚生労働大臣が定め

る要件に該当する者とする。

業　務	要　件
令第二十三条第一号、第二号又は第十二号の業務	当該業務に三月以上従事した経験を有すること。
令第二十三条第三号の業務	じん肺法（昭和三十五年法律第三十号）第十三条第二項（同法第十五条第三項、第十六条第二項及び第十六条の二第二項において準用する場合を含む。）の規定により決定されたじん肺管理区分が管理二又は管理三であること。
令第二十三条第四号の業務	当該業務に四年以上従事した経験を有すること。
令第二十三条第五号の業務	当該業務に五年以上従事した経験を有すること。
令第二十三条第六号の業務	当該業務に五年以上従事した経験を有すること。
令第二十三条第七号の業務	当該業務に三年以上従事した経験を有すること。
令第二十三条第八号の業務	両肺野にベリリウムによる慢性の結節性陰影があること。
令第二十三条第九号の業務	当該業務に三年以上従事した経験を有すること。
令第二十三条第十号の業務	当該業務に四年以上従事した経験を有すること。
令第二十三条第十一号の業務（石綿等（令第六条第二十三号に規定する石綿等をいう。以下同じ。）を製造し、又は取り扱う業務に限る。）	次のいずれかに該当すること。 一　両肺野に石綿による不整形陰影があり、又は石綿による胸膜肥厚があること。 二　石綿等の製造作業、石綿等が使用されている保温材、耐火被覆材等の張付け、補修若しくは除去の作業、石綿等の吹付けの作業又は石綿等が吹き付けられた建築物、工作物等の解体、破砕等の作業（吹き付けられた石綿等の除去の

	作業を含む。）に一年以上従事した経験を有し、かつ、初めて石綿等の粉じんにばく露した日から十年以上を経過していること。 三　石綿等を取り扱う作業（前号の作業を除く。）に十年以上従事した経験を有していること。 四　前二号に掲げる要件に準ずるものとして厚生労働大臣が定める要件に該当すること。
令第二十三条第十一号の業務（石綿等を製造し、又は取り扱う業務を除く。）	両肺野に石綿による不整形陰影があり、又は石綿による胸膜肥厚があること。
令第二十三条第十三号の業務	当該業務に二年以上従事した経験を有すること。
令第二十三条第十四号の業務	当該業務に五年以上従事した経験を有すること。
令第二十三条第十五号の業務	当該業務に二年以上従事した経験を有すること。

2　健康管理手帳（以下「手帳」という。）の交付は、前項に規定する要件に該当する者の申請に基づいて、所轄都道府県労働局長（離職の後に同項に規定する要件に該当する者にあつては、その者の住所を管轄する都道府県労働局長）が行うものとする。

3　前項の申請をしようとする者は、健康管理手帳交付申請書（様式第七号）に第一項の要件に該当する事実を証する書類（当該書類がない場合には、当該事実についての申立て書）（令第二十三条第八号又は第十一号の業務に係る前項の申請（同号の業務に係るものについては、第一項の表令第二十三条第十一号の業務（石綿等（令第六条第二十三号に規定する石綿等をいう。以下同じ。）を製造し、又は取り扱う業務に限る。）の項第二号から第四号までの要件に該当することを理由とするものを除く。）をしようとする者にあつては、胸部のエックス線直接撮影又は特殊なエックス線撮影による写真を含む。）を添えて、所轄都道府県労働局長（離職の後に第一項の要件に該当する者にあつては、その者の住所を管轄する都道府県労働局長）に提出しなければならない。

手帳の様式

（手帳の様式）

第五十四条　手帳は、様式第八号による。

受診の勧告

（受診の勧告）

第五十五条　都道府県労働局長は、手帳を交付するときは、当該手帳の交付を受ける者に対し、厚生労働大臣が定める健康診断を受けることを勧告するものとする。

第五十六条　都道府県労働局長は、前条の勧告をするときは、手帳の交付を受ける者に対し、その者が受ける健康診断の回数、方法その他当該健康診断を受けることについて必要な事項を通知するものとする。

手帳の提出等

（手帳の提出等）

第五十七条　手帳の交付を受けた者（以下「手帳所持者」という。）は、第五十五条の勧告に係る健康診断（以下この条において「健康診断」という。）を受けるときは、手帳を当該健康診断を行なう医療機関に提出しなければならない。

2　前項の医療機関は、手帳所持者に対し健康診断を行つたときは、その結果をその者の手帳に記載しなければならない。

3　第一項の医療機関は、手帳所持者に対し健康診断を行つたときは、遅滞なく、様式第九号による報告書を当該医療機関の所在地を管轄する都道府県労働局長に提出しなければならない。

（手帳の書替え）

第五十八条　手帳所持者は、氏名又は住所を変更したときは、三十日以内に、健康管理手帳書替申請書（様式第十号）に手帳を添えてその者の住所を管轄する都道府県労働局長に提出し、手帳の書替えを受けなければならない。

（手帳の再交付）

第五十九条　手帳所持者は、手帳を滅失し、又は損傷したときは、健康管理手帳再交付申請書（様式第十号）をその者の住所を管轄する都道府県労働局長に提出し、手帳の再交付を受けなければならない。

2　手帳を損傷した者が前項の申請をするときは、当該申請書にその手帳を添えなければならない。

3　手帳所持者は、手帳の再交付を受けた後、滅失した手帳を発見したときは、速やかに、これを第一項の都道府県労働局長に返還しなければならない。

（手帳の返還）

第六十条　手帳所持者が死亡したときは、当該手帳所持者の相続人又は法定代理人は、遅滞なく、手帳をその者の住所を管轄する都道府県労働局長に返還しなければならない。

第三節　病者の就業禁止

第六十一条　事業者は、次の各号のいずれかに該当する者については、その就業を禁止しなければ

止

ならない。ただし、第一号に掲げる者について伝染予防の措置をした場合は、この限りでない。

一 病毒伝ぱのおそれのある伝染性の疾病にかかつた者

二 心臓、腎臓、肺等の疾病で労働のため病勢が著しく増悪するおそれのあるものにかかつた者

三 前各号に準ずる疾病で厚生労働大臣が定めるものにかかつた者

2 事業者は、前項の規定により、就業を禁止しようとするときは、あらかじめ、産業医その他専門の医師の意見をきかなければならない。

第四節 指針の公表

指針の公表

第六十一条の二 第二十四条の規定は、法第七十条の二第一項の規定による指針の公表について準用する。

第六章の二 快適な職場環境の形成のための措置

快適な職場環境の形成のための措置

第六十一条の三 都道府県労働局長は、事業者が快適な職場環境の形成のための措置の実施に関し必要な計画を作成し、提出した場合において、当該計画が法第七十一条の三の指針に照らして適切なものであると認めるときは、その旨の認定をすることができる。

2 都道府県労働局長は、法第七十一条の四の援助を行うに当たつては、前項の認定を受けた事業者に対し、特別の配慮をするものとする。

第七章　免許等

第一節　免許

免許を受けることができる者

（免許を受けることができる者）

第六十二条　法第十二条第一項、第十四条又は第六十一条第一項の免許（以下「免許」という。）を受けることができる者は、別表第四の上欄に掲げる免許の種類に応じて、同表の下欄に掲げる者とする。

免許の欠格事項

（免許の欠格事項）

第六十三条　ガス溶接作業主任者免許、林業架線作業主任者免許、発破技士免許又は揚貨装置運転士免許に係る法第七十二条第二項第二号の厚生労働省令で定める者は、満十八歳に満たない者とする。

免許の重複取得の禁止

（免許の重複取得の禁止）

第六十四条　免許を現に受けている者は、当該免許と同一の種類の免許を重ねて受けることができない。ただし、次の各号に掲げる者が、当該各号に定める免許を受けるときは、この限りでない。

一　クレーン等安全規則（昭和四十七年労働省令第三十四号。以下「クレーン則」という。）第二百二十四条の四第一項の規定により取り扱うことのできる機械の種類を床上運転式クレーン

（クレーン則第二百二十三条第三号に規定する床上運転式クレーンをいう。以下同じ。）に限定したクレーン・デリック運転士免許を受けている者　取り扱うことのできる機械の種類を限定しないクレーン・デリック運転士免許又は同条第二項の規定により取り扱うことのできる機械の種類をクレーンに限定したクレーン・デリック運転士免許

二　クレーン則第二百二十四条の四第二項の規定により取り扱うことのできる機械の種類をクレーンに限定したクレーン・デリック運転士免許を受けている者　取り扱うことのできる機械の種類を限定しないクレーン・デリック運転士免許

法第七十二条第三項の厚生労働省令で定める者

（法第七十二条第三項の厚生労働省令で定める者）

第六十五条　発破技士免許に係る法第七十二条第三項の厚生労働省令で定める者は、身体又は精神の機能の障害により当該免許に係る業務を適正に行うに当たつて必要なせん孔機械、装てん機若しくは発破器の操作、結線又は不発の装薬若しくは残薬の点検及び処理を適切に行うことができない者とする。

2　揚貨装置運転士免許に係る法第七十二条第三項の厚生労働省令で定める者は、身体又は精神の機能の障害により当該免許に係る業務を適正に行うに当たつて必要な揚貨装置の操作又は揚貨装置の周囲の状況の確認を適切に行うことができない者とする。

3　ガス溶接作業主任者免許に係る法第七十二条第三項の厚生労働省令で定める者は、身体又は精神の機能の障害により当該免許に係る業務を適正に行うに当たつて必要な溶接機器の操作を適切に行うことができない者とする。

障害を補う手

（障害を補う手段等の考慮）

段等の考慮

第六十五条の二　都道府県労働局長は、発破技士免許、揚貨装置運転士免許又はガス溶接作業主任者免許の申請を行つた者がそれぞれ前条第一項、第二項又は第三項に規定する者に該当すると認める場合において、当該者に免許を与えるかどうかを決定するときは、当該者が現に利用している障害を補う手段又は当該者が現に受けている治療等により障害が補われ、又は障害の程度が軽減している状況を考慮しなければならない。

条件付免許

（条件付免許）

第六十五条の三　都道府県労働局長は、身体又は精神の機能の障害がある者に対して、その者が行うことのできる作業を限定し、その他作業についての必要な条件を付して、発破技士免許又はガス溶接作業主任者免許を与えることができる。

2　都道府県労働局長は、身体又は精神の機能の障害がある者に対して、その取り扱うことのできる揚貨装置の種類を限定し、その他作業についての必要な条件を付して、揚貨装置運転士免許を与えることができる。

免許の取消し等

（免許の取消し等）

第六十六条　法第七十四条第二項第五号の厚生労働省令で定めるときは、次のとおりとする。

一　当該免許試験の受験についての不正その他の不正の行為があつたとき。

二　免許証を他人に譲渡し、又は貸与したとき。

三　免許を受けた者から当該免許の取消しの申請があつたとき。

免許証の交付

（免許証の交付）

第六十六条の二　免許は、免許証（様式第十一号）を交付して行う。この場合において、同一人に対し、日を同じくして二以上の種類の免許を与えるときは、一の種類の免許に係る免許証に他の種類の免許に係る事項を記載して、当該種類の免許に係る免許証の交付に代えるものとする。

2　免許を現に受けている者に対し、当該免許の種類と異なる種類の免許を与えるときは、その異なる種類の免許に係る免許証にその者が現に受けている免許に係る事項（その者が現に受けている免許の中にその異なる種類の免許の下級の資格についての免許がある場合にあつては、当該下級の資格についての免許に係る事項を除く。）を記載して、その者が現に有する免許証と引換えに交付するものとする。

3　クレーン則第二百二十四条の四第一項の規定により取り扱うことのできる機械の種類を床上運転式クレーンに限定したクレーン・デリック運転士免許を現に受けている者に対し、取り扱うことのできる機械の種類を限定しないクレーン・デリック運転士免許若しくは同条第二項の規定により取り扱うことのできる機械の種類をクレーンに限定したクレーン・デリック運転士免許を与えるとき又は同項の規定により取り扱うことのできる機械の種類をクレーンに限定したクレーン・デリック運転士免許を現に受けている者に対し、取り扱うことのできる機械の種類を限定しないクレーン・デリック運転士免許を与えるときは、クレーン・デリック運転士免許に係る免許証を、その者が現に有する免許証と引換えに交付するものとする。この場合において、その者がクレーン・デリック運転士免許と異なる種類の免許を現に受けているときは、当該クレーン・デリック運転士免許に係る免許証に、当該異なる種類の免許に係る事項を記載するものとする。

免許の申請手

（免許の申請手続）

続

第六十六条の三　免許試験に合格した者で、免許を受けようとするもの（次項の者を除く。）は、当該免許試験に合格した後、遅滞なく、免許申請書（様式第十二号）を当該免許試験を行つた都道府県労働局長に提出しなければならない。

2　法第七十五条の二の指定試験機関（以下「指定試験機関」という。）が行う免許試験に合格した者で、免許を受けようとするものは、当該免許試験に合格した後、遅滞なく、前項の免許申請書に第七十一条の二に規定する書面を添えて当該免許試験を行つた指定試験機関の事務所の所在地を管轄する都道府県労働局長に提出しなければならない。

3　免許試験に合格した者以外の者で、免許を受けようとするものは、第一項の免許申請書をその者の住所を管轄する都道府県労働局長に提出しなければならない。

（免許証の再交付又は書替え）

免許証の再交付又は書替え

第六十七条　免許証の交付を受けた者で、当該免許に係る業務に現に就いているもの又は就こうとするものは、これを滅失し、又は損傷したときは、免許証再交付申請書（様式第十二号）を免許証の交付を受けた都道府県労働局長又はその者の住所を管轄する都道府県労働局長に提出し、免許証の再交付を受けなければならない。

2　前項に規定する者は、氏名を変更したときは、免許証書替申請書（様式第十二号）を免許証の交付を受けた都道府県労働局長又はその者の住所を管轄する都道府県労働局長に提出し、免許証の書替えを受けなければならない。

（免許の取消しの申請手続）

免許の取消しの申請手続

第六十七条の二　免許を受けた者は、当該免許の取消しの申請をしようとするときは、免許取消申請書（様式第十三号）を免許証の交付を受けた都道府県労働局長又はその者の住所を管轄する都道府県労働局長に提出しなければならない。

免許証の返還

（免許証の返還）

第六十八条　法第七十四条の規定により免許の取消しの処分を受けた者は、遅滞なく、免許の取消しをした都道府県労働局長に免許証を返還しなければならない。

2　前項の規定により免許証の返還を受けた都道府県労働局長は、当該免許証に当該取消しに係る免許と異なる種類の免許に係る事項が記載されているときは、当該免許証から当該取消しに係る免許に係る事項を抹消して、免許証の再交付を行うものとする。

免許試験

（免許試験）

第六十九条　法第七十五条第一項の厚生労働省令で定める免許試験の区分は、次のとおりとする。

一　第一種衛生管理者免許試験
一の二　第二種衛生管理者免許試験
二　高圧室内作業主任者免許試験
三　ガス溶接作業主任者免許試験
四　林業架線作業主任者免許試験
五　特級ボイラー技士免許試験
六　一級ボイラー技士免許試験
七　二級ボイラー技士免許試験
八　エックス線作業主任者免許試験

八の二　ガンマ線透過写真撮影作業主任者免許試験
九　発破技士免許試験
十　揚貨装置運転士免許試験
十一　特別ボイラー溶接士免許試験
十二　普通ボイラー溶接士免許試験
十三　ボイラー整備士免許試験
十四　クレーン・デリック運転士免許試験
十五　移動式クレーン運転士免許試験
十六　潜水士免許試験

受験資格、試験科目等

（受験資格、試験科目等）

第七十条　前条第一号、第一号の二、第三号、第四号、第九号及び第十号の免許試験の受験資格及び試験科目並びにこれらの免許試験について法第七十五条第三項の規定により試験科目の免除を受けることができる者及び免除する試験科目は、別表第五のとおりとする。

受験手続

（受験手続）

第七十一条　免許試験を受けようとする者は、免許試験受験申請書（様式第十四号）を都道府県労働局長（指定試験機関が行う免許試験を受けようとする者にあつては、指定試験機関）に提出しなければならない。

合格の通知

（合格の通知）

第七十一条の二　都道府県労働局長又は指定試験機関は、免許試験に合格した者に対し、その旨を書面により通知するものとする。

（免許試験の細目）

第七十二条　前三条に定めるもののほか、第六十九条第一号、第一号の二、第三号、第四号、第九号及び第十号に掲げる免許試験の実施について必要な事項は、厚生労働大臣が定める。

第二節　教習

第七十三条　削除

（教習科目）

第七十四条　揚貨装置運転実技教習の教習科目は、次のとおりとする。

一　揚貨装置の基本運転

二　揚貨装置の応用運転

三　合図の基本作業

（教習を受けるための手続）

第七十五条　法第七十五条第三項の教習（以下「教習」という。）を受けようとする者は、様式第十五号による申込書を当該教習を行う法第七十七条第三項の登録教習機関（以下「登録教習機関」という。）に提出しなければならない。

（教習修了証の交付）

第七十六条　教習を行った登録教習機関は、当該教習を修了した者に対し、遅滞なく、教習修了証（様式第十六号）を交付しなければならない。

（教習の細目）

第七十七条　前三条に定めるもののほか、揚貨装置運転実技教習の実施について必要な事項は、厚生労働大臣が定める。

第三節　技能講習

第七十八条　削除

（技能講習の受講資格及び講習科目）

第七十九条　法別表第十八第一号から第十七号まで及び第二十八号から第三十五号までに掲げる技能講習の受講資格及び講習科目は、別表第六のとおりとする。

（受講手続）

第八十条　技能講習を受けようとする者は、技能講習受講申込書（様式第十五号）を当該技能講習を行う登録教習機関に提出しなければならない。

（技能講習修了証の交付）

第八十一条　技能講習を行った登録教習機関は、当該講習を修了した者に対し、遅滞なく、技能講習修了証（様式第十七号）を交付しなければならない。

（技能講習修了証の再交付等）

第八十二条　技能講習修了証の交付を受けた者で、当該技能講習に係る業務に現に就いているもの又は就こうとするものは、これを滅失し、又は損傷したときは、第三項に規定する場合を除き、技能講習修了証再交付申込書（様式第十八号）を技能講習修了証の交付を受けた登録教習機関に提出し、技能講習修了証の再交付を受けなければならない。

2　前項に規定する者は、氏名を変更したときは、第三項に規定する場合を除き、技能講習修了証書替申込書（様式第十八号）を技能講習修了証の交付を受けた登録教習機関に提出し、技能講習修了証の書替えを受けなければならない。

3　第一項に規定する者は、技能講習修了証の交付を受けた登録教習機関が当該技能講習の業務を廃止した場合（当該登録を取り消された場合及び当該登録がその効力を失つた場合を含む。）及び労働安全衛生法及びこれに基づく命令に係る登録及び指定に関する省令（昭和四十七年労働省令第四十四号）第二十四条第一項ただし書に規定する場合に、これを滅失し、若しくは損傷したとき又は氏名を変更したときは、技能講習修了証明書交付申込書（様式第十八号）を同項ただし書に規定する厚生労働大臣が指定する機関に提出し、当該技能講習を修了したことを証する書面の交付を受けなければならない。

4　前項の場合において、厚生労働大臣が指定する機関は、同項の書面の交付を申し込んだ者が同項に規定する技能講習以外の技能講習を修了しているときは、当該技能講習を行つた登録教習機関からその者の当該技能講習の修了に係る情報の提供を受けて、その者に対して、同項の書面に当該技能講習を修了した旨を記載して交付することができる。

技能講習修了証の再交付等

（都道府県労働局長が技能講習の業務を行う場合における規定の適用）

都道府県労働局長が技能講習の業務を行う場合における規定の適用

第八十二条の二　法第七十七条第三項において準用する法第五十三条の二第一項の規定により都道府県労働局長が技能講習の業務の全部又は一部を自ら行う場合における前三条の規定の適用については、第八十条、第八十一条並びに前条第一項及び第二項中「登録教習機関」とあるのは、「都道府県労働局長又は登録教習機関」とする。

（技能講習の細目）

技能講習の細目

第八十三条　第七十九条から前条までに定めるもののほか、法別表第十八第一号から第十七号まで及び第二十八号から第三十五号までに掲げる技能講習の実施について必要な事項は、厚生労働大臣が定める。

第八章　特別安全衛生改善計画及び安全衛生改善計画

特別安全衛生改善計画の作成の指示等

（特別安全衛生改善計画の作成の指示等）

第八十四条　法第七十八条第一項の厚生労働省令で定める重大な労働災害は、労働災害のうち、次の各号のいずれかに該当するものとする。

一　労働者が死亡したもの

二　労働者が負傷し、又は疾病にかかつたことにより、労働者災害補償保険法施行規則（昭和三十年労働省令第二十二号）別表第一第一級の項から第七級の項までの身体障害欄に掲げる障害のいずれかに該当する障害が生じたもの又は生じるおそれのあるもの

2　法第七十八条第一項の厚生労働省令で定める場合は、次の各号のいずれにも該当する場合とする。

一　前項の重大な労働災害（以下この条において「重大な労働災害」という。）を発生させた事業者が、当該重大な労働災害を発生させた日から起算して三年以内に、当該重大な労働災害が発生した事業場以外の事業場において、当該重大な労働災害と再発を防止するための措置が同様である重大な労働災害を発生させた場合

二　前号の事業者が発生させた重大な労働災害及び当該重大な労働災害と再発を防止するための措置が同様である重大な労働災害が、いずれも当該事業者が法、じん肺法若しくは作業環境測定法（昭和五十年法律第二十八号）若しくはこれらに基づく命令の規定又は労働基準法第三十六条第六項第一号、第六十二条第一項若しくは第二項、第六十三条、第六十四条の二若し

くは第六十四条の三第一項若しくは第二項若しくはこれらの規定に基づく命令の規定に違反して発生させたものである場合

3　法第七十八条第一項の規定による指示は、厚生労働大臣が、特別安全衛生改善計画作成指示書（様式第十九号）により行うものとする。

4　法第七十八条第一項の規定により特別安全衛生改善計画（同項に規定する特別安全衛生改善計画をいう。以下この条及び次条において同じ。）の作成を指示された事業者は、特別安全衛生改善計画作成指示書に記載された提出期限までに次に掲げる事項を記載した特別安全衛生改善計画を作成し、厚生労働大臣に提出しなければならない。

一　氏名又は名称及び住所並びに法人にあつては、その代表者の氏名

二　計画の対象とする事業場

三　計画の期間及び実施体制

四　当該事業者が発生させた重大な労働災害及び当該重大な労働災害と再発を防止するための措置が同様である重大な労働災害の再発を防止するための措置

五　前各号に掲げるもののほか、前号の重大な労働災害の再発を防止するため必要な事項

5　特別安全衛生改善計画には、法第七十八条第二項に規定する意見が記載された書類を添付しなければならない。

特別安全衛生改善計画の変更の指示等

（特別安全衛生改善計画の変更の指示等）

第八十四条の二　法第七十八条第四項の規定による変更の指示は、厚生労働大臣が、特別安全衛生改善計画変更指示書（様式第十九号の二）により行うものとする。

2　法第七十八条第四項の規定により特別安全衛生改善計画の変更を指示された事業者は、特別安全衛生改善計画変更指示書に記載された提出期限までに特別安全衛生改善計画を変更し、特別安全衛生改善計画変更届（様式第十九号の三）により、これを厚生労働大臣に提出しなければならない。

安全衛生改善計画の作成の指示

（安全衛生改善計画の作成の指示）

第八十四条の三　法第七十九条第一項の規定による指示は、所轄都道府県労働局長が、安全衛生改善計画作成指示書（様式第十九号の四）により行うものとする。

第九章　監督等

計画の届出をすべき機械等

（計画の届出をすべき機械等）

第八十五条　法第八十八条第一項の厚生労働省令で定める機械等は、法に基づく他の省令に定めるもののほか、別表第七の上欄に掲げる機械等とする。ただし、別表第七の上欄に掲げる機械等で次の各号のいずれかに該当するものを除く。

一　機械集材装置、運材索道（架線、搬器、支柱及びこれらに附属する物により構成され、原木又は薪炭材を一定の区間空中において運搬する設備をいう。以下同じ。）、架設通路及び足場以外の機械等（法第三十七条第一項の特定機械等及び令第六条第十四号の型枠支保工（以下「型枠支保工」という。）を除く。）で、六月未満の期間で廃止するもの

二　機械集材装置、運材索道、架設通路又は足場で、組立てから解体までの期間が六十日未満のもの

計画の届出等

（計画の届出等）

第八十六条　事業者は、別表第七の上欄に掲げる機械等を設置し、若しくは移転し、又はこれらの主要構造部分を変更しようとするときは、法第八十八条第一項の規定により、様式第二十号による届書に、当該機械等の種類に応じて同表の中欄に掲げる事項を記載した書面及び同表の下欄に掲げる図面等を添えて、所轄労働基準監督署長に提出しなければならない。

2　特定化学物質障害予防規則（昭和四十七年労働省令第三十九号。以下「特化則」という。）第

四十九条第一項の規定による申請をした者が行う別表第七の十六の項から二十の三の項までの上欄に掲げる機械等の設置については、法第八十八条第一項の規定による届出は要しないものとする。

3　石綿則第四十七条第一項又は第四十八条の三第一項の規定による申請をした者が行う別表第七の二十五の項の上欄に掲げる機械等の設置については、法第八十八条第一項の規定による届出は要しないものとする。

法第八十八条第一項ただし書の厚生労働省令で定める措置

（法第八十八条第一項ただし書の厚生労働省令で定める措置）

第八十七条　法第八十八条第一項ただし書の厚生労働省令で定める措置は、次に掲げる措置とする。

一　法第二十八条の二第一項又は第五十七条の三第一項及び第二項の危険性又は有害性等の調査及びその結果に基づき講ずる措置

二　前号に掲げるもののほか、第二十四条の二の指針に従つて事業者が行う自主的活動

認定の単位

（認定の単位）

第八十七条の二　法第八十八条第一項ただし書の規定による認定（次条から第八十八条までにおいて「認定」という。）は、事業場ごとに、所轄労働基準監督署長が行う。

欠格事項

（欠格事項）

第八十七条の三　次のいずれかに該当する者は、認定を受けることができない。

一　法又は法に基づく命令の規定（認定を受けようとする事業場に係るものに限る。）に違反して、罰金以上の刑に処せられ、その執行を終わり、又は執行を受けることがなくなつた日から起算して二年を経過しない者

二　認定を受けようとする事業場について第八十七条の九の規定により認定を取り消され、その取消しの日から起算して二年を経過しない者

三　法人で、その業務を行う役員のうちに前二号のいずれかに該当する者があるもの

認定の基準

（認定の基準）

第八十七条の四　所轄労働基準監督署長は、認定を受けようとする事業場が次に掲げる要件のすべてに適合しているときは、認定を行わなければならない。

一　第八十七条の措置を適切に実施していること。

二　労働災害の発生率が、当該事業場の属する業種における平均的な労働災害の発生率を下回っていると認められること。

三　申請の日前一年間に労働者が死亡する労働災害その他の重大な労働災害が発生していないこと。

認定の申請

（認定の申請）

第八十七条の五　認定の申請をしようとする事業者は、認定を受けようとする事業場ごとに、計画届免除認定申請書（様式第二十号の二）に次に掲げる書面を添えて、所轄労働基準監督署長に提出しなければならない。

一　第八十七条の三各号に該当しないことを説明した書面

二　第八十七条の措置の実施状況について、申請の日前三月以内に二人以上の安全に関して優れた識見を有する者又は衛生に関して優れた識見を有する者による評価を受け、当該措置を適切に実施していると評価されたことを証する書面及び当該評価の概要を記載した書面

三　前号の評価について、一人以上の安全に関して優れた識見を有する者及び一人以上の衛生に

関して優れた識見を有する者による監査を受けたことを証する書面

四　前条第二号及び第三号に掲げる要件に該当することを証する書面(当該書面がない場合には、当該事実についての中立書)

2　前項第二号及び第三号の安全に関して優れた識見を有する者とは、次のいずれかに該当する者であつて認定の実施について利害関係を有しないものをいう。

一　労働安全コンサルタントとして三年以上その業務に従事した経験を有する者で、第二十四条の二の指針に従つて事業者が行う自主的活動の実施状況についての評価を三件以上行つたもの

二　前号に掲げる者と同等以上の能力を有すると認められる者

3　第一項第二号及び第三号の衛生に関して優れた識見を有する者とは、次のいずれかに該当する者であつて認定の実施について利害関係を有しないものをいう。

一　労働衛生コンサルタントとして三年以上その業務に従事した経験を有する者で、第二十四条の二の指針に従つて事業者が行う自主的活動の実施状況についての評価を三件以上行つたもの

二　前号に掲げる者と同等以上の能力を有すると認められる者

4　所轄労働基準監督署長は、認定をしたときは、様式第二十号の三による認定証を交付するものとする。

認定の更新

(認定の更新)

第八十七条の六　認定は、三年ごとにその更新を受けなければ、その期間の経過によつて、その効力を失う。

2　第八十七条の三、第八十七条の四及び前条第一項から第三項までの規定は、前項の認定の更新

について準用する。

実施状況等の報告

（実施状況等の報告）

第八十七条の七　認定を受けた事業者は、認定に係る事業場（次条において「認定事業場」という。）ごとに、一年以内ごとに一回、実施状況等報告書（様式第二十号の四）に第八十七条の措置の実施状況について行つた監査の結果を記載した書面を添えて、所轄労働基準監督署長に提出しなければならない。

措置の停止

（措置の停止）

第八十七条の八　認定を受けた事業者は、認定事業場において第八十七条の措置を行わなくなつたときは、遅滞なく、その旨を所轄労働基準監督署長に届け出なければならない。

認定の取消し

（認定の取消し）

第八十七条の九　所轄労働基準監督署長は、認定を受けた事業者が次のいずれかに該当するに至つたときは、その認定を取り消すことができる。

一　第八十七条の三第一号又は第三号に該当するに至つたとき。

二　第八十七条の四第一号又は第二号に適合しなくなつたと認めるとき。

三　第八十七条の四第三号に掲げる労働災害を発生させたとき。

四　第八十七条の七の規定に違反して、同条の報告書及び書面を提出せず、又は虚偽の記載をしてこれらを提出したとき。

五　不正の手段により認定又はその更新を受けたとき。

建設業の特例

（建設業の特例）

第八十八条　第八十七条の二の規定にかかわらず、建設業に属する事業の仕事を行う事業者については、当該仕事の請負契約を締結している事業場ごとに認定を行う。

2　前項の認定についての次の表の上欄に掲げる規定の適用については、これらの規定中同表の中欄に掲げる字句は、それぞれ同表の下欄に掲げる字句に読み替えるものとする。

第八十七条の三第一号	事業場	建設業に属する事業の仕事に係る請負契約を締結している事業場及び当該事業場において締結した請負契約に係る仕事を行う事業場（以下「店社等」という。）
第八十七条の四	事業場が	店社等が
	当該事業場の属する業種	建設業
第八十七条の七	認定に係る事業場（次条において「認定事業場」という。）	認定に係る店社等
第八十七条の八	認定事業場	認定に係る店社等

厚生労働大臣に許可の届出を要する仕事の範囲

（仕事の範囲）

第八十九条　法第八十八条第二項の厚生労働省令で定める仕事は、次のとおりとする。

一　高さが三百メートル以上の塔の建設の仕事

二　堤高（基礎地盤から堤頂までの高さをいう。）が百五十メートル以上のダムの建設の仕事

三　最大支間五百メートル（つり橋にあつては、千メートル）以上の橋梁（りよう）の建設の仕事

四　長さが三千メートル以上のずい道等の建設の仕事

五　長さが千メートル以上三千メートル未満のずい道等の建設の仕事で、深さが五十メートル以上のたて坑（通路として使用されるものに限る。）の掘削を伴うもの

六　ゲージ圧力が〇・三メガパスカル以上の圧気工法による作業を行う仕事

労基署長に計画の届出を要する仕事の範囲

第九十条　法第八十八条第三項の厚生労働省令で定める仕事は、次のとおりとする。

一　高さ三十一メートルを超える建築物又は工作物（橋梁を除く。）の建設、改造、解体又は破壊（以下「建設等」という。）の仕事

二　最大支間五十メートル以上の橋梁の建設等の仕事

二の二　最大支間三十メートル以上五十メートル未満の橋梁の上部構造の建設等の仕事（第十八条の二の二の場所において行われるものに限る。）

三　ずい道等の建設等の仕事（ずい道等の内部に労働者が立ち入らないものを除く。）

四　掘削の高さ又は深さが十メートル以上である地山の掘削（ずい道等の掘削及び岩石の採取のための掘削を除く。以下同じ。）の作業（掘削機械を用いる作業で、掘削面の下方に労働者が立ち入らないものを除く。）を行う仕事

五　圧気工法による作業を行う仕事

五の二　建築物、工作物又は船舶（鋼製の船舶に限る。次号において同じ。）に吹き付けられている石綿等（石綿等が使用されている仕上げ用塗り材を除く。）の除去、封じ込め又は囲い込みの作業を行う仕事

五の三　建築物、工作物又は船舶に張り付けられている石綿等が使用されている保温材、耐火被覆材（耐火性能を有する被覆材をいう。）等の除去、封じ込め又は囲い込みの作業（石綿等の

粉じんを著しく発散するおそれのあるものに限る。）を行う仕事
五の四　ダイオキシン類対策特別措置法施行令別表第一第五号に掲げる廃棄物焼却炉（火格子面積が二平方メートル以上又は焼却能力が一時間当たり二〇〇キログラム以上のものに限る。）を有する廃棄物の焼却施設に設置された廃棄物焼却炉、集じん機等の設備の解体等の仕事
六　掘削の高さ又は深さが十メートル以上の土石の採取のための掘削の作業を行う仕事
七　坑内掘りによる土石の採取のための掘削の作業を行う仕事

建設業に係る計画の届出

（建設業に係る計画の届出）

第九十一条　建設業に属する事業の仕事について法第八十八条第二項の規定による届出をしようとする者は、様式第二十一号による届書に次の書類及び圧気工法による作業を行う仕事に係る場合にあつては圧気工法作業摘要書（様式第二十一号の二）を添えて厚生労働大臣に提出しなければならない。ただし、圧気工法作業摘要書を提出する場合においては、次の書類の記載事項のうち圧気工法作業摘要書の記載事項と重複する部分の記入は、要しないものとする。
一　仕事を行う場所の周囲の状況及び四隣との関係を示す図面
二　建設等をしようとする建設物等の概要を示す図面
三　工事用の機械、設備、建設物等の配置を示す図面
四　工法の概要を示す書面又は図面
五　労働災害を防止するための方法及び設備の概要を示す書面又は図面
六　工程表
2　前項の規定は、法第八十八条第三項の規定による届出について準用する。この場合において、

同項中「厚生労働大臣」とあるのは、「所轄労働基準監督署長」と読み替えるものとする。

土石採取業に係る計画の届出

（土石採取業に係る計画の届出）

第九十二条　土石採取業に属する事業の仕事について法第八十八条第三項の規定による届出をしようとする者は、様式第二十一号による届書に次の書類を添えて所轄労働基準監督署長に提出しなければならない。

一　仕事を行う場所の周囲の状況及び四隣との関係を示す図面

二　機械、設備、建設物等の配置を示す図面

三　採取の方法を示す書面又は図面

四　労働災害を防止するための方法及び設備の概要を示す書面又は図面

資格を有する者の参画に係る工事又は仕事の範囲

（資格を有する者の参画に係る工事又は仕事の範囲）

第九十二条の二　法第八十八条第四項の厚生労働省令で定める工事は、別表第七の上欄第十号及び第十二号に掲げる機械等を設置し、若しくは移転し、又はこれらの主要構造部分を変更する工事とする。

2　法第八十八条第四項の厚生労働省令で定める仕事は、第九十条第一号から第五号までに掲げる仕事（同条第一号から第三号までに掲げる仕事にあつては、建設の仕事に限る。）とする。

計画の作成に参画する者の資格

（計画の作成に参画する者の資格）

第九十二条の三　法第八十八条第四項の厚生労働省令で定める資格を有する者は、別表第九の上欄に掲げる工事又は仕事の区分に応じて、同表の下欄に掲げる者とする。

技術上の審査

（技術上の審査）

第九十三条　厚生労働大臣は、法第八十九条第二項の規定により学識経験者の意見をきくときは、次条の審査委員候補者名簿に記載されている者のうちから、審査すべき内容に応じて、審査委員を指名するものとする。

審査委員候補者名簿

（審査委員候補者名簿）

第九十四条　厚生労働大臣は、安全又は衛生について高度の専門的な知識を有する者のうちから、審査委員候補者を委嘱して審査委員候補者名簿を作成し、これを公表するものとする。

計画の範囲

（計画の範囲）

第九十四条の二　法第八十九条の二第一項の厚生労働省令で定める計画は、次の仕事の計画とする。

一　高さが百メートル以上の建築物の建設の仕事であつて、次のいずれかに該当するもの

イ　埋設物その他地下に存する工作物（第二編第六章第一節及び第六百三十四条の二において「埋設物等」という。）がふくそうする場所に近接する場所で行われるもの

ロ　当該建築物の形状が円筒形である等特異であるもの

二　堤高が百メートル以上のダムの建設の仕事であつて、車両系建設機械（令別表第七に掲げる建設機械で、動力を用い、かつ、不特定の場所に自走できるものをいう。以下同じ。）の転倒、転落等のおそれのある傾斜地において当該車両系建設機械を用いて作業が行われるもの

三　最大支間三百メートル以上の橋梁（りょう）の建設の仕事であつて、次のいずれかに該当するもの

イ　当該橋梁（りょう）のけたが曲線けたであるもの

ロ　当該橋梁（りょう）のけた下高さが三十メートル以上のもの

四　長さが千メートル以上のずい道等の建設の仕事であつて、落盤、出水、ガス爆発等による労働者の危険が生ずるおそれがあると認められるもの

五　掘削する土の量が二十万立方メートルを超える掘削の作業を行う仕事であつて、次のいずれかに該当するもの

イ　当該作業が地質が軟弱である場所において行われるもの

ロ　当該作業が狭あいな場所において車両系建設機械を用いて行われるもの

六　ゲージ圧力が〇・二メガパスカル以上の圧気工法による作業を行う仕事であつて、次のいずれかに該当するもの

イ　当該作業が地質が軟弱である場所において行われるもの

ロ　当該作業を行う場所に近接する場所で当該作業と同時期に掘削の作業が行われるもの

審査の対象除外

（審査の対象除外）

第九十四条の三　法第八十九条の二第一項ただし書の厚生労働省令で定める計画は、国又は地方公共団体その他の公共団体が法第三十条第二項に規定する発注者として注文する建設業に属する事業の仕事の計画とする。

技術上の審査等

（技術上の審査等）

第九十四条の四　第九十三条及び第九十四条の規定は、法第八十九条の二第一項の審査について準用する。この場合において、第九十三条中「法第八十九条第二項」とあるのは、「法第八十九条の二第二項において準用する法第八十九条第二項」と読み替えるものとする。

労働基準監督

（労働基準監督署長及び労働基準監督官）

署長及び労働基準監督官

第九十五条　労働基準監督署長は、都道府県労働局長の指揮監督を受けて、法に基づく省令に定めるもののほか、法の施行に関する事務をつかさどる。

2　労働基準監督官は、上司の命を受けて、法に基づく立入検査、司法警察員の職務その他の法の施行に関する事務をつかさどる。

3　法第九十一条第三項の証票は、労働基準法施行規則様式第十八号によるものとする。

（労働衛生指導医の任期）

労働衛生指導医の任期

第九十五条の二　労働衛生指導医の任期は、二年とする。

2　労働衛生指導医の任期が満了したときは、当該労働衛生指導医は、後任者が任命されるまでその職務を行うものとする。

（立入検査をする職員の証票）

立入検査をする職員の証票

第九十五条の三　法第九十六条第五項において準用する法第九十一条第三項の証票は、様式第二十一号の二の二によるものとする。

第九十五条の三の二　法第九十六条の二第五項において準用する法第九十一条第三項の証票は、様式第二十一号の二の三によるものとする。

第九十五条の四及び第九十五条の五　削除

（有害物ばく露作業報告）

有害物ばく露作業報告

第九十五条の六　事業者は、労働者に健康障害を生ずるおそれのある物で厚生労働大臣が定めるものを製造し、又は取り扱う作業場において、労働者を当該物のガス、蒸気又は粉じんにばく露するおそれのある作業に従事させたときは、厚生労働大臣の定めるところにより、当該物のばく露の防止に関し必要な事項について、様式第二十一号の七による報告書を所轄労働基準監督署長に提出しなければならない。

（事故報告）

第九十六条　事業者は、次の場合は、遅滞なく、様式第二十二号による報告書を所轄労働基準監督署長に提出しなければならない。

一　事業場又はその附属建設物内で、次の事故が発生したとき

イ　火災又は爆発の事故（次号の事故を除く。）

ロ　遠心機械、研削といしその他高速回転体の破裂の事故

ハ　機械集材装置、巻上げ機又は索道の鎖又は索の切断の事故

ニ　建設物、附属建設物又は機械集材装置、煙突、高架そう等の倒壊の事故

二　令第一条第三号のボイラー（小型ボイラーを除く。）の破裂、煙道ガスの爆発又はこれらに準ずる事故が発生したとき

三　小型ボイラー、令第一条第五号の第一種圧力容器及び同条第七号の第二種圧力容器の破裂の事故が発生したとき

四　クレーン（クレーン則第二条第一号に掲げるクレーンを除く。）の次の事故が発生したとき

イ　逸走、倒壊、落下又はジブの折損

ロ　ワイヤロープ又はつりチェーンの切断

五　移動式クレーン（クレーン則第二条第一号に掲げる移動式クレーンを除く。）の次の事故が発生したとき

イ　転倒、倒壊又はジブの折損
ロ　ワイヤロープ又はつりチェーンの切断
六　デリック（クレーン則第二条第一号に掲げるデリックを除く。）の次の事故が発生したとき
イ　倒壊又はブームの折損
ロ　ワイヤロープの切断
七　エレベーター（クレーン則第二条第二号及び第四号に掲げるエレベーターを除く。）の次の事故が発生したとき
イ　昇降路等の倒壊又は搬器の墜落
ロ　ワイヤロープの切断
八　建設用リフト（クレーン則第二条第二号及び第三号に掲げる建設用リフトを除く。）の次の事故が発生したとき
イ　昇降路等の倒壊又は搬器の墜落
ロ　ワイヤロープの切断
九　令第一条第九号の簡易リフト（クレーン則第二条第二号に掲げる簡易リフトを除く。）の次の事故が発生したとき
イ　搬器の墜落
ロ　ワイヤロープ又はつりチェーンの切断
十　ゴンドラの次の事故が発生したとき
イ　逸走、転倒、落下又はアームの折損

ロ　ワイヤロープの切断

2　次条第一項の規定による報告書の提出と併せて前項の報告書の提出をしようとする場合にあつては、当該報告書の記載事項のうち次条第一項の報告書の記載事項と重複する部分の記入は要しないものとする。

※（編注）　本条第二項は、令六省令第四五号により次のとおり改正され、令和七年一月一日から施行される。

2　次条第一項の規定による報告と併せて前項の報告書の提出をしようとする場合にあつては、当該報告書の記載事項のうち次条第一項各号（第十二号を除く。）に掲げる事項と重複する部分の記入は要しないものとする。

労働者死傷病報告

（労働者死傷病報告）

第九十七条　事業者は、労働者が労働災害その他就業中又は事業場内若しくはその附属建設物内における負傷、窒息又は急性中毒により死亡し、又は休業したときは、遅滞なく、様式第二十三号による報告書を所轄労働基準監督署長に提出しなければならない。

2　前項の場合において、休業の日数が四日に満たないときは、事業者は、同項の規定にかかわらず、一月から三月まで、四月から六月まで、七月から九月まで及び十月から十二月までの期間における当該事実について、様式第二十四号による報告書をそれぞれの期間における最後の月の翌月末日までに、所轄労働基準監督署長に提出しなければならない。

※（編注）　本条は、令六省令第四五号により次のとおり改正され、令和七年一月一日から施行される。

（労働者死傷病報告）

第九十七条　事業者は、労働者が労働災害その他就業中又は事業場内若しくはその附属建設物内における負傷、窒息又は急性中毒（以下「労働災害等」という。）により死亡し、又は休業したときは、遅滞なく、電子情報処理組織を使用して、次に掲げる事項を所轄労働基準監督署長に報告しなければならない。

一　労働保険番号（建設工事の作業に従事する請負人の労働者が労働災害等により死亡し、又は休業した場合は元方事業者の労働保険番号）

二　事業の種類並びに事業場の名称、所在地及び電話番号

三　常時使用する労働者の数

四　建設工事の作業に従事する労働者が労働災害等により死亡し、又は休業した場合は当該工事の名称

五　事業場の構内において作業に従事する請負人の労働者が労働災害等により死亡し、又は休業した場合は当該事業場の名称

六　建設工事の作業に従事する請負人の労働者が労働災害等により死亡し、又は休業した場合は元方事業者の事業場の名称

七　労働者派遣事業の適正な運営の確保及び派遣労働者の保護等に関する法律（昭和六十年法律第八十八号）第二条第二号に規定する派遣労働者が労働災害等により死亡し、又は休業した場合は、当該報告を行う事業者が当該派遣労働者に係る同条第四号に規定する派遣先又は同号に規定する派遣元事業主のいずれに該当するかの別並びに当該派遣先の事業場の名称及び郵便番号

八　労働災害等により死亡し、又は休業した労働者の氏名、生年月日及び年齢、性別、職種、当該職種における経験期間並びに傷病の名称及び部位

九　休業見込期間又は死亡日時

十　労働災害等により死亡し、又は休業した労働者が外国人（出入国管理及び難民認定法（昭和二十六年政令第三百十九号）別表第一の一の表の外交又は公用の在留資格をもつて在留す

る者及び日本国との平和条約に基づき日本の国籍を離脱した者等の出入国管理に関する特例法（平成三年法律第七十一号）に定める特別永住者を除く。）である場合はその国籍又は地域の名称及び在留資格の区分

十一　労働災害等の発生日時、発生場所の所在地、発生状況及びその略図並びに原因

十二　報告年月日並びに事業者及び報告者の職氏名

2　前項の場合において、休業の日数が四日に満たないときは、事業者は、同項の規定にかかわらず、一月から三月まで、四月から六月まで、七月から九月まで及び十月から十二月までの期間における当該事実について、それぞれの期間における最後の月の翌月末日までに、電子情報処理組織を使用して、同項各号（第九号を除く。）に掲げる事項及び休業日数を所轄労働基準監督署長に報告しなければならない。

疾病の報告

（疾病の報告）

第九十七条の二　事業者は、化学物質又は化学物質を含有する製剤を製造し、又は取り扱う業務を行う事業場において、一年以内に二人以上の労働者が同種のがんに罹患したことを把握したときは、当該罹患が業務に起因するかどうかについて、遅滞なく、医師の意見を聴かなければならない。

2　事業者は、前項の医師が、同項の罹患が業務に起因するものと疑われると判断したときは、遅滞なく、次に掲げる事項について、所轄都道府県労働局長に報告しなければならない。

一　がんに罹患した労働者が当該事業場で従事した業務において製造し、又は取り扱つた化学物質の名称（化学物質を含有する製剤にあつては、当該製剤が含有する化学物質の名称）

二　がんに罹患した労働者が当該事業場において従事していた業務の内容及び当該業務に従事していた期間

三　がんに罹患した労働者の年齢及び性別

報告・出頭命令の通知事項

（報告）

第九十八条　厚生労働大臣、都道府県労働局長又は労働基準監督署長は、法第百条第一項の規定により、事業者、労働者、機械等貸与者又は建築物貸与者に対し、必要な事項を報告させ、又は出頭を命ずるときは、次の事項を通知するものとする。

一　報告をさせ、又は出頭を命ずる理由

二　出頭を命ずる場合には、聴取しようとする事項

法令等の周知の方法等

（法令等の周知の方法等）

第九十八条の二　法第百一条第一項及び第二項（同条第三項において準用する場合を含む。次項において同じ。）の厚生労働省令で定める方法は、第二十三条第三項各号に掲げる方法とする。

2　法第百一条第二項の厚生労働省令で定める事項は、次のとおりとする。

一　事業場における産業医（法第百一条第三項において準用する場合にあつては、法第十三条の二第一項に規定する者。以下この項において同じ。）の業務の具体的な内容

二　産業医に対する健康相談の申出の方法

三　産業医による労働者の心身の状態に関する情報の取扱いの方法

3　法第百一条第四項の厚生労働省令で定める方法は、次に掲げる方法とする。

一　通知された事項に係る物を取り扱う各作業場の見やすい場所に常時掲示し、又は備え付けること。

二　書面を、通知された事項に係る物を取り扱う労働者に交付すること。

三　事業者の使用に係る電子計算機に備えられたファイル又は電磁的記録媒体をもつて調製する

ファイルに記録し、かつ、通知された事項に係る物を取り扱う各作業場に当該物を取り扱う労働者が当該記録の内容を常時確認できる機器を設置すること。

指針の公表

（指針の公表）

第九十八条の三　第二十四条の規定は、法第百四条第三項の規定による指針の公表について準用する。

疫学的調査等の結果の労働政策審議会への報告

（疫学的調査等の結果の労働政策審議会への報告）

第九十八条の四　厚生労働大臣は、法第百八条の二第一項に基づき同項の疫学的調査等を行つたときは、その結果について当該疫学的調査等の終了後一年以内に労働政策審議会に報告するものとする。

第十章　雑則

申請書の提出部数

（申請書の提出部数）

第九十九条　法及びこれに基づく命令に定める許可、認定、検査、検定等の申請書（様式第十二号の申請書を除く。）は、正本にその写し一通を添えて提出しなければならない。

様式の任意性

（様式の任意性）

第百条　法に基づく省令に定める様式（様式第三号、様式第六号から様式第六号の三まで、様式第十一号、様式第十二号、様式第二十一号の二の二、様式第二十一号の七、様式第二十三号、有機則様式第三号の二、鉛中毒予防規則（昭和四十七年労働省令第三十七号。以下「鉛則」という。）様式第三号、四アルキル鉛中毒予防規則（昭和四十七年労働省令第三十八号。以下「四アルキル則」という。）様式第三号、特化則様式第三号、高気圧作業安全衛生規則（昭和四十七年労働省令第四十号。以下「高圧則」という。）様式第二号、電離則様式第二号及び様式第二号の二、石綿則様式第三号並びに除染則様式第三号を除く。）は、必要な事項の最少限度を記載すべきことを定めるものであつて、これと異なる様式を用いることを妨げるものではない。

※**（編注）**本条は、令六省令第四五号により次のとおり改正され、令和七年一月一日から施行される。

（様式の任意性）

第百条　法に基づく省令に定める様式（様式第十一号、様式第十二号、様式第二十一号の二の二、様式第二十一号の七、鉛中毒予防規則（昭和四十七年労働省令第三十七号。以下「鉛則」という。）様式第三号、四アルキル鉛中毒予防規則（昭和四十七年労働省令第三十八号。以下「四アルキル則」という。）様式第三号、特化則様式第三号、高気圧作業安全衛生規則（昭和四十七年労働省令第四十号。以下「高圧則」という。）様式第二号、電離則様式第二号及び様式第二号の二、石綿則様式第三号並びに除染則様式第三号を除く。）は、必要な事項の最少限度を記載すべきことを定めるものであつて、これと異なる様式を用いることを妨げるものではない。

電子情報処理組織による申請書の提出等

（電子情報処理組織による申請書の提出等）

第百条の二　法及びこれに基づく命令の規定により、厚生労働大臣、都道府県労働局長又は労働基準監督署長に対して行われる申請書、報告書等の提出及び届出（以下この条において「申請書の提出等」という。）について、社会保険労務士又は社会保険労務士法人（以下この条において「社会保険労務士等」という。）が、情報通信技術を活用した行政の推進等に関する法律（平成十四年法律第百五十一号）第六条第一項の規定により同項に規定する電子情報処理組織を使用して社会保険労務士法（昭和四十三年法律第八十九号）第二条第一項第一号の二の規定に基づき当該申請書の提出等を当該申請書の提出等を行おうとする者に代わつて行う場合には、当該社会保険労務士等が当該申請書の提出等を代行する契約を締結していることにつき証明することができる電磁的記録を当該申請書の提出等と併せて送信することをもつて、厚生労働省の所管する法令に係る情報通信技術を活用した行政の推進等に関する法律施行規則（平成十五年厚生労働省令第四十号）第五条第一項の規定にかかわらず、電子署名を行い、同項各号に掲げる電子証明書を当該申請書の提出等と併せて送信することに代えることができる。

※（**編注**）　本条は、令六省令第四五号により次のとおり改正され、令和七年一月一日から施行さ

れる。

（電子情報処理組織による申請書の提出等）

第百条の二　法及びこれに基づく命令の規定により、厚生労働大臣、都道府県労働局長又は労働基準監督署長に対して行われる申請書、報告書等の提出及び届出（以下この条において「申請書の提出等」という。）について、社会保険労務士又は社会保険労務士法人（以下この条において「社会保険労務士等」という。）が、第二条第二項、第四条第三項、第七条第三項、第十三条第二項、第五十二条、第五十二条の二十一若しくは第九十七条又は情報通信技術を活用した行政の推進等に関する法律第六条第一項の規定により同項に規定する電子情報処理組織を使用して社会保険労務士法（昭和四十三年法律第八十九号）第二条第一項第一号の二の規定に基づき当該申請書の提出等を当該申請書の提出等を行おうとする者に代わって行う場合には、当該社会保険労務士等が当該申請書の提出等を代行する契約を締結していることにつき証明することができる電磁的記録を当該申請書の提出等と併せて送信しなければならない。

第二編　安全基準

第一章　機械による危険の防止

第一節　一般基準

原動機、回転軸等による危険の防止

（原動機、回転軸等による危険の防止）

第百一条　事業者は、機械の原動機、回転軸、歯車、プーリー、ベルト等の労働者に危険を及ぼすおそれのある部分には、覆い、囲い、スリーブ、踏切橋等を設けなければならない。

2　事業者は、回転軸、歯車、プーリー、フライホイール等に附属する止め具については、埋頭型のものを使用し、又は覆いを設けなければならない。

3　事業者は、ベルトの継目には、突出した止め具を使用してはならない。

4　事業者は、第一項の踏切橋には、高さが九十センチメートル以上の手すりを設けなければならない。

5　労働者は、踏切橋の設備があるときは、踏切橋を使用しなければならない。

ベルトの切断

（ベルトの切断による危険の防止）

による危険の防止

第百二条　事業者は、通路又は作業箇所の上にあるベルトで、プーリー間の距離が三メートル以上、幅が十五センチメートル以上及び速度が毎秒十メートル以上であるものには、その下方に囲いを設けなければならない。

動力しや断装置

（動力しや断装置）

第百三条　事業者は、機械ごとにスイッチ、クラッチ、ベルトシフター等の動力しや断装置を設けなければならない。ただし、連続した一団の機械で、共通の動力しや断装置を有し、かつ、工程の途中で人力による原材料の送給、取出し等の必要のないものは、この限りでない。

2　事業者は、前項の機械が切断、引抜き、圧縮、打抜き、曲げ又は絞りの加工をするものであるときは、同項の動力しや断装置を当該加工の作業に従事する者がその作業位置を離れることなく操作できる位置に設けなければならない。

3　事業者は、第一項の動力しや断装置については、容易に操作ができるもので、かつ、接触、振動等のために不意に機械が起動するおそれのないものとしなければならない。

運転開始の合図

（運転開始の合図）

第百四条　事業者は、機械の運転を開始する場合において、労働者に危険を及ぼすおそれのあるときは、一定の合図を定め、合図をする者を指名して、関係労働者に対し合図を行なわせなければならない。

2　労働者は、前項の合図に従わなければならない。

加工物等の飛

（加工物等の飛来による危険の防止）

第百五条　事業者は、加工物等が切断し、又は欠損して飛来することにより労働者に危険を及ぼすおそれのあるときは、当該加工物等を飛散させる機械に覆い又は囲いを設けなければならない。ただし、覆い又は囲いを設けることが作業の性質上困難な場合において、労働者に保護具を使用させたときは、この限りでない。

2　労働者は、前項ただし書の場合において、保護具の使用を命じられたときは、これを使用しなければならない。

（切削屑の飛来等による危険の防止）

第百六条　事業者は、切削屑が飛来すること等により労働者に危険を及ぼすおそれのあるときは、当該切削屑を生ずる機械に覆い又は囲いを設けなければならない。ただし、覆い又は囲いを設けることが作業の性質上困難な場合において、労働者に保護具を使用させたときは、この限りでない。

2　労働者は、前項ただし書の場合において、保護具の使用を命じられたときは、これを使用しなければならない。

（掃除等の場合の運転停止等）

第百七条　事業者は、機械（刃部を除く。）の掃除、給油、検査、修理又は調整の作業を行う場合において、労働者に危険を及ぼすおそれのあるときは、機械の運転を停止しなければならない。ただし、機械の運転中に作業を行わなければならない場合において、危険な箇所に覆いを設ける等の措置を講じたときは、この限りでない。

2　事業者は、前項の規定により機械の運転を停止したときは、当該機械の起動装置に錠を掛け、当該機械の起動装置に表示板を取り付ける等同項の作業に従事する労働者以外の者が当該機械を運転することを防止するための措置を講じなければならない。

刃部の掃除等の場合の運転停止等

（刃部の掃除等の場合の運転停止等）

第百八条　事業者は、機械の刃部の掃除、検査、修理、取替え又は調整の作業を行うときは、機械の運転を停止しなければならない。ただし、機械の構造上労働者に危険を及ぼすおそれのないときは、この限りでない。

2　事業者は、前項の規定により機械の運転を停止したときは、当該機械の起動装置に錠をかけ、当該機械の起動装置に表示板を取り付ける等同項の作業に従事する労働者以外の者が当該機械を運転することを防止するための措置を講じなければならない。

3　事業者は、運転中の機械の刃部において切粉払いをし、又は切削剤を使用するときは、労働者にブラシその他の適当な用具を使用させなければならない。

4　労働者は、前項の用具の使用を命じられたときは、これを使用しなければならない。

ストローク端の覆い等

（ストローク端の覆い等）

第百八条の二　事業者は、研削盤又はプレーナーのテーブル、シエーパーのラム等のストローク端が労働者に危険を及ぼすおそれのあるときは、覆い、囲い又は柵を設ける等当該危険を防止する措置を講じなければならない。

巻取りロール等の危険の防止

（巻取りロール等の危険の防止）

第百九条　事業者は、紙、布、ワイヤロープ等の巻取りロール、コイル巻等で労働者に危険を及ぼすおそれのあるものには、覆（おお）い、囲い等を設けなければならない。

作業帽等の着用

（作業帽等の着用）
第百十条　事業者は、動力により駆動される機械に作業中の労働者の頭髪又は被服が巻き込まれるおそれのあるときは、当該労働者に適当な作業帽又は作業服を着用させなければならない。
2　労働者は、前項の作業帽又は作業服の着用を命じられたときは、これらを着用しなければならない。

手袋の使用禁止

（手袋の使用禁止）
第百十一条　事業者は、ボール盤、面取り盤等の回転する刃物に作業中の労働者の手が巻き込まれるおそれのあるときは、当該労働者に手袋を使用させてはならない。
2　労働者は、前項の場合において、手袋の使用を禁止されたときは、これを使用してはならない。

第二節　工作機械

第百十二条　削除

突出した加工物の覆い等

（突出した加工物の覆い等）
第百十三条　事業者は、立旋盤、タレット旋盤等から突出して回転している加工物が労働者に危険を及ぼすおそれのあるときは、覆い、囲い等を設けなければならない。

帯のこ盤の歯等の覆い等

（帯のこ盤の歯等の覆い等）
第百十四条　事業者は、帯のこ盤（木材加工用帯のこ盤を除く。）の歯の切断に必要な部分以外の

第二編　安全基準

部分及びのこ車には、覆い又は囲いを設けなければならない。

丸のこ盤の歯の接触予防装置

（丸のこ盤の歯の接触予防装置）

第百十五条　事業者は、丸のこ盤（木材加工用丸のこ盤を除く。）には、歯の接触予防装置を設けなければならない。

立旋盤等のテーブルへのとう乗の禁止

（立旋盤等のテーブルへのとう乗の禁止）

第百十六条　事業者は、運転中の立旋盤、プレーナー等のテーブルには、労働者を乗せてはならない。ただし、テーブルに乗つた労働者又は操作盤に配置された労働者が、直ちに機械を停止することができるときは、この限りでない。

2　労働者は、前項ただし書の場合を除いて、運転中の立旋盤、プレーナー等のテーブルに乗つてはならない。

研削といしの覆い

（研削といしの覆い）

第百十七条　事業者は、回転中の研削といしが労働者に危険を及ぼすおそれのあるときは、覆いを設けなければならない。ただし、直径が五十ミリメートル未満の研削といしについては、この限りでない。

研削といしの試運転

（研削といしの試運転）

第百十八条　事業者は、研削といしについては、その日の作業を開始する前には一分間以上、研削といしを取り替えたときには三分間以上試運転をしなければならない。

研削といしの

（研削といしの最高使用周速度をこえる使用の禁止）

最高使用周速度をこえる使用の禁止

第百十九条 事業者は、研削といしについては、その最高使用周速度をこえて使用してはならない。

研削といしの側面使用の禁止

（研削といしの側面使用の禁止）

第百二十条 事業者は、側面を使用することを目的とする研削といし以外の研削といしの側面を使用してはならない。

バフの覆い

（バフの覆い）

第百二十一条 事業者は、バフ盤（布バフ、コルクバフ等を使用するバフ盤を除く。）のバフの研まに必要な部分以外の部分には、覆いを設けなければならない。

第三節 木材加工用機械

丸のこ盤の反ぱつ予防装置

（丸のこ盤の反ぱつ予防装置）

第百二十二条 事業者は、木材加工用丸のこ盤（横切用丸のこ盤その他反ぱつにより労働者に危険を及ぼすおそれのないものを除く。）には、割刃その他の反ぱつ予防装置を設けなければならない。

丸のこ盤の歯の接触予防装置

（丸のこ盤の歯の接触予防装置）

第百二十三条 事業者は、木材加工用丸のこ盤（製材用丸のこ盤及び自動送り装置を有する丸のこ盤を除く。）には、歯の接触予防装置を設けなければならない。

帯のこ盤の歯及びのこ車の覆い等

(帯のこ盤の歯及びのこ車の覆い等)

第百二十四条 事業者は、木材加工用帯のこ盤の歯の切断に必要な部分以外の部分及びのこ車には、覆い又は囲いを設けなければならない。

帯のこ盤の送りローラーの覆い等

(帯のこ盤の送りローラーの覆い等)

第百二十五条 事業者は、木材加工用帯のこ盤のスパイクつき送りローラー又はのこ歯形送りローラーには、送り側を除いて、接触予防装置又は覆いを設けなければならない。ただし、作業者がスパイクつき送りローラー又はのこ歯形送りローラーを停止することができる急停止装置が設けられているものについては、この限りでない。

手押しかんな盤の刃の接触予防装置

(手押しかんな盤の刃の接触予防装置)

第百二十六条 事業者は、手押しかんな盤には、刃の接触予防装置を設けなければならない。

面取り盤の刃の接触予防装置

(面取り盤の刃の接触予防装置)

第百二十七条 事業者は、面取り盤(自動送り装置を有するものを除く。)には、刃の接触予防装置を設けなければならない。ただし、接触予防装置を設けることが作業の性質上困難な場合において、労働者に治具又は工具を使用させたときは、この限りでない。

2 労働者は、前項ただし書の場合において、治具又は工具の使用を命じられたときは、これらを使用しなければならない。

立入禁止

(立入禁止)

第百二十八条 事業者は、自動送材車式帯のこ盤の送材車と歯との間に労働者が立ち入ることを禁止し、かつ、その旨を見やすい箇所に表示しなければならない。
2　労働者は、前項の規定により立ち入ることを禁止された箇所に立ち入つてはならない。

木材加工用機械作業主任者の選任

（木材加工用機械作業主任者の選任）
第百二十九条　事業者は、令第六条第六号の作業については、木材加工用機械作業主任者技能講習を修了した者のうちから、木材加工用機械作業主任者を選任しなければならない。

木材加工用機械作業主任者の職務

（木材加工用機械作業主任者の職務）
第百三十条　事業者は、木材加工用機械作業主任者に、次の事項を行なわせなければならない。
一　木材加工用機械を取り扱う作業を直接指揮すること。
二　木材加工用機械及びその安全装置を点検すること。
三　木材加工用機械及びその安全装置に異常を認めたときは、直ちに必要な措置をとること。
四　作業中、治具、工具等の使用状況を監視すること。

第三節の二　食品加工用機械

切断機等の覆い等

（切断機等の覆い等）
第百三十条の二　事業者は、食品加工用切断機又は食品加工用切削機の刃の切断又は切削に必要な部分以外の部分には、覆い、囲い等を設けなければならない。

切断機等に原

（切断機等に原材料を送給する場合における危険の防止）

材料を送給する場合における危険の防止

第百三十条の三　事業者は、前条の機械（原材料の送給が自動的に行われる構造のものを除く。）に原材料を送給する場合において、労働者に危険を及ぼすおそれのあるときは、当該機械の運転を停止し、又は労働者に用具等を使用させなければならない。

2　労働者は、前項の用具等の使用を命じられたときは、これを使用しなければならない。

切断機等から原材料を取り出す場合における危険の防止

（切断機等から原材料を取り出す場合における危険の防止）

第百三十条の四　事業者は、第百三十条の二の機械（原材料の取出しが自動的に行われる構造のものを除く。）から原材料を取り出す場合において、労働者に危険を及ぼすおそれのあるときは、当該機械の運転を停止し、又は労働者に用具等を使用させなければならない。

2　労働者は、前項の用具等の使用を命じられたときは、これを使用しなければならない。

粉砕機等への転落等における危険の防止

（粉砕機等への転落等における危険の防止）

第百三十条の五　事業者は、食品加工用粉砕機又は食品加工用混合機の開口部から転落することにより労働者に危険が生ずるおそれのあるときは、蓋、囲い、高さが九十センチメートル以上の柵等を設けなければならない。ただし、蓋、囲い、柵等を設けることが作業の性質上困難な場合において、墜落による危険のおそれに応じた性能を有する墜落制止用器具（以下「要求性能墜落制止用器具」という。）を使用させる等転落の危険を防止するための措置を講じたときは、この限りでない。

2　事業者は、前項の開口部から可動部分に接触することにより労働者に危険が生ずるおそれのあるときは、蓋、囲い等を設けなければならない。

3　労働者は、第一項ただし書の場合において、要求性能墜落制止用器具その他の命綱（以下「要求性能墜落制止用器具等」という。）の使用を命じられたときは、これを使用しなければならない。

粉砕機等に原材料を送給する場合における危険の防止

（粉砕機等に原材料を送給する場合における危険の防止）

第百三十条の六　事業者は、前条第一項の機械（原材料の送給が自動的に行われる構造のものを除く。）に原材料を送給する場合において、労働者に危険を及ぼすおそれのあるときは、当該機械の運転を停止し、又は労働者に用具等を使用させなければならない。

2　労働者は、前項の用具等の使用を命じられたときは、これを使用しなければならない。

粉砕機等から内容物を取り出す場合における危険の防止

（粉砕機等から内容物を取り出す場合における危険の防止）

第百三十条の七　事業者は、第百三十条の五第一項の機械（内容物の取出しが自動的に行われる構造のものを除く。）から内容物を取り出すときは、当該機械の運転を停止し、又は労働者に用具等を使用させなければならない。

2　労働者は、前項の用具等の使用を命じられたときは、これを使用しなければならない。

ロール機の覆い等

（ロール機の覆い等）

第百三十条の八　事業者は、食品加工用ロール機の労働者に危険を及ぼすおそれのある部分には、覆い、囲い等を設けなければならない。

成形機等による危険の防止

（成形機等による危険の防止）

第百三十条の九　事業者は、食品加工用成形機又は食品加工用圧縮機に労働者が身体の一部を挟まれること等により当該労働者に危険を及ぼすおそれのあるときは、覆い、囲い等を設けなければならない。

プレス等による危険の防止

（プレス等による危険の防止）

第百三十一条　事業者は、プレス機械及びシャー（以下「プレス等」という。）については、安全囲いを設ける等当該プレス等を用いて作業を行う労働者の身体の一部が危険限界に入らないような措置を講じなければならない。ただし、スライド又は刃物による危険を防止するための機構を有するプレス等については、この限りでない。

2　事業者は、作業の性質上、前項の規定によることが困難なときは、当該プレス等を用いて作業を行う労働者の安全を確保するため、次に定めるところに適合する安全装置（手払い式安全装置を除く。）を取り付ける等必要な措置を講じなければならない。

一　プレス等の種類、圧力能力、毎分ストローク数及びストローク長さ並びに作業の方法に応じた性能を有するものであること。

二　両手操作式の安全装置及び感応式の安全装置にあつては、プレス等の停止性能に応じた性能を有するものであること。

三　プレスブレーキ用レーザー式安全装置にあつては、プレスブレーキのスライドの速度を毎秒十ミリメートル以下とすることができ、かつ、当該速度でスライドを作動させるときはスライドを作動させるための操作部を操作している間のみスライドを作動させる性能を有するものであること。

3　前二項の措置は、行程の切替えスイッチ、操作の切替えスイッチ若しくは操作ステーションの切替えスイッチ又は安全装置の切替えスイッチを備えるプレス等については、当該切替えスイッチが切り替えられたいかなる状態においても講じられているものでなければならない。

スライドの下降による危険の防止

（スライドの下降による危険の防止）

第百三十一条の二　事業者は、動力プレスの金型の取付け、取外し又は調整の作業を行う場合において、当該作業に従事する労働者の身体の一部が危険限界に入るときは、スライドが不意に下降することによる労働者の危険を防止するため、当該作業に従事する労働者に安全ブロック等を使用させる等の措置を講じさせなければならない。

2　前項の作業に従事する労働者は、同項の安全ブロックを使用する等の措置を講じなければならない。

金型の調整

（金型の調整）

第百三十一条の三　事業者は、プレス機械の金型の調整のためスライドを作動させるときは、寸動機構を有するものにあつては寸動により、寸動機構を有するもの以外のものにあつては手回しにより行わなければならない。

クラッチ等の機能の保持

（クラッチ等の機能の保持）

第百三十二条　事業者は、プレス等のクラッチ、ブレーキその他制御のために必要な部分の機能を常に有効な状態に保持しなければならない。

プレス機械作

（プレス機械作業主任者の選任）

業主任者の選任

第百三十三条　事業者は、令第六条第七号の作業については、プレス機械作業主任者技能講習を修了した者のうちから、プレス機械作業主任者を選任しなければならない。

プレス機械作業主任者の職務

（プレス機械作業主任者の職務）

第百三十四条　事業者は、プレス機械作業主任者に、次の事項を行なわせなければならない。

一　プレス機械及びその安全装置を点検すること。

二　プレス機械及びその安全装置に異常を認めたときは、直ちに必要な措置をとること。

三　プレス機械及びその安全装置に切替えキースイッチを設けたときは、当該キーを保管すること。

四　金型の取付け、取りはずし及び調整の作業を直接指揮すること。

切替えキースイッチのキーの保管等

（切替えキースイッチのキーの保管等）

第百三十四条の二　事業者は、動力プレスによる作業のうち令第六条第七号の作業以外の作業を行う場合において、動力プレス及びその安全装置に切替えキースイッチを設けたときは、当該キーを保管する者を定め、その者に当該キーを保管させなければならない。

動力プレスの定期自主検査

（定期自主検査）

第百三十四条の三　事業者は、動力プレスについては、一年以内ごとに一回、定期に、次の事項について自主検査を行わなければならない。ただし、一年を超える期間使用しない動力プレスの当該使用しない期間においては、この限りでない。

一　クランクシャフト、フライホイールその他動力伝達装置の異常の有無

二　クラッチ、ブレーキその他制御系統の異常の有無

三　一行程一停止機構、急停止機構及び非常停止装置の異常の有無

四　スライド、コネクチングロッドその他スライド関係の異常の有無
五　電磁弁、圧力調整弁その他空圧系統の異常の有無
六　電磁弁、油圧ポンプその他油圧系統の異常の有無
七　リミットスイッチ、リレーその他電気系統の異常の有無
八　ダイクッション及びその附属機器の異常の有無
九　スライドによる危険を防止するための機構の異常の有無
2　事業者は、前項ただし書の動力プレスについては、その使用を再び開始する際に、同項各号に掲げる事項について自主検査を行わなければならない。

動力シャーの定期自主検査

第百三十五条　事業者は、動力により駆動されるシャーについては、一年以内ごとに一回、定期に、次の事項について自主検査を行わなければならない。ただし、一年を超える期間使用しないシャーの当該使用しない期間においては、この限りでない。
一　クラッチ及びブレーキの異常の有無
二　スライド機構の異常の有無
三　一行程一停止機構、急停止機構及び非常停止装置の異常の有無
四　電磁弁、減圧弁及び圧力計の異常の有無
五　配線及び開閉器の異常の有無
2　事業者は、前項ただし書のシャーについては、その使用を再び開始する際に、同項各号に掲げる事項について自主検査を行わなければならない。

定期自主検査

（定期自主検査の記録）

の記録

第百三十五条の二 事業者は、前二条の自主検査を行つたときは、次の事項を記録し、これを三年間保存しなければならない。
一 検査年月日
二 検査方法
三 検査箇所
四 検査の結果
五 検査を実施した者の氏名
六 検査の結果に基づいて補修等の措置を講じたときは、その内容

特定自主検査

（特定自主検査）

第百三十五条の三 動力プレスに係る法第四十五条第二項の厚生労働省令で定める自主検査（以下「特定自主検査」という。）は、第百三十四条の三に規定する自主検査とする。

2 動力プレスに係る法第四十五条第二項の厚生労働省令で定める資格を有する労働者は、次の各号のいずれかに該当する者とする。
一 次のいずれかに該当する者で、厚生労働大臣が定める研修を修了したもの
イ 学校教育法による大学又は高等専門学校において工学に関する学科を専攻して卒業した者（大学改革支援・学位授与機構により学士の学位を授与された者（当該学科を専攻した者に限る。）若しくはこれと同等以上の学力を有すると認められる者又は当該学科を専攻して専門職大学前期課程を修了した者を含む。第百五十一条の二十四第二項第一号イにおいて同じ。）で、動力プレスの点検若しくは整備の業務に二年以上従事し、又は動力プレスの設計

若しくは工作の業務に五年以上従事した経験を有するもの

ロ　学校教育法による高等学校又は中等教育学校において工学に関する学科を専攻して卒業した者で、動力プレスの点検若しくは整備の業務に四年以上従事し、又は動力プレスの設計若しくは工作の業務に七年以上従事した経験を有するもの

ハ　動力プレスの点検若しくは整備の業務に七年以上従事し、又は動力プレスの設計若しくは工作の業務に十年以上従事した経験を有する者

ニ　法別表第十八第二号に掲げるプレス機械作業主任者技能講習を修了した者で、動力プレスによる作業に十年以上従事した経験を有するもの

二　その他厚生労働大臣が定める者

3　動力プレスに係る特定自主検査を法第四十五条第二項の検査業者（以下「検査業者」という。）に実施させた場合における前条の規定の適用については、同条第五号中「検査を実施した者の氏名」とあるのは、「検査業者の名称」とする。

4　事業者は、動力プレスに係る特定自主検査を行つたときは、当該動力プレスの見やすい箇所に、特定自主検査を行つた年月を明らかにすることができる検査標章をはり付けなければならない。

作業開始前の点検

（作業開始前の点検）

第百三十六条　事業者は、プレス等を用いて作業を行うときには、その日の作業を開始する前に、次の事項について点検を行なわなければならない。

一　クラッチ及びブレーキの機能

二　クランクシャフト、フライホイール、スライド、コネクチングロッド及びコネクチングスク

リューのボルトのゆるみの有無
三　一行程一停止機構、急停止機構及び非常停止装置の機能
四　スライド又は刃物による危険を防止するための機構の機能
五　プレス機械にあつては、金型及びボルスターの状態
六　シヤーにあつては、刃物及びテーブルの状態

プレス等の補修

（プレス等の補修）
第百三十七条　事業者は、第百三十四条の三若しくは第百三十五条の自主検査又は前条の点検を行つた場合において、異常を認めたときは、補修その他の必要な措置を講じなければならない。

第五節　遠心機械

ふたの取付け

（ふたの取付け）
第百三十八条　事業者は、遠心機械には、ふたを設けなければならない。

内容物を取り出す場合の運転停止

（内容物を取り出す場合の運転停止）
第百三十九条　事業者は、遠心機械（内容物の取出しが自動的に行なわれる構造のものを除く。）から内容物を取り出すときは、当該機械の運転を停止しなければならない。

最高使用回転数をこえる使用の禁止

（最高使用回転数をこえる使用の禁止）
第百四十条　事業者は、遠心機械については、その最高使用回転数をこえて使用してはならない。

（定期自主検査）

第百四十一条　事業者は、動力により駆動される遠心機械については、一年以内ごとに一回、定期に、次の事項について自主検査を行なわなければならない。ただし、一年をこえる期間使用しない遠心機械の当該使用しない期間においては、この限りでない。

一　回転体の異常の有無
二　主軸の軸受部の異常の有無
三　ブレーキの異常の有無
四　外わくの異常の有無
五　前各号に掲げる部分のボルトのゆるみの有無

2　事業者は、前項ただし書の遠心機械については、その使用を再び開始する際に、同項各号に掲げる事項について自主検査を行なわなければならない。

3　事業者は、前二項の自主検査を行つたときは、次の事項を記録し、これを三年間保存しなければならない。

一　検査年月日
二　検査方法
三　検査箇所
四　検査の結果
五　検査を実施した者の氏名
六　検査の結果に基づいて補修等の措置を講じたときは、その内容

4　事業者は、第一項又は第二項の自主検査を行なつた場合において、異常を認めたときは、補修その他の必要な措置を講じなければならない。

第六節　粉砕機及び混合機

転落等の危険の防止

（転落等の危険の防止）

第百四十二条　事業者は、粉砕機又は混合機（第百三十条の五第一項の機械を除く。）の開口部から転落することにより労働者に危険が生ずるおそれのあるときは、蓋、囲い、高さが九十センチメートル以上の柵等を設けなければならない。ただし、蓋、囲い、柵等を設けることが作業の性質上困難な場合において、要求性能墜落制止用器具を使用させる等転落の危険を防止するための措置を講じたときは、この限りでない。

2　事業者は、前項の開口部から可動部分に接触することにより労働者に危険が生ずるおそれのあるときは、蓋、囲い等を設けなければならない。

3　労働者は、第一項ただし書の場合において、要求性能墜落制止用器具等の使用を命じられたときは、これを使用しなければならない。

内容物を取り出す場合の運転停止

（内容物を取り出す場合の運転停止）

第百四十三条　事業者は、粉砕機又は混合機（第百三十条の五第一項の機械及び内容物の取出しが自動的に行われる構造のものを除く。）から内容物を取り出すときは、当該機械の運転を停止しなければならない。ただし、当該機械の運転を停止して内容物を取り出すことが作業の性質上困難な場合において、労働者に用具を使用させたときは、この限りでない。

2 労働者は、前項ただし書の場合において、用具の使用を命じられたときは、これを使用しなければならない。

第七節 ロール機等

紙等を通すロール機の囲い等

（紙等を通すロール機の囲い等）

第百四十四条 事業者は、紙、布、金属箔（はく）等を通すロール機の労働者に危険を及ぼすおそれのある部分には、囲い、ガイドロール等を設けなければならない。

織機のシャトルガード

（織機のシャトルガード）

第百四十五条 事業者は、シャトルを有する織機には、シャトルガードを設けなければならない。

伸線機の引抜きブロック等の覆い等

（伸線機の引抜きブロック等の覆（おお）い等）

第百四十六条 事業者は、伸線機の引抜きブロック又はより線機のケージで労働者に危険を及ぼすおそれのあるものには、覆（おお）い、囲い等を設けなければならない。

射出成形機等による危険の防止

（射出成形機等による危険の防止）

第百四十七条 事業者は、射出成形機、鋳型造形機、型打ち機等（第百三十条の九及び本章第四節の機械を除く。）に労働者が身体の一部を挟まれるおそれのあるときは、戸、両手操作式による起動装置その他の安全装置を設けなければならない。

2 前項の戸は、閉じなければ機械が作動しない構造のものでなければならない。

扇風機による危険の防止

（扇風機による危険の防止）

第百四十八条　事業者は、扇風機の羽根で労働者に危険を及ぼすおそれのあるものには、網又は囲いを設けなければならない。

第八節　高速回転体

回転試験中の危険防止

（回転試験中の危険防止）

第百四十九条　事業者は、高速回転体（タービンローター、遠心分離機のバスケット等の回転体で、周速度が毎秒二十五メートルをこえるものをいう。以下この節において同じ。）の回転試験を行なうときは、高速回転体の破壊による危険を防止するため、専用の堅固な建設物内又は堅固な障壁等で隔離された場所で行なわなければならない。ただし、次条の高速回転体以外の高速回転体の回転試験を行なう場合において、試験設備に堅固な覆い（おお）を設ける等当該高速回転体の破壊による危険を防止するための措置を講じたときは、この限りでない。

回転軸の非破壊検査

（回転軸の非破壊検査）

第百五十条　事業者は、高速回転体（回転軸の重量が一トンをこえ、かつ、回転軸の周速度が毎秒百二十メートルをこえるものに限る。）の回転試験を行なうときは、あらかじめ、その回転軸について、材質、形状等に応じた種類の非破壊検査を行ない、破壊の原因となるおそれのある欠陥のないことを確認しなければならない。

（回転試験の実施方法）

回転試験の実施方法

第百五十条の二　事業者は、前条の高速回転体の回転試験を行うときは、遠隔操作の方法による等その制御、測定等の作業を行う労働者に当該高速回転体の破壊による危険を及ぼすおそれのない方法によつて行わなければならない。

第九節　産業用ロボット

（教示等）

教示等の作業

第百五十条の三　事業者は、産業用ロボットの可動範囲内において当該産業用ロボットについて教示等の作業を行うときは、当該産業用ロボットの不意の作動による危険又は当該産業用ロボットの誤操作による危険を防止するため、次の措置を講じなければならない。ただし、第一号及び第二号の措置については、産業用ロボットの駆動源を遮断して作業を行うときは、この限りでない。

一　次の事項について規程を定め、これにより作業を行わせること。

イ　産業用ロボットの操作の方法及び手順

ロ　作業中のマニプレータの速度

ハ　複数の労働者に作業を行わせる場合における合図の方法

ニ　異常時における措置

ホ　異常時に産業用ロボットの運転を停止した後、これを再起動させるときの措置

ヘ　その他産業用ロボットの不意の作動による危険又は産業用ロボットの誤操作による危険を

防止するために必要な措置

二　作業に従事している労働者又は当該労働者を監視する者が異常時に直ちに産業用ロボットの運転を停止することができるようにするための措置を講ずること。

三　作業を行つている間産業用ロボットの起動スイッチ等に作業中である旨を表示する等作業に従事している労働者以外の者が当該起動スイッチ等を操作することを防止するための措置を講ずること。

運転中の危険の防止

（運転中の危険の防止）

第百五十条の四　事業者は、産業用ロボットを運転する場合（教示等のために産業用ロボットを運転する場合及び産業用ロボットの運転中に次条に規定する作業を行わなければならない場合において産業用ロボットを運転するときを除く。）において、当該産業用ロボットに接触することにより労働者に危険が生ずるおそれのあるときは、さく又は囲いを設ける等当該危険を防止するために必要な措置を講じなければならない。

検査等の作業

（検査等）

第百五十条の五　事業者は、産業用ロボットの可動範囲内において当該産業用ロボットの検査、修理、調整（教示等に該当するものを除く。）、掃除若しくは給油又はこれらの結果の確認の作業を行うときは、当該産業用ロボットの運転を停止するとともに、当該作業を行つている間当該産業用ロボットの起動スイッチに錠をかけ、当該産業用ロボットの起動スイッチに作業中である旨を表示する等当該作業に従事している労働者以外の者が当該起動スイッチを操作することを防止するための措置を講じなければならない。ただし、産業用ロボットの運転中に作業を行わなければならない場合において、当該産業用ロボットの不意の作動による危険又は当該産業用ロボットの誤操作による危険を防止するため、次の措置を講じたときは、この限りでない。

一 次の事項について規程を定め、これにより作業を行わせること。

イ 産業用ロボットの操作の方法及び手順

ロ 複数の労働者に作業を行わせる場合における合図の方法

ハ 異常時における措置

ニ 異常時に産業用ロボットの運転を停止した後、これを再起動させるときの措置

ホ その他産業用ロボットの不意の作動による危険又は産業用ロボットの誤操作による危険を防止するために必要な措置

二 作業に従事している労働者又は当該労働者を監視する者が異常時に直ちに産業用ロボットの運転を停止することができるようにするための措置を講ずること。

三 作業を行つている間産業用ロボットの運転状態を切り替えるためのスイッチ等に作業中である旨を表示する等作業に従事している労働者以外の者が当該スイッチ等を操作することを防止するための措置を講ずること。

作業開始前の点検

（点検）

第百五十一条 事業者は、産業用ロボットの可動範囲内において当該産業用ロボットについて教示等（産業用ロボットの駆動源を遮断して行うものを除く。）の作業を行うときは、その作業を開始する前に、次の事項について点検し、異常を認めたときは、直ちに補修その他必要な措置を講じなければならない。

一　外部電線の被覆又は外装の損傷の有無
二　マニプレータの作動の異常の有無
三　制動装置及び非常停止装置の機能

第一章の二　荷役運搬機械等

第一節　車両系荷役運搬機械等

第一款　総則

車両系荷役運搬機械等の定義

（定義）

第百五十一条の二　この省令において車両系荷役運搬機械等とは、次の各号のいずれかに該当するものをいう。

一　フオークリフト
二　シヨベルローダー
三　フオークローダー
四　ストラドルキヤリヤー
五　不整地運搬車
六　構内運搬車（専ら荷を運搬する構造の自動車（長さが四・七メートル以下、幅が一・七メートル以下、高さが二・〇メートル以下のものに限る。）のうち、最高速度が毎時十五キロメートル以下のもの（前号に該当するものを除く。）をいう。）

七　貨物自動車（専ら荷を運搬する構造の自動車（前二号に該当するものを除く。）をいう。）

作業計画

（作業計画）

第百五十一条の三　事業者は、車両系荷役運搬機械等を用いて作業（不整地運搬車又は貨物自動車を用いて行う道路上の走行の作業を除く。以下第百五十一条の七までにおいて同じ。）を行うときは、あらかじめ、当該作業に係る場所の広さ及び地形、当該車両系荷役運搬機械等の種類及び能力、荷の種類及び形状等に適応する作業計画を定め、かつ、当該作業計画により作業を行わなければならない。

2　前項の作業計画は、当該車両系荷役運搬機械等の運行経路及び当該車両系荷役運搬機械等による作業の方法が示されているものでなければならない。

3　事業者は、第一項の作業計画を定めたときは、前項の規定により示される事項について関係労働者に周知させなければならない。

作業指揮者

（作業指揮者）

第百五十一条の四　事業者は、車両系荷役運搬機械等を用いて作業を行うときは、当該作業の指揮者を定め、その者に前条第一項の作業計画に基づき作業の指揮を行わせなければならない。

制限速度

（制限速度）

第百五十一条の五　事業者は、車両系荷役運搬機械等（最高速度が毎時十キロメートル以下のものを除く。）を用いて作業を行うときは、あらかじめ、当該作業に係る場所の地形、地盤の状態等に応じた車両系荷役運搬機械等の適正な制限速度を定め、それにより作業を行わなければならない。

2　前項の車両系荷役運搬機械等の運転者は、同項の制限速度を超えて車両系荷役運搬機械等を運転してはならない。

（転落等の防止）

第百五十一条の六　事業者は、車両系荷役運搬機械等を用いて作業を行うときは、車両系荷役運搬機械等の転倒又は転落による労働者の危険を防止するため、当該車両系荷役運搬機械等の運行経路について必要な幅員を保持すること、地盤の不同沈下を防止すること、路肩の崩壊を防止すること等必要な措置を講じなければならない。

2　事業者は、路肩、傾斜地等で車両系荷役運搬機械等を用いて作業を行う場合において、当該車両系荷役運搬機械等の転倒又は転落により労働者に危険が生ずるおそれのあるときは、誘導者を配置し、その者に当該車両系荷役運搬機械等を誘導させなければならない。

3　前項の車両系荷役運搬機械等の運転者は、同項の誘導者が行う誘導に従わなければならない。

（接触の防止）

第百五十一条の七　事業者は、車両系荷役運搬機械等を用いて作業を行うときは、運転中の車両系荷役運搬機械等又はその荷に接触することにより労働者に危険が生ずるおそれのある箇所に労働者を立ち入らせてはならない。ただし、誘導者を配置し、その者に当該車両系荷役運搬機械等を誘導させるときは、この限りでない。

2　前項の車両系荷役運搬機械等の運転者は、同項ただし書の誘導者が行う誘導に従わなければならない。

誘導者の合図

（合図）

第百五十一条の八　事業者は、車両系荷役運搬機械等について誘導者を置くときは、一定の合図を定め、誘導者に当該合図を行わせなければならない。

2　前項の車両系荷役運搬機械等の運転者は、同項の合図に従わなければならない。

荷の下への立入禁止

（立入禁止）

第百五十一条の九　事業者は、車両系荷役運搬機械等（構造上、フオーク、シヨベル、アーム等が不意に降下することを防止する装置が組み込まれているものを除く。）については、そのフオーク、シヨベル、アーム等又はこれらにより支持されている荷の下に労働者を立ち入らせてはならない。ただし、修理、点検等の作業を行う場合において、フオーク、シヨベル、アーム等が不意に降下することによる労働者の危険を防止するため、当該作業に従事する労働者に安全支柱、安全ブロツク等を使用させるときは、この限りでない。

2　前項ただし書の作業を行う労働者は、同項ただし書の安全支柱、安全ブロツク等を使用しなければならない。

荷の積載

（荷の積載）

第百五十一条の十　事業者は、車両系荷役運搬機械等に荷を積載するときは、次に定めるところによらなければならない。

一　偏荷重が生じないように積載すること。

二　不整地運搬車、構内運搬車又は貨物自動車にあつては、荷崩れ又は荷の落下による労働者の危険を防止するため、荷にロープ又はシートを掛ける等必要な措置を講ずること。

運転位置から離れる場合の措置

（運転位置から離れる場合の措置）

第百五十一条の十一　事業者は、車両系荷役運搬機械等の運転者が運転位置から離れるときは、当該運転者に次の措置を講じさせなければならない。ただし、走行のための運転位置と作業装置の運転のための運転位置が異なる貨物自動車を運転する場合であつて、労働者が作業装置の運転のための運転位置において作業装置を運転し、又は運転しようとしている場合は、この限りでない。

一　フォーク、ショベル等の荷役装置（テールゲートリフターを除く。）を最低降下位置に置くこと。

二　原動機を止め、かつ、停止の状態を保持するためのブレーキを確実にかける等の車両系荷役運搬機械等の逸走を防止する措置を講ずること。

2　前項の運転者は、車両系荷役運搬機械等の運転位置から離れるときは、同項各号に掲げる措置を講じなければならない。

3　事業者は、第一項ただし書の場合において、貨物自動車の停止の状態を保持するためのブレーキを確実にかける等の貨物自動車の逸走を防止する措置を講じさせなければならない。

4　貨物自動車の運転者は、第一項ただし書の場合において、前項の措置を講じなければならない。

車両系荷役運搬機械等の移送

（車両系荷役運搬機械等の移送）

第百五十一条の十二　事業者は、車両系荷役運搬機械等を移送するため自走又はけん引により貨物自動車に積卸しを行う場合において、道板、盛土等を使用するときは、当該車両系荷役運搬機械等の転倒、転落等による危険を防止するため、次に定めるところによらなければならない。

一　積卸しは、平たんで堅固な場所において行うこと。

二　道板を使用するときは、十分な長さ、幅及び強度を有する道板を用い、適当なこう配で確実に取り付けること。

三　盛土、仮設台等を使用するときは、十分な幅及び強度並びに適当なこう配を確保すること。

搭乗の制限

（搭乗の制限）

第百五十一条の十三　事業者は、車両系荷役運搬機械等（不整地運搬車及び貨物自動車を除く。）を用いて作業を行うときは、乗車席以外の箇所に労働者を乗せてはならない。ただし、墜落による労働者の危険を防止するための措置を講じたときは、この限りでない。

主たる用途以外の使用の制限

（主たる用途以外の使用の制限）

第百五十一条の十四　事業者は、車両系荷役運搬機械等を荷のつり上げ、労働者の昇降等当該車両系荷役運搬機械等の主たる用途以外の用途に使用してはならない。ただし、労働者に危険を及ぼすおそれのないときは、この限りでない。

修理等

（修理等）

第百五十一条の十五　事業者は、車両系荷役運搬機械等の修理又はアタッチメントの装着若しくは取外しの作業を行うときは、当該作業を指揮する者を定め、その者に次の事項を行わせなければならない。

一　作業手順を決定し、作業を直接指揮すること。

二　第百五十一条の九第一項ただし書に規定する安全支柱、安全ブロック等の使用状況を監視すること。

第二款　フォークリフト

前照灯及び後照灯

（前照灯及び後照灯）

第百五十一条の十六　事業者は、フォークリフトについては、前照灯及び後照灯を備えたものでなければ使用してはならない。ただし、作業を安全に行うため必要な照度が保持されている場所においては、この限りでない。

ヘッドガード

（ヘッドガード）

第百五十一条の十七　事業者は、フォークリフトについては、次に定めるところに適合するヘッドガードを備えたものでなければ使用してはならない。ただし、荷の落下によりフォークリフトの運転者に危険を及ぼすおそれのないときは、この限りでない。

一　強度は、フォークリフトの最大荷重の二倍の値（その値が四トンを超えるものにあつては、四トン）の等分布静荷重に耐えるものであること。

二　上部わくの各開口の幅又は長さは、十六センチメートル未満であること。

三　運転者が座つて操作する方式のフォークリフトにあつては、運転者の座席の上面からヘッドガードの上部わくの下面までの高さは、九十五センチメートル以上であること。

四　運転者が立つて操作する方式のフォークリフトにあつては、運転者席の床面からヘッドガードの上部わくの下面までの高さは、一・八メートル以上であること。

バックレスト

（バックレスト）

第百五十一条の十八　事業者は、フォークリフトについては、バックレストを備えたものでなければば使用してはならない。ただし、マストの後方に荷が落下することにより労働者に危険を及ぼすおそれのないときは、この限りでない。

パレット等

（パレット等）

第百五十一条の十九　事業者は、フオークリフトによる荷役運搬の作業に使用するパレット又はスキッドについては、次に定めるところによらなければ使用してはならない。

一　積載する荷の重量に応じた十分な強度を有すること。

二　著しい損傷、変形又は腐食がないこと。

フォークリフトの使用の制限

（使用の制限）

第百五十一条の二十　事業者は、フオークリフトについては、許容荷重（フオークリフトの構造及び材料並びにフオーク等（フオーク、ラム等荷を積載する装置をいう。）に積載する荷の重心位置に応じ負荷させることができる最大の荷重をいう。）その他の能力を超えて使用してはならない。

年一回の定期自主検査

（定期自主検査）

第百五十一条の二十一　事業者は、フオークリフトについては、一年を超えない期間ごとに一回、定期に、次の事項について自主検査を行わなければならない。ただし、一年を超える期間使用しないフオークリフトの当該使用しない期間においては、この限りでない。

一　圧縮圧力、弁すき間その他原動機の異常の有無

二　デフアレンシヤル、プロペラシヤフトその他動力伝達装置の異常の有無

三　タイヤ、ホイールベアリングその他走行装置の異常の有無

四　かじ取り車輪の左右の回転角度、ナツクル、ロツド、アームその他操縦装置の異常の有無

五　制動能力、ブレーキドラム、ブレーキシユーその他制動装置の異常の有無
六　フオーク、マスト、チエーン、チエーンホイールその他荷役装置の異常の有無
七　油圧ポンプ、油圧モーター、シリンダー、安全弁その他油圧装置の異常の有無
八　電圧、電流その他電気系統の異常の有無
九　車体、ヘツドガード、バツクレスト、警報装置、方向指示器、灯火装置及び計器の異常の有無
2　事業者は、前項ただし書のフオークリフトについては、その使用を再び開始する際に、同項各号に掲げる事項について自主検査を行わなければならない。

月一回の定期自主検査

第百五十一条の二十二　事業者は、フオークリフトについては、一月を超えない期間ごとに一回、定期に、次の事項について自主検査を行わなければならない。ただし、一月を超える期間使用しないフオークリフトの当該使用しない期間においては、この限りでない。
一　制動装置、クラツチ及び操縦装置の異常の有無
二　荷役装置及び油圧装置の異常の有無
三　ヘツドガード及びバツクレストの異常の有無
2　事業者は、前項ただし書のフオークリフトについては、その使用を再び開始する際に、同項各号に掲げる事項について自主検査を行わなければならない。

定期自主検査の記録

（定期自主検査の記録）
第百五十一条の二十三　事業者は、前二条の自主検査を行つたときは、次の事項を記録し、これを三年間保存しなければならない。
一　検査年月日

二　検査方法
三　検査箇所
四　検査の結果
五　検査を実施した者の氏名
六　検査の結果に基づいて補修等の措置を講じたときは、その内容

特定自主検査

（特定自主検査）

第百五十一条の二十四　フォークリフトに係る特定自主検査は、第百五十一条の二十一に規定する自主検査とする。

2　フォークリフトに係る法第四十五条第二項の厚生労働省令で定める資格を有する労働者は、次の各号のいずれかに該当する者とする。

一　次のいずれかに該当する者で、厚生労働大臣が定める研修を修了したもの

イ　学校教育法による大学又は高等専門学校において工学に関する学科を専攻して卒業した者で、フォークリフトの点検若しくは整備の業務に二年以上従事し、又はフォークリフトの設計若しくは工作の業務に五年以上従事した経験を有するもの

ロ　学校教育法による高等学校又は中等教育学校において工学に関する学科を専攻して卒業した者で、フォークリフトの点検若しくは整備の業務に四年以上従事し、又はフォークリフトの設計若しくは工作の業務に七年以上従事した経験を有するもの

ハ　フォークリフトの点検若しくは整備の業務に七年以上従事し、又はフォークリフトの設計若しくは工作の業務に十年以上従事した経験を有する者

ニ　フォークリフトの運転の業務に十年以上従事した経験を有する者
二　その他厚生労働大臣が定める者

3　事業者は、運行の用に供するフォークリフト（道路運送車両法第四十八条第一項の適用を受けるものに限る。）について、同項の規定に基づいて点検を行つた場合には、当該点検を行つた部分については第百五十一条の二十一の自主検査を行うことを要しない。

4　フォークリフトに係る特定自主検査を検査業者に実施させた場合における前条の規定の適用については、同条第五号中「検査を実施した者の氏名」とあるのは、「検査業者の名称」とする。

5　事業者は、フォークリフトに係る自主検査を行つたときは、当該フォークリフトの見やすい箇所に、特定自主検査を行つた年月を明らかにすることができる検査標章をはり付けなければならない。

作業開始前の点検

（点検）

第百五十一条の二十五　事業者は、フォークリフトを用いて作業を行うときは、その日の作業を開始する前に、次の事項について点検を行わなければならない。

一　制動装置及び操縦装置の機能
二　荷役装置及び油圧装置の機能
三　車輪の異常の有無
四　前照灯、後照灯、方向指示器及び警報装置の機能

補修等

（補修等）

第百五十一条の二十六　事業者は、第百五十一条の二十一若しくは第百五十一条の二十二の自主検

査又は前条の点検を行つた場合において、異常を認めたときは、直ちに補修その他必要な措置を講じなければならない。

第三款　ショベルローダー等

前照灯及び後照灯

（前照灯及び後照灯）
第百五十一条の二十七　事業者は、ショベルローダー又はフオークローダー（以下「ショベルローダー等」という。）については、前照灯及び後照灯を備えたものでなければ使用してはならない。ただし、作業を安全に行うため必要な照度が保持されている場所においては、この限りでない。

ヘッドガード

（ヘッドガード）
第百五十一条の二十八　事業者は、ショベルローダー等については、堅固なヘッドガードを備えたものでなければ使用してはならない。ただし、荷の落下によりショベルローダー等の運転者に危険を及ぼすおそれのないときは、この限りでない。

荷の積載

（荷の積載）
第百五十一条の二十九　事業者は、ショベルローダー等については、運転者の視野を妨げないように荷を積載しなければならない。

使用の制限

（使用の制限）
第百五十一条の三十　事業者は、ショベルローダー等については、最大荷重その他の能力を超えて使用してはならない。

（定期自主検査）

年一回の定期自主検査

第百五十一条の三十一　事業者は、ショベルローダー等については、一年を超えない期間ごとに一回、定期に、次の事項について自主検査を行わなければならない。ただし、一年を超える期間使用しないショベルローダー等の当該使用しない期間においては、この限りでない。

一　原動機の異常の有無

二　動力伝達装置及び走行装置の異常の有無

三　制動装置及び操縦装置の異常の有無

四　荷役装置及び油圧装置の異常の有無

五　電気系統、安全装置及び計器の異常の有無

2　事業者は、前項ただし書のショベルローダー等については、その使用を再び開始する際に、同項各号に掲げる事項について自主検査を行わなければならない。

月一回の定期自主検査

第百五十一条の三十二　事業者は、ショベルローダー等については、一月を超えない期間ごとに一回、定期に、次の事項について自主検査を行わなければならない。ただし、一月を超える期間使用しないショベルローダー等の当該使用しない期間においては、この限りでない。

一　制動装置、クラッチ及び操縦装置の異常の有無

二　荷役装置及び油圧装置の異常の有無

三　ヘッドガードの異常の有無

2　事業者は、前項ただし書のショベルローダー等については、その使用を再び開始する際に、同

項各号に掲げる事項について自主検査を行わなければならない。

定期自主検査の記録

（定期自主検査の記録）

第百五十一条の三十三　事業者は、前二条の自主検査を行つたときは、次の事項を記録し、これを三年間保存しなければならない。

一　検査年月日

二　検査方法

三　検査箇所

四　検査の結果

五　検査を実施した者の氏名

六　検査の結果に基づいて補修等の措置を講じたときは、その内容

作業開始前の点検

（点検）

第百五十一条の三十四　事業者は、ショベルローダー等を用いて作業を行うときは、その日の作業を開始する前に、次の事項について点検を行わなければならない。

一　制動装置及び操縦装置の機能

二　荷役装置及び油圧装置の機能

三　車輪の異常の有無

四　前照灯、後照灯、方向指示器及び警報装置の機能

補修等

（補修等）

第百五十一条の三十五　事業者は、第百五十一条の三十一若しくは第百五十一条の三十二の自主検査又は前条の点検を行つた場合において、異常を認めたときは、直ちに補修その他必要な措置を講じなければならない。

第四款　ストラドルキャリヤー

前照灯及び後照灯

（前照灯及び後照灯）

第百五十一条の三十六　事業者は、ストラドルキャリヤーについては、前照灯及び後照灯を備えたものでなければ使用してはならない。ただし、作業を安全に行うため必要な照度が保持されている場所においては、この限りでない。

使用の制限

（使用の制限）

第百五十一条の三十七　事業者は、ストラドルキャリヤーについては、最大荷重その他の能力を超えて使用してはならない。

年一回の定期自主検査

（定期自主検査）

第百五十一条の三十八　事業者は、ストラドルキャリヤーについては、一年を超えない期間ごとに一回、定期に、次の事項について自主検査を行わなければならない。ただし、一年を超える期間使用しないストラドルキャリヤーの当該使用しない期間においては、この限りでない。

一　原動機の異常の有無

二　動力伝達装置及び走行装置の異常の有無

三　制動装置及び操縦装置の異常の有無
四　荷役装置及び油圧装置の異常の有無
五　電気系統、安全装置及び計器の異常の有無
2　事業者は、前項ただし書のストラドルキヤリヤーについては、その使用を再び開始する際に、同項各号に掲げる事項について自主検査を行わなければならない。

月一回の定期自主検査

第百五十一条の三十九　事業者は、ストラドルキヤリヤーについては、一月を超えない期間ごとに一回、定期に、次の事項について自主検査を行わなければならない。ただし、一月を超える期間使用しないストラドルキヤリヤーの当該使用しない期間においては、この限りでない。
一　制動装置、クラッチ及び操縦装置の異常の有無
二　荷役装置及び油圧装置の異常の有無
2　事業者は、前項ただし書のストラドルキヤリヤーについては、その使用を再び開始する際に、同項各号に掲げる事項について自主検査を行わなければならない。

定期自主検査の記録

（定期自主検査の記録）
第百五十一条の四十　事業者は、前二条の自主検査を行つたときは、次の事項を記録し、これを三年間保存しなければならない。
一　検査年月日
二　検査方法
三　検査箇所
四　検査の結果

五　検査を実施した者の氏名

六　検査の結果に基づいて補修等の措置を講じたときは、その内容

作業開始前の点検

（点検）

第百五十一条の四十一　事業者は、ストラドルキャリヤーを用いて作業を行うときは、その日の作業を開始する前に、次の事項について点検を行わなければならない。

一　制動装置及び操縦装置の機能

二　荷役装置及び油圧装置の機能

三　車輪の異常の有無

四　前照灯、後照灯、方向指示器及び警報装置の機能

補修等

（補修等）

第百五十一条の四十二　事業者は、第百五十一条の三十八若しくは第百五十一条の三十九の自主検査又は前条の点検を行つた場合において、異常を認めたときは、直ちに補修その他必要な措置を講じなければならない。

第五款　不整地運搬車

前照灯及び尾灯

（前照灯及び尾灯）

第百五十一条の四十三　事業者は、不整地運搬車（運行の用に供するものを除く。）については、

前照灯及び尾灯を備えたものでなければ使用してはならない。ただし、作業を安全に行うため必要な照度が保持されている場所においては、この限りでない。

使用の制限

（使用の制限）

第百五十一条の四十四　事業者は、不整地運搬車については、最大積載量その他の能力を超えて使用してはならない。

昇降設備の設置

（昇降設備）

第百五十一条の四十五　事業者は、最大積載量が五トン以上の不整地運搬車に荷を積む作業（ロープ掛けの作業及びシート掛けの作業を含む。）又は最大積載量が五トン以上の不整地運搬車から荷を卸す作業（ロープ解きの作業及びシート外しの作業を含む。）を行うときは、墜落による労働者の危険を防止するため、当該作業に従事する労働者が床面と荷台上の荷の上面との間を安全に昇降するための設備を設けなければならない。

2　前項の作業に従事する労働者は、床面と荷台上の荷の上面との間を昇降するときは、同項の昇降するための設備を使用しなければならない。

不適格な繊維ロープの使用禁止

（不適格な繊維ロープの使用禁止）

第百五十一条の四十六　事業者は、次の各号のいずれかに該当する繊維ロープを不整地運搬車の荷掛けに使用してはならない。

一　ストランドが切断しているもの

二　著しい損傷又は腐食があるもの

繊維ロープの点検

（繊維ロープの点検）

第百五十一条の四十七　事業者は、繊維ロープを不整地運搬車の荷掛けに使用するときは、その日の使用を開始する前に、当該繊維ロープを点検し、異常を認めたときは、直ちに取り替えなければならない。

積卸し

（積卸し）

第百五十一条の四十八　事業者は、一の荷でその重量が百キログラム以上のものを不整地運搬車に積む作業（ロープ掛けの作業及びシート掛けの作業を含む。）又は不整地運搬車から卸す作業（ロープ解きの作業及びシート外しの作業を含む。）を行うときは、当該作業を指揮する者を定め、その者に次の事項を行わせなければならない。

一　作業手順及び作業手順ごとの作業の方法を決定し、作業を直接指揮すること。

二　器具及び工具を点検し、不良品を取り除くこと。

三　当該作業を行う箇所には、関係労働者以外の労働者を立ち入らせないこと。

四　ロープ解きの作業及びシート外しの作業を行うときは、荷台上の荷の落下の危険がないことを確認した後に当該作業の着手を指示すること。

五　第百五十一条の四十五第一項の昇降するための設備及び保護帽の使用状況を監視すること。

中抜きの禁止

（中抜きの禁止）

第百五十一条の四十九　事業者は、不整地運搬車から荷を卸す作業を行うときは、当該作業に従事する労働者に中抜きをさせてはならない。

2　前項の作業に従事する労働者は、中抜きをしてはならない。

あおりのない荷台への乗車制限

（荷台への乗車制限）

第百五十一条の五十　事業者は、荷台にあおりのない不整地運搬車を走行させるときは、当該荷台に労働者を乗車させてはならない。

2　労働者は、前項の場合において同項の荷台に乗車してはならない。

あおりのある荷台への乗車制限

第百五十一条の五十一　事業者は、荷台にあおりのある不整地運搬車を走行させる場合において、当該荷台に労働者を乗車させるときは、次に定めるところによらなければならない。

一　荷の移動による労働者の危険を防止するため、移動により労働者に危険を及ぼすおそれのある荷について、歯止め、滑止め等の措置を講ずること。

二　荷台に乗車させる労働者に次の事項を行わせること。

イ　あおりを確実に閉じること。

ロ　あおりその他不整地運搬車の動揺により労働者が墜落するおそれのある箇所に乗らないこと。

ハ　労働者の身体の最高部が運転者席の屋根の高さ（荷台上の荷の最高部が運転者席の屋根の高さを超えるときは、当該荷の最高部）を超えて乗らないこと。

2　前項第二号の労働者は、同号に掲げる事項を行わなければならない。

保護帽の着用

（保護帽の着用）

第百五十一条の五十二　事業者は、最大積載量が五トン以上の不整地運搬車に荷を積む作業（ロープ掛けの作業及びシート掛けの作業を含む。）又は最大積載量が五トン以上の不整地運搬車から荷を卸す作業（ロープ解きの作業及びシート外しの作業を含む。）を行うときは、墜落による労働者の危険を防止するため、当該作業に従事する労働者に保護帽を着用させなければならない。

2　前項の作業に従事する労働者は、同項の保護帽を着用しなければならない。

二年に一回の定期自主検査

（定期自主検査）

第百五十一条の五十三　事業者は、不整地運搬車については、二年を超えない期間ごとに一回、定期に、次の事項について自主検査を行わなければならない。ただし、二年を超える期間使用しない不整地運搬車の当該使用しない期間においては、この限りでない。

一　圧縮圧力、弁すき間その他原動機の異常の有無

二　クラッチ、トランスミッション、ファイナルドライブその他動力伝達装置の異常の有無

三　起動輪、遊動輪、上下転輪、履帯、タイヤ、ホイールベアリングその他走行装置の異常の有無

四　ロッド、アームその他操縦装置の異常の有無

五　制動能力、ブレーキドラム、ブレーキシューその他制動装置の異常の有無

六　荷台、テールゲートその他荷役装置の異常の有無

七　油圧ポンプ、油圧モーター、シリンダー、安全弁その他油圧装置の異常の有無

八　電圧、電流その他電気系統の異常の有無

九　車体、警報装置、方向指示器、灯火装置及び計器の異常の有無

2　事業者は、前項ただし書の不整地運搬車については、その使用を再び開始する際に、同項各号に掲げる事項について自主検査を行わなければならない。

月一回の定期自主検査

第百五十一条の五十四　事業者は、不整地運搬車については、一月を超えない期間ごとに一回、定期に、次の事項について自主検査を行わなければならない。ただし、一月を超える期間使用しない不整地運搬車の当該使用しない期間においては、この限りでない。

一　制動装置、クラッチ及び操縦装置の異常の有無
二　荷役装置及び油圧装置の異常の有無
2　事業者は、前項ただし書の不整地運搬車については、その使用を再び開始する際に、同項各号に掲げる事項について自主検査を行わなければならない。

定期自主検査の記録

（定期自主検査の記録）
第百五十一条の五十五　事業者は、前二条の自主検査を行つたときは、次の事項を記録し、これを三年間保存しなければならない。
一　検査年月日
二　検査方法
三　検査箇所
四　検査の結果
五　検査を実施した者の氏名
六　検査の結果に基づいて補修等の措置を講じたときは、その内容

特定自主検査

（特定自主検査）
第百五十一条の五十六　不整地運搬車に係る特定自主検査は、第百五十一条の五十三に規定する自主検査とする。
2　第百五十一条の二十四第二項の規定は、不整地運搬車に係る法第四十五条第二項の厚生労働省令で定める資格を有する労働者について準用する。この場合において、第百五十一条の二十四第二項第一号中「フオークリフト」とあるのは、「不整地運搬車」と読み替えるものとする。

3　事業者は、運行の用に供する不整地運搬車（道路運送車両法第四十八条第一項の適用を受けるものに限る。）について、同項の規定に基づいて点検を行つた場合には、当該点検を行つた部分については第百五十一条の五十三の自主検査を行うことを要しない。
4　不整地運搬車に係る特定自主検査を検査業者に実施させた場合における前条の規定の適用については、同条第五号中「検査を実施した者の氏名」とあるのは、「検査業者の名称」とする。
5　事業者は、不整地運搬車に係る自主検査を行つたときは、当該不整地運搬車の見やすい箇所に、特定自主検査を行つた年月を明らかにすることができる検査標章をはり付けなければならない。

作業開始前の点検

（点検）
第百五十一条の五十七　事業者は、不整地運搬車を用いて作業を行うときは、その日の作業を開始する前に、次の事項について点検を行わなければならない。
一　制動装置及び操縦装置の機能
二　荷役装置及び油圧装置の機能
三　履帯又は車輪の異常の有無
四　前照灯、尾灯、方向指示器及び警報装置の機能

補修等

（補修等）
第百五十一条の五十八　事業者は、第百五十一条の五十三若しくは第百五十一条の五十四の自主検査又は前条の点検を行つた場合において、異常を認めたときは、直ちに補修その他必要な措置を講じなければならない。

第六款　構内運搬車

制動装置等

（制動装置等）

第百五十一条の五十九　事業者は、構内運搬車（運行の用に供するものを除く。以下この条において同じ。）については、次に定めるところに適合するものでなければ、使用してはならない。ただし、第四号の規定は、作業を安全に行うため必要な照度が保持されている場所で使用する構内運搬車については、適用しない。

一　走行を制動し、及び停止の状態を保持するため、有効な制動装置を備えていること。

二　警音器を備えていること。

三　かじ取りハンドルの中心から車体の最外側までの距離が六十五センチメートル以上あるもの又は運転者席が車室内にあるものにあつては、左右に一個ずつ方向指示器を備えていること。

四　前照灯及び尾灯を備えていること。

連結装置

（連結装置）

第百五十一条の六十　事業者は、構内運搬車に被けん引車を連結するときは、確実な連結装置を用いなければならない。

使用の制限

（使用の制限）

第百五十一条の六十一　事業者は、構内運搬車については、最大積載量その他の能力を超えて使用してはならない。

積卸し

（積卸し）

第百五十一条の六十二　事業者は、一の荷でその重量が百キログラム以上のものを構内運搬車に積む作業（ロープ掛けの作業及びシート掛けの作業を含む。）又は構内運搬車から卸す作業（ロープ解きの作業及びシート外しの作業を含む。）を行うときは、当該作業を指揮する者を定め、その者に次の事項を行わせなければならない。

一　作業手順及び作業手順ごとの作業の方法を決定し、作業を直接指揮すること。

二　器具及び工具を点検し、不良品を取り除くこと。

三　当該作業を行う箇所には、関係労働者以外の労働者を立ち入らせないこと。

四　ロープ解きの作業及びシート外しの作業を行うときは、荷台上の荷の落下の危険がないことを確認した後に当該作業の着手を指示すること。

作業開始前の点検

（点検）

第百五十一条の六十三　事業者は、構内運搬車を用いて作業を行うときは、その日の作業を開始する前に、次の事項について点検を行わなければならない。

一　制動装置及び操縦装置の機能

二　荷役装置及び油圧装置の機能

三　車輪の異常の有無

四　前照灯、尾灯、方向指示器及び警音器の機能

補修等

（補修等）

第百五十一条の六十四　事業者は、前条の点検を行つた場合において、異常を認めたときは、直ち

に補修その他必要な措置を講じなければならない。

第七款　貨物自動車

制動装置等

（制動装置等）

第百五十一条の六十五　事業者は、貨物自動車（運行の用に供するものを除く。以下この条において同じ。）については、次に定めるところに適合するものでなければ、使用してはならない。ただし、第八号の規定は、最高速度が毎時二十キロメートル以下の貨物自動車については、適用しない。

一　走行を制動し、及び停止の状態を保持するため、有効な制動装置を備えていること。

二　運転者席は、運転者が安全な運転を行うことができる視界を有し、かつ、透明で運転者の視野を妨げるようなひずみのない安全ガラスを前面に使用していること。

三　空気入りゴムタイヤは、き裂、コード層の露出その他の著しい損傷のないものであること。

四　前照灯及び尾灯を備えていること。

五　かじ取りハンドルの中心から車体の最外側までの距離が六十五センチメートル以上あるもの又は運転者席が車室内にあるものにあつては、当該貨物自動車の車両中心線上の前方及び後方三十メートルの距離から指示部が見通すことのできる位置に左右に一個ずつ方向指示器を備えていること。

六　警音器を備えていること。

七　運転者が安全に運転することができる後写鏡及び当該貨物自動車の直前にある障害物を確認

することができる鏡を備えていること。

八　速度計を備えていること。

使用の制限

（使用の制限）

第百五十一条の六十六　事業者は、貨物自動車については、最大積載量その他の能力を超えて使用してはならない。

昇降設備の設置

（昇降設備）

第百五十一条の六十七　事業者は、最大積載量が二トン以上の貨物自動車に荷を積む作業（ロープ掛けの作業及びシート掛けの作業を含む。）又は最大積載量が二トン以上の貨物自動車から荷を卸す作業（ロープ解きの作業及びシート外しの作業を含む。）を行うときは、墜落による労働者の危険を防止するため、当該作業に従事する労働者が床面と荷台との間及び床面と荷台上の荷の上面との間を安全に昇降するための設備を設けなければならない。

2　前項の作業に従事する労働者は、床面と荷台との間及び床面と荷台上の荷の上面との間を昇降するときは、同項の昇降するための設備を使用しなければならない。

不適格な繊維ロープの使用禁止

（不適格な繊維ロープの使用禁止）

第百五十一条の六十八　事業者は、次の各号のいずれかに該当する繊維ロープを貨物自動車の荷掛けに使用してはならない。

一　ストランドが切断しているもの

二　著しい損傷又は腐食があるもの

繊維ロープの点検

（繊維ロープの点検）

第百五十一条の六十九　事業者は、繊維ロープを貨物自動車の荷掛けに使用するときは、その日の使用を開始する前に、当該繊維ロープを点検し、異常を認めたときは、直ちに取り替えなければならない。

積卸し

（積卸し）

第百五十一条の七十　事業者は、一の荷でその重量が百キログラム以上のものを貨物自動車に積む作業（ロープ掛けの作業及びシート掛けの作業を含む。）又は貨物自動車から卸す作業（ロープ解きの作業及びシート外しの作業を含む。）を行うときは、当該作業を指揮する者を定め、その者に次の事項を行わせなければならない。

一　作業手順及び作業手順ごとの作業の方法を決定し、作業を直接指揮すること。

二　器具及び工具を点検し、不良品を取り除くこと。

三　当該作業を行う箇所には、関係労働者以外の労働者を立ち入らせないこと。

四　ロープ解きの作業及びシート外しの作業を行うときは、荷台上の荷の落下の危険がないことを確認した後に当該作業の着手を指示すること。

五　第百五十一条の六十七第一項の昇降するための設備及び保護帽の使用状況を監視すること。

中抜きの禁止

（中抜きの禁止）

第百五十一条の七十一　事業者は、貨物自動車から荷を卸す作業を行うときは、当該作業に従事する労働者に中抜きをさせてはならない。

2　前項の作業に従事する労働者は、中抜きをしてはならない。

（荷台への乗車制限）

あおりのない荷台への乗車制限

第百五十一条の七十二　事業者は、荷台にあおりのない貨物自動車を走行させるときは、当該荷台に労働者を乗車させてはならない。

2　労働者は、前項の場合において同項の荷台に乗車してはならない。

あおりのある荷台への乗車制限

第百五十一条の七十三　事業者は、荷台にあおりのある貨物自動車を走行させる場合において、当該荷台に労働者を乗車させるときは、次に定めるところによらなければならない。

一　荷の移動による労働者の危険を防止するため、移動により労働者に危険を及ぼすおそれのある荷について、歯止め、滑止め等の措置を講ずること。

二　荷台に乗車させる労働者に次の事項を行わせること。

イ　あおりを確実に閉じること。

ロ　あおりその他貨物自動車の動揺により労働者が墜落するおそれのある箇所に乗らないこと。

ハ　労働者の身体の最高部が運転者席の屋根の高さ（荷台上の荷の最高部が運転者席の屋根の高さを超えるときは、当該荷の最高部）を超えて乗らないこと。

2　前項第二号の労働者は、同号に掲げる事項を行わなければならない。

（保護帽の着用）

保護帽の着用

第百五十一条の七十四　事業者は、次の各号のいずれかに該当する貨物自動車に荷を積む作業（ロープ掛けの作業及びシート掛けの作業を含む。）又は次の各号のいずれかに該当する貨物自動車から荷を卸す作業（ロープ解きの作業及びシート外しの作業を含む。）を行うとき（第三号に該当する貨物自動車にあつては、テールゲートリフターを使用するときに限る。）は、墜落による労働者の危険を防止するため、当該作業に従事する労働者に保護帽を着用させなければならない。
一　最大積載量が五トン以上のもの
二　最大積載量が二トン以上五トン未満であつて、荷台の側面が構造上開放されているもの又は構造上開閉できるもの
三　最大積載量が二トン以上五トン未満であつて、テールゲートリフターが設置されているもの（前号に該当するものを除く。）
2　前項の作業に従事する労働者は、同項の保護帽を着用しなければならない。

作業開始前の点検

（点検）
第百五十一条の七十五　事業者は、貨物自動車を用いて作業を行うときは、その日の作業を開始する前に、次の事項について点検を行わなければならない。
一　制動装置及び操縦装置の機能
二　荷役装置及び油圧装置の機能
三　車輪の異常の有無
四　前照灯、尾灯、方向指示器及び警音器の機能

補修等

（補修等）
第百五十一条の七十六　事業者は、前条の点検を行つた場合において、異常を認めたときは、直ちに補修その他必要な措置を講じなければならない。

第二節　コンベヤー

逸走等の防止

（逸走等の防止）

第百五十一条の七十七　事業者は、コンベヤー（フローコンベヤー、スクリューコンベヤー、流体コンベヤー及び空気スライドを除く。以下同じ。）については、停電、電圧降下等による荷又は搬器の逸走及び逆走を防止するための装置（第百五十一条の八十二において「逸走等防止装置」という。）を備えたものでなければ使用してはならない。ただし、専ら水平の状態で使用するときその他労働者に危険を及ぼすおそれのないときは、この限りでない。

非常停止装置

（非常停止装置）

第百五十一条の七十八　事業者は、コンベヤーについては、労働者の身体の一部が巻き込まれる等労働者に危険が生ずるおそれのあるときは、非常の場合に直ちにコンベヤーの運転を停止することができる装置（第百五十一条の八十二において「非常停止装置」という。）を備えなければならない。

荷の落下防止

（荷の落下防止）

第百五十一条の七十九　事業者は、コンベヤーから荷が落下することにより労働者に危険を及ぼすおそれがあるときは、当該コンベヤーに覆い又は囲いを設ける等荷の落下を防止するための措置を講じなければならない。

トロリーコンベヤー

（トロリーコンベヤー）

第百五十一条の八十　事業者は、トロリーコンベヤーについては、トロリーとチェーン及びハンガーとが容易に外れないよう相互に確実に接続されているものでなければ使用してはならない。

搭乗の制限

（搭乗の制限）

第百五十一条の八十一　事業者は、運転中のコンベヤーに労働者を乗せてはならない。ただし、労働者を運搬する構造のコンベヤーについて、墜落、接触等による労働者の危険を防止するための措置を講じた場合は、この限りでない。

2　労働者は、前項ただし書の場合を除き、運転中のコンベヤーに乗つてはならない。

作業開始前の点検

（点検）

第百五十一条の八十二　事業者は、コンベヤーを用いて作業を行うときは、その日の作業を開始する前に、次の事項について点検を行わなければならない。

一　原動機及びプーリーの機能

二　逸走等防止装置の機能

三　非常停止装置の機能

四　原動機、回転軸、歯車、プーリー等の覆い、囲い等の異常の有無

補修等

（補修等）

第百五十一条の八十三　事業者は、前条の点検を行つた場合において、異常を認めたときは、直ちに補修その他必要な措置を講じなければならない。

第一章の三　木材伐出機械等

第一節　車両系木材伐出機械

第一款　総則

定義

（定義）

第百五十一条の八十四　この省令において車両系木材伐出機械とは、伐木等機械、走行集材機械及び架線集材機械（機械集材装置又は簡易架線集材装置の集材機として用いている場合を除く。以下この節において同じ。）をいう。

前照灯の設置

（前照灯の設置）

第百五十一条の八十五　事業者は、車両系木材伐出機械については、前照灯を備えたものでなければ使用してはならない。ただし、作業を安全に行うため必要な照度が保持されている場所においては、この限りでない。

ヘッドガード

（ヘッドガード）

第百五十一条の八十六　事業者は、車両系木材伐出機械については、堅固なヘッドガードを備えたものでなければ使用してはならない。ただし、原木等の落下により運転者に危険を及ぼすおそれのないときは、この限りでない。

（防護柵等）

第百五十一条の八十七　事業者は、車両系木材伐出機械については、原木等の飛来等により運転者に危険を及ぼすおそれのあるときは、運転者席の防護柵等当該危険を防止するための設備を備えたものでなければ使用してはならない。

（調査及び記録）

第百五十一条の八十八　事業者は、車両系木材伐出機械を用いて作業を行うときは、当該車両系木材伐出機械の転落、地山の崩壊等による労働者の危険を防止するため、あらかじめ、当該作業に係る場所について地形、地盤の状態等並びに伐倒する立木及び取り扱う原木等の形状等を調査し、その結果を記録しておかなければならない。

（作業計画）

第百五十一条の八十九　事業者は、車両系木材伐出機械を用いて作業を行うときは、あらかじめ、前条の規定による調査により知り得たところに適応する作業計画を定め、かつ、当該作業計画により作業を行わなければならない。

2　前項の作業計画は、次の事項が示されているものでなければならない。

一　使用する車両系木材伐出機械の種類及び能力

二　車両系木材伐出機械の運行経路

三　車両系木材伐出機械による作業の方法及び場所

四　労働災害が発生した場合の応急の措置及び傷病者の搬送の方法

3　事業者は、第一項の作業計画を定めたときは、前項第二号から第四号までの事項について関係労働者に周知させなければならない。

作業指揮者

（作業指揮者）

第百五十一条の九十　事業者は、車両系木材伐出機械（伐木等機械を除く。）を用いて作業を行うときは、当該作業の指揮者を定め、その者に前条第一項の作業計画に基づき作業の指揮を行わせなければならない。

制限速度

（制限速度）

第百五十一条の九十一　事業者は、車両系木材伐出機械（最高速度が毎時十キロメートル以下のものを除く。）を用いて作業を行うときは、あらかじめ、当該作業に係る場所の地形、地盤の状態等に応じた車両系木材伐出機械の適正な制限速度を定め、それにより作業を行わなければならない。

2　前項の車両系木材伐出機械の運転者は、同項の制限速度を超えて車両系木材伐出機械を運転してはならない。

転落等の防止等

（転落等の防止等）

第百五十一条の九十二　事業者は、車両系木材伐出機械を用いて作業を行うときは、車両系木材伐出機械の転倒又は転落による労働者の危険を防止するため、当該車両系木材伐出機械の運行経路について必要な幅員を保持すること、路肩の崩壊を防止すること、岩石、根株等の障害物を除去すること等必要な措置を講じなければならない。

2　事業者は、路肩、傾斜地等で車両系木材伐出機械を用いて作業を行う場合において、当該車両系木材伐出機械の転倒又は転落により労働者に危険が生ずるおそれのあるときは、誘導者を配置し、その者に当該車両系木材伐出機械を誘導させなければならない。

3　前項の車両系木材伐出機械の運転者は、同項の誘導者が行う誘導に従わなければならない。

第百五十一条の九十三　事業者は、路肩、傾斜地等であつて、車両系木材伐出機械の転倒又は転落により運転者に危険が生ずるおそれのある場所においては、転倒時保護構造を有し、かつ、シートベルトを備えたもの以外の車両系木材伐出機械を使用しないよう努めるとともに、運転者にシートベルトを使用させるように努めなければならない。

（合図）

第百五十一条の九十四　事業者は、車両系木材伐出機械について誘導者を置くときは、一定の合図を定め、誘導者に当該合図を行わせなければならない。

2　前項の車両系木材伐出機械の運転者は、同項の合図に従わなければならない。

（接触の防止）

第百五十一条の九十五　事業者は、車両系木材伐出機械を用いて作業を行うときは、運転中の車両系木材伐出機械又は取り扱う原木等に接触することにより労働者に危険が生ずるおそれのある箇所に労働者を立ち入らせてはならない。

（立入禁止）

第百五十一条の九十六　事業者は、車両系木材伐出機械を用いて作業を行うときは、物体の飛来等により労働者に危険が生ずるおそれのある箇所（当該作業を行つている場所の下方で、原木等が転落し、又は滑ることによる危険を生ずるおそれのある箇所を含む。）に労働者を立ち入らせてはならない。

第百五十一条の九十七　事業者は、車両系木材伐出機械（構造上、ブーム、アーム等が不意に降下することを防止する装置が組み込まれているものを除く。）については、そのブーム、アーム等又はこれらにより支持されている原木等の下に労働者を立ち入らせてはならない。ただし、修理、点検等の作業を行う場合において、ブーム、アーム等が不意に降下することによる労働者の危険を防止するため、当該作業に従事する労働者に安全支柱、安全ブロック等を使用させるときは、この限りでない。

2　前項ただし書の作業を行う労働者は、同項ただし書の安全支柱、安全ブロック等を使用しなければならない。

走行のための運転位置から離れる場合の措置

（走行のための運転位置から離れる場合の措置）

第百五十一条の九十八　事業者は、車両系木材伐出機械の運転者が走行のための運転位置から離れるときは、当該運転者に次の措置を講じさせなければならない。ただし、走行のための運転位置と作業装置の運転のための運転位置が異なる場合であつて、労働者が作業装置の運転のための運転位置において作業装置を運転し、又は運転しようとしている場合は、この限りでない。

一　木材グラップル等の作業装置を最低降下位置（荷台を備える車両系木材伐出機械の木材グラップルにあつては荷台上の最低降下位置）に置くこと。

二　原動機を止め、かつ、停止の状態を保持するためのブレーキを確実にかける等の車両系木材伐出機械の逸走を防止する措置を講ずること。

2　前項の運転者は、車両系木材伐出機械の走行のための運転位置から離れるときは、同項各号に掲げる措置を講じなければならない。

3　事業者は、第一項ただし書の場合であつて、車両系木材伐出機械の運転者が走行のための運転位置から離れるときは、当該車両系木材伐出機械の停止の状態を保持するためのブレーキを確実にかける等の車両系木材伐出機械の逸走を防止する措置を講じさせなければならない。

4　前項の運転者は、車両系木材伐出機械の走行のための運転位置から離れるときは、同項の措置を講じなければならない。

作業装置の運転のための運転位置からの離脱の禁止

（作業装置の運転のための運転位置からの離脱の禁止）

第百五十一条の九十九　事業者は、前条第一項ただし書の場合であつて、車両系木材伐出機械の作業装置が運転されている間は、当該作業装置の運転者を当該作業装置の運転のための運転位置から離れさせてはならない。

2　前項の運転者は、車両系木材伐出機械の作業装置が運転されている間は、当該作業装置の運転のための運転位置を離れてはならない。

車両系木材伐出機械の移送

（車両系木材伐出機械の移送）

第百五十一条の百　事業者は、車両系木材伐出機械を移送するため自走又はけん引により貨物自動車に積卸しを行う場合において、道板、盛土等を使用するときは、当該車両系木材伐出機械の転倒、転落等による危険を防止するため、次に定めるところによらなければならない。

一　積卸しは、平たんで堅固な場所において行うこと。

二　道板を使用するときは、十分な長さ、幅及び強度を有する道板を用い、適当な勾配で確実に取り付けること。

三　盛土、仮設台等を使用するときは、十分な幅及び強度並びに適当な勾配を確保すること。

（搭乗の制限）

第百五十一条の百一　事業者は、車両系木材伐出機械を用いて作業を行うときは、乗車席又は荷台以外の箇所に労働者を乗せてはならない。ただし、墜落による労働者の危険を防止するための措置を講じたときは、この限りでない。

（使用の制限）

第百五十一条の百二　事業者は、車両系木材伐出機械を用いて作業を行うときは、当該車両系木材伐出機械の転倒若しくは逸走又はブーム、アーム等の作業装置の破壊による労働者の危険を防止するため、当該車両系木材伐出機械についてその構造上定められた安定度、最大積載荷重、最大使用荷重等を守らなければならない。

（主たる用途以外の使用の制限）

第百五十一条の百三　事業者は、車両系木材伐出機械を、木材グラップルによるワイヤロープを介した原木等のつり上げ等当該車両系木材伐出機械の主たる用途以外の用途に使用してはならない。

2　前項の規定は、ウインチ及びガイドブロックを用いて運転者以外の方向にかかり木を引き倒すことによりかかり木を処理する場合等、労働者に危険を及ぼすおそれのない場合には、適用しない。

（修理等）

第百五十一条の百四　事業者は、車両系木材伐出機械の修理又はアタッチメントの装着若しくは取り外しの作業を行うときは、当該作業を指揮する者を定め、その者に次の事項を行わせなければならない。

一　作業手順を決定し、作業を直接指揮すること。

二　第百五十一条の九十七第一項ただし書に規定する安全支柱、安全ブロック等の使用状況を監視すること。

作業装置の運転のための運転位置への搭乗の制限

（作業装置の運転のための運転位置への搭乗の制限）

第百五十一条の百五　事業者は、走行のための運転位置と作業装置の運転のための運転位置が異なる車両系木材伐出機械を走行させるときは、当該車両系木材伐出機械の作業装置の運転のための運転位置に労働者を乗せてはならない。

2　労働者は、前項の場合において同項の車両系木材伐出機械の作業装置の運転のための運転位置に乗つてはならない。

悪天候時の作業禁止

（悪天候時の作業禁止）

第百五十一条の百六　事業者は、強風、大雨、大雪等の悪天候のため、車両系木材伐出機械を用いる作業の実施について危険が予想されるときは、当該作業に労働者を従事させてはならない。

保護帽の着用

（保護帽の着用）

第百五十一条の百七　事業者は、車両系木材伐出機械を用いて作業を行うときは、物体の飛来又は落下による労働者の危険を防止するため、当該作業に従事する労働者に保護帽を着用させなければならない。

2　前項の作業に従事する労働者は、同項の保護帽を着用しなければならない。

検査

（検査）

第百五十一条の百八　事業者は、車両系木材伐出機械については、一年を超えない期間ごとに一回、定期に、次の事項について検査を行うよう努めなければならない。ただし、一年を超える期間使用しない車両系木材伐出機械の当該使用しない期間においては、この限りでない。

一　原動機の異常の有無

二　動力伝達装置及び走行装置の異常の有無

三　制動装置及び操縦装置の異常の有無

四　作業装置及び油圧装置の異常の有無

五　車体、ヘッドガード、飛来物防護設備、アウトリガー、電気系統、灯火装置及び計器の異常の有無

2　事業者は、前項ただし書の車両系木材伐出機械については、その使用を再び開始する際に、同項各号に掲げる事項について検査を行うよう努めなければならない。

（点検）

第百五十一条の百九　事業者は、車両系木材伐出機械については、一月を超えない期間ごとに一回、定期に、次の事項について検査を行うよう努めなければならない。ただし、一月を超える期間使用しない車両系木材伐出機械の当該使用しない期間においては、この限りでない。

一　制動装置、クラッチ及び操縦装置の異常の有無

二　作業装置及び油圧装置の異常の有無

三　ヘッドガード及び飛来物防護設備の異常の有無

2　事業者は、前項ただし書の車両系木材伐出機械については、その使用を再び開始する際に、同項各号に掲げる事項について検査を行うよう努めなければならない。

第百五十一条の百十　事業者は、車両系木材伐出機械を用いて作業を行うときは、その日の作業を開始する前に、次の事項について点検を行わなければならない。
一　制動装置及び操縦装置の機能
二　作業装置及び油圧装置の機能
三　ワイヤロープ及び履帯又は車輪の異常の有無
四　前照灯の機能

補修等

（補修等）
第百五十一条の百十一　事業者は、第百五十一条の百八若しくは第百五十一条の百九の検査又は前条の点検を行つた場合において、異常を認めたときは、直ちに補修その他必要な措置を講じなければならない。

第二款　伐木等機械

伐木作業における危険の防止

（伐木作業における危険の防止）
第百五十一条の百十二　事業者は、伐木等機械を用いて伐木の作業を行うときは、立木を伐倒しようとする運転者に、それぞれの立木について、かん木、枝条、つる、浮石等で、伐倒の際その他作業中に危険を生ずるおそれのあるものを取り除かせなければならない。
2　前項の運転者は、それぞれの立木について、かん木、枝条、つる、浮石等で、伐倒の際その他作業中に危険を生ずるおそれのあるものを取り除かなければならない。

（造材作業における危険の防止）

造材作業における危険の防止

第百五十一条の百十三　事業者は、伐木等機械を用いて造材の作業を行うときは、造材を行う原木等が転落し、又は滑ることによる危険を防止するため、当該作業を行おうとする運転者に、平たんな地面で当該作業を行う等の措置を講じさせなければならない。

２　前項の運転者は、同項の措置を講じなければならない。

第三款　走行集材機械

（ワイヤロープの安全係数）

ワイヤロープの安全係数

第百五十一条の百十四　事業者は、走行集材機械のウインチ又はスリングに用いるワイヤロープの安全係数については、四以上としなければならない。

２　前項の安全係数は、ワイヤロープの切断荷重の値を、当該ワイヤロープにかかる荷重の最大の値で除した値とする。

（不適格なワイヤロープの使用禁止）

不適格なワイヤロープの使用禁止

第百五十一条の百十五　事業者は、走行集材機械のウインチ若しくはスリングに用いるワイヤロープ又は積荷の固定に用いるワイヤロープについては、次のいずれかに該当するものを使用してはならない。

一　ワイヤロープ一よりの間において素線（フイラ線を除く。以下本号において同じ。）数の十パー

セント以上の素線が切断したもの

二　摩耗による直径の減少が公称径の七パーセントを超えるもの

三　キンクしたもの

四　著しい形崩れ又は腐食のあるもの

スリング等の点検

（スリング等の点検）

第百五十一条の百十六　事業者は、走行集材機械を用いて作業を行うときは、その日の作業を開始する前に、当該作業に用いるスリング及び積荷の固定に用いるワイヤロープの状態について点検し、異常を認めたときは、直ちに、補修し、又は取り替えなければならない。

合図

（合図）

第百五十一条の百十七　事業者は、走行集材機械のウインチの運転について、一定の合図及び合図を行う者を定め、運転に当たつては、当該合図を使用させなければならない。

2　前項の走行集材機械のウインチの運転者は、同項の合図に従わなければならない。

原木等の積載

（原木等の積載）

第百五十一条の百十八　事業者は、走行集材機械に原木等を積載するときは、次に定めるところによらなければならない。

一　偏荷重が生じないように積載すること。

二　荷崩れ又は原木等の落下による労働者の危険を防止するため、積荷をワイヤロープで固定する等必要な措置を講ずること。

荷台への乗車

（荷台への乗車制限）

制限

第百五十一条の百十九　事業者は、荷台を有する走行集材機械を走行させるときは、当該走行集材機械の荷台に労働者を乗車させてはならない。
2　労働者は、前項の場合において同項の荷台に乗車してはならない。

第四款　架線集材機械

ワイヤロープの安全係数

（ワイヤロープの安全係数）
第百五十一条の百二十　事業者は、架線集材機械のウインチ又はスリングに用いるワイヤロープの安全係数については、四以上としなければならない。
2　前項の安全係数は、ワイヤロープの切断荷重の値を、当該ワイヤロープにかかる荷重の最大の値で除した値とする。

不適格なワイヤロープの使用禁止

（不適格なワイヤロープの使用禁止）
第百五十一条の百二十一　事業者は、架線集材機械のウインチ又はスリングに用いるワイヤロープについては、次のいずれかに該当するものを使用してはならない。
一　ワイヤロープ一よりの間において素線（フイラ線を除く。以下本号において同じ。）数の十パーセント以上の素線が切断したもの
二　摩耗による直径の減少が公称径の七パーセントを超えるもの
三　キンクしたもの
四　著しい形崩れ又は腐食のあるもの

スリングの点検

（スリングの点検）

第百五十一条の百二十二　事業者は、架線集材機械を用いて作業を行うときは、その日の作業を開始する前に、当該作業に用いるスリングの状態について点検し、異常を認めたときは、直ちに、補修し、又は取り替えなければならない。

合図

（合図）

第百五十一条の百二十三　事業者は、架線集材機械のウインチの運転について、一定の合図及び合図を行う者を定め、運転に当たつては、当該合図を使用させなければならない。

2　前項の架線集材機械のウインチの運転者は、同項の合図に従わなければならない。

第二節　機械集材装置及び運材索道

調査及び記録

（調査及び記録）

第百五十一条の百二十四　事業者は、林業架線作業（機械集材装置若しくは運材索道の組立て、解体、変更若しくは修理の作業又はこれらの設備による集材若しくは運材の作業をいう。以下同じ。）を行うときは、集材機又は運材機の転落、地山の崩壊、支柱の倒壊等による労働者の危険を防止するため、あらかじめ、当該作業に係る場所について広さ、地形、地盤の状態等、支柱とする立木の状態及び運搬する原木等の形状等を調査し、その結果を記録しておかなければならない。

作業計画

（作業計画）

第百五十一条の百二十五　事業者は、林業架線作業を行うときは、あらかじめ、前条の規定による調査により知り得たところに適応する作業計画を定め、かつ、当該作業計画により作業を行わなければならない。

2　前項の作業計画は、次の事項が示されているものでなければならない。

一　支柱及び主要機器の配置の場所

二　使用するワイヤロープの種類及びその直径

三　中央垂下比

四　最大使用荷重、搬器と搬器の間隔及び搬器ごとの最大積載荷重

五　機械集材装置の集材機の種類及び最大けん引力

六　林業架線作業の方法

七　労働災害が発生した場合の応急の措置及び傷病者の搬送の方法

3　事業者は、第一項の作業計画を定めたときは、前項第一号、第二号、第四号、第六号及び第七号の事項について関係労働者に周知させなければならない。

林業架線作業主任者の選任

（林業架線作業主任者の選任）

第百五十一条の百二十六　事業者は、令第六条第三号の作業については、林業架線作業主任者免許を受けた者のうちから、林業架線作業主任者を選任しなければならない。

林業架線作業主任者の職務

（林業架線作業主任者の職務）

第百五十一条の百二十七　事業者は、林業架線作業主任者に、次の事項を行わせなければならない。

一　作業の方法及び労働者の配置を決定し、作業を直接指揮すること。

二　材料の欠点の有無並びに器具及び工具の機能を点検し、不良品を取り除くこと。

三　作業中、要求性能墜落制止用器具等及び保護帽の使用状況を監視すること。

作業指揮者

（作業指揮者）

第百五十一条の百二十八　事業者は、林業架線作業（令第六条第三号の作業を除く。）を行うときは、当該作業の指揮者を定め、その者に第百五十一条の百二十五第一項の作業計画に基づき作業の指揮を行わせなければならない。

制動装置等

（制動装置等）

第百五十一条の百二十九　事業者は、機械集材装置又は運材索道については、次に定めるところによらなければならない。

一　搬器又はつり荷を制動させる必要がない場合を除き、搬器又はつり荷を適時停止させることができる有効な制動装置を備えること。

二　主索、控索及び固定物に取り付ける作業索は、支柱、立木、根株等の固定物で堅固なものに二回以上巻き付け、かつ、クリップ、クランプ等の緊結具を用いて確実に取り付けること。

三　支柱の頂部を安定させるための控えは、二以上とし、控えと支柱とのなす角度を三十度以上とすること。

四　サドルブロック、ガイドブロック等は、取付け部が受ける荷重により破壊し、又は脱落するおそれのないシャックル、台付け索等の取付け具を用いて確実に取り付けること。

五　搬器、主索支持器その他の附属器具は、十分な強度を有するものを使用すること。

六　えい索又は作業索の端部を搬器又はロージングブロックに取り付けるときは、クリップ止め、アイスプライス等の方法により確実に取り付けること。

ワイヤロープの安全係数

（ワイヤロープの安全係数）

第百五十一条の百三十　事業者は、機械集材装置又は運材索道の次の表の上欄に掲げる索については、その用途に応じて、安全係数が同表の下欄に掲げる値以上であるワイヤロープを使用しなければならない。

ワイヤロープの用途	安全係数
主索	二・七
えい索	四・〇
作業索（巻上げ索を除く。）	四・〇
巻上げ索	六・〇
控索	四・〇
台付け索	四・〇
荷吊り索	六・〇

2　前項の安全係数は、ワイヤロープの切断荷重の値を、当該機械集材装置又は運材索道の組立ての状態及び当該ワイヤロープにかかる荷重に応じた最大張力の値で除した値とする。

不適格なワイヤロープの使用禁止

（不適格なワイヤロープの使用禁止）

第百五十一条の百三十一　事業者は、機械集材装置又は運材索道のワイヤロープについては、次のいずれかに該当するものを使用してはならない。

一　ワイヤロープ一よりの間において素線（フイラ線を除く。以下本号において同じ。）数の十パーセント以上の素線が切断したもの

二　摩耗による直径の減少が公称径の七パーセントを超えるもの
三　キンクしたもの
四　著しい形崩れ又は腐食のあるもの

作業索

（作業索）
第百五十一条の百三十二　事業者は、機械集材装置の作業索（エンドレスのものを除く。）については、次に定める措置を講じなければならない。
一　作業索は、これを最大に使用した場合において、集材機の巻胴に二巻以上を残すことができる長さとすること。
二　作業索の端部は、集材機の巻胴にクランプ、クリップ等の緊結具を用いて確実に取り付けること。

巻過ぎ防止

（巻過ぎ防止）
第百五十一条の百三十三　事業者は、機械集材装置については、巻過防止装置を備える等巻上げ索の巻過ぎによる労働者の危険を防止するための措置を講じなければならない。

集材機又は運材機

（集材機又は運材機）
第百五十一条の百三十四　事業者は、機械集材装置の集材機又は運材索道の運材機については、次に定める措置を講じなければならない。ただし、架線集材機械を機械集材装置の集材機として用いる場合は、この限りでない。
一　浮き上がり、ずれ又は振れが生じないように据え付けること。

二　歯止装置又は止め金つきブレーキを備え付けること。

2　事業者は、架線集材機械を機械集材装置の集材機として用いる場合は、次に定める措置を講じなければならない。

一　架線集材機械の停止の状態を保持するためのブレーキを確実にかける等の架線集材機械の逸走を防止する措置を講ずること。

二　アウトリガーを必要な広さ及び強度を有する鉄板等の上で張り出し、又はブレードを地上に下ろす等の架線集材機械の転倒又は転落による労働者の危険を防止するための措置を講ずること。

転倒時保護構造等

（転倒時保護構造等）

第百五十一条の百三十五　事業者は、架線集材機械を機械集材装置の集材機として用いる場合は、路肩、傾斜地等であつて、架線集材機械の転倒又は転落により労働者に危険が生ずるおそれのある場所においては、転倒時保護構造を有し、かつ、シートベルトを備えたもの以外の架線集材機械を使用しないよう努めるとともに、運転者にシートベルトを使用させるように努めなければならない。

ヘッドガード

（ヘッドガード）

第百五十一条の百三十六　事業者は、機械集材装置の集材機については、堅固なヘッドガードを備えたものでなければ使用してはならない。ただし、原木等の落下により運転者に危険を及ぼすおそれのないときは、この限りでない。

防護柵等

（防護柵等）

第百五十一条の百三十七　事業者は、機械集材装置の集材機については、原木等の飛来等により運転者に危険を及ぼすおそれのあるときは、運転者席の防護柵等当該危険を防止するための設備を備えたものでなければ使用してはならない。

最大使用荷重等の表示

（最大使用荷重等の表示）

第百五十一条の百三十八　事業者は、機械集材装置については、最大使用荷重を見やすい箇所に表示しなければならない。

2　事業者は、機械集材装置については、前項の最大使用荷重を超える荷重をかけて使用してはならない。

第百五十一条の百三十九　事業者は、運材索道については、次の事項を見やすい箇所に表示しなければならない。

一　最大使用荷重

二　搬器と搬器との間隔

三　搬器ごとの最大積載荷重

2　事業者は、運材索道については、前項第一号の最大使用荷重及び同項第三号の搬器ごとの最大積載荷重を超える荷重をかけて使用してはならない。

接触の防止

（接触の防止）

第百五十一条の百四十　事業者は、架線集材機械を機械集材装置の集材機として用いて集材の作業を行うときは、運転中の架線集材機械又は取り扱う原木等に接触することにより労働者に危険が生ずるおそれのある箇所に労働者を立ち入らせてはならない。

合図等

（合図等）

第百五十一条の百四十一　事業者は、林業架線作業を行うときは、機械集材装置又は運材索道の運転者と荷掛け又は荷外しをする者との間の連絡を確実にするため、電話、電鈴等の装置を設け、又は一定の合図を定め、それぞれ当該装置を使用する者を指名してその者に使用させ、又は当該合図を行う者を指名してその者に行わせなければならない。

2　前項の運転者は、同項の指名を受けた者による指示又は同項の合図に従わなければならない。

立入禁止

（立入禁止）

第百五十一条の百四十二　事業者は、林業架線作業を行うときは、次の箇所に労働者を立ち入らせてはならない。

一　主索の下で、原木等が落下し、又は降下することにより労働者に危険を及ぼすおそれのあるところ

二　原木等を荷掛けし、又は集材している場所の下方で、原木等が転落し、又は滑ることにより労働者に危険を及ぼすおそれのあるところ

三　作業索の内角側で、索又はガイドブロック等が反発し、又は飛来することにより労働者に危険を及ぼすおそれのあるところ

ブーム等の降下による危険の防止

（ブーム等の降下による危険の防止）

第百五十一条の百四十三　事業者は、架線集材機械（構造上、ブーム、アーム等が不意に降下することを防止する装置が組み込まれているものを除く。）を機械集材装置の集材機として用いる場合であつて、架線集材機械のブーム、アーム等を上げ、その下で修理、点検等の作業を行うときは、ブーム、アーム等が不意に降下することによる労働者の危険を防止するため、当該作業に従

事する労働者に安全支柱、安全ブロック等を使用させなければならない。

2　前項の作業に従事する労働者は、同項の安全支柱、安全ブロック等を使用しなければならない。

搭乗の制限

（搭乗の制限）

第百五十一条の百四十四　事業者は、機械集材装置又は運材索道の搬器、つり荷、重錘等の物で、つり下げられているものに、労働者を乗せてはならない。ただし、搬器、索等の器材の点検、補修等臨時の作業を行う場合で、墜落による危険を生ずるおそれのない措置を講ずるときは、この限りでない。

2　事業者は、架線集材機械を機械集材装置の集材機として用いて集材の作業を行うときは、乗車席以外の箇所に労働者を乗せてはならない。

3　労働者は、第一項ただし書の場合を除き、同項のつり下げられている物に乗つてはならない。

悪天候時の作業禁止

（悪天候時の作業禁止）

第百五十一条の百四十五　事業者は、強風、大雨、大雪等の悪天候のため、林業架線作業の実施について危険が予想されるときは、当該作業に労働者を従事させてはならない。

点検

（点検）

第百五十一条の百四十六　事業者は、林業架線作業については、次の表の上欄に掲げる場合に応じ、それぞれ同表の下欄に掲げる事項を点検し、異常を認めたときは、直ちに、補修し、又は取り替えなければならない。

点検を要する場合	点検事項

組立て又は変更を行った場合 試運転を行った場合	支柱及びアンカの状態 集材機、運材機及び制動機の異常の有無及びその据付けの状態 主索、えい索、作業索、控索及び台付け索の異常の有無及びその取付けの状態 搬器又はロージングブロックとワイヤロープとの緊結部の状態 第百五十一条の百四十一第一項の電話、電鈴等の装置の異常の有無
強風、大雨、大雪等の悪天候の後及び中震以上の地震の後の場合	支柱及びアンカの状態 集材機、運材機及び制動機の異常の有無及びその据付けの状態 主索、えい索、作業索、控索及び台付け索の取付けの状態 第百五十一条の百四十一第一項の電話、電鈴等の装置の異常の有無
その日の作業を開始しようとする場合	集材機、運材機及び制動機の機能 荷吊り索の異常の有無 運材索道の搬器の異常の有無及び搬器とえい索との緊結部の状態 第百五十一条の百四十一第一項の電話、電鈴等の装置の機能

（離れる場合の措置）
第百五十一条の百四十七　事業者は、架線集材機械を機械集材装置の集材機として用いる場合において、架線集材機械の運転者が運転位置から離れるときは、当該運転者に次の措置を講じさせなければならない。
一　作業装置を地上に下ろすこと。
二　原動機を止めること。
2　前項の運転者は、架線集材機械の運転位置から離れるときは、同項各号に掲げる措置を講じなければならない。

（運転位置からの離脱の禁止）
第百五十一条の百四十八　事業者は、機械集材装置又は運材索道が運転されている間は、当該機械集材装置又は運材索道の運転者を運転位置から離れさせてはならない。
2　前項の運転者は、機械集材装置又は運材索道が運転されている間は、運転位置を離れてはならない。

（主索の安全係数の検定等）
第百五十一条の百四十九　事業者は、機械集材装置若しくは運材索道を組み立て、又は主索の張力に変化を生ずる変更をしたときは、主索の安全係数を検定し、かつ、その最大使用荷重の荷重で試運転を行わなければならない。

（保護帽の着用）
第百五十一条の百五十　事業者は、林業架線作業を行うときは、物体の飛来又は落下による労働者の危険を防止するため、当該作業に従事する労働者に保護帽を着用させなければならない。

2　前項の作業に従事する労働者は、同項の保護帽を着用しなければならない。

適用除外

（適用除外）

第百五十一条の百五十一　第百五十一条の百三十第一項及び第百五十一条の百四十九の規定は、最大使用荷重が二百キログラム未満で、支間の斜距離の合計が三百五十メートル未満の運材索道については、適用しない。

第三節　簡易架線集材装置

調査及び記録

（調査及び記録）

第百五十一条の百五十二　事業者は、簡易林業架線作業（簡易架線集材装置の組立て、解体、変更若しくは修理の作業又はこの設備による集材の作業をいう。以下同じ。）を行うときは、集材機の転落、地山の崩壊、支柱の倒壊等による労働者の危険を防止するため、あらかじめ、当該作業に係る場所について広さ、地形、地盤の状態等、支柱とする立木の状態及び運搬する原木等の形状等を調査し、その結果を記録しておかなければならない。

作業計画

（作業計画）

第百五十一条の百五十三　事業者は、簡易林業架線作業を行うときは、あらかじめ、前条の規定による調査により知り得たところに適応する作業計画を定め、かつ、当該作業計画により作業を行わなければならない。

2　前項の作業計画は、次の事項が示されているものでなければならない。
一　支柱及び主要機器の配置の場所
二　使用するワイヤロープの種類及びその直径
三　最大使用荷重
四　簡易架線集材装置の集材機の種類及び最大けん引力
五　簡易林業架線作業の方法
六　労働災害が発生した場合の応急の措置及び傷病者の搬送の方法
3　事業者は、第一項の作業計画を定めたときは、前項第一号から第三号まで、第五号及び第六号の事項について関係労働者に周知させなければならない。

作業指揮者

（作業指揮者）
第百五十一条の百五十四　事業者は、簡易林業架線作業を行うときは、当該作業の指揮者を定め、その者に前条第一項の作業計画に基づき作業の指揮を行わせなければならない。

制動装置等

（制動装置等）
第百五十一条の百五十五　事業者は、簡易架線集材装置については、次に定めるところによらなければならない。
一　搬器又はつり荷を適時停止させることができる有効な制動装置を備えること。
二　控索及び固定物に取り付ける作業索は、支柱、立木、根株等の固定物で堅固なものに二回以上巻き付け、かつ、クリップ、クランプ等の緊結具を用いて確実に取り付けること。

三　控えで頂部を安定させる必要がない場合を除き、支柱の頂部を安定させるための控えは、二以上とし、控えと支柱とのなす角度を三十度以上とすること。

四　ガイドブロック等は、取付け部が受ける荷重により破壊し、又は脱落するおそれのないシャツクル、台付け索等の取付け具を用いて確実に取り付けること。

五　搬器その他の附属器具は、十分な強度を有するものを使用すること。

六　作業索の端部を搬器又はロージングブロックに取り付けるときは、クリップ止め、アイスプライス等の方法により確実に取り付けること。

ワイヤロープの安全係数

（ワイヤロープの安全係数）

第百五十一条の百五十六　事業者は、簡易架線集材装置の索に用いるワイヤロープの安全係数については、四以上としなければならない。

2　前項の安全係数は、ワイヤロープの切断荷重の値を、当該ワイヤロープにかかる荷重の最大の値で除した値とする。

不適格なワイヤロープの使用禁止

（不適格なワイヤロープの使用禁止）

第百五十一条の百五十七　事業者は、簡易架線集材装置のワイヤロープについては、次のいずれかに該当するものを使用してはならない。

一　ワイヤロープ一よりの間において素線（フイラ線を除く。以下本号において同じ。）数の十パーセント以上の素線が切断したもの

二　摩耗による直径の減少が公称径の七パーセントを超えるもの

三　キンクしたもの

四　著しい形崩れ又は腐食のあるもの

作業索

（作業索）

第百五十一条の百五十八　事業者は、簡易架線集材装置の作業索（エンドレスのものを除く。）については、次に定める措置を講じなければならない。

一　作業索は、これを最大に使用した場合において、集材機の巻胴に二巻以上を残すことができる長さとすること。

二　作業索の端部は、集材機の巻胴にクランプ、クリップ等の緊結具を用いて確実に取り付けること。

巻過ぎ防止

（巻過ぎ防止）

第百五十一条の百五十九　事業者は、簡易架線集材装置については、巻過防止装置を備える等巻上げ索の巻過ぎによる労働者の危険を防止するための措置を講じなければならない。

集材機

（集材機）

第百五十一条の百六十　事業者は、簡易架線集材装置の集材機については、次に定める措置を講じなければならない。ただし、架線集材機械を簡易架線集材装置の集材機として用いる場合は、この限りでない。

一　浮き上がり、ずれ又は振れが生じないように据え付けること。

二　歯止装置又は止め金つきブレーキを備え付けること。

2　事業者は、架線集材機械を簡易架線集材装置の集材機として用いる場合は、次に定める措置を講じなければならない。

一　架線集材機械の停止の状態を保持するためのブレーキを確実にかける等の架線集材機械の逸走を防止する措置を講ずること。

二　アウトリガーを必要な広さ及び強度を有する鉄板等の上で張り出し、又はブレードを地上に下ろす等の架線集材機械の転倒又は転落による労働者の危険を防止するための措置を講ずること。

転倒時保護構造等

（転倒時保護構造等）

第百五十一条の百六十一　事業者は、架線集材機械を簡易架線集材装置の集材機として用いる場合は、路肩、傾斜地等であつて、架線集材機械の転倒又は転落により労働者に危険が生ずるおそれのある場所においては、転倒時保護構造を有し、かつ、シートベルトを備えたもの以外の架線集材機械を使用しないよう努めるとともに、運転者にシートベルトを使用させるように努めなければならない。

防護柵等

（防護柵等）

第百五十一条の百六十二　事業者は、簡易架線集材装置の集材機については、原木等の飛来等により運転者に危険を及ぼすおそれのあるときは、運転者席の防護柵等当該危険を防止するための設備を備えたものでなければ使用してはならない。

最大使用荷重の表示

（最大使用荷重の表示）

第百五十一条の百六十三　事業者は、簡易架線集材装置については、最大使用荷重を見やすい箇所に表示しなければならない。

2　事業者は、簡易架線集材装置については、前項の最大使用荷重を超える荷重をかけて使用してはならない。

（接触の防止）

第百五十一条の百六十四　事業者は、架線集材機械を簡易架線集材装置の集材機として用いて集材の作業を行うときは、運転中の架線集材機械又は取り扱う原木等に接触することにより労働者に危険が生ずるおそれのある箇所に労働者を立ち入らせてはならない。

（合図等）

第百五十一条の百六十五　事業者は、簡易林業架線作業を行うときは、簡易架線集材装置の運転者と荷掛け又は荷外しをする者との間の連絡を確実にするため、電話、電鈴等の装置を設け、又は一定の合図を定め、それぞれ当該装置を使用する者を指名してその者に使用させ、又は当該合図を行う者を指名してその者に行わせなければならない。

2　前項の運転者は、同項の指名を受けた者による指示又は同項の合図に従わなければならない。

（立入禁止）

第百五十一条の百六十六　事業者は、簡易林業架線作業を行うときは、次の箇所に労働者を立ち入らせてはならない。

一　原木等を荷掛けし、又は集材している場所の下方で、原木等が転落し、又は滑ることにより労働者に危険を及ぼすおそれのあるところ

二　作業索の内角側で、索又はガイドブロック等が反発し、又は飛来することにより労働者に危険を及ぼすおそれのあるところ

（ブーム等の降下による危険の防止）

ブーム等の降下による危険の防止

第百五十一条の百六十七　事業者は、架線集材機械（構造上、ブーム、アーム等が不意に降下することを防止する装置が組み込まれているものを除く。）を簡易架線集材装置の集材機として用いる場合であつて、架線集材機械のブーム、アーム等を上げ、その下で修理、点検等の作業を行うときは、ブーム、アーム等が不意に降下することによる労働者の危険を防止するため、当該作業に従事する労働者に安全支柱、安全ブロック等を使用させなければならない。

2　前項の作業に従事する労働者は、同項の安全支柱、安全ブロック等を使用しなければならない。

（搭乗の制限）

搭乗の制限

第百五十一条の百六十八　事業者は、簡易架線集材装置の搬器、つり荷等の物で、つり下げられているものに、労働者を乗せてはならない。

2　事業者は、架線集材機械を簡易架線集材装置の集材機として用いて集材の作業を行うときは、乗車席以外の箇所に労働者を乗せてはならない。

3　労働者は、第一項のつり下げられている物に乗つてはならない。

（運搬の制限）

運搬の制限

第百五十一条の百六十九　事業者は、簡易架線集材装置を用いて集材の作業を行うときは、集材機の転倒等による労働者の危険を防止するため、当該簡易架線集材装置の運転者に原木等を空中において運搬させてはならない。

2　前項の運転者は、原木等を空中において運搬してはならない。

悪天候時の作業禁止

（悪天候時の作業禁止）

第百五十一条の百七十　事業者は、強風、大雨、大雪等の悪天候のため、簡易林業架線作業の実施について危険が予想されるときは、当該作業に労働者を従事させてはならない。

点検

（点検）

第百五十一条の百七十一　事業者は、簡易林業架線作業については、次の表の上欄に掲げる場合に応じ、それぞれ同表の下欄に掲げる事項を点検し、異常を認めたときは、直ちに、補修し、又は取り替えなければならない。

点検を要する場合	点検事項
その日の作業を開始しようとする場合	支柱及びアンカの状態 集材機及び制動機の異常の有無及びその据付けの状態 作業索、控索、台付け索及び荷吊り索の異常の有無及びその取付けの状態 搬器又はロージングブロックとワイヤロープとの緊結部の状態 第百五十一条の百六十五第一項の電話、電鈴等の装置の異常の有無
強風、大雨、大雪等の悪天候の後及び中震以上の地震の後の場合	支柱及びアンカの状態 集材機及び制動機の異常の有無及びその据付けの状態 作業索、控索、台付け索及び荷吊り索の異常の有無及びその取付けの状態

第百五十一条の百六十五第一項の電話、電鈴等の装置の異常の有無

（運転位置から離れる場合の措置）

運転位置から離れる場合の措置

第百五十一条の百七十二　事業者は、架線集材機械を簡易架線集材装置の集材機として用いる場合において、架線集材機械の運転者が運転位置から離れるときは、当該運転者に次の措置を講じさせなければならない。

一　作業装置を地上に下ろすこと。

二　原動機を止めること。

2　前項の運転者は、架線集材機械の運転位置から離れるときは、同項各号に掲げる措置を講じなければならない。

（運転位置からの離脱の禁止）

運転位置からの離脱の禁止

第百五十一条の百七十三　事業者は、簡易架線集材装置が運転されている間は、当該簡易架線集材装置の運転者を運転位置から離れさせてはならない。

2　前項の運転者は、簡易架線集材装置が運転されている間は、運転位置を離れてはならない。

（保護帽の着用）

保護帽の着用

第百五十一条の百七十四　事業者は、簡易林業架線作業を行うときは、物体の飛来又は落下による労働者の危険を防止するため、当該作業に従事する労働者に保護帽を着用させなければならない。

2　前項の作業に従事する労働者は、同項の保護帽を着用しなければならない。

第二章　建設機械等

第一節　車両系建設機械

第一款　総則

定義等

（定義等）

第百五十一条の百七十五　この節において解体用機械とは、令別表第七第六号に掲げる機械で、動力を用い、かつ、不特定の場所に自走できるものをいう。

2　令別表第七第六号2の厚生労働省令で定める機械は、次のとおりとする。

一　鉄骨切断機

二　コンクリート圧砕機

三　解体用つかみ機

第一款の二　構造

前照灯の設置

（前照灯の設置）

第百五十二条　事業者は、車両系建設機械には、前照灯を備えなければならない。ただし、作業を安全に行うため必要な照度が保持されている場所において使用する車両系建設機械については、この限りでない。

（ヘッドガード）

第百五十三条 事業者は、岩石の落下等により労働者に危険が生ずるおそれのある場所で車両系建設機械（ブル・ドーザー、トラクター・ショベル、ずり積機、パワー・ショベル、ドラグ・ショベル及び解体用機械に限る。）を使用するときは、当該車両系建設機械に堅固なヘッドガードを備えなければならない。

第二款　車両系建設機械の使用に係る危険の防止

（調査及び記録）

第百五十四条 事業者は、車両系建設機械を用いて作業を行なうときは、当該車両系建設機械の転落、地山の崩壊等による労働者の危険を防止するため、あらかじめ、当該作業に係る場所について地形、地質の状態等を調査し、その結果を記録しておかなければならない。

（作業計画）

第百五十五条 事業者は、車両系建設機械を用いて作業を行なうときは、あらかじめ、前条の規定による調査により知り得たところに適応する作業計画を定め、かつ、当該作業計画により作業を行なわなければならない。

2　前項の作業計画は、次の事項が示されているものでなければならない。

一　使用する車両系建設機械の種類及び能力
二　車両系建設機械の運行経路
三　車両系建設機械による作業の方法
3　事業者は、第一項の作業計画を定めたときは、前項第二号及び第三号の事項について関係労働者に周知させなければならない。

制限速度の設定

（制限速度）
第百五十六条　事業者は、車両系建設機械（最高速度が毎時十キロメートル以下のものを除く。）を用いて作業を行なうときは、あらかじめ、当該作業に係る場所の地形、地質の状態等に応じた車両系建設機械の適正な制限速度を定め、それにより作業を行なわなければならない。
2　前項の車両系建設機械の運転者は、同項の制限速度をこえて車両系建設機械を運転してはならない。

転落等の防止等

（転落等の防止等）
第百五十七条　事業者は、車両系建設機械を用いて作業を行うときは、車両系建設機械の転倒又は転落による労働者の危険を防止するため、当該車両系建設機械の運行経路について路肩の崩壊を防止すること、地盤の不同沈下を防止すること、必要な幅員を保持すること等必要な措置を講じなければならない。
2　事業者は、路肩、傾斜地等で車両系建設機械を用いて作業を行う場合において、当該車両系建設機械の転倒又は転落により労働者に危険が生ずるおそれのあるときは、誘導者を配置し、その者に当該車両系建設機械を誘導させなければならない。

3　前項の車両系建設機械の運転者は、同項の誘導者が行う誘導に従わなければならない。

接触の防止

第百五十七条の二　事業者は、路肩、傾斜地等であつて、車両系建設機械の転倒又は転落により運転者に危険が生ずるおそれのある場所においては、転倒時保護構造を有し、かつ、シートベルトを備えたもの以外の車両系建設機械を使用しないように努めるとともに、運転者にシートベルトを使用させるように努めなければならない。

（接触の防止）

第百五十八条　事業者は、車両系建設機械を用いて作業を行なうときは、運転中の車両系建設機械に接触することにより労働者に危険が生ずるおそれのある箇所に、労働者を立ち入らせてはならない。ただし、誘導者を配置し、その者に当該車両系建設機械を誘導させるときは、この限りでない。

2　前項の車両系建設機械の運転者は、同項ただし書の誘導者が行なう誘導に従わなければならない。

合図

（合図）

第百五十九条　事業者は、車両系建設機械の運転について誘導者を置くときは、一定の合図を定め、誘導者に当該合図を行なわせなければならない。

2　前項の車両系建設機械の運転者は、同項の合図に従わなければならない。

運転位置から離れる場合の措置

（運転位置から離れる場合の措置）

第百六十条　事業者は、車両系建設機械の運転者が運転位置から離れるときは、当該運転者に次の措置を講じさせなければならない。

一　バケット、ジッパー等の作業装置を地上に下ろすこと。

二　原動機を止め、かつ、走行ブレーキをかける等の車両系建設機械の逸走を防止する措置を講ずること。

2　前項の運転者は、車両系建設機械の運転位置から離れるときは、同項各号に掲げる措置を講じなければならない。

車両系建設機械の移送

（車両系建設機械の移送）

第百六十一条　事業者は、車両系建設機械を移送するため自走又はけん引により貨物自動車に積卸しを行う場合において、道板、盛土等を使用するときは、当該車両系建設機械の転倒、転落等による危険を防止するため、次に定めるところによらなければならない。

一　積卸しは、平たんで堅固な場所において行なうこと。

二　道板を使用するときは、十分な長さ、幅及び強度を有する道板を用い、適当なこう配で確実に取り付けること。

三　盛土、仮設台等を使用するときは、十分な幅及び強度並びに適度な勾配を確保すること。

とう乗の制限

（とう乗の制限）

第百六十二条　事業者は、車両系建設機械を用いて作業を行なうときは、乗車席以外の箇所に労働者を乗せてはならない。

使用の制限

（使用の制限）

第百六十三条　事業者は、車両系建設機械を用いて作業を行うときは、転倒及びブーム、アーム等の作業装置の破壊による労働者の危険を防止するため、当該車両系建設機械についてその構造上定められた安定度、最大使用荷重等を守らなければならない。

主たる用途以外の使用の制限

（主たる用途以外の使用の制限）

第百六十四条　事業者は、車両系建設機械を、パワー・ショベルによる荷のつり上げ、クラムシェルによる労働者の昇降等当該車両系建設機械の主たる用途以外の用途に使用してはならない。

2　前項の規定は、次のいずれかに該当する場合には適用しない。

一　荷のつり上げの作業を行う場合であつて、次のいずれにも該当するとき。

イ　作業の性質上やむを得ないとき又は安全な作業の遂行上必要なとき。

ロ　アーム、バケット等の作業装置に次のいずれにも該当するフック、シャックル等の金具その他のつり上げ用の器具を取り付けて使用するとき。

(1)　負荷させる荷重に応じた十分な強度を有するものであること。

(2)　外れ止め装置が使用されていること等により当該器具からつり上げた荷が落下するおそれのないものであること。

(3)　作業装置から外れるおそれのないものであること。

二　荷のつり上げの作業以外の作業を行う場合であつて、労働者に危険を及ぼすおそれのないとき。

3　事業者は、前項第一号イ及びロに該当する荷のつり上げの作業を行う場合には、労働者とつり上げた荷との接触、つり上げた荷の落下又は車両系建設機械の転倒若しくは転落による労働者の危険を防止するため、次の措置を講じなければならない。

一　荷のつり上げの作業について一定の合図を定めるとともに、合図を行う者を指名して、その者に合図を行わせること。

二　平たんな場所で作業を行うこと。

三　つり上げた荷との接触又はつり上げた荷の落下により労働者に危険が生ずるおそれのある箇所に労働者を立ち入らせないこと。

四　当該車両系建設機械の構造及び材料に応じて定められた負荷させることができる最大の荷重を超える荷重を掛けて作業を行わないこと。

五　ワイヤロープを玉掛用具として使用する場合にあつては、次のいずれにも該当するワイヤロープを使用すること。

イ　安全係数（クレーン則第二百十三条第二項に規定する安全係数をいう。）の値が六以上のものであること。

ロ　ワイヤロープ一よりの間において素線（フィラ線を除く。）のうち切断しているものが十パーセント未満のものであること。

ハ　直径の減少が公称径の七パーセント以下のものであること。

ニ　キンクしていないものであること。

ホ　著しい形崩れ及び腐食がないものであること。

六　つりチェーンを玉掛用具として使用する場合にあつては、次のいずれにも該当するつりチェーンを使用すること。

イ　安全係数（クレーン則第二百十三条の二第二項に規定する安全係数をいう。）の値が、次の⑴又は⑵に掲げるつりチェーンの区分に応じ、当該⑴又は⑵に掲げる値以上のものであること。

⑴　次のいずれにも該当するつりチェーン　四

(i) 切断荷重の二分の一の荷重で引つ張つた場合において、その伸びが〇・五パーセント以下のものであること。

(ii) その引張強さの値が四百ニュートン毎平方ミリメートル以上であり、かつ、その伸びが、次の表の上欄に掲げる引張強さの値に応じ、それぞれ同表の下欄に掲げる値以上となるものであること。

引張強さ（単位　ニュートン毎平方ミリメートル）	伸び（単位　パーセント）
四百以上六百三十未満	二十
六百三十以上千未満	十七
千以上	十五

(2) (1)に該当しないつりチェーン　五

ロ　伸びが、当該つりチェーンが製造されたときの長さの五パーセント以下のものであること。

ハ　リンクの断面の直径の減少が、当該つりチェーンが製造されたときの当該リンクの断面の直径の十パーセント以下のものであること。

ニ　き裂がないものであること。

七　ワイヤロープ及びつりチェーン以外のものを玉掛用具として使用する場合にあつては、著しい損傷及び腐食がないものを使用すること。

修理等

（修理等）

第百六十五条　事業者は、車両系建設機械の修理又はアタッチメントの装着若しくは取り外しの作業を行うときは、当該作業を指揮する者を定め、その者に次の措置を講じさせなければならない。

一　作業手順を決定し、作業を指揮すること。

二　次条第一項に規定する安全支柱、安全ブロック等及び第百六十六条の二第一項に規定する架台の使用状況を監視すること。

ブーム等の降下による危険の防止

（ブーム等の降下による危険の防止）

第百六十六条　事業者は、車両系建設機械のブーム、アーム等を上げ、その下で修理、点検等の作業を行うときは、ブーム、アーム等が不意に降下することによる労働者の危険を防止するため、当該作業に従事する労働者に安全支柱、安全ブロック等を使用させなければならない。

2　前項の作業に従事する労働者は、同項の安全支柱、安全ブロック等を使用しなければならない。

アタッチメントの倒壊等による危険の防止

（アタッチメントの倒壊等による危険の防止）

第百六十六条の二　事業者は、車両系建設機械のアタッチメントの装着又は取り外しの作業を行うときはアタッチメントが倒壊すること等による労働者の危険を防止するため、当該作業に従事する労働者に架台を使用させなければならない。

2　前項の作業に従事する労働者は、同項の架台を使用しなければならない。

アタッチメントの装着の制限

（アタッチメントの装着の制限）

第百六十六条の三　事業者は、車両系建設機械にその構造上定められた重量を超えるアタッチメントを装着してはならない。

アタッチメン

（アタッチメントの重量の表示等）

トの重量の表示等

第百六十六条の四　事業者は、車両系建設機械のアタッチメントを取り替えたときは、運転者の見やすい位置にアタッチメントの重量（バケット、ジッパー等を装着したときは、当該バケット、ジッパー等の容量又は最大積載重量を含む。以下この条において同じ。）を表示し、又は当該車両系建設機械に運転者がアタッチメントの重量を容易に確認できる書面を備え付けなければならない。

第三款　定期自主検査等

年一回の定期自主検査

（定期自主検査）

第百六十七条　事業者は、車両系建設機械については、一年以内ごとに一回、定期に、次の事項について自主検査を行わなければならない。ただし、一年を超える期間使用しない車両系建設機械の当該使用しない期間においては、この限りでない。

一　圧縮圧力、弁すき間その他原動機の異常の有無
二　クラッチ、トランスミッション、プロペラシャフト、デファレンシャルその他動力伝達装置の異常の有無
三　起動輪、遊動輪、上下転輪、履帯、タイヤ、ホイールベアリングその他走行装置の異常の有無
四　かじ取り車輪の左右の回転角度、ナックル、ロッド、アームその他操縦装置の異常の有無
五　制動能力、ブレーキドラム、ブレーキシューその他ブレーキの異常の有無
六　ブレード、ブーム、リンク機構、バケット、ワイヤロープその他作業装置の異常の有無

七　油圧ポンプ、油圧モーター、シリンダー、安全弁その他油圧装置の異常の有無
八　電圧、電流その他電気系統の異常の有無
九　車体、操作装置、ヘッドガード、バックストッパー、昇降装置、ロック装置、警報装置、方向指示器、灯火装置及び計器の異常の有無
2　事業者は、前項ただし書の車両系建設機械については、その使用を再び開始する際に、同項各号に掲げる事項について自主検査を行わなければならない。

月一回の定期自主検査

第百六十八条　事業者は、車両系建設機械については、一月以内ごとに一回、定期に、次の事項について自主検査を行わなければならない。ただし、一月を超える期間使用しない車両系建設機械の当該使用しない期間においては、この限りでない。
一　ブレーキ、クラッチ、操作装置及び作業装置の異常の有無
二　ワイヤロープ及びチエーンの損傷の有無
三　バケット、ジッパー等の損傷の有無
四　第百七十一条の四の特定解体用機械にあつては、逆止め弁、警報装置等の異常の有無
2　事業者は、前項ただし書の車両系建設機械については、その使用を再び開始する際に、同項各号に掲げる事項について自主検査を行わなければならない。

定期自主検査の記録

（定期自主検査の記録）

第百六十九条　事業者は、前二条の自主検査を行つたときは、次の事項を記録し、これを三年間保存しなければならない。
一　検査年月日

二　検査方法
三　検査箇所
四　検査の結果
五　検査を実施した者の氏名
六　検査の結果に基づいて補修等の措置を講じたときは、その内容

特定自主検査

（特定自主検査）

第百六十九条の二　車両系建設機械に係る特定自主検査は、第百六十七条に規定する自主検査とする。

2　第百五十一条の二十四第二項の規定は、車両系建設機械のうち令別表第七第一号、第二号又は第六号に掲げるものに係る法第四十五条第二項の厚生労働省令で定める資格を有する労働者について準用する。この場合において、第百五十一条の二十四第二項第一号イからハまでの規定中「フオークリフト」とあるのは「車両系建設機械のうち令別表第七第一号、第二号若しくは第六号に掲げるもの」と、同号ニ中「フオークリフト」とあるのは「車両系建設機械のうち令別表第七第一号、第二号又は第六号に掲げるもの」と読み替えるものとする。

3　第百五十一条の二十四第二項の規定は、車両系建設機械のうち令別表第七第三号に掲げるものに係る法第四十五条第二項の厚生労働省令で定める資格を有する労働者について準用する。この場合において、第百五十一条の二十四第二項第一号中「フオークリフト」とあるのは、「車両系建設機械のうち令別表第七第三号に掲げるもの」と読み替えるものとする。

4　第百五十一条の二十四第二項の規定は、車両系建設機械のうち令別表第七第四号に掲げるものに係る法第四十五条第二項の厚生労働省令で定める資格を有する労働者について準用する。この

場合において、第百五十一条の二十四第二項第一号中「フオークリフト」とあるのは、「車両系建設機械のうち令別表第七第四号に掲げるもの」と読み替えるものとする。

5　第百五十一条の二十四第二項の規定は、車両系建設機械のうち令別表第七第五号に掲げるものに係る法第四十五条第二項の厚生労働省令で定める資格を有する労働者について準用する。この場合において、第百五十一条の二十四第二項第一号中「フオークリフト」とあるのは、「車両系建設機械のうち令別表第七第五号に掲げるもの」と読み替えるものとする。

6　事業者は、運行の用に供する車両系建設機械（道路運送車両法第四十八条第一項の適用を受けるものに限る。）について、同項の規定に基づいて点検を行つた場合には、当該点検を行つた部分については第百六十七条の自主検査を行うことを要しない。

7　車両系建設機械に係る特定自主検査を検査業者に実施させた場合における前条の規定の適用については、同条第五号中「検査を実施した者の氏名」とあるのは、「検査業者の名称」とする。

8　事業者は、車両系建設機械に係る自主検査を行つたときは、当該車両系建設機械の見やすい箇所に、特定自主検査を行つた年月を明らかにすることができる検査標章をはり付けなければならない。

作業開始前の点検

（作業開始前点検）

第百七十条　事業者は、車両系建設機械を用いて作業を行なうときは、その日の作業を開始する前に、ブレーキ及びクラッチの機能について点検を行なわなければならない。

補修等

（補修等）

第百七十一条　事業者は、第百六十七条若しくは第百六十八条の自主検査又は前条の点検を行なつた場合において、異常を認めたときは、直ちに補修その他必要な措置を講じなければならない。

第四款　コンクリートポンプ車

輸送管等の脱落及び振れの防止等

（輸送管等の脱落及び振れの防止等）

第百七十一条の二　事業者は、コンクリートポンプ車を用いて作業を行うときは、次の措置を講じなければならない。

一　輸送管を継手金具を用いて輸送管又はホースに確実に接続すること、輸送管を堅固な建設物に固定させること等当該輸送管及びホースの脱落及び振れを防止する措置を講ずること。

二　作業装置の操作を行う者とホースの先端部を保持する者との間の連絡を確実にするため、電話、電鈴等の装置を設け、又は一定の合図を定め、それぞれ当該装置を使用する者を指名してその者に使用させ、又は当該合図を行う者を指名してその者に行わせること。

三　コンクリート等の吹出しにより労働者に危険が生ずるおそれのある箇所に労働者を立ち入らせないこと。

四　輸送管又はホースが閉そくした場合で、輸送管及びホース（以下この条及び次条において「輸送管等」という。）の接続部を切り離そうとするときは、あらかじめ、当該輸送管等の内部の圧力を減少させるため空気圧縮機のバルブ又はコックを開放すること等コンクリート等の吹出しを防止する措置を講ずること。

五　洗浄ボールを用いて輸送管等の内部を洗浄する作業を行うときは、洗浄ボールの飛出しによる労働者の危険を防止するための器具を当該輸送管等の先端部に取り付けること。

作業指揮

（作業指揮）

第百七十一条の三　事業者は、輸送管等の組立て又は解体を行うときは、作業の方法、手順等を定め、これらを労働者に周知させ、かつ、作業を指揮する者を指名して、その直接の指揮の下に作業を行わせなければならない。

第五款　解体用機械

使用の禁止

（使用の禁止）

第百七十一条の四　事業者は、路肩、傾斜地等であつて、ブーム及びアームの長さの合計が十二メートル以上である解体用機械（以下この条において「特定解体用機械」という。）の転倒又は転落により労働者に危険が生ずるおそれのある場所においては、特定解体用機械を用いて作業を行つてはならない。ただし、当該場所において、地形、地質の状態等に応じた当該危険を防止するための措置を講じたときは、この限りでない。

立入禁止等

（立入禁止等）

第百七十一条の五　事業者は、物体の飛来等により運転者に危険が生ずるおそれのあるときは、運転室を有しない解体用機械を用いて作業を行つてはならない。ただし、物体の飛来等の状況に応じた当該危険を防止するための措置を講じたときは、この限りでない。

第百七十一条の六　事業者は、解体用機械を用いて作業を行うときは、次の措置（令第六条第十五号の二、第十五号の三及び第十五号の五の作業にあつては、第二号の措置を除く。）を講じなければならない。

一　物体の飛来等により労働者に危険が生ずるおそれのある箇所に運転者以外の労働者を立ち入らせないこと。

二　強風、大雨、大雪等の悪天候のため、作業の実施について危険が予想されるときは、当該作業を中止すること。

第二節　くい打機、くい抜機及びボーリングマシン

（強度等）

第百七十二条　事業者は、動力を用いるくい打機及びくい抜機（不特定の場所に自走できるものを除く。）並びにボーリングマシンの機体、附属装置及び附属品については、次の要件に該当するものでなければ、使用してはならない。

一　使用の目的に適応した必要な強度を有すること。

二　著しい損傷、摩耗、変形又は腐食のないものであること。

（倒壊防止）

第百七十三条　事業者は、動力を用いるくい打機（以下「くい打機」という。）、動力を用いるくい抜機（以下「くい抜機」という。）又はボーリングマシンについては、倒壊を防止するため、次

強度等

倒壊防止

の措置を講じなければならない。
一　軟弱な地盤に据え付けるときは、脚部又は架台の沈下を防止するため、敷板、敷角等を使用すること。
二　施設、仮設物等に据え付けるときは、その耐力を確認し、耐力が不足しているときは、これを補強すること。
三　脚部又は架台が滑動するおそれのあるときは、くい、くさび等を用いてこれを固定させること。
四　軌道又はころで移動するくい打機、くい抜機又はボーリングマシンにあつては、不意に移動することを防止するため、レールクランプ、歯止め等でこれを固定させること。
五　控え（控線を含む。以下この節において同じ。）のみで頂部を安定させるときは、控えは、三以上とし、その末端は、堅固な控えぐい、鉄骨等に固定させること。
六　控線のみで頂部を安定させるときは、控線を等間隔に配置し、控線の数を増す等の方法により、いずれの方向に対しても安定させること。
七　バランスウエイトを用いて安定させるときは、バランスウエイトの移動を防止するため、これを架台に確実に取り付けること。

不適格なワイヤロープの使用禁止

（不適格なワイヤロープの使用禁止）
第百七十四条　事業者は、くい打機、くい抜機又はボーリングマシンの巻上げ用ワイヤロープについては、次の各号のいずれかに該当するものを使用してはならない。
一　継目のあるもの
二　ワイヤロープ一よりの間において素線（フイラ線を除く。以下本号において同じ。）の数の

十パーセント以上の素線が切断しているもの

三　直径の減少が公称径の七パーセントをこえるもの

四　キンクしたもの

五　著しい形くずれ又は腐食があるもの

巻上げ用ワイヤロープの安全係数

（巻上げ用ワイヤロープの安全係数）

第百七十五条　事業者は、くい打機又はくい抜機の巻上げ用ワイヤロープの安全係数については、六以上としなければならない。

2　前項の安全係数は、ワイヤロープの切断荷重の値を当該ワイヤロープにかかる荷重の最大の値で除した値とする。

巻上げ用ワイヤロープ

（巻上げ用ワイヤロープ）

第百七十六条　事業者は、くい打機、くい抜機又はボーリングマシンの巻上げ用ワイヤロープについては、次の措置を講じなければならない。

一　巻上げ用ワイヤロープは、落錘又はハンマーが最低の位置にある場合、矢板等の抜き始めの場合、ロッド等のつり具が最低の位置にある場合等において、巻上げ装置の巻胴に少なくとも二巻を残すことができる長さのものであること。

二　巻上げ用ワイヤロープは、巻上げ装置の巻胴にクランプ、クリップ等を用いて、確実に取り付けること。

三　くい打機の巻上げ用ワイヤロープと落錘、ハンマー等との取付け又はボーリングマシンの巻上げ用ワイヤロープと滑車装置、ホイスティングスイベル等との取付けは、クリップ、クランプ等を用いて確実にすること。

（矢板、ロッド等との連結）

第百七十七条　事業者は、くい抜機又はボーリングマシンの巻上げ用ワイヤロープ、滑車装置等については十分な強度を有するシャックル、つかみ金具、ホイスティングスイベル等を用いて、くい、矢板、ロッド等と確実に連結しておかなければならない。

（ブレーキ等の備付け）

第百七十八条　事業者は、くい打機、くい抜機又はボーリングマシンに使用するウインチについては、歯止め装置又は止め金付きブレーキを備え付けなければならない。ただし、バンドブレーキ等のブレーキを備えるボーリングマシンに使用するウインチについては、この限りでない。

（ウインチの据付け）

第百七十九条　事業者は、くい打機、くい抜機又はボーリングマシンのウインチについては、浮き上がり、ずれ、振れ等が起こらないように据え付けなければならない。

（みぞ車の位置）

第百八十条　事業者は、くい打機、くい抜機又はボーリングマシンの巻上げ装置の巻胴の軸と巻上げ装置から第一番目のみぞ車の軸との間の距離については、巻上げ装置の巻胴の幅の十五倍以上としなければならない。

2　前項のみぞ車は、巻上げ装置の巻胴の中心を通り、かつ、軸に垂直な面上になければならない。

3　前二項の規定は、次の各号のいずれかに該当するときは、適用しない。

一　くい打機、くい抜機又はボーリングマシンの構造上、巻上げ用ワイヤロープが乱巻となるおそれのないとき。

二　ずい道等の著しく狭あいな場所でボーリングマシンを使用して作業を行う場合で、巻上げ用ワイヤロープの切断による危険が生ずるおそれのある区域への労働者の立入りを禁止したとき。

みぞ車等の取付け

（みぞ車等の取付け）

第百八十一条　事業者は、くい打機、くい抜機又はボーリングマシンのみぞ車又は滑車装置については、取付部が受ける荷重によつて破壊するおそれのない取付金具、シャックル、ワイヤロープ等で、確実に取り付けておかなければならない。

やぐら、二本構等とウインチが一体となっていないくい打機等

第百八十二条　事業者は、やぐら、二本構等とウインチが一体となつていないくい打機、くい抜機又はボーリングマシンのみぞ車については、巻上げ用ワイヤロープの水平分力がやぐら、二本構等に作用しないように配置しなければならない。ただし、やぐら、二本構等について、脚部にやらずを設け、脚部をワイヤロープで支持する等の措置を講ずるときは、当該脚部にみぞ車を取り付けることができる。

蒸気ホース等

（蒸気ホース等）

第百八十三条　事業者は、蒸気又は圧縮空気を動力源とするくい打機又はくい抜機を使用するときは、次の措置を講じなければならない。

一　ハンマーの運動により、蒸気ホース又は空気ホースとハンマーとの接続部が破損し、又ははずれるのを防止するため、当該接続部以外の箇所で蒸気ホース又は空気ホースをハンマーに固着すること。

二　蒸気又は空気をしや断するための装置をハンマーの運転者が容易に操作することができる位置に設けること。

（乱巻時の措置）

第百八十四条　事業者は、くい打機、くい抜機又はボーリングマシンの巻上げ装置の巻胴に巻上げ用ワイヤロープが乱巻となつているときは、巻上げ用ワイヤロープに荷重をかけさせてはならない。

（巻上げ装置停止時の措置）

第百八十五条　事業者は、くい打機、くい抜機又はボーリングマシンの巻上げ装置に荷重をかけたままで巻上げ装置を停止しておくときは、歯止め装置により歯止めを行い、止め金付きブレーキを用いて制動しておく等確実に停止しておかなければならない。

（運転位置からの離脱の禁止）

第百八十六条　事業者は、くい打機、くい抜機又はボーリングマシンの運転者を巻上げ装置に荷重をかけたまま運転位置から離れさせてはならない。

2　前項の運転者は、巻上げ装置に荷重をかけたままで運転位置を離れてはならない。

（立入禁止）

第百八十七条　事業者は、くい打機、くい抜機若しくはボーリングマシンのみぞ車若しくは滑車装置又はこれらの取付部の破損によつて、ワイヤロープがはね、又はみぞ車、滑車装置等が飛来する危険を防止するため、運転中のくい打機、くい抜機又はボーリングマシンの巻上げ用ワイヤロープの屈曲部の内側に労働者を立ち入らせてはならない。

乱巻時の措置

巻上げ装置停止時の措置

運転位置からの離脱の禁止

立入禁止

（矢板、ロッド等のつり上げ時の措置）

第百八十八条　事業者は、くい打機又はボーリングマシンで、くい、矢板、ロッド等をつり上げるときは、その玉掛部が巻上げ用みぞ車又は滑車装置の直下になるようにつり上げさせなければならない。くい打機にジンポール等の物上げ装置を取り付けて、くい、矢板等をつり上げる場合においても、同様とする。

（合図）

第百八十九条　事業者は、くい打機、くい抜機又はボーリングマシンの運転について、一定の合図及び合図を行う者を定め、運転に当たつては、当該合図を使用させなければならない。

2　くい打機、くい抜機又はボーリングマシンの運転者は、前項の合図に従わなければならない。

（作業指揮）

第百九十条　事業者は、くい打機、くい抜機又はボーリングマシンの組立て、解体、変更又は移動を行うときは、作業の方法、手順等を定め、これらを労働者に周知させ、かつ、作業を指揮する者を指名して、その直接の指揮の下に作業を行わせなければならない。

（くい打機等の移動）

第百九十一条　事業者は、控えで支持するくい打機又はくい抜機の二本構、支柱等を建てたままで、動力によるウインチその他の機械を用いて、これらの脚部を移動させるときは、脚部の引過ぎによる倒壊を防止するため、反対側からテンションブロック、ウインチ等で、確実に制動しながら行なわせなければならない。

組立て時の点検

（点検）

第百九十二条　事業者は、くい打機、くい抜機又はボーリングマシンを組み立てたときは、次の事項について点検し、異常がないことを確認してからでなければ、これを使用させてはならない。

一　機体の緊結部のゆるみ及び損傷の有無

二　巻上げ用ワイヤロープ、みぞ車及び滑車装置の取付状態

三　巻上げ装置のブレーキ及び歯止め装置の機能

四　ウインチの据付状態

五　控えで頂部を安定させるくい打機又はくい抜機にあつては、控えのとり方及び固定の状態

控線をゆるめる場合の措置

（控線をゆるめる場合の措置）

第百九十三条　事業者は、くい打機又はくい抜機の控線（仮控線を含む。以下この条において同じ。）をゆるめるときは、テンションブロック又はウインチを用いる等適当な方法により、控線をゆるめる労働者に、その者が容易に支持することができる限度をこえる荷重がかからないようにさせなければならない。

ガス導管等の損壊の防止

（ガス導管等の損壊の防止）

第百九十四条　事業者は、くい打機又はボーリングマシンを使用して作業を行う場合において、ガス導管、地中電線路その他地下に存する工作物（以下この条において「ガス導管等」という。）の損壊により労働者に危険を及ぼすおそれのあるときは、あらかじめ、作業箇所について、ガス導管等の有無及び状態を当該ガス導管等を管理する者に確かめる等の方法により調査し、これらの事項について知り得たところに適応する措置を講じなければならない。

（ロッドの取付時等の措置）

第百九十四条の二 事業者は、ボーリングマシンのロッド、ビット等を取り付け又は取り外すときは、クラッチレバーをストッパーで固定する等によりロッド等を回転させる動力を確実に遮断しなければならない。

2 事業者は、ボーリングマシンのロッドを取り外すとき及びビット等を取り付け又は取り外すときは、ロッドをロッドホルダー等により確実に保持しなければならない。

（ウォータースイベル用ホースの固定等）

第百九十四条の三 事業者は、ボーリングマシンのウォータースイベルに接続するホースについては、当該ホースがロッド等の回転部分に巻き込まれることによる労働者の危険を防止するため、当該ホースをやぐらに固定する等の措置を講じなければならない。

第二節の二 ジャッキ式つり上げ機械

（保持機構等）

第百九十四条の四 事業者は、建設工事の作業において使用するジャッキ式つり上げ機械については、次の要件に該当するものでなければ、使用してはならない。

一 使用の目的に適応した必要な強度を有すること。

二 保持機構については、ワイヤロープ等を保持するために必要な能力を有すること。

三 すべての保持機構が同時に開放されることを防止する機構を有していること。

四　著しい損傷、摩耗、変形又は腐食のないものであること。

作業計画

（作業計画）

第百九十四条の五　事業者は、建設工事の作業を行う場合において、ジャッキ式つり上げ機械を用いて荷のつり上げ、つり下げ等の作業を行うときは、あらかじめ、作業計画を定め、かつ、当該作業計画により作業を行わなければならない。

2　前項の作業計画は、次の事項が示されているものでなければならない。

一　作業の方法及び順序

二　使用するジャッキ式つり上げ機械の崩壊及び倒壊を防止するための方法

三　作業に従事する労働者の墜落による危険を防止するための設備の設置の方法

四　使用する機械等の種類及び能力

3　事業者は、第一項の作業計画を定めたときは、前項各号の事項について関係労働者に周知させなければならない。

ジャッキ式つり上げ機械による作業

（ジャッキ式つり上げ機械による作業）

第百九十四条の六　事業者は、建設工事の作業を行う場合において、ジャッキ式つり上げ機械を用いて荷のつり上げ、つり下げ等の作業を行うときは、次の措置を講じなければならない。

一　作業を行う区域内には、関係労働者以外の労働者の立入りを禁止すること。

二　強風、大雨、大雪等の悪天候のため、作業の実施について危険が予想されるときは、当該作業を中止すること。

三　ジャッキ式つり上げ機械を施設、仮設物等に据え付けるときは、ボルト等を用いて当該ジャッキ式つり上げ機械を確実に固定させること。
四　ジャッキ式つり上げ機械を施設、仮設物等に据え付けるときは、当該施設、仮設物等の耐力を確認し、耐力が不足しているときは、これを補強すること。

保護帽の着用

（保護帽の着用）

第百九十四条の七　事業者は、建設工事の作業を行う場合において、ジャッキ式つり上げ機械を用いて荷のつり上げ、つり下げ等の作業を行うときは、物体の飛来又は落下による労働者の危険を防止するため、当該作業に従事する労働者に保護帽を着用させなければならない。
2　前項の作業に従事する労働者は、同項の保護帽を着用しなければならない。

第二節の三　高所作業車

前照灯及び尾灯

（前照灯及び尾灯）

第百九十四条の八　事業者は、高所作業車（運行の用に供するものを除く。以下この条において同じ。）については、前照灯及び尾灯を備えなければならない。ただし、走行の作業を安全に行うため必要な照度が保持されている場所において使用する高所作業車については、この限りでない。

作業計画

（作業計画）

第百九十四条の九　事業者は、高所作業車を用いて作業（道路上の走行の作業を除く。以下第百九十四条の十一までにおいて同じ。）を行うときは、あらかじめ、当該作業に係る場所の状況、当該高所作業車の種類及び能力等に適応する作業計画を定め、かつ、当該作業計画により作業を行わなければならない。

2　前項の作業計画は、当該高所作業車による作業の方法が示されているものでなければならない。

3　事業者は、第一項の作業計画を定めたときは、前項の規定により示される事項について関係労働者に周知させなければならない。

作業指揮者

（作業指揮者）

第百九十四条の十　事業者は、高所作業車を用いて作業を行うときは、当該作業の指揮者を定め、その者に前条第一項の作業計画に基づき作業の指揮を行わせなければならない。

転落等の防止

（転落等の防止）

第百九十四条の十一　事業者は、高所作業車を用いて作業を行うときは、高所作業車の転倒又は転落による労働者の危険を防止するため、アウトリガーを張り出すこと、地盤の不同沈下を防止すること、路肩の崩壊を防止すること等必要な措置を講じなければならない。

合図

（合図）

第百九十四条の十二　事業者は、高所作業車を用いて作業を行う場合で、作業床以外の箇所で作業床を操作するときは、作業床上の労働者と作業床以外の箇所で作業床を操作する者との間の連絡を確実にするため、一定の合図を定め、当該合図を行う者を指名してその者に行わせる等必要な措置を講じなければならない。

運転位置から

（運転位置から離れる場合の措置）

離れる場合の措置

第百九十四条の十三　事業者は、高所作業車の運転者が走行のための運転位置から離れるとき（作業床に労働者が乗つて作業を行い、又は作業を行おうとしている場合を除く。）は、当該運転者に次の措置を講じさせなければならない。

一　作業床を最低降下位置に置くこと。

二　原動機を止め、かつ、停止の状態を保持するためのブレーキを確実にかける等の高所作業車の逸走を防止する措置を講ずること。

2　前項の運転者は、高所作業車の走行のための運転位置から離れるときは、同項各号に掲げる措置を講じなければならない。

3　事業者は、高所作業車の作業床に労働者が乗つて作業を行い、又は行おうとしている場合であつて、運転者が走行のための運転位置から離れるときは、当該高所作業車の停止の状態を保持するためのブレーキを確実にかける等の措置を講じさせなければならない。

4　前項の運転者は、高所作業車の走行のための運転位置から離れるときは、同項の措置を講じなければならない。

高所作業車の移送

（高所作業車の移送）

第百九十四条の十四　事業者は、高所作業車を移送するため自走又はけん引により貨物自動車に積卸しを行う場合において、道板、盛土等を使用するときは、当該高所作業車の転倒、転落等による危険を防止するため、次に定めるところによらなければならない。

一　積卸しは、平坦で堅固な場所において行うこと。

二　道板を使用するときは、十分な長さ、幅及び強度を有する道板を用い、適当なこう配で確実

搭乗の制限
使用の制限
主たる用途以外の使用の制限
修理等
ブーム等の降

に取り付けること。

三　盛土、仮設台等を使用するときは、十分な幅及び強度並びに適当なこう配を確保すること。

（搭乗の制限）

第百九十四条の十五　事業者は、高所作業車を用いて作業を行うときは、乗車席及び作業床以外の箇所に労働者を乗せてはならない。

（使用の制限）

第百九十四条の十六　事業者は、高所作業車については、積載荷重（高所作業車の構造及び材料に応じて、作業床に人又は荷を乗せて上昇させることができる最大の荷重をいう。）その他の能力を超えて使用してはならない。

（主たる用途以外の使用の制限）

第百九十四条の十七　事業者は、高所作業車を荷のつり上げ等当該高所作業車の主たる用途以外の用途に使用してはならない。ただし、労働者に危険を及ぼすおそれのないときは、この限りでない。

（修理等）

第百九十四条の十八　事業者は、高所作業車の修理又は作業床の装着若しくは取り外しの作業を行うときは、当該作業を指揮する者を定め、その者に次の事項を行わせなければならない。

一　作業手順を決定し、作業を直接指揮すること。

二　次条第一項に規定する安全支柱、安全ブロック等の使用状況を監視すること。

（ブーム等の降下による危険の防止）

下による危険の防止

第百九十四条の十九　事業者は、高所作業車のブーム等を上げ、その下で修理、点検等の作業を行うときは、ブーム等が不意に降下することによる労働者の危険を防止するため、当該作業に従事する労働者に安全支柱、安全ブロック等を使用させなければならない。

2　前項の作業に従事する労働者は、同項の安全支柱、安全ブロック等を使用しなければならない。

作業床への搭乗制限等

（作業床への搭乗制限等）

第百九十四条の二十　事業者は、高所作業車（作業床において走行の操作をする構造のものを除く。以下この条において同じ。）を走行させるときは、当該高所作業車の作業床に労働者を乗せてはならない。ただし、平坦で堅固な場所において高所作業車を走行させる場合で、次の措置を講じたときは、この限りでない。

一　誘導者を配置し、その者に高所作業車を誘導させること。

二　一定の合図を定め、前号の誘導者に当該合図を行わせること。

三　あらかじめ、作業時における当該高所作業車の作業床の高さ及びブームの長さ等に応じた高所作業車の適正な制限速度を定め、それにより運転者に運転させること。

2　労働者は、前項ただし書の場合を除き、走行中の高所作業車の作業床に乗つてはならない。

3　第一項ただし書の高所作業車の運転者は、同項第一号の誘導者が行う誘導及び同項第二号の合図に従わなければならず、かつ、同項第三号の制限速度を超えて高所作業車を運転してはならない。

作業床で走行操作する高所作業車の措置

第百九十四条の二十一　事業者は、作業床において走行の操作をする構造の高所作業車を平坦で堅固な場所以外の場所で走行させるときは、次の措置を講じなければならない。

一　前条第一項第一号及び第二号に掲げる措置を講ずること。

二　あらかじめ、作業時における当該高所作業車の作業床の高さ及びブームの長さ、作業に係る場所の地形及び地盤の状態等に応じた高所作業車の適正な制限速度を定め、それにより運転者に運転させること。

2　前条第三項の規定は、前項の高所作業車の運転者について準用する。この場合において、同条第三項中「同項第三号」とあるのは、「次条第一項第二号」と読み替えるものとする。

要求性能墜落制止用器具等の使用

（要求性能墜落制止用器具等の使用）

第百九十四条の二十二　事業者は、高所作業車（作業床が接地面に対し垂直にのみ上昇し、又は下降する構造のものを除く。）を用いて作業を行うときは、当該高所作業車の作業床上の労働者に要求性能墜落制止用器具等を使用させなければならない。

2　前項の労働者は、要求性能墜落制止用器具等を使用しなければならない。

年一回の定期自主検査

（定期自主検査）

第百九十四条の二十三　事業者は、高所作業車については、一年以内ごとに一回、定期に、次の事項について自主検査を行わなければならない。ただし、一年を超える期間使用しない高所作業車の当該使用しない期間においては、この限りでない。

一　圧縮圧力、弁すき間その他原動機の異常の有無

二　クラッチ、トランスミッション、プロペラシャフト、デファレンシャルその他動力伝達装置の異常の有無

三　起動輪、遊動輪、上下転輪、履帯、タイヤ、ホイールベアリングその他走行装置の異常の有無

四　かじ取り車輪の左右の回転角度、ナックル、ロッド、アームその他操縦装置の異常の有無

五　制動能力、ブレーキドラム、ブレーキシューその他制動装置の異常の有無
六　ブーム、昇降装置、屈折装置、平衡装置、作業床その他作業装置の異常の有無
七　油圧ポンプ、油圧モーター、シリンダー、安全弁その他油圧装置の異常の有無
八　電圧、電流その他電気系統の異常の有無
九　車体、操作装置、安全装置、ロック装置、警報装置、方向指示器、灯火装置及び計器の異常の有無

2　事業者は、前項ただし書の高所作業車については、その使用を再び開始する際に、同項各号に掲げる事項について自主検査を行わなければならない。

月一回の定期自主検査

第百九十四条の二十四　事業者は、高所作業車については、一月以内ごとに一回、定期に、次の事項について自主検査を行わなければならない。ただし、一月を超える期間使用しない高所作業車の当該使用しない期間においては、この限りでない。
一　制動装置、クラッチ及び操作装置の異常の有無
二　作業装置及び油圧装置の異常の有無
三　安全装置の異常の有無

2　事業者は、前項ただし書の高所作業車については、その使用を再び開始する際に、同項各号に掲げる事項について自主検査を行わなければならない。

定期自主検査の記録

（定期自主検査の記録）

第百九十四条の二十五　事業者は、前二条の自主検査を行つたときは、次の事項を記録し、これを三年間保存しなければならない。

一　検査年月日
二　検査方法
三　検査箇所
四　検査の結果
五　検査を実施した者の氏名
六　検査の結果に基づいて補修等の措置を講じたときは、その内容

（特定自主検査）

第百九十四条の二十六　高所作業車に係る特定自主検査は、第百九十四条の二十三に規定する自主検査とする。

2　第百五十一条の二十四第二項の規定は、高所作業車に係る法第四十五条第二項の厚生労働省令で定める資格を有する労働者について準用する。この場合において、第百五十一条の二十四第二項第一号中「フオークリフト」とあるのは、「高所作業車」と読み替えるものとする。

3　事業者は、運行の用に供する高所作業車（道路運送車両法第四十八条第一項の適用を受けるものに限る。）について、同項の規定に基づいて点検を行つた場合には、当該点検を行つた部分については第百九十四条の二十三の自主検査を行うことを要しない。

4　高所作業車に係る特定自主検査を検査業者に実施させた場合における前条の規定の適用については、同条第五号中「検査を実施した者の氏名」とあるのは、「検査業者の名称」とする。

5　事業者は、高所作業車に係る自主検査を行つたときは、当該高所作業車の見やすい箇所に、特定自主検査を行つた年月を明らかにすることができる検査標章をはり付けなければならない。

作業開始前の点検

（作業開始前点検）

第百九十四条の二十七　事業者は、高所作業車を用いて作業を行うときは、その日の作業を開始する前に、制動装置、操作装置及び作業装置の機能について点検を行わなければならない。

補修等

（補修等）

第百九十四条の二十八　事業者は、第百九十四条の二十三若しくは第百九十四条の二十四の自主検査又は前条の点検を行つた場合において、異常を認めたときは、直ちに補修その他必要な措置を講じなければならない。

第三節　軌道装置及び手押し車両

第一款　総則

定義

（定義）

第百九十五条　この省令で軌道装置とは、事業場附帯の軌道及び車両、動力車、巻上げ機等を含む一切の装置で、動力を用いて軌条により労働者又は荷物を運搬する用に供されるもの（鉄道営業法（明治三十三年法律第六十五号）、鉄道事業法（昭和六十一年法律第九十二号）又は軌道法（大正十年法律第七十六号）の適用を受けるものを除く。）をいう。

第二款　軌道等

軌条の重量
（軌条の重量）
第百九十六条　事業者は、軌条の重量については、次の表の上欄に掲げる車両重量に応じて、同表の下欄に掲げる軌条重量以上としなければならない。

車両重量	軌条重量
五トン未満	九キログラム
五トン以上十トン未満	十二キログラム
十トン以上十五トン未満	十五キログラム
十五トン以上	二十二キログラム

軌条の継目
（軌条の継目）
第百九十七条　事業者は、軌条の継目については、継目板を用い、溶接を行なう等により堅固に固定しなければならない。

軌条の敷設
（軌条の敷設）
第百九十八条　事業者は、軌条の敷設については、犬くぎ、止め金具等を用いて、軌条をまくら木、コンクリート道床等に堅固に締結しなければならない。

まくら木
（まくら木）
第百九十九条　事業者は、まくら木の大きさ及び配置の間隔については、軌条を安定させるため、車両重量、道床の状態等に応じたものとしなければならない。
2　事業者は、腐食しやすい箇所又は取替えの困難な箇所で用いるまくら木については、耐久性を有するものとしなければならない。

（道床）

第二百条 事業者は、車両重量五トン以上の動力車を運転する軌道のうち道床が砕石、砂利等で形成されているものについては、まくら木及び軌条を安全に保持するため、道床を十分つき固め、かつ、排水を良好にするための措置を講じなければならない。

（曲線部）

第二百一条 事業者は、軌道の曲線部については、次に定めるところによらなければならない。

一 曲線半径は、十メートル以上とすること。

二 適当なカント及びスラックを保つこと。

三 曲線半径に応じ、護輪軌条を設けること。

（軌道のこう配）

第二百二条 事業者は、動力車を使用する区間の軌道のこう配については、千分の五十以下としなければならない。

（軌道の分岐点等）

第二百三条 事業者は、軌道の分岐する部分には、確実な機能を有する転てつ器及びてつさを設け、軌道の終端には、確実な車止め装置を設けなければならない。

（逸走防止装置）

第二百四条 事業者は、車両が逸走するおそれのあるときは、逸走防止装置を設けなければならない。

車両と側壁等との間隔

（車両と側壁等との間隔）

第二百五条　事業者は、建設中のずい道等の内部に軌道装置を設けるときは、通行中の労働者に運行する車両が接触する危険を防止するため、その片側において、当該車両と側壁又は障害物との間隔を〇・六メートル以上としなければならない。ただし、ずい道等の断面が狭小であること等により当該間隔を〇・六メートル以上とすることが困難な場合で、次のいずれかの措置を講じたときは、この限りでない。

一　明確に識別できる回避所を適当な間隔で設けること。

二　信号装置の設置、監視人の配置等により運行中の車両の進行方向上に労働者を立ち入らせないこと。

車両とう乗者の接触予防措置

（車両とう乗者の接触予防措置）

第二百六条　事業者は、建設中のずい道等の内部に軌道装置を設けるときは、車両のとう乗者がずい道等の内部の側壁、天盤、障害物等に接触する危険を防止するため、当該車両と当該側壁、天盤、障害物等との間に必要な距離を保持しなければならない。ただし、地山の荷重により変形した支保工等障害物があるときに、当該車両のとう乗者が当該障害物に接触する危険を防止するため、車両とう乗者が容易に識別できる措置を講じたときには、この限りでない。

信号装置

（信号装置）

第二百七条　事業者は、軌道装置の状況に応じて信号装置を設けなければならない。

第三款　車両

動力車のブレーキ

（動力車のブレーキ）

第二百八条 事業者は、動力車には、手用ブレーキを備え、かつ、十トン以上の動力車には、動力ブレーキをあわせ備えなければならない。

2 事業者は、ブレーキの制輪子に作用する圧力と制動車輪の軌条に対する圧力との割合を、動力ブレーキにあつては百分の五十以上百分の七十五以下、手用ブレーキにあつては百分の二十以上としなければならない。

動力車の設備

（動力車の設備）

第二百九条 事業者は、動力車については、次に定めるところに適合するものでなければ、使用してはならない。

一 汽笛、警鈴等の合図の装置を備えること。

二 夜間又は地下において使用するときは、前照灯及び運転室の照明設備を設けること。

三 内燃機関車には、潤滑油の圧力を表示する計器を備えること。

四 電気機関車には、自動しや断器を備え、かつ、架空線式の場合には避雷器を備えること。

動力車の運転者席

（動力車の運転者席）

第二百十条 事業者は、動力車の運転者席については、次に定めるところに適合するものでなければ、使用してはならない。

一 運転者が安全な運転を行なうことができる視界を有する構造とすること。

二 運転者の転落による危険を防止するため、囲い等を設けること。

（人車）

第二百十一条　事業者は、労働者の輸送に用いる専用の車両（以下「人車」という。）については、次に定めるところに適合するものでなければ、使用してはならない。

一　労働者が安全に乗車できる座席、握り棒等の設備を設けること。

二　囲い及び乗降口を設けること。

三　斜道において用いる巻上げ装置によりけん引される人車については、巻上げ機の運転者と人車のとう乗者とが緊急時に連絡できる設備を設けること。

四　前号の人車については、ワイヤロープの切断、速度超過等による危険を防止するため、非常停止装置を設けること。

五　傾斜角三十度以上の斜道に用いる人車については、脱線予防装置を設けること。

（車輪）

第二百十二条　事業者は、車輪については、次に定めるところに適合するものでなければ、使用してはならない。

一　タイヤの幅は、フランジが最も摩耗した状態で、最大軌間を通過するときに、なおその踏面が軌条に安全に乗る広さとすること。

二　フランジの厚さは、最も摩耗したときに、十分な強さを有し、かつ、分岐及びてつさの通過に差しつかえない厚さ以下とすること。

三　フランジの高さは、タイヤが軌条からはずれない高さ以上で、継目板及びてつさ等に乗り上げない高さとすること。

人車

車輪

（連結装置）

第二百十三条　事業者は、車両を連結するときは、確実な連結装置を用いなければならない。

（斜道における人車の連結）

第二百十四条　事業者は、斜道において人車を用いる場合において、人車と人車又はワイヤロープソケツトをチエーン又はリンクで連結するときは、当該チエーン又はリンクの切断等による人車の逸走を防止するため、予備のチエーン又はワイヤロープで連結しておかなければならない。

第四款　巻上げ装置

（巻上げ装置のブレーキ）

第二百十五条　事業者は、巻上げ装置には、車両に最大の荷重をかけた場合において、車両をすみやかに停止させ、かつ、その停止状態を保持することができるブレーキを備えなければならない。

（ワイヤロープ）

第二百十六条　事業者は、巻上げ装置に用いるワイヤロープについては、次に定めるところに適合するものでなければ、使用してはならない。

一　安全係数は六以上（人車に用いるワイヤロープにあつては、十以上）とすること。この場合の安全係数は、ワイヤロープの切断荷重の値を当該ワイヤロープにかかる荷重の最大の値で除した値とする。

二　リンクを使用する等確実な方法により、車両に取り付けること。

（不適格なワイヤロープの使用禁止）

不適格なワイヤロープの使用禁止

第二百十七条　事業者は、次のいずれかに該当するワイヤロープを巻上げ装置の巻上げ用ワイヤロープとして使用してはならない。

一　ワイヤロープ一よりの間において素線の数の十パーセント以上の素線が切断しているもの

二　直径の減少が公称径の七パーセントを超えるもの

三　キンクしたもの

四　著しい形くずれ又は腐食があるもの

（深度指示器）

深度指示器

第二百十八条　事業者は、斜坑において人車を用いる場合において、巻上げ機の運転者が人車の位置を確認することが困難なときは、当該運転者が容易に確認できる深度指示器を備えなければならない。

第五款　軌道装置の使用に係る危険の防止

（信号装置の表示方法）

信号装置の表示方法

第二百十九条　事業者は、信号装置を設けたときは、あらかじめ、当該信号装置の表示方法を定め、かつ、関係労働者に周知させなければならない。

（合図）

運転の合図

2　前項の軌道装置の運転者は、同項の合図方法により運転しなければならない。

（人車の使用）

第二百二十一条　事業者は、軌道装置により労働者を輸送するときは、人車を使用しなければならない。ただし、少数の労働者を輸送する場合又は臨時に労働者を輸送する場合において、次の措置を講じたときは、この限りでない。

一　車両に転落防止のための囲い等を設けること。

二　転位、崩壊等のおそれのある荷と労働者とを同乗させないこと。

（制限速度）

第二百二十二条　事業者は、車両の運転については、あらかじめ、軌条重量、軌間、こう配、曲線半径等に応じ、当該車両の制限速度を定め、これにより運転者に、運転させなければならない。

2　前項の車両の運転者は、同項の制限速度をこえて車両を運転してはならない。

（とう乗定員）

第二百二十三条　事業者は、人車については、その構造に応じたとう乗定員数を定め、かつ、これを関係労働者に周知させなければならない。

（車両の後押し運転時における措置）

第二百二十四条　事業者は、建設中のずい道等の内部において動力車による後押し運転をするときは、次の措置を講じなければならない。ただし、後押し運転をする区間を定め、当該区間への労働者の立入りを禁止したときは、この限りでない。

一　誘導者を配置し、その者に当該動力車を誘導させること。

二　先頭車両に前照灯を備えること。

三　誘導者と動力車の運転者が連絡でき、かつ、誘導者が緊急時に警報できる装置を備えること。

誘導者を車両にとう乗させる場合の措置

（誘導者を車両にとう乗させる場合の措置）

第二百二十五条　事業者は、前条の誘導者を車両にとう乗させるときは、誘導者が車両から転落する危険を防止するため、誘導者を囲いを設けた車両又は乗車台にとう乗させる等の措置を講じなければならない。

運転席から離れる場合の措置

（運転席から離れる場合の措置）

第二百二十六条　事業者は、動力車の運転者が運転席から離れるときは、ブレーキをかける等車両の逸走を防止する措置を講じさせなければならない。

2　前項の運転者は、運転席から離れるときは、同項の措置を講じなければならない。

運転位置からの離脱の禁止

（運転位置からの離脱の禁止）

第二百二十七条　事業者は、巻上げ機が運転されている間は、当該巻上げ機の運転者を運転位置から離れさせてはならない。

2　前項の運転者は、巻上げ機が運転されている間は、運転位置から離れてはならない。

第六款　定期自主検査等

三年ごとの定期自主検査

(定期自主検査)

第二百二十八条 事業者は、電気機関車、蓄電池機関車、電車、蓄電池電車、内燃機関車、内燃動車、蒸気機関車及び巻上げ装置(以下この款において「電気機関車等」という。)については、三年以内ごとに一回、定期に、当該電気機関車等の各部分の異常の有無について自主検査を行なわなければならない。ただし、三年をこえる期間使用しない電気機関車等の当該使用しない期間においては、この限りでない。

2 事業者は、前項ただし書の電気機関車等については、その使用を再び開始する際に、当該電気機関車等の各部分の異常の有無について自主検査を行なわなければならない。

年一回の定期自主検査

第二百二十九条 事業者は、電気機関車等については、一年以内ごとに一回、定期に、次の事項について自主検査を行なわなければならない。ただし、一年をこえる期間使用しない電気機関車等の当該使用しない期間においては、この限りでない。

一 電気機関車、蓄電池機関車、電車及び蓄電池電車にあつては、電動機、制御装置、ブレーキ、自動しや断器、台車、連結装置、蓄電池、避雷器、配線、接続器具及び各種計器の異常の有無

二 内燃機関車及び内燃動車にあつては、機関、動力伝達装置、制御装置、ブレーキ、台車、連結装置及び各種計器の異常の有無

三 蒸気機関車にあつては、シリンダー、弁室、蒸気管、加減弁、安全弁及び各種計器の異常の有無

四 巻上げ装置にあつては、電動機、動力伝達装置、巻胴、ブレーキ、ワイヤロープ、ワイヤロー

プ取付金具、安全装置及び各種計器の異常の有無

2　事業者は、前項ただし書の電気機関車等については、その使用を再び開始する際に、同項各号に掲げる事項について自主検査を行なわなければならない。

月一回の定期自主検査

第二百三十条　事業者は、電気機関車等については、一月以内ごとに一回、定期に、次の事項について自主検査を行なわなければならない。ただし、一月をこえる期間使用しない電気機関車等の当該使用しない期間においては、この限りでない。

一　電気機関車、蓄電池機関車、電車及び蓄電池電車にあつては、電路、ブレーキ及び連結装置の異常の有無

二　内燃機関車及び内燃動車にあつては、ブレーキ及び連結装置の異常の有無

三　蒸気機関車にあつては、火室内部、可溶栓、火粉止め、水面測定装置、給水装置、ブレーキ及び連結装置の異常の有無

四　巻上げ装置にあつては、ブレーキ、ワイヤロープ、ワイヤロープ取付金具の異常の有無

2　事業者は、前項ただし書の電気機関車等については、その使用を再び開始する際に、同項各号に掲げる事項について自主検査を行なわなければならない。

定期自主検査の記録

（定期自主検査の記録）

第二百三十一条　事業者は、前三条の自主検査を行つたときは、次の事項を記録し、これを三年間保存しなければならない。

一　検査年月日

二　検査方法

三　検査箇所
四　検査の結果
五　検査を実施した者の氏名
六　検査の結果に基づいて補修等の措置を講じたときは、その内容

作業開始前の点検

（点検）

第二百三十二条　事業者は、軌道装置を用いて作業を行なうときは、その日の作業を開始する前に、次の事項について点検を行なわなければならない。

一　ブレーキ、連結装置、警報装置、集電装置、前照灯、制御装置及び安全装置の機能
二　空気等の配管からの漏れの有無

2　事業者は、軌道については、随時、軌条及び路面の状態の異常の有無について点検を行なわなければならない。

補修

（補修）

第二百三十三条　事業者は、第二百二十八条から第二百三十条までの自主検査及び前条の点検を行なつた場合において異常を認めたときは、直ちに、補修しなければならない。

第七款　手押し車両

手押し車両の軌道

（手押し車両の軌道）

第二百三十四条　事業者は、手押し車両を用いる軌道については、次に定めるところによらなければ

ばならない。

一　軌道の曲線半径は、五メートル以上とすること。

二　こう配は、十五分の一以下とすること。

三　軌条の重量は、六キログラム以上とすること。

四　径九センチメートル以上のまくら木を適当な間隔に配置すること。

2　第百九十七条及び第二百三十二条第二項の規定は、手押し車両の軌道に準用する。

ブレーキの具備

（ブレーキの具備）

第二百三十五条　事業者は、こう配が千分の十以上の軌道区間で使用する手押し車両については、有効な手用ブレーキを備えなければならない。

車両間隔等

（車両間隔等）

第二百三十六条　事業者は、労働者が手押し車両を運転するときは、次の事項を行なわせなければならない。

一　車両の間隔は、上りこう配軌道又は水平軌道の区間では六メートル以上、下りこう配軌道の区間では二十メートル以上とすること。

二　車両の速度は、下りこう配で毎時十五キロメートルをこえないこと。

2　前項の労働者は、手押し車両を運転するときは、同項各号の事項を行なわなければならない。

第三章　型わく支保工

第一節　材料等

型わく支保工の材料

（材料）

第二百三十七条　事業者は、型わく支保工の材料については、著しい損傷、変形又は腐食があるものを使用してはならない。

主要な部分の鋼材

（主要な部分の鋼材）

第二百三十八条　事業者は、型わく支保工に使用する支柱、はり又ははりの支持物の主要な部分の鋼材については、日本産業規格G三一〇一（一般構造用圧延鋼材）、日本産業規格G三一〇六（溶接構造用圧延鋼材）、日本産業規格G三四四四（一般構造用炭素鋼鋼管）若しくは日本工業規格G三三五〇（建築構造用冷間成形軽量形鋼）に定める規格に適合するもの又は日本産業規格Z二二四一（金属材料引張試験方法）に定める方法による試験において、引張強さの値が三百三十ニュートン毎平方ミリメートル以上で、かつ、伸びが次の表の上欄に掲げる鋼材の種類及び同表の中欄に掲げる引張強さの値に応じ、それぞれ同表の下欄に掲げる値となるものでなければ、使用してはならない。

鋼材の種類	引張強さ（単位　ニュートン毎平方ミリメートル）	伸び（単位　パーセント）
鋼管	三百三十以上四百未満	二十五以上
	四百以上四百九十未満	二十以上
	四百九十以上	十以上
鋼板、形鋼、平鋼又は軽量形鋼	三百三十以上四百未満	二十一以上
	四百以上四百九十未満	十六以上
	四百九十以上五百九十未満	十二以上
	五百九十以上	八以上
棒鋼	三百三十以上四百未満	二十五以上
	四百以上四百九十未満	二十以上
	四百九十以上	十八以上

型わく支保工の構造

（型わく支保工の構造）
第二百三十九条　事業者は、型わく支保工については、型わくの形状、コンクリートの打設の方法等に応じた堅固な構造のものでなければ、使用してはならない。

第二節　組立て等の場合の措置

組立図の作成等

（組立図）
第二百四十条　事業者は、型わく支保工を組み立てるときは、組立図を作成し、かつ、当該組立図により組み立てなければならない。

2　前項の組立図は、支柱、はり、つなぎ、筋かい等の部材の配置、接合の方法及び寸法が示されているものでなければならない。

3　第一項の組立図に係る型枠支保工の設計は、次に定めるところによらなければならない。

一　支柱、はり又ははりの支持物（以下この条において「支柱等」という。）が組み合わされた構造のものでないときは、設計荷重（型枠支保工が支える物の重量に相当する荷重に、型枠一平方メートルにつき百五十キログラム以上の荷重を加えた荷重をいう。以下この条において同じ。）により当該支柱等に生ずる応力の値が当該支柱等の材料の許容応力の値を超えないこと。

二　支柱等が組み合わされた構造のものであるときは、設計荷重が当該支柱等を製造した者の指定する最大使用荷重を超えないこと。

三　鋼管枠を支柱として用いるものであるときは、当該型枠支保工の上端に、設計荷重の百分の二・五に相当する水平方向の荷重が作用しても安全な構造のものとすること。

四　鋼管枠以外のものを支柱として用いるものであるときは、当該型枠支保工の上端に、設計荷重の百分の五に相当する水平方向の荷重が作用しても安全な構造のものとすること。

許容応力の値

（許容応力の値）

第二百四十一条　前条第三項第一号の材料の許容応力の値は、次に定めるところによる。

一　鋼材の許容曲げ応力及び許容圧縮応力の値は、当該鋼材の降伏強さの値又は引張強さの値の四分の三の値のうちいずれか小さい値の三分の二の値以下とすること。

二　鋼材の許容せん断応力の値は、当該鋼材の降伏強さの値又は引張強さの値の四分の三の値のうちいずれか小さい値の百分の三十八の値以下とすること。

三　鋼材の許容座屈応力の値は、次の式により計算を行つて得た値以下とすること。

$\frac{\ell}{i} \leqq \Lambda$の場合

$$\sigma_c = \frac{1-0.4\left(\frac{\ell}{i} \Big/ \Lambda\right)^2}{\nu} F$$

$\frac{\ell}{i} > \Lambda$の場合

$$\sigma_c = \frac{0.29}{\left(\frac{\ell}{i} \Big/ \Lambda\right)^2} F$$

これらの式において、ℓ、i、Λ、σ_c、ν及びFは、それぞれ次の値を表すものとする。

ℓ　支柱の長さ（支柱が水平方向の変位を拘束されているときは、拘束点間の長さのうちの最大の長さ）（単位　センチメートル）

i　支柱の最小断面二次半径（単位　センチメートル）

Λ　限界細長比＝$\sqrt{\pi^2 E \big/ 0.6F}$

ただし、π　円周率

E　当該鋼材のヤング係数（単位　ニュートン毎平方センチメートル）

σ_c　許容座屈応力の値（単位　ニュートン毎平方センチメートル）

ν　安全率＝$1.5+0.57\left(\frac{\ell}{i}\Big/\Lambda\right)^2$

F　当該鋼材の降伏強さの値又は引張強さの値の四分の三の値のうちいずれか小さい値（単位　ニュートン毎平方センチメートル）

四　木材の繊維方向の許容曲げ応力、許容圧縮応力及び許容せん断応力の値は、次の表の上欄に掲げる木材の種類に応じ、それぞれ同表の下欄に掲げる値以下とすること。

木材の種類	許容応力の値（単位　ニュートン毎平方センチメートル）		
	曲げ	圧縮	せん断
あかまつ、くろまつ、からまつ、ひば、ひのき、つが、べいまつ又はべいひ	一、三二〇	一、一八〇	一〇三
すぎ、もみ、えぞまつ、とどまつ、べいすぎ又はべいつが	一、〇三〇	八八〇	七四
かし	一、九一〇	一、三二〇	二一〇
くり、なら、ぶな又はけやき	一、四七〇	一、〇三〇	一五〇

五　木材の繊維方向の許容座屈応力の値は、次の式により計算を行つて得た値以下とすること。

$\frac{\ell_k}{i} \leqq 100$ の場合

$$f_k = f_c\left(1-0.007\frac{\ell_k}{i}\right)$$

$\frac{\ell_k}{i} > 100$ の場合

$$f_k = \frac{0.3f_c}{\left(\frac{\ell_k}{100i}\right)^2}$$

これらの式において、ℓ_k、i、f_c及びf_kは、それぞれ次の値を表すものとする。

ℓ_k　支柱の長さ（支柱が水平方向の変位を拘束されているときは、拘束点間の長さのうち最大の長さ）（単位　センチメートル）

i　支柱の最小断面二次半径（単位　センチメートル）

f_c　許容圧縮応力の値（単位　ニュートン毎平方センチメートル）

f_k　許容座屈応力の値（単位　ニュートン毎平方センチメートル

型枠支保工についての措置等

（型枠支保工についての措置等）

第二百四十二条　事業者は、型枠支保工については、次に定めるところによらなければならない。

一　敷角の使用、コンクリートの打設、くいの打込み等支柱の沈下を防止するための措置を講ずること。

二　支柱の脚部の固定、根がらみの取付け等支柱の脚部の滑動を防止するための措置を講ずること。
三　支柱の継手は、突合せ継手又は差込み継手とすること。
四　鋼材と鋼材との接続部及び交差部は、ボルト、クランプ等の金具を用いて緊結すること。
五　型枠が曲面のものであるときは、控えの取付け等当該型枠の浮き上がりを防止するための措置を講ずること。
五の二　H型鋼又はI型鋼（以下この号において「H型鋼等」という。）を大引き、敷角等の水平材として用いる場合であつて、当該H型鋼等と支柱、ジャッキ等とが接続する箇所に集中荷重が作用することにより、当該H型鋼等の断面が変形するおそれがあるときは、当該接続する箇所に補強材を取り付けること。
六　鋼管（パイプサポートを除く。以下この条において同じ。）を支柱として用いるものにあつては、当該鋼管の部分について次に定めるところによること。
イ　高さ二メートル以内ごとに水平つなぎを二方向に設け、かつ、水平つなぎの変位を防止すること。
ロ　はり又は大引きを上端に載せるときは、当該上端に鋼製の端板を取り付け、これをはり又は大引きに固定すること。
七　パイプサポートを支柱として用いるものにあつては、当該パイプサポートの部分について次に定めるところによること。
イ　パイプサポートを三以上継いで用いないこと。
ロ　パイプサポートを継いで用いるときは、四以上のボルト又は専用の金具を用いて継ぐこと。

第二編　安全基準

ハ　高さが三・五メートルを超えるときは、前号イに定める措置を講ずること。

八　鋼管枠を支柱として用いるものにあつては、当該鋼管枠の部分について次に定めるところによること。

イ　鋼管枠と鋼管枠との間に交差筋かいを設けること。

ロ　最上層及び五層以内ごとの箇所において、型枠支保工の側面並びに枠面の方向及び交差筋かいの方向における五枠以内ごとの箇所に、水平つなぎを設け、かつ、水平つなぎの変位を防止すること。

ハ　最上層及び五層以内ごとの箇所において、型枠支保工の枠面の方向における両端及び五枠以内ごとの箇所に、交差筋かいの方向に布枠を設けること。

ニ　第六号ロに定める措置を講ずること。

九　組立て鋼柱を支柱として用いるものにあつては、当該組立て鋼柱の部分について次に定めるところによること。

イ　第六号ロに定める措置を講ずること。

ロ　高さが四メートルを超えるときは、高さ四メートル以内ごとに水平つなぎを二方向に設け、かつ、水平つなぎの変位を防止すること。

九の二　H型鋼を支柱として用いるものにあつては、当該H型鋼の部分について第六号ロに定める措置を講ずること。

十　木材を支柱として用いるものにあつては、当該木材の部分について次に定めるところによること。

イ　第六号イに定める措置を講ずること。
ロ　木材を継いで用いるときは、二個以上の添え物を用いて継ぐこと。
ハ　はり又は大引きを上端に載せるときは、添え物を用いて、当該上端をはり又は大引きに固定すること。
十一　はりで構成するものにあつては、次に定めるところによること。
イ　はりの両端を支持物に固定することにより、はりの滑動及び脱落を防止すること。
ロ　はりとはりとの間につなぎを設けることにより、はりの横倒れを防止すること。

段状の型わく支保工

（段状の型わく支保工）

第二百四十三条　事業者は、敷板、敷角等をはさんで段状に組み立てる型わく支保工については、前条各号に定めるところによるほか、次に定めるところによらなければならない。
一　型わくの形状によりやむを得ない場合を除き、敷板、敷角等を二段以上はさまないこと。
二　敷板、敷角等を継いで用いるときは、当該敷板、敷角等を緊結すること。
三　支柱は、敷板、敷角等に固定すること。

コンクリートの打設の作業

（コンクリートの打設の作業）

第二百四十四条　事業者は、コンクリートの打設の作業を行なうときは、次に定めるところによらなければならない。
一　その日の作業を開始する前に、当該作業に係る型わく支保工について点検し、異状を認めたときは、補修すること。
二　作業中に型わく支保工に異状が認められた際における作業中止のための措置をあらかじめ講

じておくこと。

型わく支保工の組立て等の作業

（型わく支保工の組立て等の作業）

第二百四十五条　事業者は、型わく支保工の組立て又は解体の作業を行なうときは、次の措置を講じなければならない。

一　当該作業を行なう区域には、関係労働者以外の労働者の立ち入りを禁止すること。

二　強風、大雨、大雪等の悪天候のため、作業の実施について危険が予想されるときは、当該作業に労働者を従事させないこと。

三　材料、器具又は工具を上げ、又はおろすときは、つり綱、つり袋等を労働者に使用させること。

型枠支保工の組立て等作業主任者の選任

（型枠支保工の組立て等作業主任者の選任）

第二百四十六条　事業者は、令第六条第十四号の作業については、型枠支保工の組立て等作業主任者技能講習を修了した者のうちから、型枠支保工の組立て等作業主任者を選任しなければならない。

型枠支保工の組立て等作業主任者の職務

（型枠支保工の組立て等作業主任者の職務）

第二百四十七条　事業者は、型枠支保工の組立て等作業主任者に、次の事項を行わせなければならない。

一　作業の方法を決定し、作業を直接指揮すること。

二　材料の欠点の有無並びに器具及び工具を点検し、不良品を取り除くこと。

三　作業中、要求性能墜落制止用器具等及び保護帽の使用状況を監視すること。

第四章　爆発、火災等の防止

第一節　溶融高熱物等による爆発、火災等の防止

高熱物を取り扱う設備の構造

（高熱物を取り扱う設備の構造）

第二百四十八条　事業者は、火炉その他多量の高熱物を取り扱う設備については、火災を防止するため必要な構造としなければならない。

溶融高熱物を取り扱うピット

（溶融高熱物を取り扱うピット）

第二百四十九条　事業者は、水蒸気爆発を防止するため、溶融した高熱の鉱物（以下「溶融高熱物」という。）を取り扱うピット（高熱の鉱さいを水で処理するものを除く。）については、次の措置を講じなければならない。

一　地下水が内部に浸入することを防止できる構造とすること。ただし、内部に滞留した地下水を排出できる設備を設けたときは、この限りでない。

二　作業用水又は雨水が内部に浸入することを防止できる隔壁その他の設備を周囲に設けること。

建築物の構造

（建築物の構造）

第二百五十条　事業者は、水蒸気爆発を防止するため、溶融高熱物を取り扱う設備を内部に有する建築物については、次の措置を講じなければならない。

一　床面は、水が滞留しない構造とすること。

二　屋根、壁、窓等は、雨水が浸入することを防止できる構造とすること。

溶融高熱物を取り扱う作業

（溶融高熱物を取り扱う作業）

第二百五十一条　事業者は、溶融高熱物を取り扱う作業（高熱の鉱さいを水で処理する作業及び高熱の鉱さいを廃棄する作業を除く。）を行なうときは、水蒸気爆発を防止するため、第二百四十九条のピット、前条の建築物の床面その他当該溶融高熱物を取り扱う設備について、これらに水が滞留し、又はこれらが水により湿潤していないことを確認した後でなければ、当該作業を行なつてはならない。

高熱の鉱さいの水処理等

（高熱の鉱さいの水処理等）

第二百五十二条　事業者は、水蒸気爆発を防止するため、高熱の鉱さいを水で処理し、又は廃棄する場所については、次の措置を講じなければならない。ただし、水砕処理を行なうときは、この限りでない。

一　高熱の鉱さいを水で処理し、又は廃棄する場所は、排水が良いところとすること。

二　高熱の鉱さいを廃棄する場所には、その場所である旨の表示をすること。

第二百五十三条　事業者は、高熱の鉱さいを水で処理し、又は廃棄する作業を行なうときは、水蒸気爆発を防止するため、前条の場所に水が滞留していないことを確認した後でなければ、当該作業を行なつてはならない。ただし、水砕処理を行なうときは、この限りでない。

金属溶解炉に金属くずを入れる作業

（金属溶解炉に金属くずを入れる作業）

第二百五十四条　事業者は、金属の溶解炉に金属くずを入れる作業を行なうときは、水蒸気爆発その他の爆発を防止するため、当該金属くずに水、火薬類、危険物、密閉された容器等がはいつていないことを確認した後でなければ、当該作業を行なつてはならない。

火傷等の防止

（火傷等の防止）

第二百五十五条 事業者は、溶鉱炉、溶銑炉又はガラス溶解炉その他多量の高熱物を取り扱う作業を行なう場所については、当該高熱物の飛散、流出等による火傷その他の危険を防止するため、適当な措置を講じなければならない。

2 事業者は、前項の場所には、火傷その他の危険を防止するため、適当な保護具を備えなければならない。

3 労働者は、第一項の作業を行なうときは、前項の保護具を使用しなければならない。

第二節 危険物等の取扱い等

危険物を製造する場合等の措置

（危険物を製造する場合等の措置）

第二百五十六条 事業者は、危険物を製造し、又は取り扱うときは、爆発又は火災を防止するため、次に定めるところによらなければならない。

一 爆発性の物（令別表第一第一号に掲げる爆発性の物をいう。）については、みだりに、火気その他点火源となるおそれのあるものに接近させ、加熱し、摩擦し、又は衝撃を与えないこと。

二 発火性の物（令別表第一第二号に掲げる発火性の物をいう。）については、それぞれの種類に応じ、みだりに、火気その他点火源となるおそれのあるものに接近させ、酸化をうながす物

第二編 安全基準

若しくは水に接触させ、加熱し、又は衝撃を与えないこと。

三　酸化性の物（令別表第一第三号に掲げる酸化性の物をいう。以下同じ。）については、みだりに、その分解がうながされるおそれのある物に接触させ、加熱し、摩擦し、又は衝撃を与えないこと。

四　引火性の物（令別表第一第四号に掲げる引火性の物をいう。以下同じ。）については、みだりに、火気その他点火源となるおそれのあるものに接近させ、若しくは注ぎ、蒸発させ、又は加熱しないこと。

五　危険物を製造し、又は取り扱う設備のある場所を常に整理整とんし、及びその場所に、みだりに、可燃性の物又は酸化性の物を置かないこと。

2　労働者は、前項の場合には、同項各号に定めるところによらなければならない。

作業指揮者

（作業指揮者）

第二百五十七条　事業者は、危険物を製造し、又は取り扱う作業（令第六条第二号又は第八号に掲げる作業を除く。）を行なうときは、当該作業の指揮者を定め、その者に当該作業を指揮させるとともに、次の事項を行なわせなければならない。

一　危険物を製造し、又は取り扱う設備及び当該設備の附属設備について、随時点検し、異常を認めたときは、直ちに、必要な措置をとること。

二　危険物を製造し、又は取り扱う設備及び当該設備の附属設備がある場所における温度、湿度、遮光（しゃ）及び換気の状態等について、随時点検し、異常を認めたときは、直ちに、必要な措置をとること。

三　前各号に掲げるもののほか、危険物の取扱いの状況について、随時点検し、異常を認めたときは、直ちに、必要な措置をとること。

四　前各号の規定によりとつた措置について、記録しておくこと。

ホースを用いる引火性の物等の注入

（ホースを用いる引火性の物等の注入）

第二百五十八条　事業者は、引火性の物又は可燃性ガス（令別表第一第五号に掲げる可燃性のガスをいう。以下同じ。）で液状のものを、ホースを用いて化学設備（配管を除く。）、タンク自動車、タンク車、ドラムかん等に注入する作業を行うときは、ホースの結合部を確実に締め付け、又ははめ合わせたことを確認した後でなければ、当該作業を行つてはならない。

2　労働者は、前項の作業に従事するときは、同項に定めるところによらなければ、当該作業を行なつてはならない。

ガソリンが残存している設備への灯油等の注入

（ガソリンが残存している設備への灯油等の注入）

第二百五十九条　事業者は、ガソリンが残存している化学設備（危険物を貯蔵するものに限るものとし、配管を除く。次条において同じ。）、タンク自動車、タンク車、ドラムかん等に灯油又は軽油を注入する作業を行うときは、あらかじめ、その内部について、洗浄し、ガソリンの蒸気を不活性ガスで置換する等により、安全な状態にしたことを確認した後でなければ、当該作業を行つてはならない。

2　労働者は、前項の作業に従事するときは、同項に定めるところによらなければ、当該作業を行なつてはならない。

エチレンオキシド等の取扱

（エチレンオキシド等の取扱い）

第二百六十条　事業者は、エチレンオキシド、アセトアルデヒド又は酸化プロピレンを化学設備、タンク自動車、タンク車、ドラムかん等に注入する作業を行うときは、あらかじめ、その内部の不活性ガス以外のガス又は蒸気を不活性ガスで置換した後でなければ、当該作業を行つてはならない。

2　事業者は、エチレンオキシド、アセトアルデヒド又は酸化プロピレンを化学設備、タンク自動車、タンク車、ドラムかん等に貯蔵するときは、常にその内部の不活性ガス以外のガス又は蒸気を不活性ガスで置換しておかなければならない。

通風等による爆発又は火災の防止

（通風等による爆発又は火災の防止）

第二百六十一条　事業者は、引火性の物の蒸気、可燃性ガス又は可燃性の粉じんが存在して爆発又は火災が生ずるおそれのある場所については、当該蒸気、ガス又は粉じんによる爆発又は火災を防止するため、通風、換気、除じん等の措置を講じなければならない。

通風等が不十分な場所におけるガス溶接等の作業

（通風等が不十分な場所におけるガス溶接等の作業）

第二百六十二条　事業者は、通風又は換気が不十分な場所において、可燃性ガス及び酸素（以下この条及び次条において「ガス等」という。）を用いて溶接、溶断又は金属の加熱の作業を行なうときは、当該場所におけるガス等の漏えい又は放出による爆発、火災又は火傷を防止するため、次の措置を講じなければならない。

一　ガス等のホース及び吹管については、損傷、摩耗等によるガス等の漏えいのおそれがないものを使用すること。

二　ガス等のホースと吹管及びガス等のホース相互の接続箇所については、ホースバンド、ホースクリップ等の締付具を用いて確実に締付けを行なうこと。

三　ガス等のホースにガス等を供給しようとするときは、あらかじめ、当該ホースに、ガス等が放出しない状態にした吹管又は確実な止めせんを装着した後に行なうこと。
四　使用中のガス等のホースのガス等の供給口のバルブ又はコックには、当該バルブ又はコックに接続するガス等のホースを使用する者の名札を取り付ける等ガス等の供給についての誤操作を防ぐための表示をすること。
五　溶断の作業を行なうときは、吹管からの過剰酸素の放出による火傷を防止するため十分な換気を行なうこと。
六　作業の中断又は終了により作業箇所を離れるときは、ガス等の供給口のバルブ又はコックを閉止してガス等のホースを当該ガス等の供給口から取りはずし、又はガス等のホースを自然通風若しくは自然換気が十分な場所へ移動すること。
2　労働者は、前項の作業に従事するときは、同項各号に定めるところによらなければ、当該作業を行なつてはならない。

ガス等の容器の取扱い

（ガス等の容器の取扱い）
第二百六十三条　事業者は、ガス溶接等の業務（令第二十条第十号に掲げる業務をいう。以下同じ。）に使用するガス等の容器については、次に定めるところによらなければならない。
一　次の場所においては、設置し、使用し、貯蔵し、又は放置しないこと。
イ　通風又は換気の不十分な場所
ロ　火気を使用する場所及びその附近
ハ　火薬類、危険物その他の爆発性若しくは発火性の物又は多量の易燃性の物を製造し、又は

取り扱う場所及びその附近
二　容器の温度を四十度以下に保つこと。
三　転倒のおそれがないように保持すること。
四　衝撃を与えないこと。
五　運搬するときは、キャップを施すこと。
六　使用するときは、容器の口金に付着している油類及びじんあいを除去すること。
七　バルブの開閉は、静かに行なうこと。
八　溶解アセチレンの容器は、立てて置くこと。
九　使用前又は使用中の容器とこれら以外の容器との区別を明らかにしておくこと。

異種の物の接触による発火等の防止

（異種の物の接触による発火等の防止）
第二百六十四条　事業者は、異種の物が接触することにより発火し、又は爆発するおそれのあるときは、これらの物を接近して貯蔵し、又は同一の運搬機に積載してはならない。ただし、接触防止のための措置を講じたときは、この限りでない。

火災のおそれのある作業の場所等における措置

（火災のおそれのある作業の場所等）
第二百六十五条　事業者は、起毛、反毛等の作業又は綿、羊毛、ぼろ、木毛、わら、紙くずその他可燃性の物を多量に取り扱う作業を行なう場所、設備等については、火災防止のため適当な位置又は構造としなければならない。

自然発火の防止

（自然発火の防止）
第二百六十六条　事業者は、自然発火の危険がある物を積み重ねるときは、危険な温度に上昇しない措置を講じなければならない。

（油等の浸染したボロ等の処理）

第二百六十七条 事業者は、油又は印刷用インキ類によつて浸染したボロ、紙くず等については、不燃性の有がい容器に収める等火災防止のための措置を講じなければならない。

油等の浸染したボロ等の処理

第三節 化学設備等

（化学設備を設ける建築物）

第二百六十八条 事業者は、化学設備（配管を除く。）を内部に設ける建築物については、当該建築物の壁、柱、床、はり、屋根、階段等（当該化学設備に近接する部分に限る。）を不燃性の材料で造らなければならない。

化学設備を設ける建築物

（腐食防止）

第二百六十九条 事業者は、化学設備（バルブ又はコックを除く。）のうち危険物又は引火点が六十五度以上の物（以下「危険物等」という。）が接触する部分については、当該危険物等による当該部分の著しい腐食による爆発又は火災を防止するため、当該危険物等の種類、温度、濃度等に応じ、腐食しにくい材料で造り、内張りを施す等の措置を講じなければならない。

腐食防止

（ふた板等の接合部）

第二百七十条 事業者は、化学設備のふた板、フランジ、バルブ、コック等の接合部については、

ふた板等の接合部

当該接合部から危険物等が漏えいすることによる爆発又は火災を防止するため、ガスケットを使用し、接合面を相互に密接させる等の措置を講じなければならない。

バルブ等の開閉方向の表示等

（バルブ等の開閉方向の表示等）

第二百七十一条　事業者は、化学設備のバルブ若しくはコック又はこれらを操作するためのスイッチ、押しボタン等については、これらの誤操作による爆発又は火災を防止するため、次の措置を講じなければならない。

一　開閉の方向を表示すること。

二　色分け、形状の区分等を行うこと。

2　前項第二号の措置は、色分けのみによるものであつてはならない。

バルブ等の材質等

（バルブ等の材質等）

第二百七十二条　事業者は、化学設備のバルブ又はコックについては、次に定めるところによらなければならない。

一　開閉のひん度及び製造又は取扱いに係る危険物等の種類、温度、濃度等に応じ、耐久性のある材料で造ること。

二　化学設備の使用中にしばしば開放し、又は取り外すことのあるストレーナ等とこれらに最も近接した化学設備（配管を除く。以下この号において同じ。）との間には、二重に設けること。ただし、当該ストレーナ等と当該化学設備の間に設けられるバルブ又はコックが確実に閉止していることを確認することができる装置を設けるときは、この限りでない。

送給原材料の種類等の表示

（送給原材料の種類等の表示）

第二百七十三条　事業者は、化学設備（配管を除く。）に原材料を送給する労働者が当該送給を誤ることによる爆発又は火災を防止するため、当該労働者が見やすい位置に、当該原材料の種類、当該送給の対象となる設備その他必要な事項を表示しなければならない。

計測装置の設置

（計測装置の設置）

第二百七十三条の二　事業者は、特殊化学設備については、その内部における異常な事態を早期には握するために必要な温度計、流量計、圧力計等の計測装置を設けなければならない。

自動警報装置の設置等

（自動警報装置の設置等）

第二百七十三条の三　事業者は、特殊化学設備（製造し、又は取り扱う危険物等の量が厚生労働大臣が定める基準に満たないものを除く。）については、その内部における異常な事態を早期に把握するために必要な自動警報装置を設けなければならない。

2　事業者は、前項に規定する措置を講ずることが困難なときは、監視人を置き、当該特殊化学設備の運転中は当該設備を監視させる等の措置を講じなければならない。

緊急しや断装置の設置等

（緊急しや断装置の設置等）

第二百七十三条の四　事業者は、特殊化学設備については、異常な事態の発生による爆発又は火災を防止するため、原材料の送給をしや断し、又は製品等を放出するための装置、不活性ガス、冷却用水等を送給するための装置等当該事態に対処するための装置を設けなければならない。

2　前項の装置に設けるバルブ又はコックについては、次に定めるところによらなければならない。

一　確実に作動する機能を有すること。

二　常に円滑に作動できるような状態に保持すること。
三　安全かつ正確に操作することのできるものとすること。

予備動力源等

（予備動力源等）
第二百七十三条の五　事業者は、特殊化学設備、特殊化学設備の配管又は特殊化学設備の附属設備に使用する動力源については、次に定めるところによらなければならない。
一　動力源の異常による爆発又は火災を防止するための直ちに使用することができる予備動力源を備えること。
二　バルブ、コック、スイッチ等については、誤操作を防止するため、施錠、色分け、形状の区分等を行うこと。
2　前項第二号の措置は、色分けのみによるものであつてはならない。

作業規程の制定

（作業規程）
第二百七十四条　事業者は、化学設備又はその附属設備を使用して作業を行うときは、これらの設備に関し、次の事項について、爆発又は火災を防止するため必要な規程を定め、これにより作業を行わせなければならない。
一　バルブ、コック等（化学設備（配管を除く。以下この号において同じ。）に原材料を送給し、又は化学設備から製品等を取り出す場合に用いられるものに限る。）の操作
二　冷却装置、加熱装置、攪拌（かくはん）装置及び圧縮装置の操作
三　計測装置及び制御装置の監視及び調整
四　安全弁、緊急しや断装置その他の安全装置及び自動警報装置の調整

五　ふた板、フランジ、バルブ、コック等の接合部における危険物等の漏えいの有無の点検
六　試料の採取
七　特殊化学設備にあつては、その運転が一時的又は部分的に中断された場合の運転中断中及び運転再開時における作業の方法
八　異常な事態が発生した場合における応急の措置
九　前各号に掲げるもののほか、爆発又は火災を防止するため必要な措置

退避等

（退避等）
第二百七十四条の二　事業者は、化学設備から危険物等が大量に流出した場合等危険物等の爆発、火災等による労働災害発生の急迫した危険があるときは、直ちに作業を中止し、労働者を安全な場所に退避させなければならない。
2　事業者は、前項の場合には、労働者が危険物等による労働災害を被るおそれのないことを確認するまでの間、当該作業場等に関係者以外の者が立ち入ることを禁止し、かつ、その旨を見やすい箇所に表示しなければならない。

化学設備等の改造、修理等

（改造、修理等）
第二百七十五条　事業者は、化学設備又はその附属設備の改造、修理、清掃等を行う場合において、これらの設備を分解する作業を行い、又はこれらの設備の内部で作業を行うときは、次に定めるところによらなければならない。
一　当該作業の方法及び順序を決定し、あらかじめ、これを関係労働者に周知させること。
二　当該作業の指揮者を定め、その者に当該作業を指揮させること。

三　作業箇所に危険物等が漏えいし、又は高温の水蒸気等が逸出しないように、バルブ若しくはコックを二重に閉止し、又はバルブ若しくはコックを閉止するとともに閉止板等を施すこと。

四　前号のバルブ、コック又は閉止板等に施錠し、これらを開放してはならない旨を表示し、又は監視人を置くこと。

五　第三号の閉止板等を取り外す場合において、危険物等又は高温の水蒸気等が流出するおそれのあるときは、あらかじめ、当該閉止板等とそれに最も近接したバルブ又はコックとの間の危険物等又は高温の水蒸気等の有無を確認する等の措置を講ずること。

第二百七十五条の二　事業者は、前条の作業を行うときは、随時、作業箇所及びその周辺における引火性の物の蒸気又は可燃性ガスの濃度を測定しなければならない。

化学設備等の定期自主検査

（定期自主検査）

第二百七十六条　事業者は、化学設備（配管を除く。以下この条において同じ。）及びその附属設備については、二年以内ごとに一回、定期に、次の事項について自主検査を行わなければならない。ただし、二年を超える期間使用しない化学設備及びその附属設備の当該使用しない期間においては、この限りでない。

一　爆発又は火災の原因となるおそれのある物の内部における有無

二　内面及び外面の著しい損傷、変形及び腐食の有無

三　ふた板、フランジ、バルブ、コック等の状態

四　安全弁、緊急しや断装置その他の安全装置及び自動警報装置の機能

五　冷却装置、加熱装置、攪拌（かくはん）装置、圧縮装置、計測装置及び制御装置の機能

六　予備動力源の機能
七　前各号に掲げるもののほか、爆発又は火災を防止するため特に必要な事項
2　事業者は、前項ただし書の化学設備及びその附属設備については、その使用を再び開始する際に、同項各号に掲げる事項について自主検査を行なわなければならない。
3　事業者は、前二項の自主検査の結果、当該化学設備又はその附属設備に異常を認めたときは、補修その他必要な措置を講じた後でなければ、これらの設備を使用してはならない。
4　事業者は、第一項又は第二項の自主検査を行つたときは、次の事項を記録し、これを三年間保存しなければならない。
一　検査年月日
二　検査方法
三　検査箇所
四　検査の結果
五　検査を実施した者の氏名
六　検査の結果に基づいて補修等の措置を講じたときは、その内容

使用開始時の点検

（使用開始時の点検）

第二百七十七条　事業者は、化学設備（配管を除く。以下この条において同じ。）又はその附属設備を初めて使用するとき、分解して改造若しくは修理を行つたとき、又は引き続き一月以上使用しなかつたときは、これらの設備について前条第一項各号に掲げる事項を点検し、異常がないことを確認した後でなければ、これらの設備を使用してはならない。

2　事業者は、前項の場合のほか、化学設備又はその附属設備の用途の変更（使用する原材料の種類を変更する場合を含む。以下この項において同じ。）を行なうときは、前条第一項第一号、第四号及び第五号に掲げる事項並びにその用途の変更のために改造した部分の異常の有無を点検し、異常がないことを確認した後でなければ、これらの設備を使用してはならない。

安全装置の具備

（安全装置）

第二百七十八条　事業者は、異常化学反応その他の異常な事態により内部の気体の圧力が大気圧を超えるおそれのある容器については、安全弁又はこれに代わる安全装置を備えているものでなければ、使用してはならない。ただし、内容積が〇・一立方メートル以下である容器については、この限りでない。

2　事業者は、前項の容器の安全弁又はこれに代わる安全装置については、その作動に伴つて排出される危険物（前項の容器が引火点が六十五度以上の物を引火点以上の温度で製造し、又は取り扱う化学設備（配管を除く。）である場合にあつては、当該物。以下この項において同じ。）による爆発又は火災を防止するため、密閉式の構造のものとし、又は排出される危険物を安全な場所へ導き、若しくは燃焼、吸収等により安全に処理することができる構造のものとしなければならない。

第四節　火気等の管理

危険物等があ

（危険物等がある場所における火気等の使用禁止）

（危険物以外の可燃性の粉じん等のある場所における火気等の使用禁止）

第二百七十九条　事業者は、危険物以外の可燃性の粉じん、火薬類、多量の易燃性の物又は危険物が存在して爆発又は火災が生ずるおそれのある場所においては、火花若しくはアークを発し、若しくは高温となつて点火源となるおそれのある機械等又は火気を使用してはならない。

2　労働者は、前項の場所においては、同項の点火源となるおそれのある機械等又は火気を使用してはならない。

（爆発の危険のある場所で使用する電気機械器具）

第二百八十条　事業者は、第二百六十一条の場所のうち、同条の措置を講じても、なお、引火性の物の蒸気又は可燃性ガスが爆発の危険のある濃度に達するおそれのある箇所において電気機械器具（電動機、変圧器、コード接続器、開閉器、分電盤、配電盤等電気を通ずる機械、器具その他の設備のうち配線及び移動電線以外のものをいう。以下同じ。）を使用するときは、当該蒸気又はガスに対しその種類及び爆発の危険のある濃度に応じた防爆性能を有する防爆構造電気機械器具でなければ、使用してはならない。

2　労働者は、前項の箇所においては、同項の防爆構造電気機械器具以外の電気機械器具を使用してはならない。

（可燃性粉じんの爆発の危険のある場所での電気機械器具の使用）

第二百八十一条　事業者は、第二百六十一条の場所のうち、同条の措置を講じても、なお、可燃性の粉じん（マグネシウム粉、アルミニウム粉等爆燃性の粉じんを除く。）が爆発の危険のある濃度に達するおそれのある箇所において電気機械器具を使用するときは、当該粉じんに対し防爆性能を有する防爆構造電気機械器具でなければ、使用してはならない。

2　労働者は、前項の箇所においては、同項の防爆構造電気機械器具以外の電気機械器具を使用してはならない。

爆燃性粉じんの爆発の危険のある場所での電気機械器具の使用

第二百八十二条　事業者は、爆燃性の粉じんが存在して爆発の危険のある場所において電気機械器具を使用するときは、当該粉じんに対して防爆性能を有する防爆構造電気機械器具でなければ、使用してはならない。

2　労働者は、前項の場所においては、同項の防爆構造電気機械器具以外の電気機械器具を使用してはならない。

（修理作業等の適用除外）

修理作業等の適用除外

第二百八十三条　前四条の規定は、修理、変更等臨時の作業を行なう場合において、爆発又は火災の危険が生ずるおそれのない措置を講ずるときは適用しない。

（点検）

使用開始前の点検

第二百八十四条　事業者は、第二百八十条から第二百八十二条までの規定により、当該各条の防爆構造電気機械器具（移動式又は可搬式のものに限る。）を使用するときは、その日の使用を開始する前に、当該防爆構造電気機械器具及びこれに接続する移動電線の外装並びに当該防爆構造電気機械器具と当該移動電線との接続部の状態を点検し、異常を認めたときは、直ちに補修しなければならない。

（油類等の存在する配管又は容器の溶接等）

油類等の存在する配管又は容器の溶接等

第二百八十五条　事業者は、危険物以外の引火性の油類若しくは可燃性の粉じん又は危険物が存在するおそれのある配管又はタンク、ドラムかん等の容器については、あらかじめ、これらの危険物以外の引火性の油類若しくは可燃性の粉じん又は危険物を除去する等爆発又は火災の防止のための措置を講じた後でなければ、溶接、溶断その他火気を使用する作業又は火花を発するおそれのある作業をさせてはならない。

2　労働者は、前項の措置が講じられた後でなければ、同項の作業をしてはならない。

通風等の不十分な場所での溶接等

（通風等の不十分な場所での溶接等）

第二百八十六条　事業者は、通風又は換気が不十分な場所において、溶接、溶断、金属の加熱その他火気を使用する作業又は研削といしによる乾式研ま、たがねによるはつりその他火花を発するおそれのある作業を行なうときは、酸素を通風又は換気のために使用してはならない。

2　労働者は、前項の場合には、酸素を通風又は換気のために使用してはならない。

静電気帯電防止作業服等

（静電気帯電防止作業服等）

第二百八十六条の二　事業者は、第二百八十条及び第二百八十一条の箇所並びに第二百八十二条の場所において作業を行うときは、当該作業に従事する労働者に静電気帯電防止作業服及び静電気帯電防止用作業靴を着用させる等労働者の身体、作業服等に帯電する静電気を除去するための措置を講じなければならない。

2　労働者は、前項の作業に従事するときは、同項に定めるところによらなければ、当該作業を行つてはならない。

3　前二項の規定は、修理、変更等臨時の作業を行う場合において、爆発又は火災の危険が生ずるおそれのない措置を講ずるときは適用しない。

静電気の除去

（静電気の除去）

第二百八十七条　事業者は、次の設備を使用する場合において、静電気による爆発又は火災が生ずるおそれのあるときは、接地、除電剤の使用、湿気の付与、点火源となるおそれのない除電装置の使用その他静電気を除去するための措置を講じなければならない。

一　危険物をタンク自動車、タンク車、ドラムかん等に注入する設備

二　危険物を収納するタンク自動車、タンク車、ドラムかん等の設備

三　引火性の物を含有する塗料、接着剤等を塗布する設備

四　乾燥設備（熱源を用いて火薬類取締法（昭和二十五年法律第百四十九号）第二条第一項に規定する火薬類以外の物を加熱乾燥する乾燥室及び乾燥器をいう。以下同じ。）で、危険物又は危険物が発生する乾燥物を加熱乾燥するもの（以下「危険物乾燥設備」という。）又はその附属設備

五　可燃性の粉状の物のスパウト移送、ふるい分け等を行なう設備

六　前各号に掲げる設備のほか、化学設備（配管を除く。）又はその附属設備

立入禁止等

（立入禁止等）

第二百八十八条　事業者は、火災又は爆発の危険がある場所には、火気の使用を禁止する旨の適当な表示をし、特に危険な場所には、必要でない者の立入りを禁止しなければならない。

消火設備の設置

（消火設備）

第二百八十九条　事業者は、建築物及び化学設備（配管を除く。）又は乾燥設備がある場所その他危険物、危険物以外の引火性の油類等爆発又は火災の原因となるおそれのある物を取り扱う場所（以下この条において「建築物等」という。）には、適当な箇所に、消火設備を設けなければなら

ない。

2　前項の消火設備は、建築物等の規模又は広さ、建築物等において取り扱われる物の種類等により予想される爆発又は火災の性状に適応するものでなければならない。

防火措置

（防火措置）

第二百九十条　事業者は、火炉、加熱装置、鉄製煙突その他火災を生ずる危険のある設備と建築物その他可燃性物体との間には、防火のため必要な間隔を設け、又は可燃性物体をしや熱材料で防護しなければならない。

火気使用場所の火災防止

（火気使用場所の火災防止）

第二百九十一条　事業者は、喫煙所、ストーブその他火気を使用する場所には、火災予防上必要な設備を設けなければならない。

2　労働者は、みだりに、喫煙、採だん、乾燥等の行為をしてはならない。

3　火気を使用した者は、確実に残火の始末をしなければならない。

灰捨場

（灰捨場）

第二百九十二条　事業者は、灰捨場については、延焼の危険のない位置に設け、又は不燃性の材料で造らなければならない。

第五節　乾燥設備

危険物乾燥設備を有する建築物

（危険物乾燥設備を有する建築物）

第二百九十三条　事業者は、危険物乾燥設備（乾燥室に限る。以下この条において同じ。）を設ける部分の建築物については、平家としなければならない。ただし、建築物が当該危険物乾燥設備を設ける階の直上に階を有しないもの又は建築基準法（昭和二十五年法律第二百一号）第二条第九号の二に規定する耐火建築物若しくは同条第九号の三に規定する準耐火建築物である場合は、この限りでない。

乾燥設備の構造等

（乾燥設備の構造等）

第二百九十四条　事業者は、乾燥設備については、次に定めるところによらなければならない。ただし、乾燥物の種類、加熱乾燥の程度、熱源の種類等により爆発又は火災が生ずるおそれのないものについては、この限りでない。

一　乾燥設備の外面は、不燃性の材料で造ること。

二　乾燥設備（有機過酸化物を加熱乾燥するものを除く。）の内面、内部のたな、わく等は、不燃性の材料で造ること。

三　危険物乾燥設備は、その側部及び底部を堅固なものとすること。

四　危険物乾燥設備は、周囲の状況に応じ、その上部を軽量な材料で造り、又は有効な爆発戸、爆発孔等を設けること。ただし、当該危険物乾燥設備を使用して加熱乾燥する乾燥物が爆発する場合に生じる圧力に耐える強度を有するものについては、この限りでない。

五　危険物乾燥設備は、乾燥に伴つて生ずるガス、蒸気又は粉じんで爆発又は火災の危険があるものを安全な場所に排出することができる構造のものとすること。

六　液体燃料又は可燃性ガスを熱源の燃料として使用する乾燥設備は、点火の際の爆発又は火災を防止するため、燃焼室その他点火する箇所を換気することができる構造のものとすること。
七　乾燥設備の内部は、掃除しやすい構造のものとすること。
八　乾燥設備ののぞき窓、出入口、排気孔等の開口部は、発火の際延焼を防止する位置に設け、かつ、必要があるときに、直ちに密閉できる構造のものとすること。
九　乾燥設備には、内部の温度を随時測定することができる装置及び内部の温度を安全な温度に調整することができる装置を設け、又は内部の温度を自動的に調整することができる装置を設けること。
十　危険物乾燥設備の熱源として直火を使用しないこと。
十一　危険物乾燥設備以外の乾燥設備の熱源として直火を使用するときは、炎又ははね火により乾燥物が燃焼することを防止するため、有効な覆い又は隔壁を設けること。

乾燥設備の附属電気設備

（乾燥設備の附属電気設備）
第二百九十五条　事業者は、乾燥設備に附属する電熱器、電動機、電灯等に接続する配線及び開閉器については、当該乾燥設備に専用のものを使用しなければならない。
2　事業者は、危険物乾燥設備の内部には、電気火花を発することにより危険物の点火源となるおそれのある電気機械器具又は配線を設けてはならない。

乾燥設備の使用

（乾燥設備の使用）
第二百九十六条　事業者は、乾燥設備を使用して作業を行うときは、爆発又は火災を防止するため、次に定めるところによらなければならない。

一　危険物乾燥設備を使用するときは、あらかじめ、内部を掃除し、又は換気すること。

二　危険物乾燥設備を使用するときは、乾燥に伴つて生ずるガス、蒸気又は粉じんで爆発又は火災の危険があるものを安全な場所に排出すること。

三　危険物乾燥設備を使用して加熱乾燥する乾燥物は、容易に脱落しないように保持すること。

四　第二百九十四条第六号の乾燥設備を使用するときは、あらかじめ、燃焼室その他点火する箇所を換気した後に点火すること。

五　高温で加熱乾燥した可燃性の物は、発火の危険がない温度に冷却した後に格納すること。

六　乾燥設備（外面が著しく高温にならないものを除く。）に近接した箇所には、可燃性の物を置かないこと。

乾燥設備作業主任者の選任

（乾燥設備作業主任者の選任）

第二百九十七条　事業者は、令第六条第八号の作業については、乾燥設備作業主任者技能講習を修了した者のうちから、乾燥設備作業主任者を選任しなければならない。

乾燥設備作業主任者の職務

（乾燥設備作業主任者の職務）

第二百九十八条　事業者は、乾燥設備作業主任者に次の事項を行なわせなければならない。

一　乾燥設備をはじめて使用するとき、又は乾燥方法若しくは乾燥物の種類を変えたときは、労働者にあらかじめ当該作業の方法を周知させ、かつ、当該作業を直接指揮すること。

二　乾燥設備及びその附属設備について不備な箇所を認めたときは、直ちに必要な措置をとること。

三　乾燥設備の内部における温度、換気の状態及び乾燥物の状態について随時点検し、異常を認めたときは、直ちに必要な措置をとること。
四　乾燥設備がある場所を常に整理整とんし、及びその場所にみだりに可燃性の物を置かないこと。

乾燥設備等の定期自主検査

（定期自主検査）
第二百九十九条　事業者は、乾燥設備及びその附属設備については、一年以内ごとに一回、定期に、次の事項について自主検査を行なわなければならない。ただし、一年をこえる期間使用しない乾燥設備及びその附属設備の当該使用しない期間においては、この限りでない。
一　内面及び外面並びに内部のたな、わく等の損傷、変形及び腐食の有無
二　危険物乾燥設備にあつては、乾燥に伴つて生ずるガス、蒸気又は粉じんで爆発又は火災の危険があるものを排出するための設備の異常の有無
三　第二百九十四条第六号の乾燥設備にあつては、燃焼室その他点火する箇所の換気のための設備の異常の有無
四　のぞき窓、出入口、排気孔等の開口部の異常の有無
五　内部の温度の測定装置及び調整装置の異常の有無
六　内部に設ける電気機械器具又は配線の異常の有無
2　事業者は、前項ただし書の乾燥設備及びその附属設備については、その使用を再び開始する際に、同項各号に掲げる事項について自主検査を行なわなければならない。
3　事業者は、前二項の自主検査を行つたときは、次の事項を記録し、これを三年間保存しなければならない。
一　検査年月日

二　検査方法
三　検査箇所
四　検査の結果
五　検査を実施した者の氏名
六　検査の結果に基づいて補修等の措置を講じたときは、その内容

（補修等）
第三百条　事業者は、前条第一項又は第二項の自主検査の結果、当該乾燥設備又はその附属設備に異常を認めたときは、補修その他必要な措置を講じた後でなければ、これらの設備を使用してはならない。

補修等

第六節　アセチレン溶接装置及びガス集合溶接装置

第一款　アセチレン溶接装置

（圧力の制限）
第三百一条　事業者は、アセチレン溶接装置（令第一条第一号に掲げるアセチレン溶接装置をいう。以下同じ。）を用いて金属の溶接、溶断又は加熱の作業を行うときは、ゲージ圧力百三十キロパスカルを超える圧力を有するアセチレンを発生させ、又はこれを使用してはならない。

圧力の制限

発生器室の設置

（発生器室）

第三百二条　事業者は、アセチレン溶接装置のアセチレン発生器（以下「発生器」という。）については、専用の発生器室（以下「発生器室」という。）内に設けなければならない。

2　事業者は、発生器室については、直上に階を有しない場所で、かつ、火気を使用する設備から相当離れたところに設けなければならない。

3　事業者は、発生器室を屋外に設けるときは、その開口部を他の建築物から一・五メートル以上の距離に保たなければならない。

発生器室の構造

第三百三条　事業者は、発生器室については、次に定めるところによらなければならない。

一　壁は、不燃性のものとし、次の構造又はこれと同等以上の強度を有する構造のものとすること。

イ　厚さ四センチメートル以上の鉄筋コンクリートとすること。

ロ　鉄骨若しくは木骨に厚さ三センチメートル以上のメタルラス張モルタル塗りをし、又は鉄骨に厚さ一・五ミリメートル以上の鉄板張りをしたものとすること。

二　屋根及び天井には、薄鉄板又は軽い不燃性の材料を使用すること。

三　床面積の十六分の一以上の断面積をもつ排気筒を屋上に突出させ、かつ、その開口部は窓、出入口その他の孔口から一・五メートル以上離すこと。

四　出入口の戸は、厚さ一・五ミリメートル以上の鉄板を使用し、又は不燃性の材料を用いてこれと同等以上の強度を有する構造とすること。

格納室

（格納室）

五　壁と発生器との間隔は、発生器の調整又はカーバイド送給等の作業を妨げない距離とすること。

第三百四条　事業者は、移動式のアセチレン溶接装置については、第三百二条第一項の規定にかかわらず、これを使用しないときは、専用の格納室に収容しなければならない。ただし、気鐘を分離し、発生器を洗浄した後保管するときは、この限りでない。

2　事業者は、前項の格納室については、木骨鉄板張、木骨スレート張等耐火性の構造としなければならない。

アセチレン溶接装置の構造規格

（アセチレン溶接装置の構造規格）

第三百五条　事業者は、ゲージ圧力（以下この条において「圧力」という。）七キロパスカル以上のアセチレンを発生し、又は使用するアセチレン溶接装置（発生器及び安全器を除く。）については、次に定めるところに適合するものとしなければならない。

一　ガスだめは、次に定めるところによるものであること。

イ　主要部分は、次の表の上欄に掲げる内径に応じ、それぞれ同表の下欄に掲げる厚さ以上の鋼板又は鋼管で造られていること。

内径（単位　センチメートル）	鋼板又は鋼管の厚さ（単位　ミリメートル）
六十未満	二
六十以上百二十未満	二・五
百二十以上二百未満	三・五
二百以上	五

ロ　主要部分の鋼板又は鋼管の接合方法は、溶接、びよう接又はボルト締めによるものであること。

ハ　アセチレンと空気との混合ガスを排出するためのガス逃がし弁又はコックを備えていること。

二　発生器から送り出された後、圧縮装置により圧縮されたアセチレンのためのガスだめにあつては、前号に定めるところによるほか、次に定める安全弁及び圧力計を備えていること。

イ　安全弁

(イ)　ガスだめ内の圧力が百四十キロパスカルに達しないうちに作動し、かつ、その圧力が常用圧力から十キロパスカル低下するまでの間に閉止するものであること。

(ロ)　発生器が最大量のアセチレンを発生する場合において、ガスだめ内の圧力を百五十キロパスカル未満に保持する能力を有するものであること。

ロ　圧力計

(イ)　目もり盤の径は、定置式のガスだめに取り付けるものにあつては七十五ミリメートル以上、移動式のガスだめに取り付けるものにあつては五十ミリメートル以上であること。

(ロ)　目もり盤の最大指度は、常用圧力の一・五倍以上、かつ、五百キロパスカル以下の圧力を示すものであること。

(ハ)　目もりには、常用圧力を示す位置に見やすい表示がされているものであること。

三　ガスだめ、清浄器、導管等のアセチレンと接触する部分は、銅又は銅を七十パーセント以上含有する合金を使用しないものであること。

2　事業者は、前項のアセチレン溶接装置以外のアセチレン溶接装置の清浄器、導管等でアセチレンが接触するおそれのある部分には、銅を使用してはならない。

安全器の設置

（安全器の設置）

第三百六条　事業者は、アセチレン溶接装置については、その吹管ごとに安全器を備えなければならない。ただし、主管に安全器を備え、かつ、吹管に最も近接した分岐管ごとに安全器を備えたときは、この限りでない。

2　事業者は、ガスだめが発生器と分離しているアセチレン溶接装置については、発生器とガスだめの間に安全器を設けなければならない。

カーバイドのかすだめ

（カーバイドのかすだめ）

第三百七条　事業者は、カーバイドのかすだめについては、これを安全な場所に設け、その構造は、次に定めるところに適合するものとしなければならない。ただし、出張作業等で、移動式のアセチレン溶接装置を使用するときは、この限りでない。

一　れんが又はコンクリート等を使用すること。

二　容積は、カーバイドてん充器の三倍以上とすること。

第二款　ガス集合溶接装置

ガス集合装置の設置上の注意点

（ガス集合装置の設置）

第三百八条　事業者は、令第一条第二号のガス集合装置（以下「ガス集合装置」という。）については、火気を使用する設備から五メートル以上離れた場所に設けなければならない。

2　事業者は、ガス集合装置で、移動して使用するもの以外のものについては、専用の室（以下「ガス装置室」という。）に設けなければならない。

3　事業者は、ガス装置室の壁とガス集合装置との間隔については、当該装置の取扱い、ガスの容器の取替え等をするために十分な距離に保たなければならない。

ガス装置室の構造

（ガス装置室の構造）

第三百九条　事業者は、ガス装置室については、次に定めるところに適合するものとしなければならない。

一　ガスが漏えいしたときに、当該ガスが滞留しないこと。

二　屋根及び天井の材料が軽い不燃性の物であること。

三　壁の材料が不燃性の物であること。

ガス集合溶接装置の配管

（ガス集合溶接装置の配管）

第三百十条　事業者は、令第一条第二号に掲げるガス集合溶接装置（以下「ガス集合溶接装置」という。）の配管については、次に定めるところによらなければならない。

一　フランジ、バルブ、コック等の接合部には、ガスケットを使用し、接合面を相互に密接させる等の措置を講ずること。

二　主管及び分岐管には、安全器を設けること。この場合において、一の吹管について、安全器が二以上になるようにすること。

銅の使用制限

（銅の使用制限）

第三百十一条　事業者は、溶解アセチレンのガス集合溶接装置の配管及び附属器具には、銅又は銅を七十パーセント以上含有する合金を使用してはならない。

第三款　管理

アセチレン溶接装置の管理等

（アセチレン溶接装置の管理等）

第三百十二条　事業者は、アセチレン溶接装置を用いて金属の溶接、溶断又は加熱の作業を行なうときは、次に定めるところによらなければならない。

一　発生器（移動式のアセチレン溶接装置の発生器を除く。）の種類、型式、製作所名、毎時平均ガス発生算定量及び一回のカーバイド送給量を発生器室内の見やすい箇所に掲示すること。

二　発生器室には、係員のほかみだりに立ち入ることを禁止し、かつ、その旨を適当に表示すること。

三　発生器から五メートル以内又は発生器室から三メートル以内の場所では、喫煙、火気の使用又は火花を発するおそれのある行為を禁止し、かつ、その旨を適当に表示すること。

四　導管には、酸素用とアセチレン用との混同を防ぐための措置を講ずること。

五　アセチレン溶接装置の設置場所には、適当な消火設備を備えること。

六　移動式のアセチレン溶接装置の発生器は、高温の場所、通風又は換気の不十分な場所、振動の多い場所等にすえつけないこと。

七　当該作業を行なう者に保護眼鏡及び保護手袋を着用させること。

ガス集合溶接装置の管理等

（ガス集合溶接装置の管理等）

第三百十三条　事業者は、ガス集合溶接装置を用いて金属の溶接、溶断又は加熱の作業を行なうときは、次に定めるところによらなければならない。

一　使用するガスの名称及び最大ガス貯蔵量を、ガス装置室の見やすい箇所に掲示すること。

二　ガスの容器を取り替えるときは、ガス溶接作業主任者に立ち合わせること。

三　ガス装置室には、係員のほかみだりに立ち入ることを禁止し、かつ、その旨を見やすい箇所に掲示すること。

四　ガス集合装置から五メートル以内の場所では、喫煙、火気の使用又は火花を発するおそれのある行為を禁止し、かつ、その旨を見やすい箇所に掲示すること。

五　バルブ、コツク等の操作要領及び点検要領をガス装置室の見やすい箇所に掲示すること。

六　導管には、酸素用とガス用との混同を防止するための措置を講ずること。

七　ガス集合装置の設置場所に適当な消火設備を設けること。

八　当該作業を行なう者に保護眼鏡及び保護手袋を着用させること。

ガス溶接作業主任者の選任

（ガス溶接作業主任者の選任）

第三百十四条　事業者は、令第六条第二号の作業については、ガス溶接作業主任者免許を有する者のうちから、ガス溶接作業主任者を選任しなければならない。

ガス溶接作業

（ガス溶接作業主任者の職務）

主任者の職務

第三百十五条　事業者は、アセチレン溶接装置を用いて金属の溶接、溶断又は加熱の作業を行なうときは、ガス溶接作業主任者に、次の事項を行なわせなければならない。

一　作業の方法を決定し、作業を指揮すること。

二　アセチレン溶接装置の取扱いに従事する労働者に次の事項を行なわせること。

イ　使用中の発生器に、火花を発するおそれのある工具を使用し、又は衝撃を与えないこと。

ロ　アセチレン溶接装置のガス漏れを点検するときは、石けん水を使用する等安全な方法によること。

ハ　発生器の気鐘の上にみだりに物を置かないこと。

ニ　発生器室の出入口の戸を開放しておかないこと。

ホ　移動式のアセチレン溶接装置の発生器にカーバイドを詰め替えるときは、屋外の安全な場所で行なうこと。

ヘ　カーバイド罐（かん）を開封するときは、衝撃その他火花を発するおそれのある行為をしないこと。

三　当該作業を開始するときは、アセチレン溶接装置を点検し、かつ、発生器内に空気とアセチレンの混合ガスが存在するときは、これを排除すること。

四　安全器は、作業中、その水位を容易に確かめることができる箇所に置き、かつ、一日一回以上これを点検すること。

五　アセチレン溶接装置内の水の凍結を防ぐために、保温し、又は加温するときは、温水又は蒸気を使用する等安全な方法によること。

六　発生器の使用を休止するときは、その水室の水位を水と残留カーバイドが接触しない状態に保つこと。
七　発生器の修繕、加工、運搬若しくは格納をしようとするとき、又はその使用を継続して休止しようとするときは、アセチレン及びカーバイドを完全に除去すること。
八　カーバイドのかすは、ガスによる危険がなくなるまでかすだめに入れる等安全に処置すること。
九　当該作業に従事する労働者の保護眼鏡及び保護手袋の使用状況を監視すること。
十　ガス溶接作業主任者免許証を携帯すること。

ガス溶接作業主任者の職務

第三百十六条　事業者は、ガス集合溶接装置を用いて金属の溶接、溶断又は加熱の作業を行なうときは、ガス溶接作業主任者に次の事項を行なわせなければならない。
一　作業の方法を決定し、作業を指揮すること。
二　ガス集合装置の取扱いに従事する労働者に次の事項を行なわせること。
イ　取り付けるガスの容器の口金及び配管の取付け口に付着している油類、じんあい等を除去すること。
ロ　ガスの容器の取替えを行なつたときは、当該容器の口金及び配管の取付け口の部分のガス漏れを点検し、かつ、配管内の当該ガスと空気との混合ガスを排除すること。
ハ　ガス漏れを点検するときは、石けん水を使用する等安全な方法によること。
ニ　バルブ又はコックの開閉を静かに行なうこと。
三　ガスの容器の取替えの作業に立ち合うこと。
四　当該作業を開始するときは、ホース、吹管、ホースバンド等の器具を点検し、損傷、摩耗等によりガス又は酸素が漏えいするおそれがあると認めたときは、補修し、又は取り替えること。

五　安全器は、作業中、その機能を容易に確かめることができる箇所に置き、かつ、一日一回以上これを点検すること。
六　当該作業に従事する労働者の保護眼鏡及び保護手袋の使用状況を監視すること。
七　ガス溶接作業主任者免許証を携帯すること。

アセチレン溶接装置等の定期自主検査

（定期自主検査）
第三百十七条　事業者は、アセチレン溶接装置又はガス集合溶接装置（これらの配管のうち、地下に埋設された部分を除く。以下この条において同じ。）については、一年以内ごとに一回、定期に、当該装置の損傷、変形、腐食等の有無及びその機能について自主検査を行なわなければならない。ただし、一年をこえる期間使用しないアセチレン溶接装置又はガス集合溶接装置の当該使用しない期間においては、この限りでない。
2　事業者は、前項ただし書のアセチレン溶接装置又はガス集合溶接装置については、その使用を再び開始する際に、同項に規定する事項について自主検査を行なわなければならない。
3　事業者は、前二項の自主検査の結果、当該アセチレン溶接装置又はガス集合溶接装置に異常を認めたときは、補修その他必要な措置を講じた後でなければ、これらを使用してはならない。
4　事業者は、第一項又は第二項の自主検査を行つたときは、次の事項を記録し、これを三年間保存しなければならない。
一　検査年月日
二　検査方法
三　検査箇所

四　検査の結果
五　検査を実施した者の氏名
六　検査の結果に基づいて補修等の措置を講じたときは、その内容

第七節　発破の作業

発破の作業の基準

（発破の作業の基準）

第三百十八条　事業者は、令第二十条第一号の業務（以下「発破の業務」という。）に従事する労働者に次の事項を行なわせなければならない。

一　凍結したダイナマイトは、火気に接近させ、蒸気管その他の高熱物に直接接触させる等危険な方法で融解しないこと。
二　火薬又は爆薬を装てんするときは、その付近で裸火の使用又は喫煙をしないこと。
三　装てん具は、摩擦、衝撃、静電気等による爆発を生ずるおそれのない安全なものを使用すること。
四　込物は、粘土、砂その他の発火又は引火の危険のないものを使用すること。
五　点火後、装てんされた火薬類が爆発しないとき、又は装てんされた火薬類が爆発したことの確認が困難であるときは、次に定めるところによること。
イ　電気雷管によつたときは、発破母線を点火器から取り外し、その端を短絡させておき、かつ、再点火できないように措置を講じ、その後五分以上経過した後でなければ、火薬類の装

てん箇所に接近しないこと。

ロ　電気雷管以外のものによつたときは、点火後十五分以上経過した後でなければ、火薬類の装てん箇所に接近しないこと。

2　前項の業務に従事する労働者は、同項各号に掲げる事項を行なわなければならない。

導火線発破作業の指揮者の任務

（導火線発破作業の指揮者）

第三百十九条　事業者は、導火線発破の作業を行なうときは、発破の業務につくことができる者のうちから作業の指揮者を定め、その者に次の事項を行なわせなければならない。

一　点火前に、点火作業に従事する労働者以外の労働者に対して、退避を指示すること。

二　点火作業に従事する労働者に対して、退避の場所及び経路を指示すること。

三　一人の点火数が同時に五以上のときは、発破時計、捨て導火線等の退避時期を知らせる物を使用すること。

四　点火の順序及び区分について指示すること。

五　点火の合図をすること。

六　点火作業に従事した労働者に対して、退避の合図をすること。

七　不発の装薬又は残薬の有無について点検すること。

2　導火線発破の作業の指揮者は、前項各号に掲げる事項を行なわなければならない。

3　導火線発破の作業に従事する労働者は、前項の規定により指揮者が行なう指示及び合図に従わなければならない。

電気発破作業

（電気発破作業の指揮者）

の指揮者の任務

第三百二十条　事業者は、電気発破の作業を行なうときは、発破の業務につくことができる者のうちから作業の指揮者を定め、その者に前条第一項第五号及び第七号並びに次の事項を行なわせなければならない。

一　当該作業に従事する労働者に対し、退避の場所及び経路を指示すること。

二　点火前に危険区域内から労働者が退避したことを確認すること。

三　点火者を定めること。

四　点火場所について指示すること。

2　電気発破の作業の指揮者は、前項各号に掲げる事項を行なわなければならない。

3　電気発破の作業に従事する労働者は、前項の規定により指揮者が行なう指示及び合図に従わなければならない。

避難所の設置

（避難）

第三百二十一条　事業者は、発破の作業を行なう場合において、労働者が安全な距離に避難し得ないときは、前面と上部を堅固に防護した避難所を設けなければならない。

第七節の二　コンクリート破砕器作業

コンクリート破砕器作業の基準

（コンクリート破砕器作業の基準）

第三百二十一条の二　事業者は、コンクリート破砕器を用いて破砕の作業を行うときは、次に定めるところによらなければならない。

一　コンクリート破砕器を装てんするときは、その付近での裸火の使用又は喫煙を禁止すること。
二　装てん具は、摩擦、衝撃、静電気等によりコンクリート破砕器が発火するおそれのない安全なものを使用すること。
三　込物は、セメントモルタル、砂その他の発火又は引火の危険のないものを使用すること。
四　破砕された物等の飛散を防止するための措置を講ずること。
五　点火後、装てんされたコンクリート破砕器が発火しないとき、又は装てんされたコンクリート破砕器が発火したことの確認が困難であるときは、コンクリート破砕器の母線を点火器から取り外し、その端を短絡させておき、かつ、再点火できないように措置を講じ、その後五分以上経過した後でなければ、当該作業に従事する労働者をコンクリート破砕器の装てん箇所に接近させないこと。

コンクリート破砕器作業主任者の選任

（コンクリート破砕器作業主任者の選任）

第三百二十一条の三　事業者は、令第六条第八号の二の作業については、コンクリート破砕器作業主任者技能講習を修了した者のうちから、コンクリート破砕器作業主任者を選任しなければならない。

コンクリート破砕器作業主任者の職務

（コンクリート破砕器作業主任者の職務）

第三百二十一条の四　事業者は、コンクリート破砕器作業主任者に次の事項を行わせなければならない。

一　作業の方法を決定し、作業を直接指揮すること。
二　作業に従事する労働者に対し、退避の場所及び経路を指示すること。

三　点火前に危険区域内から労働者が退避したことを確認すること。
四　点火者を定めること。
五　点火の合図をすること。
六　不発の装薬又は残薬の有無について点検すること。

第八節　雑則

地下作業場等における爆発火災の防止措置

（地下作業場等）

第三百二十二条　事業者は、可燃性ガスが発生するおそれのある地下作業場において作業を行うとき（第三百八十二条に規定するずい道等の建設の作業を行うときを除く。）、又はガス導管からガスが発散するおそれのある場所において明り掘削の作業（地山の掘削又はこれに伴う土石の運搬等の作業（地山の掘削の作業が行われる箇所及びこれに近接する箇所において行われるものに限る。）をいう。以下同じ。）を行うときは、爆発又は火災を防止するため、次に定める措置を講じなければならない。

一　これらのガスの濃度を測定する者を指名し、その者に、毎日作業を開始する前及び当該ガスに関し異常を認めたときに、当該ガスが発生し、又は停滞するおそれがある場所について、当該ガスの濃度を測定させること。

二　これらのガスの濃度が爆発下限界の値の三十パーセント以上であることを認めたときは、直ちに、労働者を安全な場所に退避させ、及び火気その他点火源となるおそれがあるものの使用を停止し、かつ、通風、換気等を行うこと。

第三百二十三条及び第三百二十四条　削除

強烈な光線を発散する場所の危険の防止

（強烈な光線を発散する場所）

第三百二十五条　事業者は、アーク溶接のアークその他強烈な光線を発散して危険のおそれのある場所については、これを区画しなければならない。ただし、作業上やむを得ないときは、この限りでない。

2　事業者は、前項の場所については、適当な保護具を備えなければならない。

腐食性液体の圧送設備

（腐食性液体の圧送設備）

第三百二十六条　事業者は、硫酸、硝酸、塩酸、酢酸、クロールスルホン酸、か性ソーダ溶液、クレゾール等皮膚に対して腐食の危険を生ずる液体（以下「腐食性液体」という。）をホースをとおして、動力を用いて圧送する作業を行うときは、当該圧送に用いる設備について、次の措置を講じなければならない。

一　圧送に用いる設備の運転を行う者（以下この条において「運転者」という。）が見やすい位置に圧力計を、運転者が容易に操作することができる位置に動力を遮断するための装置を、それぞれ備え付けること。

二　ホース及びその接続用具は、圧送する腐食性液体に対し、耐食性、耐熱性及び耐寒性を有するものを用いること。

三　ホースについては、水圧試験等により、安全に使用することができる圧力を定め、これを当該ホースに表示し、かつ、当該圧力を超えて圧送を行わないこと。

四　ホースの内部に異常な圧力が加わるおそれのあるときは、圧送に用いる設備にアンローダ、リターンバルブ等の過圧防止装置を備え付けること。

五　ホースとホース以外の管及びホース相互の接続箇所については、接続用具を用いて確実に接続すること。

六　ゲージ圧力二百キロパスカルを超える圧力で圧送を行うときは、前号の接続用具については、ねじ込結合方式、三鈎(こう)式結合方式等の方式による接続用具で、ホースを装着する部分に三箇以上の谷を有するもの等当該圧力により離脱するおそれのない構造のものを用いること。

七　運転者を指名し、その者に圧送に用いる設備の運転及び圧力計の監視を行わせること。

八　ホース及びその接続用具は、その日の使用を開始する前に点検し、損傷、腐食等の欠陥により、圧送する腐食性液体が飛散し、又は漏えいするおそれのあるときは、取り換えること。

保護具の着用

（保護具）

第三百二十七条　事業者は、腐食性液体を圧送する作業に従事する労働者に、腐食性液体の飛散、漏えい又は溢(いつ)流による身体の腐食の危険を防止するため必要な保護具を着用させなければならない。

2　事業者は、前項の作業の一部を請負人に請け負わせるときは、当該請負人に対し、腐食性液体の飛散、漏えい又は溢(いつ)流による身体の腐食の危険を防止するため必要な保護具を着用する必要がある旨を周知させなければならない。

3　第一項の作業に従事する労働者は、同項の保護具の着用を命じられたときは、これを着用しなければならない。

空気以外のガ

（空気以外のガスの使用制限）

スの使用制限

第三百二十八条　事業者は、圧縮したガスの圧力を動力として用いて腐食性液体を圧送する作業を行なうときは、空気以外のガスを当該圧縮したガスとして使用してはならない。ただし、当該作業を終了した場合において、直ちに当該ガスを排除するとき、又は当該ガスが存在することを表示する等労働者が圧送に用いた設備の内部に立ち入ることによる窒息の危険が生ずるおそれのない措置を講ずるときは、窒素又は炭酸ガスを使用することができる。

タイヤの空気充てん作業の基準

（タイヤの空気充てん作業の基準）

第三百二十八条の二　事業者は、自動車（二輪自動車を除く。）用タイヤ（以下この条において「タイヤ」という。）の組立てを行う場合において、空気圧縮機を用いてタイヤに空気を充てんする作業を行うときは、タイヤの破裂等による危険を防止するため、当該作業に従事する労働者に、タイヤの種類に応じて空気の圧力を適正に調節させ、及び安全囲い等破裂したタイヤ等の飛来を防止するための器具を使用させなければならない。

2　前項の作業に従事する労働者は、タイヤの種類に応じて空気の圧力を適正に調節し、及び同項の器具を使用しなければならない。

船舶の改造等

（船舶の改造等）

第三百二十八条の三　事業者は、船舶の改造、修理、清掃等を行う場合に、船倉等当該船舶の内部又はこれに接する場所において、火花若しくはアークを発し、若しくは高温となつて点火源となるおそれのある機械等又は火気を使用する作業を行うときは、当該作業を開始するとき及び当該作業中随時、作業箇所及びその周辺における引火性の物の蒸気又は可燃性ガスの濃度を測定しなければならない。

（液化酸素の製造設備の改造等）

液化酸素の製造設備の改造等

第三百二十八条の四　事業者は、液化酸素を製造する設備の改造、修理、清掃等を行う場合において、当該設備の内部で作業を行うときは、次に定めるところによらなければならない。

一　当該作業の方法及び順序を決定し、あらかじめ、これを関係労働者に周知させること。

二　当該作業の指揮者を定め、その者に当該作業を指揮させること。

三　作業箇所に酸素が漏えいしないように、バルブ若しくはコックを二重に閉止し、又はバルブ若しくはコックを閉止するとともに閉止板等を施すこと。

四　前号のバルブ、コック又は閉止板等に施錠し、これらを開放してはならない旨を表示し、又は監視人を置くこと。

（ヒドロキシルアミン等の製造等）

ヒドロキシルアミン等の製造等

第三百二十八条の五　事業者は、ヒドロキシルアミン及びその塩（以下この条において「ヒドロキシルアミン等」という。）を製造し、又は取り扱うときは、爆発を防止するため、次に定めるところによらなければならない。

一　ヒドロキシルアミン等への鉄イオン等の混入を防止すること等のヒドロキシルアミン等と鉄イオン等との異常反応を防止するための措置を講ずること。

二　ヒドロキシルアミン等の加熱の作業を行うときは、その温度を調整すること。

第五章　電気による危険の防止

第一節　電気機械器具

電気機械器具の感電の危険の防止

（電気機械器具の囲い等）

第三百二十九条　事業者は、電気機械器具の充電部分（電熱器の発熱体の部分、抵抗溶接機の電極の部分等電気機械器具の使用の目的により露出することがやむを得ない充電部分を除く。）で、労働者が作業中又は通行の際に、接触（導電体を介する接触を含む。以下この章において同じ。）し、又は接近することにより感電の危険を生ずるおそれのあるものについては、感電を防止するための囲い又は絶縁覆いを設けなければならない。ただし、配電盤室、変電室等区画された場所で、事業者が第三十六条第四号の業務に就いている者（以下「電気取扱者」という。）以外の者の立入りを禁止したところに設置し、又は電柱上、塔上等隔離された場所で、電気取扱者以外の者が接近するおそれのないところに設置する電気機械器具については、この限りでない。

手持型電灯等のガード

（手持型電灯等のガード）

第三百三十条　事業者は、移動電線に接続する手持型の電灯、仮設の配線又は移動電線に接続する架空つり下げ電灯等には、口金に接触することによる感電の危険及び電球の破損による危険を防止するため、ガードを取り付けなければならない。

2　事業者は、前項のガードについては、次に定めるところに適合するものとしなければならない。

一　電球の口金の露出部分に容易に手が触れない構造のものとすること。

二　材料は、容易に破損又は変形をしないものとすること。

溶接棒等のホルダー

（溶接棒等のホルダー）

第三百三十一条　事業者は、アーク溶接等（自動溶接を除く。）の作業に使用する溶接棒等のホルダーについては、感電の危険を防止するため必要な絶縁効力及び耐熱性を有するものでなければ、使用してはならない。

交流アーク溶接機用自動電撃防止装置

（交流アーク溶接機用自動電撃防止装置）

第三百三十二条　事業者は、船舶の二重底若しくはピークタンクの内部、ボイラーの胴若しくはドームの内部等導電体に囲まれた場所で著しく狭あいなところ又は墜落により労働者に危険を及ぼすおそれのある高さが二メートル以上の場所で鉄骨等導電性の高い接地物に労働者が接触するおそれがあるところにおいて、交流アーク溶接等（自動溶接を除く。）の作業を行うときは、交流アーク溶接機用自動電撃防止装置を使用しなければならない。

漏電による感電の防止

（漏電による感電の防止）

第三百三十三条　事業者は、電動機を有する機械又は器具（以下「電動機械器具」という。）で、対地電圧が百五十ボルトをこえる移動式若しくは可搬式のもの又は水等導電性の高い液体によつて湿潤している場所その他鉄板上、鉄骨上、定盤上等導電性の高い場所において使用する移動式若しくは可搬式のものについては、漏電による感電の危険を防止するため、当該電動機械器具が接続される電路に、当該電路の定格に適合し、感度が良好であり、かつ、確実に作動する感電防止用漏電しや断装置を接続しなければならない。

2　事業者は、前項に規定する措置を講ずることが困難なときは、電動機械器具の金属製外わく、電動機の金属製外被等の金属部分を、次に定めるところにより接地して使用しなければならない。

一　接地極への接続は、次のいずれかの方法によること。

イ　一心を専用の接地線とする移動電線及び一端子を専用の接地端子とする接続器具を用いて接地極に接続する方法

ロ　移動電線に添えた接地線及び当該電動機械器具の電源コンセントに近接する箇所に設けられた接地端子を用いて接地極に接続する方法

二　前号イの方法によるときは、接地線と電路に接続する電線との混用及び接地端子と電路に接続する端子との混用を防止するための措置を講ずること。

三　接地極は、十分に地中に埋設する等の方法により、確実に大地と接続すること。

適用除外

（適用除外）

第三百三十四条　前条の規定は、次の各号のいずれかに該当する電動機械器具については、適用しない。

一　非接地方式の電路（当該電動機械器具の電源側の電路に設けた絶縁変圧器の二次電圧が三百ボルト以下であり、かつ、当該絶縁変圧器の負荷側の電路が接地されていないものに限る。）に接続して使用する電動機械器具

二　絶縁台の上で使用する電動機械器具

三　電気用品安全法（昭和三十六年法律第二百三十四号）第二条第二項の特定電気用品であつて、

同法第十条第一項の表示が付された二重絶縁構造の電動機械器具

電気機械器具の操作部分の照度

（電気機械器具の操作部分の照度）

第三百三十五条　事業者は、電気機械器具の操作の際に、感電の危険又は誤操作による危険を防止するため、当該電気機械器具の操作部分について必要な照度を保持しなければならない。

第二節　配線及び移動電線

配線等の絶縁被覆

（配線等の絶縁被覆）

第三百三十六条　事業者は、労働者が作業中又は通行の際に接触し、又は接触するおそれのある配線で、絶縁被覆を有するもの（第三十六条第四号の業務において電気取扱者のみが接触し、又は接触するおそれがあるものを除く。）又は移動電線については、絶縁被覆が損傷し、又は老化していることにより、感電の危険が生ずることを防止する措置を講じなければならない。

移動電線等の被覆又は外装

（移動電線等の被覆又は外装）

第三百三十七条　事業者は、水その他導電性の高い液体によつて湿潤している場所において使用する移動電線又はこれに附属する接続器具で、労働者が作業中又は通行の際に接触するおそれのあるものについては、当該移動電線又は接続器具の被覆又は外装が当該導電性の高い液体に対して絶縁効力を有するものでなければ、使用してはならない。

仮設の配線等

（仮設の配線等）

第三百三十八条　事業者は、仮設の配線又は移動電線を通路面において使用してはならない。ただし、当該配線又は移動電線の上を車両その他の物が通過すること等による絶縁被覆の損傷のおそれのない状態で使用するときは、この限りでない。

第三節　停電作業

（停電作業を行なう場合の措置）

停電作業を行なう場合の感電防止措置

第三百三十九条　事業者は、電路を開路して、当該電路又はその支持物の敷設、点検、修理、塗装等の電気工事の作業を行なうときは、当該電路を開路した後に、当該電路について、次に定める措置を講じなければならない。当該電路に近接する電路若しくはその支持物の敷設、点検、修理、塗装等の電気工事の作業又は当該電路に近接する工作物（電路の支持物を除く。以下この章において同じ。）の建設、解体、点検、修理、塗装等の作業を行なう場合も同様とする。

一　開路に用いた開閉器に、作業中、施錠し、若しくは通電禁止に関する所要事項を表示し、又は監視人を置くこと。

二　開路した電路が電力ケーブル、電力コンデンサー等を有する電路で、残留電荷による危険を生ずるおそれのあるものについては、安全な方法により当該残留電荷を確実に放電させること。

三　開路した電路が高圧又は特別高圧であつたものについては、検電器具により停電を確認し、かつ、誤通電、他の電路との混触又は他の電路からの誘導による感電の危険を防止するため、短絡接地器具を用いて確実に短絡接地すること。

2　事業者は、前項の作業中又は作業を終了した場合において、開路した電路に通電しようとするときは、あらかじめ、当該作業に従事する労働者について感電の危険が生ずるおそれのないこと及び短絡接地器具を取りはずしたことを確認した後でなければ、行なつてはならない。

断路器等の開路

（断路器等の開路）

第三百四十条　事業者は、高圧又は特別高圧の電路の断路器、線路開閉器等の開閉器で、負荷電流をしや断するためのものでないものを開路するときは、当該開閉器の誤操作を防止するため、当該電路が無負荷であることを示すためのパイロットランプ、当該電路の系統を判別するためのタブレット等により、当該操作を行なう労働者に当該電路が無負荷であることを確認させなければならない。ただし、当該開閉器に、当該電路が無負荷でなければ開路することができない緊錠装置を設けるときは、この限りでない。

第四節　活線作業及び活線近接作業

高圧活線作業

（高圧活線作業）

第三百四十一条　事業者は、高圧の充電電路の点検、修理等当該充電電路を取り扱う作業を行なう場合において、当該作業に従事する労働者について感電の危険が生ずるおそれのあるときは、次の各号のいずれかに該当する措置を講じなければならない。

一　労働者に絶縁用保護具を着用させ、かつ、当該充電電路のうち労働者が現に取り扱つている部分以外の部分が、接触し、又は接近することにより感電の危険が生ずるおそれのあるものに絶縁用防具を装着すること。
二　労働者に活線作業用器具を使用させること。
三　労働者に活線作業用装置を使用させること。この場合には、労働者が現に取り扱っている充電電路と電位を異にする物に、労働者の身体又は労働者が現に取り扱っている金属製の工具、材料等の導電体（以下「身体等」という。）が接触し、又は接近することによる感電の危険を生じさせてはならない。

2　労働者は、前項の作業において、絶縁用保護具の着用、絶縁用防具の装着又は活線作業用器具若しくは活線作業用装置の使用を事業者から命じられたときは、これを着用し、装着し、又は使用しなければならない。

高圧活線近接作業

第三百四十二条　**（高圧活線近接作業）**　事業者は、電路又はその支持物の敷設、点検、修理、塗装等の電気工事の作業を行なう場合において、当該作業に従事する労働者が高圧の充電電路に接触し、又は当該充電電路に対して頭上距離が三十センチメートル以内又は軀側距離若しくは足下距離が六十センチメートル以内に接近することにより感電の危険が生ずるおそれのあるときは、当該充電電路に絶縁用防具を装着しなければならない。ただし、当該作業に従事する労働者に絶縁用保護具を着用させて作業を行なう場合において、当該絶縁用保護具を着用する身体の部分以外の部分が当該充電電路に接触し、又は接近することにより感電の危険が生ずるおそれのないときは、この限りでない。

2　労働者は、前項の作業において、絶縁用防具の装着又は絶縁用保護具の着用を事業者から命じられたときは、これを装着し、又は着用しなければならない。

絶縁用防具の装着等

（絶縁用防具の装着等）
第三百四十三条　事業者は、前二条の場合において、絶縁用防具の装着又は取りはずしの作業を労働者に行なわせるときは、当該作業に従事する労働者に、絶縁用保護具を着用させ、又は活線作業用器具若しくは活線作業用装置を使用させなければならない。
2　労働者は、前項の作業において、絶縁用保護具の着用又は活線作業用器具若しくは活線作業用装置の使用を事業者から命じられたときには、これを着用し、又は使用しなければならない。

特別高圧活線作業

（特別高圧活線作業）
第三百四十四条　事業者は、特別高圧の充電電路又はその支持がいしの点検、修理、清掃等の電気工事の作業を行なう場合において、当該作業に従事する労働者について感電の危険が生ずるおそれのあるときは、次の各号のいずれかに該当する措置を講じなければならない。
一　労働者に活線作業用器具を使用させること。この場合には、身体等について、次の表の上欄に掲げる充電電路の使用電圧に応じ、それぞれ同表の下欄に掲げる充電電路に対する接近限界距離を保たせなければならない。

充電電路の使用電圧（単位　キロボルト）	充電電路に対する接近限界距離（単位　センチメートル）
二二以下	二〇
二二をこえ三三以下	三〇
三三をこえ六六以下	五〇
六六をこえ七七以下	六〇

七七をこえ一一〇以下	九〇
一一〇をこえ一五四以下	一二〇
一五四をこえ一八七以下	一四〇
一八七をこえ二二〇以下	一六〇
二二〇をこえる場合	二〇〇

二　労働者に活線作業用装置を使用させること。この場合には、労働者が現に取り扱つている充電電路若しくはその支持がいしと電位を異にする物に身体等が接触し、又は接近することによる感電の危険を生じさせてはならない。

2　労働者は、前項の作業において、活線作業用器具又は活線作業用装置の使用を事業者から命じられたときは、これを使用しなければならない。

特別高圧活線近接作業

（特別高圧活線近接作業）

第三百四十五条　事業者は、電路又はその支持物（特別高圧の充電電路の支持がいしを除く。）の点検、修理、塗装、清掃等の電気工事の作業を行なう場合において、当該作業に従事する労働者が特別高圧の充電電路に接近することにより感電の危険が生ずるおそれのあるときは、次の各号のいずれかに該当する措置を講じなければならない。

一　労働者に活線作業用装置を使用させること。

二　身体等について、前条第一項第一号に定める充電電路に対する接近限界距離を保たせなければならないこと。この場合には、当該充電電路に対する接近限界距離を保つ見やすい箇所に標識等を設け、又は監視人を置き作業を監視させること。

2　労働者は、前項の作業において、活線作業用装置の使用を事業者から命じられたときは、これを使用しなければならない。

（低圧活線作業）

第三百四十六条　事業者は、低圧の充電電路の点検、修理等当該充電電路を取り扱う作業を行なう場合において、当該作業に従事する労働者について感電の危険が生ずるおそれのあるときは、当該労働者に絶縁用保護具を着用させ、又は活線作業用器具を使用させなければならない。

2　労働者は、前項の作業において、絶縁用保護具の着用又は活線作業用器具の使用を事業者から命じられたときは、これを着用し、又は使用しなければならない。

（低圧活線近接作業）

第三百四十七条　事業者は、低圧の充電電路に近接する場所で電路又はその支持物の敷設、点検、修理、塗装等の電気工事の作業を行なう場合において、当該作業に従事する労働者が当該充電電路に接触することにより感電の危険が生ずるおそれのあるときは、当該充電電路に絶縁用防具を装着しなければならない。ただし、当該作業に従事する労働者に絶縁用保護具を着用させて作業を行なう場合において、当該絶縁用保護具を着用する身体の部分以外の部分が当該充電電路に接触するおそれのないときは、この限りでない。

2　事業者は、前項の場合において、絶縁用防具の装着又は取りはずしの作業を労働者に行なわせるときは、当該作業に従事する労働者に、絶縁用保護具を着用させ、又は活線作業用器具を使用させなければならない。

3　労働者は、前二項の作業において、絶縁用防具の装着、絶縁用保護具の着用又は活線作業用器具の使用を事業者から命じられたときは、これを装着し、着用し、又は使用しなければならない。

絶縁用保護具等

（絶縁用保護具等）

第三百四十八条　事業者は、次の各号に掲げる絶縁用保護具等については、それぞれの使用の目的に適応する種別、材質及び寸法のものを使用しなければならない。

一　第三百四十一条から第三百四十三条までの絶縁用保護具

二　第三百四十一条及び第三百四十二条の絶縁用防具

三　第三百四十一条及び第三百四十三条から第三百四十五条までの活線作業用装置

四　第三百四十一条、第三百四十三条及び第三百四十四条の活線作業用器具

五　第三百四十六条及び第三百四十七条の絶縁用保護具及び活線作業用器具並びに第三百四十七条の絶縁用防具

2　事業者は、前項第五号に掲げる絶縁用保護具、活線作業用器具及び絶縁用防具で、直流で七百五十ボルト以下又は交流で三百ボルト以下の充電電路に対して用いられるものにあつては、当該充電電路の電圧に応じた絶縁効力を有するものを使用しなければならない。

工作物の建設等の作業を行う場合の感電の防止

（工作物の建設等の作業を行なう場合の感電の防止）

第三百四十九条　事業者は、架空電線又は電気機械器具の充電電路に近接する場所で、工作物の建設、解体、点検、修理、塗装等の作業若しくはこれらに附帯する作業又はくい打機、くい抜機、移動式クレーン等を使用する作業を行なう場合において、当該作業に従事する労働者が作業中又は通行の際に、当該充電電路に身体等が接触し、又は接近することにより感電の危険が生ずるおそれのあるときは、次の各号のいずれかに該当する措置を講じなければならない。

一　当該充電電路を移設すること。
二　感電の危険を防止するための囲いを設けること。
三　当該充電電路に絶縁用防護具を装着すること。
四　前三号に該当する措置を講ずることが著しく困難なときは、監視人を置き、作業を監視させること。

第五節　管理

電気工事作業指揮者の任務

（電気工事の作業を行なう場合の作業指揮等）

第三百五十条　事業者は、第三百三十九条、第三百四十一条第一項、第三百四十二条第一項、第三百四十四条第一項又は第三百四十五条第一項の作業を行なうときは、当該作業に従事する労働者に対し、作業を行なう期間、作業の内容並びに取り扱う電路及びこれに近接する電路の系統について周知させ、かつ、作業の指揮者を定めて、その者に次の事項を行なわせなければならない。
一　労働者にあらかじめ作業の方法及び順序を周知させ、かつ、作業を直接指揮すること。
二　第三百四十五条第一項の作業を同項第二号の措置を講じて行なうときは、標識等の設置又は監視人の配置の状態を確認した後に作業の着手を指示すること。
三　電路を開路して作業を行なうときは、当該電路の停電の状態及び開路に用いた開閉器の施錠、通電禁止に関する所要事項の表示又は監視人の配置の状態並びに電路を開路した後における短絡接地器具の取付けの状態を確認した後に作業の着手を指示すること。

絶縁用保護具等の定期自主検査

（絶縁用保護具等の定期自主検査）

第三百五十一条　事業者は、第三百四十八条第一項各号に掲げる絶縁用保護具等（同項第五号に掲げるものにあつては、交流で三百ボルトを超える低圧の充電電路に対して用いられるものに限る。以下この条において同じ。）については、六月以内ごとに一回、定期に、その絶縁性能について自主検査を行わなければならない。ただし、六月を超える期間使用しない絶縁用保護具等の当該使用しない期間においては、この限りでない。

2　事業者は、前項ただし書の絶縁用保護具等については、その使用を再び開始する際に、その絶縁性能について自主検査を行なわなければならない。

3　事業者は、第一項又は第二項の自主検査の結果、当該絶縁用保護具等に異常を認めたときは、補修その他必要な措置を講じた後でなければ、これらを使用してはならない。

4　事業者は、第一項又は第二項の自主検査を行つたときは、次の事項を記録し、これを三年間保存しなければならない。

一　検査年月日

二　検査方法

三　検査箇所

四　検査の結果

五　検査を実施した者の氏名

六　検査の結果に基づいて補修等の措置を講じたときは、その内容

電気機械器具

（電気機械器具等の使用前点検等）

等の使用前点検等

第三百五十二条　事業者は、次の表の上欄に掲げる電気機械器具等を使用するときは、その日の使用を開始する前に当該電気機械器具等の種別に応じ、それぞれ同表の下欄に掲げる点検事項について点検し、異常を認めたときは、直ちに、補修し、又は取り換えなければならない。

電気機械器具等の種別	点検事項
第三百三十一条の溶接棒等のホルダー	絶縁防護部分及びホルダー用ケーブルの接続部の損傷の有無
第三百三十二条の交流アーク溶接機用自動電撃防止装置	作動状態
第三百三十三条第一項の感電防止用漏電しや断装置	
第三百三十三条の電動機械器具で、同条第二項に定める方法により接地をしたもの	接地線の切断、接地極の浮上がり等の異常の有無
第三百三十七条の移動電線及びこれに附属する接続器具	被覆又は外装の損傷の有無
第三百三十九条第一項第三号の検電器具	検電性能
第三百三十九条第一項第三号の短絡接地器具	取付金具及び接地導線の損傷の有無
第三百四十一条から第三百四十三条までの絶縁用保護具	ひび、割れ、破れその他の損傷の有無及び乾燥状態
第三百四十一条及び第三百四十二条の絶縁用防具	
第三百四十一条及び第三百四十三条から第三百四十五条までの活線作業用装置	
第三百四十一条、第三百四十三条及び第三百四十四条の活線作業用器具	

第三百四十六条及び第三百四十七条の絶縁用保護具及び活線作業用器具並びに第三百四十七条の絶縁用防具	
第三百四十九条第三号及び第五百七十条第一項第六号の絶縁用防具	

電気機械器具の囲い等の点検等

（電気機械器具の囲い等の点検等）

第三百五十三条　事業者は、第三百二十九条の囲い及び絶縁覆いについて、毎月一回以上、その損傷の有無を点検し、異常を認めたときは、直ちに補修しなければならない。

第六節　雑則

適用除外

（適用除外）

第三百五十四条　この章の規定は、電気機械器具、配線又は移動電線で、対地電圧が五十ボルト以下であるものについては、適用しない。

第六章　掘削作業等における危険の防止

第一節　明り掘削の作業

第一款　掘削の時期及び順序等

地山の掘削作業箇所等の調査

（作業箇所等の調査）

第三百五十五条　事業者は、地山の掘削の作業を行う場合において、地山の崩壊、埋設物等の損壊等により労働者に危険を及ぼすおそれのあるときは、あらかじめ、作業箇所及びその周辺の地山について次の事項をボーリングその他適当な方法により調査し、これらの事項について知り得たところに適応する掘削の時期及び順序を定めて、当該定めにより作業を行わなければならない。

一　形状、地質及び地層の状態

二　き裂、含水、湧（ゆう）水及び凍結の有無及び状態

三　埋設物等の有無及び状態

四　高温のガス及び蒸気の有無及び状態

掘削面のこう配の基準

（掘削面のこう配の基準）

第三百五十六条　事業者は、手掘り（パワー・ショベル、トラクター・ショベル等の掘削機械を用

いないで行なう掘削の方法をいう。以下次条において同じ。）により地山（崩壊又は岩石の落下の原因となるき裂がない岩盤からなる地山、砂からなる地山及び発破等により崩壊しやすい状態になつている地山を除く。以下この条において同じ。）の掘削の作業を行なうときは、掘削面（掘削面に奥行きが二メートル以上の水平な段があるときは、当該段により区切られるそれぞれの掘削面をいう。以下同じ。）のこう配を、次の表の上欄に掲げる地山の種類及び同表の中欄に掲げる掘削面の高さに応じ、それぞれ同表の下欄に掲げる値以下としなければならない。

地山の種類	掘削面の高さ（単位　メートル）	掘削面のこう配（単位　度）
岩盤又は堅い粘土からなる地山	五未満	九十
	五以上	七十五
その他の地山	二未満	九十
	二以上五未満	七十五
	五以上	六十

2　前項の場合において、掘削面に傾斜の異なる部分があるため、そのこう配が算定できないときは、当該掘削面について、同項の基準に従い、それよりも崩壊の危険が大きくないように当該各部分の傾斜を保持しなければならない。

第三百五十七条　事業者は、手掘りにより砂からなる地山又は発破等により崩壊しやすい状態になつている地山の掘削の作業を行なうときは、次に定めるところによらなければならない。

一　砂からなる地山にあつては、掘削面のこう配を三十五度以下とし、又は掘削面の高さを五メー

二　発破等により崩壊しやすい状態になつている地山にあつては、掘削面のこう配を四十五度以下とし、又は掘削面の高さを二メートル未満とすること。

2　前条第二項の規定は、前項の地山の掘削面に傾斜の異なる部分があるため、そのこう配が算定できない場合について、準用する。

（点検）

掘削作業開始前の点検

第三百五十八条　事業者は、明り掘削の作業を行なうときは、地山の崩壊又は土石の落下による労働者の危険を防止するため、次の措置を講じなければならない。

一　点検者を指名して、作業箇所及びその周辺の地山について、その日の作業を開始する前、大雨の後及び中震以上の地震の後、浮石及びき裂の有無及び状態並びに含水、湧（ゆう）水及び凍結の状態の変化を点検させること。

二　点検者を指名して、発破を行なつた後、当該発破を行なつた箇所及びその周辺の浮石及びき裂の有無及び状態を点検させること。

（地山の掘削作業主任者の選任）

地山の掘削作業主任者の選任

第三百五十九条　事業者は、令第六条第九号の作業については、地山の掘削及び土止め支保工作業主任者技能講習を修了した者のうちから、地山の掘削作業主任者を選任しなければならない。

（地山の掘削作業主任者の職務）

地山の掘削作業主任者の職務

第三百六十条　事業者は、地山の掘削作業主任者に、次の事項を行わせなければならない。

一　作業の方法を決定し、作業を直接指揮すること。
二　器具及び工具を点検し、不良品を取り除くこと。
三　要求性能墜落制止用器具等及び保護帽の使用状況を監視すること。

地山の崩壊等による危険の防止

（地山の崩壊等による危険の防止）

第三百六十一条　事業者は、明り掘削の作業を行なう場合において、地山の崩壊又は土石の落下により労働者に危険を及ぼすおそれのあるときは、あらかじめ、土止め支保工を設け、防護網を張り、労働者の立入りを禁止する等当該危険を防止するための措置を講じなければならない。

埋設物等による危険の防止

（埋設物等による危険の防止）

第三百六十二条　事業者は、埋設物等又はれんが壁、コンクリートブロック塀（へい）、擁壁等の建設物に近接する箇所で明り掘削の作業を行なう場合において、これらの損壊等により労働者に危険を及ぼすおそれのあるときは、これらを補強し、移設する等当該危険を防止するための措置が講じられた後でなければ、作業を行なつてはならない。

2　明り掘削の作業により露出したガス導管の損壊により労働者に危険を及ぼすおそれのある場合の前項の措置は、つり防護、受け防護等による当該ガス導管についての防護を行ない、又は当該ガス導管を移設する等の措置でなければならない。

3　事業者は、前項のガス導管の防護の作業については、当該作業を指揮する者を指名して、その者の直接の指揮のもとに当該作業を行なわせなければならない。

掘削機械等の使用禁止

（掘削機械等の使用禁止）

第三百六十三条　事業者は、明り掘削の作業を行なう場合において、掘削機械、積込機械及び運搬機械の使用によるガス導管、地中電線路その他地下に存する工作物の損壊により労働者に危険を及ぼすおそれのあるときは、これらの機械を使用してはならない。

運搬機械等の運行の経路等の周知

（運搬機械等の運行の経路等）
第三百六十四条 事業者は、明り掘削の作業を行うときは、あらかじめ、運搬機械、掘削機械及び積込機械（車両系建設機械及び車両系荷役運搬機械等を除く。以下この章において「運搬機械等」という。）の運行の経路並びにこれらの機械の土石の積卸し場所への出入の方法を定めて、これを関係労働者に周知させなければならない。

誘導者の配置

（誘導者の配置）
第三百六十五条 事業者は、明り掘削の作業を行なう場合において、運搬機械等が、労働者の作業箇所に後進して接近するとき、又は転落するおそれのあるときは、誘導者を配置し、その者にこれらの機械を誘導させなければならない。
2 前項の運搬機械等の運転者は、同項の誘導者が行なう誘導に従わなければならない。

明り掘削作業時の保護帽の着用

（保護帽の着用）
第三百六十六条 事業者は、明り掘削の作業を行なうときは、物体の飛来又は落下による労働者の危険を防止するため、当該作業に従事する労働者に保護帽を着用させなければならない。
2 前項の作業に従事する労働者は、同項の保護帽を着用しなければならない。

照度の保持

（照度の保持）
第三百六十七条 事業者は、明り掘削の作業を行なう場所については、当該作業を安全に行なうため必要な照度を保持しなければならない。

第二款　土止め支保工

土止め支保工の材料

（材料）
第三百六十八条　事業者は、土止め支保工の材料については、著しい損傷、変形又は腐食があるものを使用してはならない。

土止め支保工の構造

（構造）
第三百六十九条　事業者は、土止め支保工の構造については、当該土止め支保工を設ける箇所の地山に係る形状、地質、地層、き裂、含水、湧（ゆう）水、凍結及び埋設物等の状態に応じた堅固なものとしなければならない。

土止め支保工の組立図

（組立図）
第三百七十条　事業者は、土止め支保工を組み立てるときは、あらかじめ、組立図を作成し、かつ、当該組立図により組み立てなければならない。
2　前項の組立図は、矢板、くい、背板、腹おこし、切りばり等の部材の配置、寸法及び材質並びに取付けの時期及び順序が示されているものでなければならない。

土止め支保工の部材の取付け等

（部材の取付け等）
第三百七十一条　事業者は、土止め支保工の部材の取付け等については、次に定めるところによらなければならない。

一　切りばり及び腹おこしは、脱落を防止するため、矢板、くい等に確実に取り付けること。

二　圧縮材（火打ちを除く。）の継手は、突合せ継手とすること。

三　切りばり又は火打ちの接続部及び切りばりと切りばりとの交さ部は、当て板をあててボルトにより緊結し、溶接により接合する等の方法により堅固なものとすること。

四　中間支持柱を備えた土止め支保工にあつては、切りばりを当該中間支持柱に確実に取り付けること。

五　切りばりを建築物の柱等部材以外の物により支持する場合にあつては、当該支持物は、これにかかる荷重に耐えうるものとすること。

切りばり等の作業

（切りばり等の作業）

第三百七十二条　事業者は、令第六条第十号の作業を行なうときは、次の措置を講じなければならない。

一　当該作業を行なう箇所には、関係労働者以外の労働者が立ち入ることを禁止すること。

二　材料、器具又は工具を上げ、又はおろすときは、つり綱、つり袋等を労働者に使用させること。

土止め支保工の点検

（点検）

第三百七十三条　事業者は、土止め支保工を設けたときは、その後七日をこえない期間ごと、中震以上の地震の後及び大雨等により地山が急激に軟弱化するおそれのある事態が生じた後に、次の事項について点検し、異常を認めたときは、直ちに、補強し、又は補修しなければならない。

一　部材の損傷、変形、腐食、変位及び脱落の有無及び状態
二　切りばりの緊圧の度合
三　部材の接続部、取付け部及び交さ部の状態

土止め支保工作業主任者の選任

（土止め支保工作業主任者の選任）
第三百七十四条　事業者は、令第六条第十号の作業については、地山の掘削及び土止め支保工作業主任者技能講習を修了した者のうちから、土止め支保工作業主任者を選任しなければならない。

土止め支保工作業主任者の職務

（土止め支保工作業主任者の職務）
第三百七十五条　事業者は、土止め支保工作業主任者に、次の事項を行わせなければならない。
一　作業の方法を決定し、作業を直接指揮すること。
二　材料の欠点の有無並びに器具及び工具を点検し、不良品を取り除くこと。
三　要求性能墜落制止用器具等及び保護帽の使用状況を監視すること。

第三款　潜函内作業等

潜函内作業時の危険の防止

（沈下関係図等）
第三百七十六条　事業者は、潜函又は井筒の内部で明り掘削の作業を行うときは、潜函又は井筒の急激な沈下による労働者の危険を防止するため、次の措置を講じなければならない。
一　沈下関係図に基づき、掘削の方法、載荷の量等を定めること。

二　刃口から天井又ははりまでの高さは、一・八メートル以上とすること。

潜函等の内部における作業

（潜函等の内部における作業）

第三百七十七条　事業者は、潜函、井筒、たて坑、井戸その他これらに準ずる建設物又は設備（以下「潜函等」という。）の内部で明り掘削の作業を行うときは、次の措置を講じなければならない。

一　酸素が過剰になるおそれのあるときは、酸素の濃度を測定する者を指名して測定を行わせること。

二　労働者が安全に昇降するための設備を設けること。

三　掘下げの深さが二十メートルをこえるときは、当該作業を行う箇所と外部との連絡のための電話、電鈴等の設備を設けること。

2　事業者は、前項の場合において、同項第一号の測定の結果等により酸素の過剰を認めたとき、又は掘下げの深さが二十メートルをこえるときは、送気のための設備を設け、これにより必要な量の空気を送給しなければならない。

作業の禁止

（作業の禁止）

第三百七十八条　事業者は、次の各号のいずれかに該当するときは潜函等の内部で明り掘削の作業を行なつてはならない。

一　前条第一項第二号若しくは第三号又は同条第二項の設備が故障しているとき。

二　潜函等の内部へ多量の水が浸入するおそれのあるとき。

第二節　ずい道等の建設の作業等

第一款　調査等

ずい道等の掘削作業開始前の調査及び記録

（調査及び記録）

第三百七十九条　事業者は、ずい道等の掘削の作業を行うときは、落盤、出水、ガス爆発等による労働者の危険を防止するため、あらかじめ、当該掘削に係る地山の形状、地質及び地層の状態をボーリングその他適当な方法により調査し、その結果を記録しておかなければならない。

施工計画の策定

（施工計画）

第三百八十条　事業者は、ずい道等の掘削の作業を行なうときは、あらかじめ、前条の調査により知り得たところに適応する施工計画を定め、かつ、当該施工計画により作業を行なわなければならない。

2　前項の施工計画は、次の事項が示されているものでなければならない。

一　掘削の方法

二　ずい道支保工の施工、覆工の施工、湧水若しくは可燃性ガスの処理、換気又は照明を行う場合にあつては、これらの方法

地質の状態等の観察及び記録

（観察及び記録）

第三百八十一条　事業者は、ずい道等の掘削の作業を行うときは、落盤、出水、ガス爆発等による労働者の危険を防止するため、毎日、掘削箇所及びその周辺の地山について、次の事項を観察し、その結果を記録しておかなければならない。

一　地質及び地層の状態

二　含水及び湧水の有無及び状態
三　可燃性ガスの有無及び状態
四　高温のガス及び蒸気の有無及び状態

2　前項第三号の事項に係る観察は、掘削箇所及びその周辺の地山を機械で覆う方法による掘削の作業を行う場合においては、測定機器を使用して行わなければならない。

ずい道等の作業に伴う点検

（点検）

第三百八十二条　事業者は、ずい道等の建設の作業（ずい道等の掘削の作業又はこれに伴うずり、資材等の運搬、覆工のコンクリートの打設等の作業（当該ずい道等の内部又は当該ずい道等に近接する場所において行なわれるものに限る。）をいう。以下同じ。）を行なうときは、落盤又は肌落ちによる労働者の危険を防止するため、次の措置を講じなければならない。

一　点検者を指名して、ずい道等の内部の地山について、毎日及び中震以上の地震の後、浮石及びき裂の有無及び状態並びに含水及び湧水の状態の変化を点検させること。

二　点検者を指名して、発破を行なつた後、当該発破を行なつた箇所及びその周辺の浮石及びき裂の有無及び状態を点検させること。

可燃性ガスの濃度の測定等

（可燃性ガスの濃度の測定等）

第三百八十二条の二　事業者は、ずい道等の建設の作業を行う場合において、可燃性ガスが発生するおそれのあるときは、爆発又は火災を防止するため、可燃性ガスの濃度を測定する者を指名し、その者に、毎日作業を開始する前、中震以上の地震の後及び当該可燃性ガスに関し異常を認めたときに、当該可燃性ガスが発生し、又は停滞するおそれがある場所について、当該可燃性ガスの濃度を測定させ、その結果を記録させておかなければならない。

自動警報装置の設置等

（自動警報装置の設置等）

第三百八十二条の三　事業者は、前条の測定の結果、可燃性ガスが存在して爆発又は火災が生ずるおそれのあるときは、必要な場所に、当該可燃性ガスの濃度の異常な上昇を早期には握するために必要な自動警報装置を設けなければならない。この場合において、当該自動警報装置は、その検知部の周辺において作業を行つている労働者に当該可燃性ガスの濃度の異常な上昇を速やかに知らせることのできる構造としなければならない。

2　事業者は、前項の自動警報装置については、その日の作業を開始する前に、次の事項について点検し、異常を認めたときは、直ちに補修しなければならない。

一　計器の異常の有無

二　検知部の異常の有無

三　警報装置の作動の状態

施工計画の変更

（施工計画の変更）

第三百八十三条　事業者は、ずい道等の掘削の作業を行う場合において、第三百八十条第一項の施工計画が第三百八十一条第一項の規定による観察、第三百八十二条の規定による点検、第三百八十二条の二の規定による測定等により知り得た地山の状態に適応しなくなつたときは、遅滞なく、当該施工計画を当該地山の状態に適応するよう変更し、かつ、変更した施工計画によつて作業を行わなければならない。

（ずい道等の掘削等作業主任者の選任）

第三百八十三条の二　事業者は、令第六条第十号の二の作業については、ずい道等の掘削等作業主任者技能講習を修了した者のうちから、ずい道等の掘削等作業主任者を選任しなければならない。

（ずい道等の掘削等作業主任者の職務）

第三百八十三条の三　事業者は、ずい道等の掘削等作業主任者に、次の事項を行わせなければならない。

一　作業の方法及び労働者の配置を決定し、作業を直接指揮すること。

二　換気等の方法を決定し労働者に使用させる呼吸用保護具を選択すること。

三　器具、工具、要求性能墜落制止用器具等、保護帽及び呼吸用保護具の機能を点検し、不良品を取り除くこと。

四　要求性能墜落制止用器具等、保護帽及び呼吸用保護具の使用状況を監視すること。

（ずい道等の覆工作業主任者の選任）

第三百八十三条の四　事業者は、令第六条第十号の三の作業については、ずい道等の覆工作業主任者技能講習を修了した者のうちから、ずい道等の覆工作業主任者を選任しなければならない。

（ずい道等の覆工作業主任者の職務）

第三百八十三条の五　事業者は、ずい道等の覆工作業主任者に、次の事項を行わせなければならない。

一　作業の方法及び労働者の配置を決定し、作業を直接指揮すること。

二　器具、工具、要求性能墜落制止用器具等及び保護帽の機能を点検し、不良品を取り除くこと。

三　要求性能墜落制止用器具等及び保護帽の使用状況を監視すること。

ずい道等の掘削等作業主任者の選任

ずい道等の掘削等作業主任者の職務

ずい道等の覆工作業主任者の選任

ずい道等の覆工作業主任者の職務

第一款の二　落盤、地山の崩壊等による危険の防止

落盤等による危険の防止

（落盤等による危険の防止）

第三百八十四条　事業者は、ずい道等の建設の作業を行なう場合において、落盤又は肌落ちにより労働者に危険を及ぼすおそれのあるときは、ずい道支保工を設け、ロツクボルトを施し、浮石を落す等当該危険を防止するための措置を講じなければならない。

出入口附近の地山の崩壊等による危険の防止

（出入口附近の地山の崩壊等による危険の防止）

第三百八十五条　事業者は、ずい道等の建設の作業を行なう場合において、ずい道等の出入口附近の地山の崩壊又は土石の落下により労働者に危険を及ぼすおそれのあるときは、土止め支保工を設け、防護網を張り、浮石を落す等当該危険を防止するための措置を講じなければならない。

立入禁止

（立入禁止）

第三百八十六条　事業者は、次の箇所に関係労働者以外の労働者を立ち入らせてはならない。

一　浮石落しが行なわれている箇所又は当該箇所の下方で、浮石が落下することにより労働者に危険を及ぼすおそれのあるところ

二　ずい道支保工の補強作業又は補修作業が行なわれている箇所で、落盤又は肌落ちにより労働者に危険を及ぼすおそれのあるところ

ずい道等の内部の視界の保持

（視界の保持）

第三百八十七条　事業者は、ずい道等の建設の作業を行なう場合において、ずい道等の内部におけ

る視界が排気ガス、粉じん等により著しく制限される状態にあるときは、換気を行ない、水をまく等当該作業を安全に行なうため必要な視界を保持するための措置を講じなければならない。

準用

（準用）

第三百八十八条　第三百六十四条から第三百六十七条までの規定は、ずい道等の建設の作業について準用する。

第一款の三　爆発、火災等の防止

発火具の携帯禁止等

（発火具の携帯禁止等）

第三百八十九条　事業者は、第三百八十二条の二の規定による測定の結果、可燃性ガスが存在するときは、作業の性質上やむを得ない場合を除き、火気又はマッチ、ライターその他発火のおそれのある物をずい道等の内部に持ち込むことを禁止し、かつ、その旨をずい道等の出入口付近の見やすい場所に掲示しなければならない。

自動警報装置が作動した場合の措置

（自動警報装置が作動した場合の措置）

第三百八十九条の二　事業者は、第三百八十二条の三の自動警報装置が作動した場合に関係労働者が可燃性ガスによる爆発又は火災を防止するために講ずべき措置をあらかじめ定め、これを当該労働者に周知させなければならない。

ガス抜き等の措置

（ガス抜き等の措置）

第三百八十九条の二の二　事業者は、ずい道等の掘削の作業を行う場合において、可燃性ガスが突出するおそれのあるときは、当該可燃性ガスによる爆発又は火災を防止するため、ボーリングによるガス抜きその他可燃性ガスの突出を防止するため必要な措置を講じなければならない。

ずい道等内でガス溶接作業を行う場合の火災防止措置

（ガス溶接等の作業を行う場合の火災防止措置）

第三百八十九条の三　事業者は、ずい道等の建設の作業を行う場合において、当該ずい道等の内部で、可燃性ガス及び酸素を用いて金属の溶接、溶断又は加熱の作業を行うときは、火災を防止するため、次の措置を講じなければならない。

一　付近にあるぼろ、木くず、紙くずその他の可燃性の物を除去し、又は当該可燃性の物に不燃性の物による覆（おお）いをし、若しくは当該作業に伴う火花等の飛散を防止するための隔壁を設けること。

二　第二百五十七条の指揮者に、同条各号の事項のほか、次の事項を行わせること。

イ　作業に従事する労働者に対し、消火設備の設置場所及びその使用方法を周知させること。

ロ　作業の状況を監視し、異常を認めたときは、直ちに必要な措置をとること。

ハ　作業終了後火花等による火災が生ずるおそれのないことを確認すること。

防火担当者の指名

（防火担当者）

第三百八十九条の四　事業者は、ずい道等の建設の作業を行うときは、当該ずい道等の内部の火気又はアークを使用する場所（前条の作業を行う場所を除く。）について、防火担当者を指名し、その者に、火災を防止するため、次の事項を行わせなければならない。

一　火気又はアークの使用の状況を監視し、異常を認めたときは、直ちに必要な措置をとること。

二　残火の始末の状況について確認すること。

（消火設備）

消火設備の設置

第三百八十九条の五　事業者は、ずい道等の建設の作業を行うときは、当該ずい道等の内部の火気若しくはアークを使用する場所又は配電盤、変圧器若しくはしや断器を設置する場所には、適当な箇所に、予想される火災の性状に適応する消火設備を設け、関係労働者に対し、その設置場所及び使用方法を周知させなければならない。

（たて坑の建設の作業）

たて坑の建設の作業

第三百八十九条の六　前三条の規定は、たて坑の建設の作業について準用する。

第一款の四　退避等

（退避）

急迫した危険のあるときの退避

第三百八十九条の七　事業者は、ずい道等の建設の作業を行う場合において、落盤、出水等による労働災害発生の急迫した危険があるときは、直ちに作業を中止し、労働者を安全な場所に退避させなければならない。

可燃性ガスの爆発のおそれがあるときの退避等

第三百八十九条の八　事業者は、ずい道等の建設の作業を行う場合であつて、当該ずい道等の内部における可燃性ガスの濃度が爆発下限界の値の三十パーセント以上であることを認めたときは、直ちに、労働者を安全な場所に退避させ、及び火気その他点火源となるおそれのあるものの使用を停止し、かつ、通風、換気等の措置を講じなければならない。

2　事業者は、前項の場合において、当該ずい道等の内部における可燃性ガスの濃度が爆発下限界の値の三十パーセント未満であることを確認するまでの間、当該ずい道等の内部に関係者以外の者が立ち入ることを禁止し、かつ、その旨を見やすい箇所に表示しなければならない。

警報設備等の設置

（警報設備等）

第三百八十九条の九　事業者は、ずい道等の建設の作業を行うときは、落盤、出水、ガス爆発、火災その他非常の場合に関係労働者にこれを速やかに知らせるため、次の各号の区分に応じ、当該各号に掲げる設備等を設け、関係労働者に対し、その設置場所を周知させなければならない。

一　出入口から切羽までの距離（以下この款において「切羽までの距離」という。）が百メートルに達したとき（次号に掲げる場合を除く。）　サイレン、非常ベル等の警報用の設備（以下この条において「警報設備」という。）

二　切羽までの距離が五百メートルに達したとき　警報設備及び電話機等の通話装置（坑外と坑内の間において通話することができるものに限る。以下この条において「通話装置」という。）

2　事業者は、前項の警報設備及び通話装置については、常時、有効に作動するように保持しておかなければならない。

3　事業者は、第一項の警報設備及び通話装置に使用する電源については、当該電源に異常が生じた場合に直ちに使用することができる予備電源を備えなければならない。

避難用器具の備付け

（避難用器具）

第三百八十九条の十　事業者は、ずい道等の建設の作業を行うときは、落盤、出水、ガス爆発、火災その他非常の場合に労働者を避難させるため、次の各号の区分に応じ、当該各号に掲げる避難用器具を適当な箇所に備え、関係労働者に対し、その備付け場所及び使用方法を周知させなければならない

ばならない。

一　可燃性ガスが存在して爆発又は火災が生ずるおそれのあるずい道等以外のずい道等にあつては、切羽までの距離が百メートルに達したとき（第三号に掲げる場合を除く。）懐中電灯等の携帯用照明器具（以下この条において「携帯用照明器具」という。）その他避難に必要な器具

二　可燃性ガスが存在して爆発又は火災が生ずるおそれのあるずい道等にあつては、切羽までの距離が百メートルに達したとき（次号に掲げる場合を除く。）一酸化炭素用自己救命器等の呼吸用保護具（以下この条において「呼吸用保護具」という。）、携帯用照明器具その他避難に必要な器具

三　切羽までの距離が五百メートルに達したとき　呼吸用保護具、携帯用照明器具その他避難に必要な器具

2　事業者は、前項の呼吸用保護具については、同時に就業する労働者（出入口付近において作業に従事する者を除く。次項において同じ。）の人数と同数以上を備え、常時有効かつ清潔に保持しなければならない。

3　事業者は、第一項の携帯用照明器具については、同時に就業する労働者の人数と同数以上を備え、常時有効に保持しなければならない。ただし、同項第一号の場合において、同時に就業する労働者が集団で避難するために必要な照明を確保する措置を講じているときは、この限りでない。

避難等の訓練と記録の保存

（避難等の訓練）

第三百八十九条の十一　事業者は、切羽までの距離が百メートル（可燃性ガスが存在して爆発又は火災が生ずるおそれのあるずい道等以外のずい道等にあつては、五百メートル）以上となるずい

道等に係るずい道等の建設の作業を行うときは、落盤、出水、ガス爆発、火災等が生じたときに備えるため、関係労働者に対し、当該ずい道等の切羽までの距離が百メートルに達するまでの期間内に一回、及びその後六月以内ごとに一回、避難及び消火の訓練（以下「避難等の訓練」という。）を行わなければならない。

2　事業者は、避難等の訓練を行つたときは、次の事項を記録し、これを三年間保存しなければならない。

一　実施年月日
二　訓練を受けた者の氏名
三　訓練の内容

第二款　ずい道支保工

ずい道支保工の材料

（材料）

第三百九十条　事業者は、ずい道支保工の材料については、著しい損傷、変形又は腐食があるものを使用してはならない。

2　事業者は、ずい道支保工に使用する木材については、あかまつ、くろまつその他じん性に富み、かつ、強度上の著しい欠点となる割れ、虫食い、節、繊維の傾斜等がないものでなければ、使用してはならない。

ずい道支保工の構造

（ずい道支保工の構造）

第三百九十一条　事業者は、ずい道支保工の構造については、当該ずい道支保工を設ける箇所の地山に係る地質、地層、含水、湧水、き裂及び浮石の状態並びに掘削の方法に応じた堅固なものとしなければならない。

ずい道支保工の標準図

（標準図）

第三百九十二条　事業者は、ずい道支保工を組み立てるときは、あらかじめ、標準図を作成し、かつ、当該標準図により組み立てなければならない。

2　前項の標準図は、ずい道支保工の部材の配置、寸法及び材質が示されているものでなければならない。

組立て又は変更の場合の措置

（組立て又は変更）

第三百九十三条　事業者は、ずい道支保工を組み立て、又は変更するときは、次に定めるところによらなければならない。

一　主材を構成する一組の部材は、同一平面内に配置すること。

二　木製のずい道支保工にあつては、当該ずい道支保工の各部材の緊圧の度合が均等になるようにすること。

ずい道支保工の危険の防止

（ずい道支保工の危険の防止）

第三百九十四条　事業者は、ずい道支保工については、次に定めるところによらなければならない。

一　脚部には、その沈下を防止するため、皿板を用いる等の措置を講ずること。

二　鋼アーチ支保工にあつては、次に定めるところによること。

イ　建込み間隔は、一・五メートル以下とすること。

ロ　主材がアーチ作用を十分に行なうようにするため、くさびを打ち込む等の措置を講ずること。

ハ　つなぎボルト及びつなぎばり、筋かい等を用いて主材相互を強固に連結すること。

ニ　ずい道等の出入口の部分には、やらずを設けること。

ホ　鋼アーチ支保工のずい道等の縦方向の長さが短い場合その他当該鋼アーチ支保工にずい道等の縦方向の荷重がかかることによりその転倒又はねじれを生ずるおそれのあるときは、ずい道等の出入口の部分以外の部分にもやらずを設ける等その転倒又はねじれを防止するための措置を講ずること。

ヘ　肌(はだ)落ちにより労働者に危険を及ぼすおそれのあるときは、矢板、矢木、ライナープレート等を設けること。

三　木製支柱式支保工にあつては、次に定めるところによること。

イ　大引きは、変位を防止するため、鼻ばり等により地山に固定すること。

ロ　両端にはやらずを設けること。

ハ　木製支柱式支保工にずい道等の縦方向の荷重がかかることによりその転倒又はねじれを生ずるおそれのあるときは、両端以外の部分にもやらずを設ける等その転倒又はねじれを防止するための措置を講ずること。

ニ　部材の接続部はなじみよいものとし、かつ、かすがい等により固定すること。

ホ　ころがしは、にない内ばり又はけたつなぎばりを含む鉛直面内に配置しないこと。

ヘ　にない内ばり及びけたつなぎばりが、アーチ作用を十分に行なう状態にすること。

四　鋼アーチ支保工及び木製支柱式支保工以外のずい道支保工にあつては、ずい道等の出入口の部分には、やらずを設けること。

部材の取りはずし

（部材の取りはずし）
第三百九十五条　事業者は、荷重がかかつているずい道支保工の部材を取りはずすときは、当該部材にかかつている荷重をずい道型わく支保工等に移す措置を講じた後でなければ、当該部材を取りはずしてはならない。

ずい道支保工の点検

（点検）
第三百九十六条　事業者は、ずい道支保工を設けたときは、毎日及び中震以上の地震の後、次の事項について点検し、異常を認めたときは、直ちに補強し、又は補修しなければならない。
一　部材の損傷、変形、腐食、変位及び脱落の有無及び状態
二　部材の緊圧の度合
三　部材の接続部及び交さ部の状態
四　脚部の沈下の有無及び状態

第三款　ずい道型わく支保工

ずい道型わく支保工の材料

（材料）
第三百九十七条　事業者は、ずい道型わく支保工の材料については、著しい損傷、変形又は腐食があるものを使用してはならない。

ずい道型わく支保工の構造

（構造）

第三百九十八条　事業者は、ずい道型わく支保工の構造については、当該ずい道型わく支保工にかかる荷重、型わくの形状等に応じた堅固なものとしなければならない。

第三節　採石作業

第一款　調査、採石作業計画等

採石作業を行う場合の調査と記録

（調査及び記録）

第三百九十九条　事業者は、採石作業（岩石の採取のための掘削の作業、採石場において行なう岩石の小割、加工及び運搬の作業その他これらの作業に伴う作業をいう。以下同じ。）を行なうときは、地山の崩壊、掘削機械の転落等による労働者の危険を防止するため、あらかじめ、当該採石作業に係る地山の形状、地質及び地層の状態を調査し、その結果を記録しておかなければならない。

採石作業計画

（採石作業計画）

第四百条　事業者は、採石作業を行なうときは、あらかじめ、前条の規定による調査により知り得たところに適応する採石作業計画を定め、かつ、当該採石作業計画により作業を行なわなければならない。

2　前項の採石作業計画は、次の事項が示されているものでなければならない。

一　露天掘り又は坑内掘りの別及び露天掘りにあつては、階段採掘法、傾斜面掘削法又はグローリホール法の別
二　掘削面の高さ及びこう配
三　掘削面の段の位置及び奥行き
四　坑内における落盤、肌落ち及び側壁の崩壊防止の方法
五　発破の方法
六　岩石の小割の方法
七　岩石の加工の場所
八　土砂又は岩石の積込み及び運搬の方法並びに運搬の経路
九　使用する掘削機械、小割機械、積込機械又は運搬機械の種類及び能力
十　表土又は湧水の処理の方法

採石作業の開始前点検

（点検）

第四百一条　事業者は、採石作業を行なうときは、地山の崩壊又は土石の落下による労働者の危険を防止するため、次の措置を講じなければならない。
一　点検者を指名して、作業箇所及びその周辺の地山について、その日の作業を開始する前、大雨の後及び中震以上の地震の後、浮石及びき裂の有無及び状態並びに含水、湧水及び凍結の状態の変化を点検させること。
二　点検者を指名して、発破を行なつた後、当該発破を行なつた箇所及びその周辺の浮石及びき裂の有無及び状態を点検させること。

（採石作業計画の変更）

第四百二条　事業者は、採石作業を行なう場合において、第四百条第一項の採石作業計画が前条の規定による点検等により知り得た地山の状態に適応しなくなつたときは、遅滞なく、当該採石作業計画を当該地山の状態に適応するよう変更し、かつ、変更した採石作業計画によつて作業を行なわなければならない。

（採石のための掘削作業主任者の選任）

第四百三条　事業者は、令第六条第十一号の作業については、採石のための掘削作業主任者技能講習を修了した者のうちから、採石のための掘削作業主任者を選任しなければならない。

（採石のための掘削作業主任者の職務）

第四百四条　事業者は、採石のための掘削作業主任者に、次の事項を行わせなければならない。

一　作業の方法を決定し、作業を直接指揮すること。

二　材料の欠点の有無並びに器具及び工具を点検し、不良品を取り除くこと。

三　要求性能墜落制止用器具等及び保護帽の使用状況を監視すること。

四　退避の方法を、あらかじめ、指示すること。

（隣接採石場との連絡の保持）

第四百五条　事業者は、地山の崩壊、土石の飛来等による労働者の危険を防止するため、隣接する採石場で行なわれる発破の時期、浮石落しの方法等必要な事項について当該採石場との間の連絡を保たなければならない。

照度の保持

（照度の保持）

第四百六条　事業者は、採石作業を行なう場所については、当該作業を安全に行なうため必要な照度を保持しなければならない。

第二款　地山の崩壊等による危険の防止

掘削面のこう配の基準

（掘削面のこう配の基準）

第四百七条　事業者は、岩石の採取のための掘削の作業（坑内におけるものを除く。以下この条において同じ。）を行なうときは、掘削面のこう配を、次の表の上欄に掲げる地山の種類及び同表の中欄に掲げる掘削面の高さに応じ、それぞれ同表の下欄に掲げる値以下としなければならない。ただし、パワー・ショベル、トラクター・ショベル等の掘削機械を用いて掘削の作業を行なう場合において、地山の崩壊又は土石の落下により当該機械の運転者に危険を及ぼすおそれのないときは、この限りでない。

地山の種類	掘削面の高さ（単位　メートル）	掘削面のこう配（単位　度）
一　崩壊又は落下の原因となるき裂がない岩盤からなる地山	二十未満	九十
	二十以上	七十五
二　前号の岩盤以外の岩盤からなる地山	五未満	九十
	五以上	六十

三	前各号に掲げる地山以外の地山	二未満 二以上	九十 四十五

土石等の崩壊等による危険の防止

（崩壊等による危険の防止）

第四百八条　事業者は、採石作業（坑内で行なうものを除く。）を行なう場合において、崩壊又は落下により労働者に危険を及ぼすおそれのある土石、立木等があるときは、あらかじめ、これらを取り除き、防護網を張る等当該危険を防止するための措置を講じなければならない。

坑内採石作業における落盤等による危険の防止

（落盤等による危険の防止）

第四百九条　事業者は、坑内で採石作業を行なう場合において、落盤、肌落ち又は側壁の崩壊により労働者に危険を及ぼすおそれのあるときは、支柱又は残柱を設け、天井をアーチ状とし、ロックボルトを施す等当該危険を防止するための措置を講じなければならない。

掘削箇所附近での作業禁止

（掘削箇所附近での作業禁止）

第四百十条　事業者は、掘削箇所の附近で岩石の小割又は加工の作業を行なつてはならない。ただし、当該岩石を移動させることが著しく困難なときは、この限りでない。

立入禁止

（立入禁止）

第四百十一条　事業者は、岩石の採取のための掘削の作業が行なわれている箇所の下方で土石の落下により労働者に危険を及ぼすおそれのあるところには、労働者を立ち入らせてはならない。

採石作業における保護帽の着用

（保護帽の着用）

第四百十二条　事業者は、採石作業を行なうときは、物体の飛来又は落下による危険を防止するため、当該作業に従事する労働者に保護帽を着用させなければならない。

2　労働者は、前項の保護帽の着用を命じられたときは、同項の保護帽を着用しなければならない。

第三款　運搬機械等による危険の防止

運搬機械等の運行の経路等

（運搬機械等の運行の経路等）

第四百十三条　事業者は、採石作業を行なうときは、あらかじめ、運搬機械等及び小割機械の運行の経路並びに運搬機械等及び小割機械の土石の積卸し場所への出入の方法を定めて、これを関係労働者に周知させなければならない。

2　事業者は、前項の運行の経路については、次の措置を講じなければならない。

一　必要な幅員を保持すること。

二　路肩の崩壊を防止すること。

三　地盤の軟弱化を防止すること。

四　必要な箇所に標識又はさくを設けること。

3　事業者は、第一項の運行の経路について補修その他経路を有効に保持するための作業を行なうときは、監視人を配置し、又は作業中である旨の掲示をしなければならない。

運行の経路上での作業の禁止

（運行の経路上での作業の禁止）

第四百十四条　事業者は、前条第一項の運行の経路上で、岩石の小割又は加工の作業を行なつてはならない。ただし、やむを得ない場合で、監視人を配置し、作業中である旨の掲示をする等運搬機械等及び小割機械に接触することによる労働者の危険を防止するための措置を講じたときは、この限りでない。

立入禁止

（立入禁止）

第四百十五条　事業者は、採石作業を行なうときは、運転中の運搬機械等及び小割機械に接触することにより労働者に危険を及ぼすおそれのある箇所に、労働者を立ち入らせてはならない。

運搬機械等の誘導者の配置等

（誘導者の配置等）

第四百十六条　事業者は、採石作業を行なう場合において、運搬機械等及び小割機械が労働者の作業箇所に後進して接近するとき、又は転落するおそれのあるときは、誘導者を配置し、その者に当該運搬機械等及び小割機械を誘導させなければならない。

2　前項の運搬機械等及び小割機械を運転する労働者は、同項の誘導者が行なう誘導に従わなければならない。

第七章　荷役作業等における危険の防止

第一節　貨物取扱作業等

第一款　積卸し等

第四百十七条　削除

不適格な繊維ロープの使用禁止

（不適格な繊維ロープの使用禁止）

第四百十八条　事業者は、次の各号のいずれかに該当する繊維ロープを貨車の荷掛けに使用してはならない。

一　ストランドが切断しているもの

二　著しい損傷又は腐食があるもの

繊維ロープの使用開始前の点検

（点検）

第四百十九条　事業者は、繊維ロープを貨車の荷掛けに使用するときは、その日の使用を開始する前に、当該繊維ロープを点検し、異常を認めたときは、直ちに取り替えなければならない。

積卸し作業の作業指揮者の選任及び職務

（作業指揮者の選任及び職務）

第四百二十条　事業者は、一の荷でその重量が百キログラム以上のものを貨車に積む作業（ロープ掛けの作業及びシート掛けの作業を含む。）又は貨車から卸す作業（ロープ解きの作業及びシート外しの作業を含む。）を行うときは、当該作業の指揮者を定め、その者に次の事項を行わせなければならない。

一　作業の方法及び順序を決定し、作業を指揮すること。

二　器具及び工具を点検し、不良品を取り除くこと。

三　当該作業を行う箇所には、関係労働者以外の労働者を立ち入らせないこと。

四　ロープ解きの作業及びシート外しの作業を行うときは、荷台上の荷の落下の危険がないことを確認した後に当該作業の着手を指示すること。

荷卸し作業の中抜きの禁止

（中抜きの禁止）

第四百二十一条　事業者は、貨車から荷を卸す作業を行うときは、当該作業に従事する労働者に中抜きをさせてはならない。

2　前項の作業に従事する労働者は、中抜きをしてはならない。

第四百二十二条から第四百二十五条まで　削除

ふ頭等の荷役作業場における危険の防止

（ふ頭等の荷役作業場）

第四百二十六条　事業者は、ふ頭、岸壁等の荷役作業を行なう場所については、次の措置を講じなければならない。

一　作業場及び通路の危険な部分には、安全で有効な照明の方法を講ずること。

二　ふ頭又は岸壁の線に沿つて、通路を設けるときは、その幅を九十センチメートル以上とし、かつ、この区域から固定の設備及び使用中の装置以外の障害物を除くこと。

三　陸上における通路及び作業場所で、ぐう角、橋又は船きよのこう門をこえる歩道等の危険な部分には、適当な囲い、さく等を設けること。

第二款　はい付け、はいくずし等

（はいの昇降設備）

はいの昇降設備の設置等

第四百二十七条　事業者は、はい（倉庫、上屋又は土場に積み重ねられた荷（小麦、大豆、鉱石等のばら物の荷を除く。）の集団をいう。以下同じ。）の上で作業を行なう場合において、作業箇所の高さが床面から一・五メートルをこえるときは、当該作業に従事する労働者が床面と当該作業箇所との間を安全に昇降するための設備を設けなければならない。ただし、当該はいを構成する荷によつて安全に昇降できる場合は、この限りでない。

2　前項の作業に従事する労働者は、床面と当該作業箇所との間を昇降するときは、同項のただし書に該当する場合を除き、同項の昇降するための設備を使用しなければならない。

（はい作業主任者の選任）

はい作業主任者の選任

第四百二十八条　事業者は、令第六条第十二号の作業については、はい作業主任者技能講習を修了した者のうちから、はい作業主任者を選任しなければならない。

（はい作業主任者の職務）

はい作業主任者の職務

第四百二十九条　事業者は、はい作業主任者に、次の事項を行なわせなければならない。

一　作業の方法及び順序を決定し、作業を直接指揮すること。
二　器具及び工具を点検し、不良品を取り除くこと。
三　当該作業を行なう箇所を通行する労働者を安全に通行させるため、その者に必要な事項を指示すること。
四　はいくずしの作業を行なうときは、はいの崩壊の危険がないことを確認した後に当該作業の着手を指示すること。
五　第四百二十七条第一項の昇降するための設備及び保護帽の使用状況を監視すること。

はいの間隔

（はいの間隔）

第四百三十条　事業者は、床面からの高さが二メートル以上のはい（容器が袋、かます又は俵である荷により構成されるものに限る。）については、当該はいと隣接のはいとの間隔を、はいの下端において十センチメートル以上としなければならない。

はいくずし作業を行う場合の措置

（はいくずし作業）

第四百三十一条　事業者は、床面からの高さが二メートル以上のはいについて、はいくずしの作業を行なうときは、当該作業に従事する労働者に次の事項を行なわせなければならない。
一　中抜きをしないこと。
二　容器が袋、かます又は俵である荷により構成されるはいについては、ひな段状にくずし、ひな段の各段（最下段を除く。）の高さは一・五メートル以下とすること。
2　前項の作業に従事する労働者は、同項各号に掲げる事項を行なわなければならない。

はいの崩壊等の危険の防止

（はいの崩壊等の危険の防止）

第四百三十二条　事業者は、はいの崩壊又は荷の落下により労働者に危険を及ぼすおそれのあるときは、当該はいについて、ロープで縛り、網を張り、くい止めを施し、はい替えを行なう等当該危険を防止するための措置を講じなければならない。

立入禁止

（立入禁止）

第四百三十三条　事業者は、はい付け又ははいくずしの作業が行なわれている箇所で、はいの崩壊又は荷の落下により労働者に危険を及ぼすおそれのあるところに、関係労働者以外の労働者を立ち入らせてはならない。

照度の保持

（照度の保持）

第四百三十四条　事業者は、はい付け又ははいくずしの作業を行なう場所については、当該作業を安全に行なうため必要な照度を保持しなければならない。

はい作業における保護帽の着用

（保護帽の着用）

第四百三十五条　事業者は、はいの上における作業（作業箇所の高さが床面から二メートル以上のものに限る。）を行なうときは、墜落による労働者の危険を防止するため、当該作業に従事する労働者に保護帽を着用させなければならない。

2　前項の作業に従事する労働者は、同項の保護帽を着用しなければならない。

第四百三十六条から第四百四十八条まで　削除

第二節　港湾荷役作業

第一款　通行のための設備等

（船倉への通行設備）

船倉への通行設備

第四百四十九条　事業者は、ばく露甲板の上面から船倉の底までの深さが一・五メートルをこえる船倉の内部において荷の取扱いの作業を行なうときは、当該作業に従事する労働者が当該甲板と当該船倉との間を安全に通行するための設備を設けなければならない。ただし、安全に通行するための設備が船舶に設けられている場合は、この限りでない。

2　前項の作業に従事する労働者は、ばく露甲板と船倉との間を通行するときは、同項の通行するための設備を使用しなければならない。

（船内荷役作業主任者の選任）

船内荷役作業主任者の選任

第四百五十条　事業者は、令第六条第十三号の作業については、船内荷役作業主任者技能講習を修了した者のうちから、船内荷役作業主任者を選任しなければならない。

（船内荷役作業主任者の職務）

船内荷役作業主任者の職務

第四百五十一条　事業者は、船内荷役作業主任者に、次の事項を行なわせなければならない。

一　作業の方法を決定し、作業を直接指揮すること。

二　通行設備、荷役機械、保護具並びに器具及び工具を点検整備し、これらの使用状況を監視すること。

三　周辺の作業者との連絡調整を行なうこと。

（通行の禁止）

第四百五十二条　事業者は、揚貨装置、クレーン、移動式クレーン又はデリック（以下この節において「揚貨装置等」という。）を用いて、荷の巻上げ又は巻卸しの作業を行なつている場合において、第四百四十九条第一項の通行するための設備を使用して通行する労働者に荷が落下し、又は激突するおそれのあるときは、その通行をさせてはならない。

（立入禁止）

第四百五十三条　事業者は、次の場所に労働者を立ち入らせてはならない。

一　ハッチボードの開閉又はハッチビームの取付け若しくは取りはずしの作業が行なわれている場所の下方で、ハッチボード又はハッチビームが落下することにより労働者に危険を及ぼすおそれのあるところ

二　揚貨装置のブームの起伏の作業が行なわれている場合において、当該ブームが倒れることにより労働者に危険を及ぼすおそれのあるところ

（照度の保持）

第四百五十四条　事業者は、港湾荷役作業（船舶に荷を積み、船舶から荷を卸し、又は船舶において荷を移動させる作業をいう。以下同じ。）を行なうときは、当該作業を安全に行なうため必要な照度を保持しなければならない。

第二款　荷積み及び荷卸し

有害物、危険物等による危険の防止

（有害物、危険物等による危険の防止）
第四百五十五条　事業者は、港湾荷役作業を開始する前に、当該作業が行われる船倉の内部、ばく露甲板の上又は岸壁の上にある荷の中に、塩素、シアン酸、四アルキル鉛等急性中毒を起こすおそれのある物、腐食性液体その他の腐食性の物、火薬類又は危険物が存するかどうかを調べ、これらの物が存するときは、次の措置を講じなければならない。
一　これらの物の安全な取扱いの方法を定めて、当該作業に従事する労働者に周知させ、作業の実施について当該取扱いの方法によらせること。
二　これらの物が飛散し又は漏えいしたときの処置を定めて、当該作業に従事する労働者に周知させ、これらの物の飛散又は漏えいの際には、当該処置を採らせること。

ハッチビーム等の作業開始前の点検

（ハッチビーム等の点検）
第四百五十六条　事業者は、揚貨装置等を用いて、船倉の内部から荷を巻き上げ、又は船倉の内部へ荷を巻き卸す作業を行なうときは、当該作業を開始する前に、ハッチビーム又は開放されたちようつがい付きハッチボードの固定の状態について点検し、これらが確実に固定されていることを確認した後でなければ、当該作業に労働者を従事させてはならない。

シフチングボード等の取りはずしの確認

（シフチングボード等の取りはずしの確認）
第四百五十七条　事業者は、船倉の内部の小麦、大豆、とうもろこし等ばら物の荷を卸す作業を行なう場合において、シフチングボード、フイーダボックス等荷の移動を防止するための隔壁が倒壊し又は落下することにより、当該作業に従事する労働者に危険を及ぼすおそれのあるときは、当該隔壁が取りはずされた後でなければ、当該作業に労働者を従事させてはならない。

同一船倉内部の同時作業の禁止

（同時作業の禁止）

第四百五十八条　事業者は、同一の船倉の内部において、同時に異なる層で作業を行なつてはならない。ただし、防網、防布等荷の落下を防止するための設備が設けられているときは、この限りでない。

巻出索の使用等

（巻出索の使用等）

第四百五十九条　事業者は、揚貨装置等を用いて、船倉の内部の荷で、ハッチの直下にあるもの以外のものを巻き上げる作業を行なうときは、巻出索を使用する等により、あらかじめ、当該荷をハッチの直下に移してから行なわなければならない。

みぞ車の取付け

（みぞ車の取付け）

第四百六十条　事業者は、揚貨装置等を用いて、荷の巻出し又は引込みの作業を行なうときは、巻出索又は引込索に用いるみぞ車を、ビームクランプ、シヤツクル等の取付具により船のフレームに確実に取り付けなければならない。

立入禁止

（立入禁止）

第四百六十一条　事業者は、揚貨装置等を用いて、巻出索又は引込索により荷を引いているときは、当該索の内角側で、当該索又はみぞ車が脱落することにより労働者に危険を及ぼすおそれのある箇所に労働者を立ち入らせてはならない。

フック付きスリングの使用

（フック付きスリングの使用）

第四百六十二条　事業者は、揚貨装置等を用いて、フック付きスリングによりドラムかん、たる等の荷の巻上げの作業を行なうときは、ドラムスリングその他当該荷がはずれるおそれのない構造のフック付きスリングを使用しなければならない。

ベール包装貨物の取扱い

（ベール包装貨物の取扱い）

第四百六十三条　事業者は、揚貨装置等を用いて、綿花、羊毛、コルク等でベール包装により包装されているものの巻上げの作業を行なうときは、労働者に、当該包装に用いられている帯鉄、ロープ又は針金にスリングのフックをかけさせてはならない。

2　前項の作業に従事する労働者は、同項の帯鉄、ロープ又は針金にスリングのフックをかけてはならない。

港湾荷役作業における保護帽の着用

（保護帽の着用）

第四百六十四条　事業者は、港湾荷役作業を行なうときは、物体の飛来又は落下による労働者の危険を防止するため、当該作業に従事する労働者に保護帽を着用させなければならない。

2　前項の作業に従事する労働者は、同項の保護帽を着用しなければならない。

第三款　揚貨装置の取扱い

揚貨装置の作業開始前の点検

（点検）

第四百六十五条　事業者は、揚貨装置を用いて、荷の巻上げ又は巻卸しの作業を行なうときは、当該作業を開始する前に、揚貨装置の作動状態について点検し、異常がないことを確認した後でなければ、労働者に揚貨装置を使用させてはならない。

制限荷重の厳守

（制限荷重の厳守）

第四百六十六条　事業者は、揚貨装置にその制限荷重をこえる荷重をかけて使用してはならない。

揚貨装置の運転における合図

（合図）

第四百六十七条　事業者は、揚貨装置を用いて作業を行なうときは、揚貨装置の運転について一定の合図を定め、合図を行なう者を揚貨装置ごとに指名して、その者に合図を行なわせなければならない。

2　前項の指名を受けた者は、同項の作業に従事するときは、同項の合図を行なわなければならない。

3　第一項の作業に従事する労働者は、同項の合図に従わなければならない。

作業位置からの離脱の禁止

（作業位置からの離脱の禁止）

第四百六十八条　事業者は、揚貨装置の運転者を荷をつつたまま作業位置から離れさせてはならない。

2　前項の運転者は、荷をつつたまま作業位置を離れてはならない。

ワイヤロープの安全係数

（ワイヤロープの安全係数）

第四百六十九条　事業者は、揚貨装置の玉掛けに用いるワイヤロープの安全係数については、六以上としなければならない。

2　前項の安全係数は、ワイヤロープの切断荷重の値を、当該ワイヤロープにかかる荷重の最大の値で除した値とする。

鎖の安全係数

（鎖の安全係数）

第四百六十九条の二　事業者は、揚貨装置の玉掛けに用いる鎖の安全係数については、次の各号に掲げる鎖の区分に応じ、当該各号に掲げる値以上としなければならない。

一　次のいずれにも該当する鎖　四

イ　切断荷重の二分の一の荷重で引つ張つた場合において、その伸びが〇・五パーセント以下のものであること。

ロ　その引張強さの値が四百ニュートン毎平方ミリメートル以上であり、かつ、その伸びが、次の表の上欄に掲げる引張強さの値に応じ、それぞれ同表の下欄に掲げる値以上となるものであること。

引張強さ（単位　ニュートン毎平方ミリメートル）	伸び（単位　パーセント）
四百以上六百三十未満	二十
六百三十以上千未満	十七
千以上	十五

二　前号に該当しない鎖　五

2　前項の安全係数は、鎖の切断荷重の値を、当該鎖にかかる荷重の最大の値で除した値とする。

フック等の安全係数

（フック等の安全係数）

第四百七十条　事業者は、揚貨装置の玉掛けに用いるフック又はシヤツクルの安全係数については、五以上としなければならない。

2 前項の安全係数は、フック又はシャックルの切断荷重の値を、それぞれ当該フック又はシャックルにかかる荷重の最大の値で除した値とする。

不適格なワイヤロープの使用禁止

（不適格なワイヤロープの使用禁止）

第四百七十一条 事業者は、次の各号のいずれかに該当するワイヤロープを揚貨装置の玉掛けに使用してはならない。

一 ワイヤロープ一よりの間において素線（フイラ線を除く。以下本号において同じ。）の数の十パーセント以上の素線が切断しているもの

二 直径の減少が公称径の七パーセントをこえるもの

三 キンクしたもの

四 著しい形くずれ又は腐食があるもの

不適格な鎖の使用禁止

（不適格な鎖の使用禁止）

第四百七十二条 事業者は、次の各号のいずれかに該当する鎖を揚貨装置の玉掛けに使用してはならない。

一 伸びが、当該鎖が製造されたときの長さの五パーセントをこえるもの

二 リンクの断面の直径の減少が、当該鎖が製造されたときの当該リンクの断面の直径の十パーセントをこえるもの

三 き裂があるもの

不適格なフック等の使用禁止

（不適格なフック等の使用禁止）

第四百七十三条 事業者は、変形し、又はき裂があるフック、シャックル又はリングを揚貨装置の

玉掛けに使用してはならない。

（不適格な繊維ロープ等の使用禁止）

第四百七十四条　事業者は、次の各号のいずれかに該当する繊維ロープ又は繊維ベルトを揚貨装置の玉掛けに使用してはならない。

一　ストランドが切断しているもの

二　著しい損傷又は腐食があるもの

（ワイヤロープ及び鎖）

第四百七十五条　事業者は、エンドレスでないワイヤロープ又は鎖については、その両端にフック、シヤツクル、リング又はアイを備えているものでなければ、揚貨装置の玉掛けに使用してはならない。

2　前項のアイは、アイスプライス若しくは圧縮どめ又はこれらと同等以上の強さを保持する方法によるものでなければならない。この場合において、アイスプライスは、ワイヤロープのすべてのストランドを三回以上編み込んだ後、それぞれのストランドの素線の半数の素線を切り、残された素線をさらに二回以上（すべてのストランドを四回以上編み込んだときは、一回以上）編み込むものとする。

（スリングの点検）

第四百七十六条　事業者は、揚貨装置を用いて作業を行なうときは、その日の作業を開始する前に、当該作業に用いるフツク付きスリング、もつこスリング、ワイヤスリング等のスリングの状態に

不適格な繊維ロープ等の使用禁止

ワイヤロープ及び鎖

スリングの作業開始前の点検

ついて点検し、異常を認めたときは、直ちに、補修し、又は取り替えなければならない。

第八章　伐木作業等における危険の防止

伐木作業における危険の防止

（伐木作業における危険の防止）

第四百七十七条　事業者は、伐木の作業（伐木等機械による作業を除く。以下同じ。）を行うときは、立木を伐倒しようとする労働者に、それぞれの立木について、次の事項を行わせなければならない。

一　伐倒の際に退避する場所を、あらかじめ、選定すること。

二　かん木、枝条、つる、浮石等で、伐倒の際その他作業中に危険を生ずるおそれのあるものを取り除くこと。

三　伐倒しようとする立木の胸高直径が二十センチメートル以上であるときは、伐根直径の四分の一以上の深さの受け口を作り、かつ、適当な深さの追い口を作ること。この場合において、技術的に困難である場合を除き、受け口と追い口の間には、適当な幅の切り残しを確保すること。

2　立木を伐倒しようとする労働者は、前項各号に掲げる事項を行わなければならない。

かかり木の処理の作業における危険の防止

（かかり木の処理の作業における危険の防止）

第四百七十八条　事業者は、伐木の作業を行う場合において、既にかかり木が生じている場合又はかかり木が生じた場合は、速やかに当該かかり木を処理しなければならない。ただし、速やかに処理することが困難なときは、速やかに当該かかり木が激突することにより労働者に危険が生ずる箇所において、当該処理の作業に従事する労働者以外の労働者が立ち入ることを禁止し、かつ、その旨を縄張、標識の設置等の措置によつて明示した後、遅滞なく、処理することをもつて足りる。

2　事業者は、前項の規定に基づき労働者にかかり木の処理を行わせる場合は、かかり木が激突することによる危険を防止するため、かかり木にかかられている立木を伐倒させ、又はかかり木に激突させるためにかかり木以外の立木を伐倒させてはならない。

3　第一項の処理の作業に従事する労働者は、かかり木が激突することによる危険を防止するため、かかり木にかかられている立木を伐倒し、又はかかり木に激突させるためにかかり木以外の立木を伐倒してはならない。

伐倒の合図

（伐倒の合図）

第四百七十九条　事業者は、伐木の作業を行なうときは、伐倒について一定の合図を定め、当該作業に関係がある労働者に周知させなければならない。

2　事業者は、伐木の作業を行う場合において、当該立木の伐倒の作業に従事する労働者以外の労働者（以下この条及び第四百八十一条第二項において「他の労働者」という。）に、伐倒により危険を生ずるおそれのあるときは、当該立木の伐倒の作業に従事する労働者に、あらかじめ、前項の合図を行わせ、他の労働者が避難したことを確認させた後でなければ、伐倒させてはならない。

3　前項の伐倒の作業に従事する労働者は、同項の危険を生ずるおそれのあるときは、あらかじめ、合図を行ない、他の労働者が避難したことを確認した後でなければ、伐倒してはならない。

造材作業における危険の防止

（造材作業における危険の防止）

第四百八十条　事業者は、造材の作業（伐木等機械による作業を除く。以下同じ。）を行うときは、転落し、又は滑ることにより、当該作業に従事する労働者に危険を及ぼすおそれのある伐倒木、玉切材、枯損木等の木材について、当該作業に従事する労働者に、くい止め、歯止め等これらの木材が転落し、又は滑ることによる危険を防止するための措置を講じさせなければならない。
2　前項の作業に従事する労働者は、同項の措置を講じなければならない。

立入禁止

（立入禁止）
第四百八十一条　事業者は、造林、伐木、かかり木の処理、造材又は木寄せの作業（車両系木材伐出機械による作業を除く。以下この章において「造林等の作業」という。）を行つている場所の下方で、伐倒木、玉切材、枯損木等の木材が転落し、又は滑ることによる危険を生ずるおそれのあるところには、労働者を立ち入らせてはならない。
2　事業者は、伐木の作業を行う場合は、伐倒木等が激突することによる危険を防止するため、伐倒しようとする立木を中心として、当該立木の高さの二倍に相当する距離を半径とする円形の内側には、他の労働者を立ち入らせてはならない。
3　事業者は、かかり木の処理の作業を行う場合は、かかり木が激突することにより労働者に危険が生ずるおそれのあるところには、当該かかり木の処理の作業に従事する労働者以外の労働者を立ち入らせてはならない。

第四百八十二条　削除

悪天候時の造林等の作業禁止

（悪天候時の作業禁止）
第四百八十三条　事業者は、強風、大雨、大雪等の悪天候のため、造林等の作業の実施について危険が予想されるときは、当該作業に労働者を従事させてはならない。

造林等の作業における保護

（保護帽の着用）
第四百八十四条　事業者は、造林等の作業を行なうときは、物体の飛来又は落下による労働者の危

帽の着用

険を防止するため、当該作業に従事する労働者に保護帽を着用させなければならない。

2　前項の作業に従事する労働者は、同項の保護帽を着用しなければならない。

下肢の切創防止用保護衣の着用

（下肢の切創防止用保護衣の着用）

第四百八十五条　事業者は、チェーンソーを用いて行う伐木の作業又は造材の作業を行うときは、労働者の下肢とチェーンソーのソーチェーンとの接触による危険を防止するため、当該作業に従事する労働者に下肢の切創防止用保護衣（次項において「保護衣」という。）を着用させなければならない。

2　前項の作業に従事する労働者は、保護衣を着用しなければならない。

第四百八十六条から第五百十七条まで　削除

第八章の二　建築物等の鉄骨の組立て等の作業における危険の防止

作業計画

（作業計画）

第五百十七条の二　事業者は、令第六条第十五号の二の作業を行うときは、あらかじめ、作業計画を定め、かつ、当該作業計画により作業を行わなければならない。

2　前項の作業計画は、次の事項が示されているものでなければならない。

一　作業の方法及び順序

二　部材の落下又は部材により構成されているものの倒壊を防止するための方法

三　作業に従事する労働者の墜落による危険を防止するための設備の設置の方法

3　事業者は、第一項の作業計画を定めたときは、前項各号の事項について関係労働者に周知させなければならない。

建築物等の鉄骨の組立て等の作業を行う場合の措置

（建築物等の鉄骨の組立て等の作業）

第五百十七条の三　事業者は、令第六条第十五号の二の作業を行うときは、次の措置を講じなければならない。

一　作業を行う区域内には、関係労働者以外の労働者の立入りを禁止すること。

二　強風、大雨、大雪等の悪天候のため、作業の実施について危険が予想されるときは、当該作業を中止すること。

三　材料、器具、工具等を上げ、又は下すときは、つり綱、つり袋等を労働者に使用させること。

（建築物等の鉄骨の組立て等作業主任者の選任）

第五百十七条の四　事業者は、令第六条第十五号の二の作業については、建築物等の鉄骨の組立て等作業主任者技能講習を修了した者のうちから、建築物等の鉄骨の組立て等作業主任者を選任しなければならない。

建築物等の鉄骨の組立て等作業主任者の選任

（建築物等の鉄骨の組立て等作業主任者の職務）

第五百十七条の五　事業者は、建築物等の鉄骨の組立て等作業主任者に、次の事項を行わせなければならない。

一　作業の方法及び労働者の配置を決定し、作業を直接指揮すること。

二　器具、工具、要求性能墜落制止用器具等及び保護帽の機能を点検し、不良品を取り除くこと。

三　要求性能墜落制止用器具等及び保護帽の使用状況を監視すること。

建築物等の鉄骨の組立て等作業主任者の職務

第八章の三　鋼橋架設等の作業における危険の防止

作業計画

（作業計画）

第五百十七条の六　事業者は、令第六条第十五号の三の作業を行うときは、あらかじめ、作業計画を定め、かつ、当該作業計画により作業を行わなければならない。

2　前項の作業計画は、次の事項が示されているものでなければならない。

一　作業の方法及び順序

二　部材（部材により構成されているものを含む。）の落下又は倒壊を防止するための方法

三　作業に従事する労働者の墜落による危険を防止するための設備の設置の方法

四　使用する機械等の種類及び能力

3　事業者は、第一項の作業計画を定めたときは、前項各号の事項について関係労働者に周知させなければならない。

鋼橋架設等の作業を行う場合の措置

（鋼橋架設等の作業）

第五百十七条の七　事業者は、令第六条第十五号の三の作業を行うときは、次の措置を講じなければならない。

一　作業を行う区域内には、関係労働者以外の労働者の立入りを禁止すること。

二　強風、大雨、大雪等の悪天候のため、作業の実施について危険が予想されるときは、当該作業を中止すること。

三　材料、器具、工具等を上げ、又は下ろすときは、つり綱、つり袋等を労働者に使用させること。

四　部材又は架設用設備の落下又は倒壊により労働者に危険を及ぼすおそれのあるときは、控えの設置、部材又は架設用設備の座屈又は変形の防止のための補強材の取付け等の措置を講ずること。

鋼橋架設等作業主任者の選任

（鋼橋架設等作業主任者の選任）

第五百十七条の八　事業者は、令第六条第十五号の三の作業については、鋼橋架設等作業主任者技能講習を修了した者のうちから、鋼橋架設等作業主任者を選任しなければならない。

鋼橋架設等作業主任者の職務

（鋼橋架設等作業主任者の職務）

第五百十七条の九　事業者は、鋼橋架設等作業主任者に、次の事項を行わせなければならない。

一　作業の方法及び労働者の配置を決定し、作業を直接指揮すること。

二　器具、工具、要求性能墜落制止用器具等及び保護帽の機能を点検し、不良品を取り除くこと。

三　要求性能墜落制止用器具等及び保護帽の使用状況を監視すること。

鋼橋架設等の作業における保護帽の着用

（保護帽の着用）

第五百十七条の十　事業者は、令第六条第十五号の三の作業を行うときは、物体の飛来又は落下による労働者の危険を防止するため、当該作業に従事する労働者に保護帽を着用させなければならない。

2　前項の作業に従事する労働者は、同項の保護帽を着用しなければならない。

第八章の四　木造建築物の組立て等の作業における危険の防止

木造建築物の組立て等の作業を行う場合の措置

（木造建築物の組立て等の作業）

第五百十七条の十一　事業者は、令第六条第十五号の四の作業を行うときは、次の措置を講じなければならない。

一　作業を行う区域内には、関係労働者以外の労働者の立入りを禁止すること。

二　強風、大雨、大雪等の悪天候のため、作業の実施について危険が予想されるときは、当該作業を中止すること。

三　材料、器具、工具等を上げ、又は下ろすときは、つり綱、つり袋等を労働者に使用させること。

木造建築物の組立て等作業主任者の選任

（木造建築物の組立て等作業主任者の選任）

第五百十七条の十二　事業者は、令第六条第十五号の四の作業については、木造建築物の組立て等作業主任者技能講習を修了した者のうちから、木造建築物の組立て等作業主任者を選任しなければならない。

木造建築物の組立て等作業主任者の職務

（木造建築物の組立て等作業主任者の職務）

第五百十七条の十三　事業者は、木造建築物の組立て等作業主任者に次の事項を行わせなければならない。

一　作業の方法及び順序を決定し、作業を直接指揮すること。

二　器具、工具、要求性能墜落制止用器具等及び保護帽の機能を点検し、不良品を取り除くこと。

三　要求性能墜落制止用器具等及び保護帽の使用状況を監視すること。

第八章の五　コンクリート造の工作物の解体等の作業における危険の防止

コンクリート造の工作物の解体作業における調査と作業計画

（調査及び作業計画）

第五百十七条の十四　事業者は、令第六条第十五号の五の作業を行うときは、工作物の倒壊、物体の飛来又は落下等による労働者の危険を防止するため、あらかじめ、当該工作物の形状、き裂の有無、周囲の状況等を調査し、当該調査により知り得たところに適応する作業計画を定め、かつ、当該作業計画により作業を行わなければならない。

2　前項の作業計画は、次の事項が示されているものでなければならない。

一　作業の方法及び順序

二　使用する機械等の種類及び能力

三　控えの設置、立入禁止区域の設定その他の外壁、柱、はり等の倒壊又は落下による労働者の危険を防止するための方法

3　事業者は、第一項の作業計画を定めたときは、前項第一号及び第三号の事項について関係労働者に周知させなければならない。

コンクリート造の工作物の解体等の作業

（コンクリート造の工作物の解体等の作業）

第五百十七条の十五　事業者は、令第六条第十五号の五の作業を行うときは、次の措置を講じなければならない。

一　作業を行う区域内には、関係労働者以外の労働者の立入りを禁止すること。

二　強風、大雨、大雪等の悪天候のため、作業の実施について危険が予想されるときは、当該作業を中止すること。

三　器具、工具等を上げ、又は下ろすときは、つり綱、つり袋等を労働者に使用させること。

引倒し等の作業の合図

（引倒し等の作業の合図）

第五百十七条の十六　事業者は、令第六条第十五号の五の作業を行う場合において、外壁、柱等の引倒し等の作業を行うときは、引倒し等について一定の合図を定め、関係労働者に周知させなければならない。

2　事業者は、前項の引倒し等の作業を行う場合において、当該引倒し等の作業に従事する労働者以外の労働者（以下この条において「他の労働者」という。）に引倒し等により危険を生ずるおそれのあるときは、当該引倒し等の作業に従事する労働者に、あらかじめ、同項の合図を行わせ、他の労働者が避難したことを確認させた後でなければ、当該引倒し等の作業を行わせてはならない。

3　第一項の引倒し等の作業に従事する労働者は、前項の危険を生ずるおそれのあるときは、あらかじめ、合図を行い、他の労働者が避難したことを確認した後でなければ、当該引倒し等の作業を行つてはならない。

コンクリート造の工作物の解体等作業主任者の選任

（コンクリート造の工作物の解体等作業主任者の選任）

第五百十七条の十七　事業者は、令第六条第十五号の五の作業については、コンクリート造の工作物の解体等作業主任者技能講習を修了した者のうちから、コンクリート造の工作物の解体等作業主任者を選任しなければならない。

コンクリート造の工作物の解体等作業主任者の職務

（コンクリート造の工作物の解体等作業主任者の職務）

第五百十七条の十八　事業者は、コンクリート造の工作物の解体等作業主任者に、次の事項を行わせなければならない。

一　作業の方法及び労働者の配置を決定し、作業を直接指揮すること。

二　器具、工具、要求性能墜落制止用器具等及び保護帽の機能を点検し、不良品を取り除くこと。

三　要求性能墜落制止用器具等及び保護帽の使用状況を監視すること。

コンクリート造の工作物の解体作業における保護帽の着用

（保護帽の着用）

第五百十七条の十九　事業者は、令第六条第十五号の五の作業を行うときは、物体の飛来又は落下による労働者の危険を防止するため、当該作業に従事する労働者に保護帽を着用させなければならない。

2　前項の作業に従事する労働者は、同項の保護帽を着用しなければならない。

第八章の六　コンクリート橋架設等の作業における危険の防止

作業計画

（作業計画）

第五百十七条の二十　事業者は、令第六条第十六号の作業を行うときは、あらかじめ、作業計画を定め、かつ、当該作業計画により作業を行わなければならない。

2　前項の作業計画は、次の事項が示されているものでなければならない。

一　作業の方法及び順序

二　部材（部材により構成されているものを含む。）の落下又は倒壊を防止するための方法

三　作業に従事する労働者の墜落による危険を防止するための設備の設置の方法

四　使用する機械等の種類及び能力

3　事業者は、第一項の作業計画を定めたときは、前項各号の事項について関係労働者に周知させなければならない。

コンクリート橋架設等の作業を行う場合の措置

（コンクリート橋架設等の作業）

第五百十七条の二十一　事業者は、令第六条第十六号の作業を行うときは、次の措置を講じなければならない。

一　作業を行う区域内には、関係労働者以外の労働者の立入りを禁止すること。

二　強風、大雨、大雪等の悪天候のため、作業の実施について危険が予想されるときは、当該作業を中止すること。

三　材料、器具、工具類等を上げ、又は下ろすときは、つり綱、つり袋等を労働者に使用させること。
四　部材又は架設用設備の落下又は倒壊により労働者に危険を及ぼすおそれのあるときは、控えの設置、部材又は架設用設備の座屈又は変形の防止のための補強材の取付け等の措置を講ずること。

コンクリート橋架設等作業主任者の選任

（コンクリート橋架設等作業主任者の選任）
第五百十七条の二十二　事業者は、令第六条第十六号の作業については、コンクリート橋架設等作業主任者技能講習を修了した者のうちから、コンクリート橋架設等作業主任者を選任しなければならない。

コンクリート橋架設等作業主任者の職務

（コンクリート橋架設等作業主任者の職務）
第五百十七条の二十三　事業者は、コンクリート橋架設等作業主任者に、次の事項を行わせなければならない。
一　作業の方法及び労働者の配置を決定し、作業を直接指揮すること。
二　器具、工具、要求性能墜落制止用器具等及び保護帽の機能を点検し、不良品を取り除くこと。
三　要求性能墜落制止用器具等及び保護帽の使用状況を監視すること。

コンクリート橋架設等作業における保護帽の着用

（保護帽の着用）
第五百十七条の二十四　事業者は、令第六条第十六号の作業を行うときは、物体の飛来又は落下による労働者の危険を防止するため、当該作業に従事する労働者に保護帽を着用させなければならない。
2　前項の作業に従事する労働者は、同項の保護帽を着用しなければならない。

第九章　墜落、飛来崩壊等による危険の防止

第一節　墜落等による危険の防止

作業床の設置等

（作業床の設置等）

第五百十八条　事業者は、高さが二メートル以上の箇所（作業床の端、開口部等を除く。）で作業を行なう場合において墜落により労働者に危険を及ぼすおそれのあるときは、足場を組み立てる等の方法により作業床を設けなければならない。

2　事業者は、前項の規定により作業床を設けることが困難なときは、防網を張り、労働者に要求性能墜落制止用器具を使用させる等墜落による労働者の危険を防止するための措置を講じなければならない。

開口部等の墜落防止措置

第五百十九条　事業者は、高さが二メートル以上の作業床の端、開口部等で墜落により労働者に危険を及ぼすおそれのある箇所には、囲い、手すり、覆い等（以下この条において「囲い等」という。）を設けなければならない。

2　事業者は、前項の規定により、囲い等を設けることが著しく困難なとき又は作業の必要上臨時に囲い等を取りはずすときは、防網を張り、労働者に要求性能墜落制止用器具を使用させる等墜落による労働者の危険を防止するための措置を講じなければならない。

要求性能墜落制止用器具使用の義務

第五百二十条　労働者は、第五百十八条第二項及び前条第二項の場合において、要求性能墜落制止用器具等の使用を命じられたときは、これを使用しなければならない。

要求性能墜落制止用器具等の取付設備等の設置

（要求性能墜落制止用器具等の取付設備等）

第五百二十一条　事業者は、高さが二メートル以上の箇所で作業を行う場合において、労働者に要求性能墜落制止用器具等を使用させるときは、要求性能墜落制止用器具等を安全に取り付けるための設備等を設けなければならない。

2　事業者は、労働者に要求性能墜落制止用器具等を使用させるときは、要求性能墜落制止用器具等及びその取付け設備等の異常の有無について、随時点検しなければならない。

悪天候時の作業禁止

（悪天候時の作業禁止）

第五百二十二条　事業者は、高さが二メートル以上の箇所で作業を行なう場合において、強風、大雨、大雪等の悪天候のため、当該作業の実施について危険が予想されるときは、当該作業に労働者を従事させてはならない。

照度の保持

（照度の保持）

第五百二十三条　事業者は、高さが二メートル以上の箇所で作業を行なうときは、当該作業を安全に行なうため必要な照度を保持しなければならない。

スレート等の屋根上の危険の防止

（スレート等の屋根上の危険の防止）

第五百二十四条　事業者は、スレート、木毛板等の材料でふかれた屋根の上で作業を行なう場合において、踏み抜きにより労働者に危険を及ぼすおそれのあるときは、幅が三十センチメートル以上の歩み板を設け、防網を張る等踏み抜きによる労働者の危険を防止するための措置を講じなければならない。

（不用のたて坑等における危険の防止）

第五百二十五条　事業者は、不用のたて坑、坑井又は四十度以上の斜坑には、坑口の閉そくその他墜落による労働者の危険を防止するための設備を設けなければならない。

2　事業者は、不用の坑道又は坑内採掘跡には、さく、囲いその他通行しや断の設備を設けなければならない。

（昇降するための設備の設置等）

第五百二十六条　事業者は、高さ又は深さが一・五メートルをこえる箇所で作業を行なうときは、当該作業に従事する労働者が安全に昇降するための設備等を設けなければならない。ただし、安全に昇降するための設備等を設けることが作業の性質上著しく困難なときは、この限りでない。

2　前項の作業に従事する労働者は、同項本文の規定により安全に昇降するための設備等が設けられたときは、当該設備等を使用しなければならない。

（移動はしご）

第五百二十七条　事業者は、移動はしごについては、次に定めるところに適合したものでなければ使用してはならない。

一　丈夫な構造とすること。

二　材料は、著しい損傷、腐食等がないものとすること。

三　幅は、三十センチメートル以上とすること。

不用のたて坑等における危険の防止

昇降設備の設置等

移動はしごの構造

四　すべり止め装置の取付けその他転位を防止するために必要な措置を講ずること。

脚立の構造

（脚立）

第五百二十八条　事業者は、脚立については、次に定めるところに適合したものでなければ使用してはならない。

一　丈夫な構造とすること。

二　材料は、著しい損傷、腐食等がないものとすること。

三　脚と水平面との角度を七十五度以下とし、かつ、折りたたみ式のものにあつては、脚と水平面との角度を確実に保つための金具等を備えること。

四　踏み面は、作業を安全に行なうため必要な面積を有すること。

建築物等の組立て、解体又は変更の作業の場合の措置

（建築物等の組立て、解体又は変更の作業）

第五百二十九条　事業者は、建築物、橋梁、足場等の組立て、解体又は変更の作業（作業主任者を選任しなければならない作業を除く。）を行なう場合において、墜落により労働者に危険を及ぼすおそれのあるときは、次の措置を講じなければならない。

一　作業を指揮する者を指名して、その者に直接作業を指揮させること。

二　あらかじめ、作業の方法及び順序を当該作業に従事する労働者に周知させること。

立入禁止

（立入禁止）

第五百三十条　事業者は、墜落により労働者に危険を及ぼすおそれのある箇所に関係労働者以外の労働者を立ち入らせてはならない。

船舶により労働者を輸送する場合の危険の防止

（船舶により労働者を輸送する場合の危険の防止）

第五百三十一条　事業者は、船舶により労働者を作業を行なう場所に輸送するときは、船舶安全法（昭和八年法律第十一号）及び同法に基づく命令の規定に基づいて当該船舶について定められた最大とう載人員をこえて労働者を乗船させないこと、船舶に浮袋その他の救命具を備えること等当該船舶の転覆若しくは沈没又は労働者の水中への転落による労働者の危険を防止するため必要な措置を講じなければならない。

救命具等の備付け

（救命具等）

第五百三十二条　事業者は、水上の丸太材、網羽（あば）、いかだ、櫓（ろ）又は櫂（かい）を用いて運転する舟等の上で作業を行なう場合において、当該作業に従事する労働者が水中に転落することによりおぼれるおそれのあるときは、当該作業を行なう場所に浮袋その他の救命具を備えること、当該作業を行なう場所の附近に救命のための舟を配置すること等救命のため必要な措置を講じなければならない。

ホッパー等の内部における作業の制限

（ホッパー等の内部における作業の制限）

第五百三十二条の二　事業者は、ホッパー又はずりびんの内部その他土砂に埋没すること等により労働者に危険を及ぼすおそれがある場所で作業を行わせてはならない。ただし、労働者に要求性能墜落制止用器具を使用させる等当該危険を防止するための措置を講じたときは、この限りでない。

煮沸槽等への転落による危険の防止

（煮沸槽（そう）等への転落による危険の防止）

第五百三十三条　事業者は、労働者に作業中又は通行の際に転落することにより火傷、窒息等の危険を及ぼすおそれのある煮沸槽（そう）、ホッパー、ピット等があるときは、当該危険を防止するため、必要な箇所に高さが七十五センチメートル以上の丈夫なさく等を設けなければならない。ただし、労働者に要求性能墜落制止用器具を使用させる等転落による労働者の危険を防止するための措置を講じたときは、この限りでない。

第二節　飛来崩壊災害による危険の防止

地山の崩壊等による危険の防止

（地山の崩壊等による危険の防止）
第五百三十四条　事業者は、地山の崩壊又は土石の落下により労働者に危険を及ぼすおそれのあるときは、当該危険を防止するため、次の措置を講じなければならない。
一　地山を安全なこう配とし、落下のおそれのある土石を取り除き、又は擁壁、土止め支保工等を設けること。
二　地山の崩壊又は土石の落下の原因となる雨水、地下水等を排除すること。

落盤等による危険の防止

（落盤等による危険の防止）
第五百三十五条　事業者は、坑内における落盤、肌（はだ）落ち又は側壁の崩壊により労働者に危険を及ぼすおそれのあるときは、支保工を設け、浮石を取り除く等当該危険を防止するための措置を講じなければならない。

高所からの物体投下による危険の防止

（高所からの物体投下による危険の防止）
第五百三十六条　事業者は、三メートル以上の高所から物体を投下するときは、適当な投下設備を設け、監視人を置く等労働者の危険を防止するための措置を講じなければならない。
2　労働者は、前項の規定による措置が講じられていないときは、三メートル以上の高所から物体を投下してはならない。

物体の落下による危険の防止

（物体の落下による危険の防止）

第五百三十七条　事業者は、作業のため物体が落下することにより、労働者に危険を及ぼすおそれのあるときは、防網の設備を設け、立入区域を設定する等当該危険を防止するための措置を講じなければならない。

物体の飛来による危険の防止

（物体の飛来による危険の防止）

第五百三十八条　事業者は、作業のため物体が飛来することにより労働者に危険を及ぼすおそれのあるときは、飛来防止の設備を設け、労働者に保護具を使用させる等当該危険を防止するための措置を講じなければならない。

物体の飛来を防ぐための保護帽の着用

（保護帽の着用）

第五百三十九条　事業者は、船台の附近、高層建築場等の場所で、その上方において他の労働者が作業を行なつているところにおいて作業を行なうときは、物体の飛来又は落下による労働者の危険を防止するため、当該作業に従事する労働者に保護帽を着用させなければならない。

2　前項の作業に従事する労働者は、同項の保護帽を着用しなければならない。

第三節　ロープ高所作業における危険の防止

ライフラインの設置

（ライフラインの設置）

第五百三十九条の二　事業者は、ロープ高所作業を行うときは、身体保持器具を取り付けたロープ

（以下この節において「メインロープ」という。）以外のロープであつて、要求性能墜落制止用器具を取り付けるためのもの（以下この節において「ライフライン」という。）を設けなければならない。

メインロープ等の強度等

第五百三十九条の三（メインロープ等の強度等）　事業者は、メインロープ、ライフライン、これらを支持物に緊結するための緊結具、身体保持器具及びこれをメインロープに取り付けるための接続器具（第五百三十九条の五第二項第四号及び第五百三十九条の九において「メインロープ等」という。）については、十分な強度を有するものであつて、著しい損傷、摩耗、変形又は腐食がないものを使用しなければならない。

2　前項に定めるもののほか、メインロープ、ライフライン及び身体保持器具については、次に定める措置を講じなければならない。

一　メインロープ及びライフラインは、作業箇所の上方にある堅固な支持物（以下この節において「支持物」という。）に緊結すること。この場合において、メインロープ及びライフラインは、それぞれ異なる支持物に、外れないように確実に緊結すること。

二　メインロープ及びライフラインは、ロープ高所作業に従事する労働者が安全に昇降するため十分な長さのものとすること。

三　突起物のある箇所その他の接触することによりメインロープ又はライフラインが切断するおそれのある箇所（次条第四号及び第五百三十九条の五第二項第六号において「切断のおそれのある箇所」という。）に覆いを設ける等これらの切断を防止するための措置（同号において「切断防止措置」という。）を講ずること。

四　身体保持器具は、メインロープに接続器具（第一項の接続器具をいう。）を用いて確実に取り付けること。

（調査及び記録）

第五百三十九条の四　事業者は、ロープ高所作業を行うときは、墜落又は物体の落下による労働者の危険を防止するため、あらかじめ、当該作業に係る場所について次の事項を調査し、その結果を記録しておかなければならない。

一　作業箇所及びその下方の状況

二　メインロープ及びライフラインを緊結するためのそれぞれの支持物の位置及び状態並びにそれらの周囲の状況

三　作業箇所及び前号の支持物に通ずる通路の状況

四　切断のおそれのある箇所の有無並びにその位置及び状態

（作業計画）

第五百三十九条の五　事業者は、ロープ高所作業を行うときは、あらかじめ、前条の規定による調査により知り得たところに適応する作業計画を定め、かつ、当該作業計画により作業を行わなければならない。

2　前項の作業計画は、次の事項が示されているものでなければならない。

一　作業の方法及び順序

二　作業に従事する労働者の人数

調査及び記録

作業計画

三　メインロープ及びライフラインを緊結するためのそれぞれの支持物の位置
四　使用するメインロープ等の種類及び強度
五　使用するメインロープ及びライフラインの長さ
六　切断のおそれのある箇所及び切断防止措置
七　メインロープ及びライフラインを支持物に緊結する作業に従事する労働者の墜落による危険を防止するための措置
八　物体の落下による労働者の危険を防止するための措置
九　労働災害が発生した場合の応急の措置
3　事業者は、第一項の作業計画を定めたときは、前項各号の事項について関係労働者に周知させなければならない。

作業指揮者

（作業指揮者）
第五百三十九条の六　事業者は、ロープ高所作業を行うときは、当該作業を指揮する者を定め、その者に前条第一項の作業計画に基づき作業の指揮を行わせるとともに、次の事項を行わせなければならない。
一　第五百三十九条の三第二項の措置が同項の規定に適合して講じられているかどうかについて点検すること。
二　作業中、要求性能墜落制止用器具及び保護帽の使用状況を監視すること。

要求性能墜落制止用器具の

（要求性能墜落制止用器具の使用）
第五百三十九条の七　事業者は、ロープ高所作業を行うときは、当該作業を行う労働者に要求性能墜落制止用器具を使用させなければならない。

2　前項の要求性能墜落制止用器具は、ライフラインに取り付けなければならない。

3　労働者は、第一項の場合において、要求性能墜落制止用器具の使用を命じられたときは、これを使用しなければならない。

（保護帽の着用）

第五百三十九条の八　事業者は、ロープ高所作業を行うときは、物体の落下による労働者の危険を防止するため、労働者に保護帽を着用させなければならない。

2　労働者は、前項の保護帽の着用を命じられたときは、これを着用しなければならない。

（作業開始前点検）

第五百三十九条の九　事業者は、ロープ高所作業を行うときは、その日の作業を開始する前に、メインロープ等、要求性能墜落制止用器具及び保護帽の状態について点検し、異常を認めたときは、直ちに、補修し、又は取り替えなければならない。

使用

保護帽の着用

作業開始前点検

第十章　通路、足場等

第一節　通路等

安全通路の設置

（通路）

第五百四十条　事業者は、作業場に通ずる場所及び作業場内には、労働者が使用するための安全な通路を設け、かつ、これを常時有効に保持しなければならない。

2　前項の通路で主要なものには、これを保持するため、通路であることを示す表示をしなければならない。

通路の照明

（通路の照明）

第五百四十一条　事業者は、通路には、正常の通行を妨げない程度に、採光又は照明の方法を講じなければならない。ただし、坑道、常時通行の用に供しない地下室等で通行する労働者に、適当な照明具を所持させるときは、この限りでない。

屋内に設ける通路の安全措置

（屋内に設ける通路）

第五百四十二条　事業者は、屋内に設ける通路については、次に定めるところによらなければならない。

一　用途に応じた幅を有すること。

二　通路面は、つまずき、すべり、踏抜等の危険のない状態に保持すること。
三　通路面から高さ一・八メートル以内に障害物を置かないこと。

（機械間等の通路）

機械間等の通路の幅

第五百四十三条　事業者は、機械間又はこれと他の設備との間に設ける通路については、幅八十センチメートル以上のものとしなければならない。

（作業場の床面）

作業場の床面の構造

第五百四十四条　事業者は、作業場の床面については、つまづき、すべり等の危険のないものとし、かつ、これを安全な状態に保持しなければならない。

（作業踏台）

作業踏台の設置

第五百四十五条　事業者は、旋盤、ロール機等の機械が、常時当該機械に係る作業に従事する労働者の身長に比べて不適当に高いときは、安全で、かつ、適当な高さの作業踏台を設けなければならない。

（危険物等の作業場等）

危険物等の作業場等の避難用出入口

第五百四十六条　事業者は、危険物その他爆発性若しくは発火性の物の製造又は取扱いをする作業場及び当該作業場を有する建築物の避難階（直接地上に通ずる出入口のある階をいう。以下同じ。）には、非常の場合に容易に地上の安全な場所に避難することができる二以上の出入口を設けなければならない。

2　前項の出入口に設ける戸は、引戸又は外開戸でなければならない。

第五百四十七条　事業者は、前条の作業場を有する建築物の避難階以外の階については、その階から避難階又は地上に通ずる二以上の直通階段又は傾斜路を設けなければならない。この場合において、それらのうちの一については、すべり台、避難用はしご、避難用タラップ等の避難用器具をもつて代えることができる。

2　前項の直通階段又は傾斜路のうち一は、屋外に設けられたものでなければならない。ただし、すべり台、避難用はしご、避難用タラップ等の避難用器具が設けられているときは、この限りでない。

非常警報設備の設置

第五百四十八条　事業者は、第五百四十六条第一項の作業場又は常時五十人以上の労働者が就業する屋内作業場には、非常の場合に関係労働者にこれをすみやかに知らせるための自動警報設備、非常ベル等の警報用の設備又は携帯用拡声器、手動式サイレン等の警報用の器具を備えなければならない。

避難用の出入口等の表示等

（避難用の出入口等の表示等）

第五百四十九条　事業者は、常時使用しない避難用の出入口、通路又は避難用器具については、避難用である旨の表示をし、かつ、容易に利用することができるように保持しておかなければならない。

2　第五百四十六条第二項の規定は、前項の出入口又は通路に設ける戸について準用する。

通路と交わる軌道の安全措置

（通路と交わる軌道）

第五百五十条　事業者は、通路と交わる軌道で車両を使用するときは、監視人を配置し、又は警鈴を鳴らす等適当な措置を講じなければならない。

船舶と岸壁等との通行設備の設置

（船舶と岸壁等との通行）

第五百五十一条　事業者は、労働者が船舶と岸壁又は船舶とその船舶に横づけとなつている船舶との間を通行するときは、歩板、はしご等適当な通行設備を設けなければならない。ただし、安全な船側階段を備えたときは、この限りでない。

2　労働者は、前項の通行設備又は船側階段を使用しなければならない。

架設通路の構造

（架設通路）

第五百五十二条　事業者は、架設通路については、次に定めるところに適合したものでなければ使用してはならない。

一　丈夫な構造とすること。

二　勾配は、三十度以下とすること。ただし、階段を設けたもの又は高さが二メートル未満で丈夫な手掛を設けたものはこの限りでない。

三　勾配が十五度を超えるものには、踏桟その他の滑止めを設けること。

四　墜落の危険のある箇所には、次に掲げる設備（丈夫な構造の設備であつて、たわみが生ずるおそれがなく、かつ、著しい損傷、変形又は腐食がないものに限る。）を設けること。

イ　高さ八十五センチメートル以上の手すり又はこれと同等以上の機能を有する設備（以下「手すり等」という。）

ロ　高さ三十五センチメートル以上五十センチメートル以下の桟又はこれと同等以上の機能を有する設備（以下「中桟等」という。）

五　たて坑内の架設通路でその長さが十五メートル以上であるものは、十メートル以内ごとに踊場を設けること。

六　建設工事に使用する高さ八メートル以上の登り桟橋には、七メートル以内ごとに踊場を設けること。

2　前項第四号の規定は、作業の必要上臨時に手すり等又は中桟等を取り外す場合において、次の措置を講じたときは、適用しない。

一　要求性能墜落制止用器具を安全に取り付けるための設備等を設け、かつ、労働者に要求性能墜落制止用器具を使用させる措置又はこれと同等以上の効果を有する措置を講ずること。

二　前号の措置を講ずる箇所には、関係労働者以外の労働者を立ち入らせないこと。

3　事業者は、前項の規定により作業の必要上臨時に手すり等又は中桟等を取り外したときは、その必要がなくなつた後、直ちにこれらの設備を原状に復さなければならない。

4　労働者は、第二項の場合において、要求性能墜落制止用器具の使用を命じられたときは、これを使用しなければならない。

軌道を設けた坑道等の回避所の設置

（軌道を設けた坑道等の回避所）

第五百五十三条　事業者は、軌道を設けた坑道、ずい道、橋梁（りよう）等を労働者が通行するときは、適当な間隔ごとに回避所を設けなければならない。ただし、軌道のそばに相当の余地があつて、当該軌道を運行する車両に接触する危険のないときは、この限りでない。

2　前項の規定は、建設中のずい道等については、適用しない。

軌道内等の作業における監

（軌道内等の作業における監視の措置）

第五百五十四条　事業者は、軌道上又は軌道に近接した場所で作業を行なうときは、労働者と当該

視の措置

軌道を運行する車両とが接触する危険を防止するため、監視装置を設置し又は監視人を配置しなければならない。

保線作業等における照度の保持

（保線作業等における照度の保持）

第五百五十五条　事業者は、軌道の保線の作業又は軌道を運行する車両の入れ換え、連結若しくは解放の作業を行なうときは、当該作業を安全に行なうため必要な照度を保持しなければならない。

はしご道の構造

（はしご道）

第五百五十六条　事業者は、はしご道については、次に定めるところに適合したものでなければ使用してはならない。

一　丈夫な構造とすること。

二　踏さんを等間隔に設けること。

三　踏さんと壁との間に適当な間隔を保たせること。

四　はしごの転位防止のための措置を講ずること。

五　はしごの上端を床から六十センチメートル以上突出させること。

六　坑内はしご道でその長さが十メートル以上のものは、五メートル以内ごとに踏だなを設けること。

七　坑内はしご道のこう配は、八十度以内とすること。

2　前項第五号から第七号までの規定は、潜函（かん）内等のはしご道については、適用しない。

坑内通路等の安全措置

（坑内に設けた通路等）

第五百五十七条　事業者は、坑内に設けた通路又ははしご道で、巻上げ装置と労働者との接触による危険がある場所には、当該場所に板仕切その他の隔壁を設けなければならない。

安全靴等の使用

（安全靴等の使用）

第五百五十八条　事業者は、作業中の労働者に、通路等の構造又は当該作業の状態に応じて、安全靴その他の適当な履物を定め、当該履物を使用させなければならない。

2　前項の労働者は、同項の規定により定められた履物の使用を命じられたときは、当該履物を使用しなければならない。

第二節　足場

第一款　材料等

足場の材料等

（材料等）

第五百五十九条　事業者は、足場の材料については、著しい損傷、変形又は腐食のあるものを使用してはならない。

2　事業者は、足場に使用する木材については、強度上の著しい欠点となる割れ、虫食い、節、繊維の傾斜等がなく、かつ、木皮を取り除いたものでなければ、使用してはならない。

鋼管足場に使用する鋼管等の規格

（鋼管足場に使用する鋼管等）

第五百六十条　事業者は、鋼管足場に使用する鋼管のうち、令別表第八第一号から第三号までに掲げる部材に係るもの以外のものについては、日本産業規格A八九五一（鋼管足場）に定める単管足場用鋼管の規格（以下「単管足場用鋼管規格」という。）又は次に定めるところに適合するものでなければ、使用してはならない。

一　材質は、引張強さの値が三百七十ニュートン毎平方ミリメートル以上であり、かつ、伸びが、次の表の上欄に掲げる引張強さの値に応じ、それぞれ同表の下欄に掲げる値となるものであること。

引張強さ（単位　ニュートン毎平方ミリメートル）	伸び（単位　パーセント）
三百七十以上三百九十未満	二十五以上
三百九十以上五百未満	二十以上
五百以上	十以上

二　肉厚は、外径の三十一分の一以上であること。

2　事業者は、鋼管足場に使用する附属金具のうち、令別表第八第二号から第七号までに掲げる附属金具以外のものについては、その材質（衝撃を受けるおそれのない部分に使用する部品の材質を除く。）が、圧延鋼材、鍛鋼品又は鋳鋼品であるものでなければ、使用してはならない。

足場の構造

（構造）

第五百六十一条　事業者は、足場については、丈夫な構造のものでなければ、使用してはならない。

本足場の使用

（本足場の使用）

第五百六十一条の二　事業者は、幅が一メートル以上の箇所において足場を使用するときは、本足場を使用しなければならない。ただし、つり足場を使用するとき、又は障害物の存在その他の足場を使用する場所の状況により本足場を使用することが困難なときは、この限りでない。

作業床の最大積載荷重の設定

（最大積載荷重）

第五百六十二条　事業者は、足場の構造及び材料に応じて、作業床の最大積載荷重を定め、かつ、これを超えて積載してはならない。

2　前項の作業床の最大積載荷重は、つり足場（ゴンドラのつり足場を除く。以下この節において同じ。）にあつては、つりワイヤロープ及びつり鋼線の安全係数が十以上、つり鎖及びつりフックの安全係数が五以上並びにつり鋼帯並びにつり足場の下部及び上部の支点の安全係数が鋼材にあつては二・五以上、木材にあつては五以上となるように、定めなければならない。

3　事業者は、第一項の最大積載荷重を労働者に周知させなければならない。

作業床の構造

（作業床）

第五百六十三条　事業者は、足場（一側足場を除く。第三号において同じ。）における高さ二メートル以上の作業場所には、次に定めるところにより、作業床を設けなければならない。

一　床材は、支点間隔及び作業時の荷重に応じて計算した曲げ応力の値が、次の表の上欄に掲げる木材の種類に応じ、それぞれ同表の下欄に掲げる許容曲げ応力の値を超えないこと。

木材の種類	許容曲げ応力（単位　ニュートン毎平方センチメートル）

あかまつ、くろまつ、からまつ、ひば、ひのき、つが、べいまつ又はべいひ	一、三二〇
すぎ、もみ、えぞまつ、とどまつ、べいすぎ又はべいつが	一、〇三〇
かし	一、九一〇
くり、なら、ぶな又はけやき	一、四七〇
アピトン又はカポールをフェノール樹脂により接着した合板	一、六二〇

二　つり足場の場合を除き、幅、床材間の隙間及び床材と建地との隙間は、次に定めるところによること。

イ　幅は、四十センチメートル以上とすること。

ロ　床材間の隙間は、三センチメートル以下とすること。

ハ　床材と建地との隙間は、十二センチメートル未満とすること。

三　墜落により労働者に危険を及ぼすおそれのある箇所には、次に掲げる足場の種類に応じて、それぞれ次に掲げる設備（丈夫な構造の設備であつて、たわみが生ずるおそれがなく、かつ、著しい損傷、変形又は腐食がないものに限る。以下「足場用墜落防止設備」という。）を設けること。

イ　わく組足場（妻面に係る部分を除く。ロにおいて同じ。）　次のいずれかの設備

(1)　交さ筋かい及び高さ十五センチメートル以上四十センチメートル以下の桟若しくは高さ十五センチメートル以上の幅木又はこれらと同等以上の機能を有する設備

(2)　手すりわく

ロ　わく組足場以外の足場　手すり等及び中桟等

四　腕木、布、はり、脚立その他作業床の支持物は、これにかかる荷重によつて破壊するおそれのないものを使用すること。
五　つり足場の場合を除き、床材は、転位し、又は脱落しないように二以上の支持物に取り付けること。
六　作業のため物体が落下することにより、労働者に危険を及ぼすおそれのあるときは、高さ十センチメートル以上の幅木、メッシュシート若しくは防網又はこれらと同等以上の機能を有する設備（以下「幅木等」という。）を設けること。ただし、第三号の規定に基づき設けた設備が幅木等と同等以上の機能を有する場合又は作業の性質上幅木等を設けることが著しく困難な場合若しくは作業の必要上臨時に幅木等を取り外す場合において、立入区域を設定したときは、この限りでない。

2　前項第二号ハの規定は、次の各号のいずれかに該当する場合であつて、床材と建地との隙間が十二センチメートル以上の箇所に防網を張る等墜落による労働者の危険を防止するための措置を講じたときは、適用しない。
一　はり間方向における建地と床材の両端との隙間の和が二十四センチメートル未満の場合
二　はり間方向における建地と床材の両端との隙間の和を二十四センチメートル未満とすることが作業の性質上困難な場合

3　第一項第三号の規定は、作業の性質上足場用墜落防止設備を設けることが著しく困難な場合又は作業の必要上臨時に足場用墜落防止設備を取り外す場合において、次の措置を講じたときは、適用しない。

一　要求性能墜落制止用器具を安全に取り付けるための設備等を設け、かつ、労働者に要求性能墜落制止用器具を使用させる措置又はこれと同等以上の効果を有する措置を講ずること。
二　前号の措置を講ずる箇所には、関係労働者以外の労働者を立ち入らせないこと。
4　第一項第五号の規定は、次の各号のいずれかに該当するときは、適用しない。
一　幅が二十センチメートル以上、厚さが三・五センチメートル以上、長さが三・六メートル以上の板を床材として用い、これを作業に応じて移動させる場合で、次の措置を講ずるとき。
イ　足場板は、三以上の支持物に掛け渡すこと。
ロ　足場板の支点からの突出部の長さは、十センチメートル以上とし、かつ、労働者が当該突出部に足を掛けるおそれのない場合を除き、足場板の長さの十八分の一以下とすること。
ハ　足場板を長手方向に重ねるときは、支点の上で重ね、その重ねた部分の長さは、二十センチメートル以上とすること。
二　幅が三十センチメートル以上、厚さが六センチメートル以上、長さが四メートル以上の板を床材として用い、かつ、前号ロ及びハに定める措置を講ずるとき。
5　事業者は、第三項の規定により作業の必要上臨時に足場用墜落防止設備を取り外したときは、その必要がなくなつた後、直ちに当該設備を原状に復さなければならない。
6　労働者は、第三項の場合において、要求性能墜落制止用器具の使用を命じられたときは、これを使用しなければならない。

第二款　足場の組立て等における危険の防止

足場の組立て等の作業における安全措置

（足場の組立て等の作業）
第五百六十四条　事業者は、つり足場、張出し足場又は高さが二メートル以上の構造の足場の組立て、解体又は変更の作業を行うときは、次の措置を講じなければならない。
一　組立て、解体又は変更の時期、範囲及び順序を当該作業に従事する労働者に周知させること。
二　組立て、解体又は変更の作業を行う区域内には、関係労働者以外の労働者の立入りを禁止すること。
三　強風、大雨、大雪等の悪天候のため、作業の実施について危険が予想されるときは、作業を中止すること。
四　足場材の緊結、取り外し、受渡し等の作業にあつては、墜落による労働者の危険を防止するため、次の措置を講ずること。
イ　幅四十センチメートル以上の作業床を設けること。ただし、当該作業床を設けることが困難なときは、この限りでない。
ロ　要求性能墜落制止用器具を安全に取り付けるための設備等を設け、かつ、労働者に要求性能墜落制止用器具を使用させる措置を講ずること。ただし、当該措置と同等以上の効果を有する措置を講じたときは、この限りでない。
五　材料、器具、工具等を上げ、又は下ろすときは、つり綱、つり袋等を労働者に使用させること。ただし、これらの物の落下により労働者に危険を及ぼすおそれがないときは、この限りでない。
2　労働者は、前項第四号に規定する作業を行う場合において要求性能墜落制止用器具の使用を命ぜられたときは、これを使用しなければならない。

足場の組立て等作業主任者の選任

（足場の組立て等作業主任者の選任）

第五百六十五条 事業者は、令第六条第十五号の作業については、足場の組立て等作業主任者技能講習を修了した者のうちから、足場の組立て等作業主任者を選任しなければならない。

足場の組立て等作業主任者の職務

（足場の組立て等作業主任者の職務）

第五百六十六条 事業者は、足場の組立て等作業主任者に、次の事項を行わせなければならない。ただし、解体の作業のときは、第一号の規定は、適用しない。

一 材料の欠点の有無を点検し、不良品を取り除くこと。

二 器具、工具、要求性能墜落制止用器具及び保護帽の機能を点検し、不良品を取り除くこと。

三 作業の方法及び労働者の配置を決定し、作業の進行状況を監視すること。

四 要求性能墜落制止用器具及び保護帽の使用状況を監視すること。

点検

（点検）

第五百六十七条 事業者は、足場（つり足場を除く。）における作業を行うときは、点検者を指名して、その日の作業を開始する前に、作業を行う箇所に設けた足場用墜落防止設備の取り外し及び脱落の有無について点検させ、異常を認めたときは、直ちに補修しなければならない。

2 事業者は、強風、大雨、大雪等の悪天候若しくは中震以上の地震又は足場の組立て、一部解体若しくは変更の後において、足場における作業を行うときは、点検者を指名して、作業を開始する前に、次の事項について点検させ、異常を認めたときは、直ちに補修しなければならない。

一　床材の損傷、取付け及び掛渡しの状態
二　建地、布、腕木等の緊結部、接続部及び取付部の緩みの状態
三　緊結材及び緊結金具の損傷及び腐食の状態
四　足場用墜落防止設備の取り外し及び脱落の有無
五　幅木等の取付状態及び取り外しの有無
六　脚部の沈下及び滑動の状態
七　筋かい、控え、壁つなぎ等の補強材の取付状態及び取り外しの有無
八　建地、布及び腕木の損傷の有無
九　突りようとつり索との取付部の状態及びつり装置の歯止めの機能

3　事業者は、前項の点検を行つたときは、次の事項を記録し、足場を使用する作業を行う仕事が終了するまでの間、これを保存しなければならない。

一　当該点検の結果及び点検者の氏名
二　前号の結果に基づいて補修等の措置を講じた場合にあつては、当該措置の内容

つり足場の点検

（つり足場の点検）

第五百六十八条　事業者は、つり足場における作業を行うときは、点検者を指名して、その日の作業を開始する前に、前条第二項第一号から第五号まで、第七号及び第九号に掲げる事項について点検させ、異常を認めたときは、直ちに補修しなければならない。

第三款　丸太足場

丸太足場の構造

第五百六十九条 事業者は、丸太足場については、次に定めるところに適合したものでなければ使用してはならない。

一 建地の間隔は、二・五メートル以下とし、地上第一の布は、三メートル以下の位置に設けること。

二 建地の脚部には、その滑動又は沈下を防止するため、建地の根本を埋め込み、根がらみを設け、皿板を使用する等の措置を講ずること。

三 建地の継手が重合せ継手の場合には、接続部において、一メートル以上を重ねて二箇所以上において縛り、建地の継手が突合せ継手の場合には、二本組の建地とし、又は一・八メートル以上の添木を用いて四箇所以上において縛ること。

四 建地、布、腕木等の接続部及び交差部は、鉄線その他の丈夫な材料で堅固に縛ること。

五 筋かいで補強すること。

六 一側足場、本足場又は張出し足場であるものにあつては、次に定めるところにより、壁つなぎ又は控えを設けること。

イ 間隔は、垂直方向にあつては五・五メートル以下、水平方向にあつては七・五メートル以下とすること。

ロ 鋼管、丸太等の材料を用いて堅固なものとすること。

ハ 引張材と圧縮材とで構成されているものであるときは、引張材と圧縮材との間隔は、一メートル以内とすること。

2　前項第一号の規定は、作業の必要上同号の規定により難い部分がある場合において、なべつり、二本組等により当該部分を補強したときは、適用しない。

3　第一項第六号の規定は、窓枠の取付け、壁面の仕上げ等の作業のため壁つなぎ又は控えを取り外す場合その他作業の必要上やむを得ない場合において、当該壁つなぎ又は控えに代えて、建地又は布に斜材を設ける等当該足場の倒壊を防止するための措置を講ずるときは、適用しない。

第四款　鋼管足場

鋼管足場の構造

（鋼管足場）

第五百七十条　事業者は、鋼管足場については、次に定めるところに適合したものでなければ使用してはならない。

一　足場（脚輪を取り付けた移動式足場を除く。）の脚部には、足場の滑動又は沈下を防止するため、ベース金具を用い、かつ、敷板、敷角等を用い、根がらみを設ける等の措置を講ずること。

二　脚輪を取り付けた移動式足場にあつては、不意に移動することを防止するため、ブレーキ、歯止め等で脚輪を確実に固定させ、足場の一部を堅固な建設物に固定させる等の措置を講ずること。

三　鋼管の接続部又は交差部は、これに適合した附属金具を用いて、確実に接続し、又は緊結すること。

四　筋かいで補強すること。

五　一側足場、本足場又は張出し足場であるものにあつては、次に定めるところにより、壁つなぎ又は控えを設けること。

イ　間隔は、次の表の上欄に掲げる鋼管足場の種類に応じ、それぞれ同表の下欄に掲げる値以下とすること。

鋼管足場の種類	間隔（単位　メートル）	
	垂直方向	水平方向
単管足場	五	五・五
わく組足場（高さが五メートル未満のものを除く。）	九	八

ロ　鋼管、丸太等の材料を用いて、堅固なものとすること。

ハ　引張材と圧縮材とで構成されているものであるときは、引張材と圧縮材との間隔は、一メートル以内とすること。

六　架空電路に近接して足場を設けるときは、架空電路を移設し、架空電路に絶縁用防護具を装着する等架空電路との接触を防止するための措置を講ずること。

2　前条第三項の規定は、前項第五号の規定の適用について、準用する。この場合において、前条第三項中「第一項第六号」とあるのは、「第五百七十条第一項第五号」と読み替えるものとする。

（令別表第八第一号に掲げる部材等を用いる鋼管足場）

第五百七十一条　事業者は、令別表第八第一号に掲げる部材又は単管足場用鋼管規格に適合する鋼管を用いて構成される鋼管足場については、前条第一項に定めるところによるほか、単管足場にあつては第一号から第四号まで、わく組足場にあつては第五号から第七号までに定めるところに適合したものでなければ使用してはならない。

一　建地の間隔は、けた行方向を一・八五メートル以下、はり間方向は一・五メートル以下とすること。

二　地上第一の布は、二メートル以下の位置に設けること。

三　建地の最高部から測つて三十一メートルを超える部分の建地は、鋼管を二本組とすること。ただし、建地の下端に作用する設計荷重（足場の重量に相当する荷重に、作業床の最大積載荷重を加えた荷重をいう。）が当該建地の最大使用荷重（当該建地の破壊に至る荷重の二分の一以下の荷重をいう。）を超えないときは、この限りでない。

四　建地間の積載荷重は、四百キログラムを限度とすること。

五　最上層及び五層以内ごとに水平材を設けること。

六　はりわく及び持送りわくは、水平筋かいその他によつて横振れを防止する措置を講ずること。

七　高さ二十メートルを超えるとき及び重量物の積載を伴う作業を行うときは、使用する主わくは、高さ二メートル以下のものとし、かつ、主わく間の間隔は一・八五メートル以下とすること。

2　前項第一号又は第四号の規定は、作業の必要上これらの規定により難い場合において、各支点間を単純ばりとして計算した最大曲げモーメントの値に関し、事業者が次条に定める措置を講じたときは、適用しない。

3　第一項第二号の規定は、作業の必要上同号の規定により難い部分がある場合において、二本組等により当該部分を補強したときは、適用しない。

（令別表第八第一号から第三号までに掲げる部材以外の部材等を用いる鋼管足場）

第五百七十二条　事業者は、令別表第八第一号から第三号までに掲げる部材以外の部材又は単管足場用鋼管規格に適合する鋼管以外の鋼管を用いて構成される鋼管足場については、第五百七十条第一項に定めるところによるほか、各支点間を単純ばりとして計算した最大曲げモーメントの値が、鋼管の断面係数に、鋼管の材料の降伏強さの値（降伏強さの値が明らかでないものについては、引張強さの値の二分の一の値）の一・五分の一及び次の表の上欄に掲げる鋼管の肉厚と外径との比に応じ、それぞれ同表の下欄に掲げる係数を乗じて得た値（継手のある場合には、この値の四分の三）以下のものでなければ使用してはならない。

鋼管の肉厚と外径との比	係数
肉厚が外径の十四分の一以上	一
肉厚が外径の二十分の一以上十四分の一未満	〇・九
肉厚が外径の三十一分の一以上二十分の一未満	〇・八

（鋼管の強度の識別）

第五百七十三条　事業者は、外径及び肉厚が同一であり、又は近似している鋼管で、強度が異なるものを同一事業場で使用するときは、鋼管の混用による労働者の危険を防止するため、鋼管に色又は記号を付する等の方法により、鋼管の強度を識別することができる措置を講じなければならない。

2　前項の措置は、色を付する方法のみによるものであつてはならない。

第五款　つり足場

（つり足場）

つり足場の構造

第五百七十四条　事業者は、つり足場については、次に定めるところに適合したものでなければ使用してはならない。

一　つりワイヤロープは、次のいずれかに該当するものを使用しないこと。

イ　ワイヤロープ一よりの間において素線（フイラ線を除く。以下この号において同じ。）の数の十パーセント以上の素線が切断しているもの

ロ　直径の減少が公称径の七パーセントを超えるもの

ハ　キンクしたもの

ニ　著しい形崩れ又は腐食があるもの

二　つり鎖は、次のいずれかに該当するものを使用しないこと。

イ　伸びが、当該つり鎖が製造されたときの長さの五パーセントを超えるもの

ロ　リンクの断面の直径の減少が、当該つり鎖が製造されたときの当該リンクの断面の直径の十パーセントを超えるもの

ハ　亀裂があるもの

三　つり鋼線及びつり鋼帯は、著しい損傷、変形又は腐食のあるものを使用しないこと。

四 つり繊維索は、次のいずれかに該当するものを使用しないこと。
イ ストランドが切断しているもの
ロ 著しい損傷又は腐食があるもの
五 つりワイヤロープ、つり鎖、つり鋼線、つり鋼帯又はつり繊維索は、その一端を足場桁、スターラップ等に、他端を突りよう、アンカーボルト、建築物のはり等にそれぞれ確実に取り付けること。
六 作業床は、幅を四十センチメートル以上とし、かつ、隙間がないようにすること。
七 床材は、転位し、又は脱落しないように、足場桁、スターラップ等に取り付けること。
八 足場桁、スターラップ、作業床等に控えを設ける等動揺又は転位を防止するための措置を講ずること。
九 棚足場であるものにあつては、桁の接続部及び交差部は、鉄線、継手金具又は緊結金具を用いて、確実に接続し、又は緊結すること。
2 前項第六号の規定は、作業床の下方又は側方に網又はシートを設ける等墜落又は物体の落下による労働者の危険を防止するための措置を講ずるときは、適用しない。

つり足場上での脚立の使用禁止

(作業禁止)
第五百七十五条 事業者は、つり足場の上で、脚立(きゃたつ)、はしご等を用いて労働者に作業させてはならない。

第十一章　作業構台

作業構台の材料等

（材料等）

第五百七十五条の二　事業者は、仮設の支柱及び作業床等により構成され、材料若しくは仮設機材の集積又は建設機械等の設置若しくは移動を目的とする高さが二メートル以上の設備で、建設工事に使用するもの（以下「作業構台」という。）の材料については、著しい損傷、変形又は腐食のあるものを使用してはならない。

2　事業者は、作業構台に使用する木材については、強度上の著しい欠点となる割れ、虫食い、節、繊維の傾斜等がないものでなければ、使用してはならない。

3　事業者は、作業構台に使用する支柱、作業床、はり、大引き等の主要な部分の鋼材については、日本産業規格G三一〇一（一般構造用圧延鋼材）、日本産業規格G三一〇六（溶接構造用圧延鋼材）、日本工業規格G三一九一（熱間圧延棒鋼）、日本工業規格G三一九二（熱間圧延形鋼）、日本産業規格G三四四四（一般構造用炭素鋼鋼管）若しくは日本産業規格G三四六六（一般構造用角形鋼管）に定める規格に適合するもの又はこれと同等以上の引張強さ及びこれに応じた伸びを有するものでなければ、使用してはならない。

作業構台の構造

（構造）

第五百七十五条の三　事業者は、作業構台については、著しいねじれ、たわみ等が生ずるおそれのない丈夫な構造のものでなければ、使用してはならない。

作業構台の最大積載荷重

（最大積載荷重）

第五百七十五条の四　事業者は、作業構台の構造及び材料に応じて、作業床の最大積載荷重を定め、かつ、これを超えて積載してはならない。

2　事業者は、前項の最大積載荷重を労働者に周知させなければならない。

作業構台の組立図

（組立図）

第五百七十五条の五　事業者は、作業構台を組み立てるときは、組立図を作成し、かつ、当該組立図により組み立てなければならない。

2　前項の組立図は、支柱、作業床、はり、大引き等の部材の配置及び寸法が示されているものでなければならない。

作業構台についての措置

（作業構台についての措置）

第五百七十五条の六　事業者は、作業構台については、次に定めるところによらなければならない。

一　作業構台の支柱は、その滑動又は沈下を防止するため、当該作業構台を設置する場所の地質等の状態に応じた根入れを行い、当該支柱の脚部に根がらみを設け、敷板、敷角等を使用する等の措置を講ずること。

二　支柱、はり、筋かい等の緊結部、接続部又は取付部は、変位、脱落等が生じないよう緊結金具等で堅固に固定すること。

三　高さ二メートル以上の作業床の床材間の隙間は、三センチメートル以下とすること。

四　高さ二メートル以上の作業床の端で、墜落により労働者に危険を及ぼすおそれのある箇所には、手すり等及び中桟等（それぞれ丈夫な構造の設備であつて、たわみが生ずるおそれがなく、かつ、著しい損傷、変形又は腐食がないものに限る。）を設けること。

2　前項第四号の規定は、作業の性質上手すり等及び中桟等を設けることが著しく困難な場合又は作業の必要上臨時に手すり等又は中桟等を取り外す場合において、次の措置を講じたときは、適用しない。

一　要求性能墜落制止用器具を安全に取り付けるための設備等を設け、かつ、労働者に要求性能墜落制止用器具を使用させる措置又はこれと同等以上の効果を有する措置を講ずること。

二　前号の措置を講ずる箇所には、関係労働者以外の労働者を立ち入らせないこと。

3　事業者は、前項の規定により作業の必要上臨時に手すり等又は中桟等を取り外したときは、その必要がなくなつた後、直ちにこれらの設備を原状に復さなければならない。

4　労働者は、第二項の場合において、要求性能墜落制止用器具の使用を命じられたときは、これを使用しなければならない。

作業構台の組立て等の作業を行う場合の措置

（作業構台の組立て等の作業）

第五百七十五条の七　事業者は、作業構台の組立て、解体又は変更の作業を行うときは、次の措置を講じなければならない。

一　組立て、解体又は変更の時期、範囲及び順序を当該作業に従事する労働者に周知させること。

二　組立て、解体又は変更の作業を行う区域内には、関係労働者以外の労働者の立入りを禁止すること。

三　強風、大雨、大雪等の悪天候のため、作業の実施について危険が予想されるときは、当該作業を中止すること。

四　材料、器具、工具等を上げ、又は下ろすときは、つり綱、つり袋等を労働者に使用させること。

（点検）

第五百七十五条の八　事業者は、作業構台における作業を行うときは、その日の作業を開始する前に、作業を行う箇所に設けた手すり等及び中桟等の取り外し及び脱落の有無について点検し、異常を認めたときは、直ちに補修しなければならない。

2　事業者は、強風、大雨、大雪等の悪天候若しくは中震以上の地震又は作業構台の組立て、一部解体若しくは変更の後において、作業構台における作業を行うときは、作業を開始する前に、次の事項について、点検し、異常を認めたときは、直ちに補修しなければならない。

一　支柱の滑動及び沈下の状態

二　支柱、はり等の損傷の有無

三　床材の損傷、取付け及び掛渡しの状態

四　支柱、はり、筋かい等の緊結部、接続部及び取付部の緩みの状態

五　緊結材及び緊結金具の損傷及び腐食の状態

六　水平つなぎ、筋かい等の補強材の取付状態及び取り外しの有無

七　手すり等及び中桟等の取り外し及び脱落の有無

3　事業者は、前項の点検を行つたときは、次の事項を記録し、作業構台を使用する作業を行う仕事が終了するまでの間、これを保存しなければならない。

一　当該点検の結果

作業構台の作業開始前の点検

悪天候後の作業構台の作業開始前の点検

二　前号の結果に基づいて補修等の措置を講じた場合にあつては、当該措置の内容

第十二章　土石流による危険の防止

土石流危険河川の調査と記録

（調査及び記録）

第五百七十五条の九　事業者は、降雨、融雪又は地震に伴い土石流が発生するおそれのある河川（以下「土石流危険河川」という。）において建設工事の作業（臨時の作業を除く。以下同じ。）を行うときは、土石流による労働者の危険を防止するため、あらかじめ、作業場所から上流の河川及びその周辺の状況を調査し、その結果を記録しておかなければならない。

土石流による労働災害の防止に関する規程の作成

（土石流による労働災害の防止に関する規程）

第五百七十五条の十　事業者は、土石流危険河川において建設工事の作業を行うときは、あらかじめ、土石流による労働災害の防止に関する規程を定めなければならない。

2　前項の規程は、次の事項が示されているものでなければならない。

一　降雨量の把握の方法

二　降雨又は融雪があつた場合及び地震が発生した場合に講ずる措置

三　土石流の発生の前兆となる現象を把握した場合に講ずる措置

四　土石流が発生した場合の警報及び避難の方法

五　避難の訓練の内容及び時期

3　事業者は、第一項の規程については、前条の規定による調査により知り得たところに適応するものとしなければならない。

降雨量の把握と記録

（把握及び記録）

第五百七十五条の十一　事業者は、土石流危険河川において建設工事の作業を行うときは、作業開始時にあつては当該作業開始前二十四時間における降雨量を、作業開始後にあつては一時間ごとの降雨量を、それぞれ雨量計による測定その他の方法により把握し、かつ、記録しておかなければならない。

降雨時の措置

（降雨時の措置）

第五百七十五条の十二　事業者は、土石流危険河川において建設工事の作業を行う場合において、降雨があつたことにより土石流が発生するおそれのあるときは、監視人の配置等土石流の発生を早期に把握するための措置を講じなければならない。ただし、速やかに作業を中止し、労働者を安全な場所に退避させたときは、この限りでない。

退避

（退避）

第五百七十五条の十三　事業者は、土石流危険河川において建設工事の作業を行う場合において、土石流による労働災害発生の急迫した危険があるときは、直ちに作業を中止し、労働者を安全な場所に退避させなければならない。

警報用設備の設置

（警報用の設備）

第五百七十五条の十四　事業者は、土石流危険河川において建設工事の作業を行うときは、土石流が発生した場合に関係労働者にこれを速やかに知らせるためのサイレン、非常ベル等の警報用の設備を設け、関係労働者に対し、その設置場所を周知させなければならない。

2　事業者は、前項の警報用の設備については、常時、有効に作動するように保持しておかなければならない。

避難用設備の設置

（避難用の設備）

第五百七十五条の十五　事業者は、土石流危険河川において建設工事の作業を行うときは、土石流が発生した場合に労働者を安全に避難させるための登り桟橋、はしご等の避難用の設備を適当な箇所に設け、関係労働者に対し、その設置場所及び使用方法を周知させなければならない。

2　事業者は、前項の避難用の設備については、常時有効に保持しなければならない。

避難訓練と記録の保存

（避難の訓練）

第五百七十五条の十六　事業者は、土石流危険河川において建設工事の作業を行うときは、土石流が発生したときに備えるため、関係労働者に対し、工事開始後遅滞なく一回、及びその後六月以内ごとに一回、避難の訓練を行わなければならない。

2　事業者は、避難の訓練を行つたときは、次の事項を記録し、これを三年間保存しなければならない。

一　実施年月日

二　訓練を受けた者の氏名

三　訓練の内容

第三編　衛生基準

第一章　有害な作業環境

有害原因の除去

（有害原因の除去）

第五百七十六条　事業者は、有害物を取り扱い、ガス、蒸気又は粉じんを発散し、有害な光線又は超音波にさらされ、騒音又は振動を発し、病原体によつて汚染される等有害な作業場においては、その原因を除去するため、代替物の使用、作業の方法又は機械等の改善等必要な措置を講じなければならない。

ガス等の発散の抑制等

（ガス等の発散の抑制等）

第五百七十七条　事業者は、ガス、蒸気又は粉じんを発散する屋内作業場においては、当該屋内作業場における空気中のガス、蒸気又は粉じんの含有濃度が有害な程度にならないようにするため、発散源を密閉する設備、局所排気装置又は全体換気装置を設ける等必要な措置を講じなければならない。

ばく露の程度の低減等

（ばく露の程度の低減等）

第五百七十七条の二　事業者は、リスクアセスメント対象物を製造し、又は取り扱う事業場において、リスクアセスメントの結果等に基づき、労働者の健康障害を防止するため、代替物の使用、発散源を密閉する設備、局所排気装置又は全体換気装置の設置及び稼働、作業の方法の改善、有効な呼吸用保護具を使用させること等必要な措置を講ずることにより、リスクアセスメント対象物に労働者がばく露される程度を最小限度にしなければならない。

2　事業者は、リスクアセスメント対象物のうち、一定程度のばく露に抑えることにより、労働者に健康障害を生ずるおそれがない物として厚生労働大臣が定めるものを製造し、又は取り扱う業務（主として一般消費者の生活の用に供される製品に係るものを除く。）を行う屋内作業場においては、当該業務に従事する労働者がこれらの物にばく露される程度を、厚生労働大臣が定める濃度の基準以下としなければならない。

3　事業者は、リスクアセスメント対象物を製造し、又は取り扱う業務に常時従事する労働者に対し、法第六十六条の規定による健康診断のほか、リスクアセスメント対象物に係るリスクアセスメントの結果に基づき、関係労働者の意見を聴き、必要があると認めるときは、医師又は歯科医師が必要と認める項目について、医師又は歯科医師による健康診断を行わなければならない。

4　事業者は、第二項の業務に従事する労働者が、同項の厚生労働大臣が定める濃度の基準を超えてリスクアセスメント対象物にばく露したおそれがあるときは、速やかに、当該労働者に対し、医師又は歯科医師が必要と認める項目について、医師又は歯科医師による健康診断を行わなければならない。

5　事業者は、前二項の健康診断（以下この条において「リスクアセスメント対象物健康診断」という。）を行つたときは、リスクアセスメント対象物健康診断の結果に基づき、リスクアセスメント対象物健康診断個人票（様式第二十四号の二）を作成し、これを五年間（リスクアセスメント対象物健康診断に係るリスクアセスメント対象物ががん原性がある物として厚生労働大臣が定めるもの（以下「がん原性物質」という。）である場合は、三十年間）保存しなければならない。

6　事業者は、リスクアセスメント対象物健康診断の結果（リスクアセスメント対象物健康診断の項目に異常の所見があると診断された労働者に係るものに限る。）に基づき、当該労働者の健康を保持するために必要な措置について、次に定めるところにより、医師又は歯科医師の意見を聴かなければならない。

一　リスクアセスメント対象物健康診断が行われた日から三月以内に行うこと。

二　聴取した医師又は歯科医師の意見をリスクアセスメント対象物健康診断個人票に記載すること。

7　事業者は、医師又は歯科医師から、前項の意見聴取を行う上で必要となる労働者の業務に関する情報を求められたときは、速やかに、これを提供しなければならない。

8　事業者は、第六項の規定による医師又は歯科医師の意見を勘案し、その必要があると認めるときは、当該労働者の実情を考慮して、就業場所の変更、作業の転換、労働時間の短縮等の措置を講ずるほか、作業環境測定の実施、施設又は設備の設置又は整備、衛生委員会又は安全衛生委員会への当該医師又は歯科医師の意見の報告その他の適切な措置を講じなければならない。

9　事業者は、リスクアセスメント対象物健康診断を受けた労働者に対し、遅滞なく、リスクアセスメント対象物健康診断の結果を通知しなければならない。

10　事業者は、第一項、第二項及び第八項の規定により講じた措置について、関係労働者の意見を聴くための機会を設けなければならない。

11　事業者は、次に掲げる事項（第三号については、がん原性物質を製造し、又は取り扱う業務に従事する労働者に限る。）について、一年を超えない期間ごとに一回、定期に、記録を作成し、当該記録を三年間（第二号（リスクアセスメント対象物ががん原性物質である場合に限る。）及び第三号については、三十年間）保存するとともに、第一号及び第四号の事項について、リスクアセスメント対象物を製造し、又は取り扱う業務に従事する労働者に周知させなければならない。

一　第一項、第二項及び第八項の規定により講じた措置の状況

二　リスクアセスメント対象物を製造し、又は取り扱う業務に従事する労働者のリスクアセスメント対象物のばく露の状況

三　労働者の氏名、従事した作業の概要及び当該作業に従事した期間並びにがん原性物質により著しく汚染される事態が生じたときはその概要及び事業者が講じた応急の措置の概要

四　前項の規定による関係労働者の意見の聴取状況

12　前項の規定による周知は、次に掲げるいずれかの方法により行うものとする。

一　当該リスクアセスメント対象物を製造し、又は取り扱う各作業場の見やすい場所に常時掲示し、又は備え付けること。

二　書面を、当該リスクアセスメント対象物を製造し、又は取り扱う業務に従事する労働者に交付すること。

三　事業者の使用に係る電子計算機に備えられたファイル又は電磁的記録媒体をもつて調製するファイルに記録し、かつ、当該リスクアセスメント対象物を製造し、又は取り扱う各作業場に、

第三編　衛生基準

当該リスクアセスメント対象物を製造し、又は取り扱う業務に従事する労働者が当該記録の内容を常時確認できる機器を設置すること。

第五百七十七条の三　事業者は、リスクアセスメント対象物以外の化学物質を製造し、又は取り扱う事業場において、リスクアセスメント対象物以外の化学物質に係る危険性又は有害性等の調査の結果等に基づき、労働者の健康障害を防止するため、代替物の使用、発散源を密閉する設備、局所排気装置又は全体換気装置の設置及び稼働、作業の方法の改善、有効な保護具を使用させること等必要な措置を講ずることにより、労働者がリスクアセスメント対象物以外の化学物質にばく露される程度を最小限度にするよう努めなければならない。

潜函、タンク内等での内燃機関の使用禁止

（内燃機関の使用禁止）

第五百七十八条　事業者は、坑、井筒、潜函、タンク又は船倉の内部その他の場所で、自然換気が不十分なところにおいては、内燃機関を有する機械を使用してはならない。ただし、当該内燃機関の排気ガスによる健康障害を防止するため当該場所を換気するときは、この限りでない。

有害物を含む排気の処理

（排気の処理）

第五百七十九条　事業者は、有害物を含む排気を排出する局所排気装置その他の設備については、当該有害物の種類に応じて、吸収、燃焼、集じんその他の有効な方式による排気処理装置を設けなければならない。

有害物を含む排液の処理

（排液の処理）

第五百八十条　事業者は、有害物を含む排液については、当該有害物の種類に応じて、中和、沈でん、ろ過その他の有効な方式によつて処理した後に排出しなければならない。

病原体の処理

（病原体の処理）

第五百八十一条　事業者は、病原体により汚染された排気、排液又は廃棄物については、消毒、殺菌等適切な処理をした後に、排出し、又は廃棄しなければならない。

粉じんの飛散防止

（粉じんの飛散の防止）

第五百八十二条　事業者は、粉じんを著しく飛散する屋外又は坑内の作業場においては、注水その他の粉じんの飛散を防止するため必要な措置を講じなければならない。

坑内の炭酸ガス濃度の基準

（坑内の炭酸ガス濃度の基準）

第五百八十三条　事業者は、坑内の作業場における炭酸ガス濃度を、一・五パーセント以下としなければならない。ただし、空気呼吸器、酸素呼吸器又はホースマスクを使用して、人命救助又は危害防止に関する作業をさせるときは、この限りでない。

騒音を発する場所の明示等

（騒音を発する場所の明示等）

第五百八十三条の二　事業者は、強烈な騒音を発する屋内作業場における業務に労働者を従事させるときは、当該屋内作業場が強烈な騒音を発する場所であることを、見やすい箇所に標識によつて明示する等の措置を講ずるものとする。

騒音の伝ぱの防止

（騒音の伝ぱの防止）

第五百八十四条　事業者は、強烈な騒音を発する屋内作業場においては、その伝ぱを防ぐため、隔壁を設ける等必要な措置を講じなければならない。

立入禁止等

（立入禁止等）

第五百八十五条　事業者は、次の場所に関係者以外の者が立ち入ることについて、禁止する旨を見やすい箇所に表示することその他の方法により禁止するとともに、表示以外の方法により禁止したときは、当該場所が立入禁止である旨を見やすい箇所に表示しなければならない。

一　多量の高熱物体を取り扱う場所又は著しく暑熱な場所

二　多量の低温物体を取り扱う場所又は著しく寒冷な場所

三　有害な光線又は超音波にさらされる場所

四　炭酸ガス濃度が一・五パーセントを超える場所、酸素濃度が十八パーセントに満たない場所又は硫化水素濃度が百万分の十を超える場所

五　ガス、蒸気又は粉じんを発散する有害な場所

六　有害物を取り扱う場所

七　病原体による汚染のおそれの著しい場所

2　前項の規定により立入りを禁止された場所の周囲において作業に従事する者は、当該場所には、みだりに立ち入つてはならない。

有害物等の表示等

（表示等）

第五百八十六条　事業者は、有害物若しくは病原体又はこれらによつて汚染された物を、一定の場所に集積し、かつ、その旨を見やすい箇所に表示しなければならない。

作業環境測定を行うべき屋

（作業環境測定を行うべき作業場）

第五百八十七条　令第二十一条第二号の厚生労働省令で定める暑熱、寒冷又は多湿の屋内作業場は、

内作業場

次のとおりとする。
一　溶鉱炉、平炉、転炉又は電気炉により鉱物又は金属を製錬し、又は精錬する業務を行なう屋内作業場
二　キユポラ、るつぼ等により鉱物、金属又はガラスを溶解する業務を行なう屋内作業場
三　焼鈍炉、均熱炉、焼入炉、加熱炉等により鉱物、金属又はガラスを加熱する業務を行なう屋内作業場
四　陶磁器、レンガ等を焼成する業務を行なう屋内作業場
五　鉱物の焙(ばい)焼又は焼結の業務を行なう屋内作業場
六　加熱された金属の運搬又は圧延、鍛造、焼入、伸線等の加工の業務を行なう屋内作業場
七　溶融金属の運搬又は鋳込みの業務を行なう屋内作業場
八　溶融ガラスからガラス製品を成型する業務を行なう屋内作業場
九　加硫がまによりゴムを加硫する業務を行なう屋内作業場
十　熱源を用いる乾燥室により物を乾燥する業務を行なう屋内作業場
十一　多量の液体空気、ドライアイス等を取り扱う業務を行なう屋内作業場
十二　冷蔵庫、製氷庫、貯氷庫又は冷凍庫等で、労働者がその内部で作業を行なうもの
十三　多量の蒸気を使用する染色槽(そう)により染色する業務を行なう屋内作業場
十四　多量の蒸気を使用する金属又は非金属の洗浄又はめつきの業務を行なう屋内作業場
十五　紡績又は織布の業務を行なう屋内作業場で、給湿を行なうもの
十六　前各号に掲げるもののほか、厚生労働大臣が定める屋内作業場

著しい騒音を発する屋内作業場

第五百八十八条　令第二十一条第三号の厚生労働省令で定める著しい騒音を発する屋内作業場は、次のとおりとする。
一　鋲(びよう)打ち機、はつり機、鋳物の型込機等圧縮空気により駆動される機械又は器具を取り扱う業務を行なう屋内作業場
二　ロール機、圧延機等による金属の圧延、伸線、ひずみ取り又は板曲げの業務（液体プレスによるひずみ取り及び板曲げ並びにダイスによる線引きの業務を除く。）を行なう屋内作業場
三　動力により駆動されるハンマーを用いる金属の鍛造又は成型の業務を行なう屋内作業場
四　タンブラーによる金属製品の研ま又は砂落しの業務を行なう屋内作業場
五　動力によりチエーン等を用いてドラムかんを洗浄する業務を行なう屋内作業場
六　ドラムバーカーにより、木材を削皮する業務を行なう屋内作業場
七　チッパーによりチップする業務を行なう屋内作業場
八　多筒抄紙機により紙を抄(す)く業務を行なう屋内作業場
九　前各号に掲げるもののほか、厚生労働大臣が定める屋内作業場

作業環境測定を行うべき坑内作業場

第五百八十九条　令第二十一条第四号の厚生労働省令で定める坑内の作業場は、次のとおりとする。
一　炭酸ガスが停滞し、又は停滞するおそれのある坑内の作業場
二　気温が二十八度をこえ、又はこえるおそれのある坑内の作業場
三　通気設備が設けられている坑内の作業場

騒音の定期測定等

（騒音の測定等）

第五百九十条　事業者は、第五百八十八条に規定する著しい騒音を発する屋内作業場について、六

月以内ごとに一回、定期に、等価騒音レベルを測定しなければならない。
2 事業者は、前項の規定による測定を行つたときは、その都度、次の事項を記録して、これを三年間保存しなければならない。
一 測定日時
二 測定方法
三 測定箇所
四 測定条件
五 測定結果
六 測定を実施した者の氏名
七 測定結果に基づいて改善措置を講じたときは、当該措置の概要

施設または作業方法変更時の騒音測定

第五百九十一条 事業者は、第五百八十八条に規定する著しい騒音を発する屋内作業場の施設若しくは設備を変更し、又は当該屋内作業場における作業工程若しくは作業方法を変更した場合には、遅滞なく、等価騒音レベルを測定しなければならない。
2 前条第二項の規定は、前項の規定による測定を行つた場合について準用する。

坑内の炭酸ガス濃度の測定等

（坑内の炭酸ガス濃度の測定等）

第五百九十二条 事業者は、第五百八十九条第一号の坑内の作業場について、一月以内ごとに一回、定期に、炭酸ガス濃度を測定しなければならない。
2 第五百九十条第二項の規定は、前項の規定による測定を行つた場合について準用する。

第一章の二　廃棄物の焼却施設に係る作業

（ダイオキシン類の濃度及び含有率の測定）

ダイオキシン類の濃度及び含有率の測定

第五百九十二条の二　事業者は、第三十六条第三十四号及び第三十五号に掲げる業務を行う作業場について、六月以内ごとに一回、定期に、当該作業場における空気中のダイオキシン類（ダイオキシン類対策特別措置法（平成十一年法律第百五号）第二条第一項に規定するダイオキシン類をいう。以下同じ。）の濃度を測定しなければならない。

2　事業者は、第三十六条第三十六号に掲げる業務に係る作業を行うときは、当該作業を開始する前に、当該作業に係る設備の内部に付着した物に含まれるダイオキシン類の含有率を測定しなければならない。

（付着物の除去）

付着物の除去

第五百九十二条の三　事業者は、第三十六条第三十六号に規定する解体等の業務に係る作業に労働者を従事させるときは、当該作業に係る設備の内部に付着したダイオキシン類を含む物を除去した後に作業を行わなければならない。

2　事業者は、前項の作業の一部を請負人に請け負わせるときは、当該請負人に対し、当該作業に係る設備の内部に付着したダイオキシン類を含む物を除去した後に作業を行わなければならない旨を周知させなければならない。

ダイオキシン類を含む物の発散源の湿潤化

（ダイオキシン類を含む物の発散源の湿潤化）

第五百九十二条の四　事業者は、第三十六条第三十四号及び第三十六号に掲げる業務に係る作業に労働者を従事させるときは、当該作業を行う作業場におけるダイオキシン類を含む物の発散源を湿潤な状態のものとしなければならない。ただし、当該発散源を湿潤な状態のものとすることが著しく困難なときは、この限りでない。

2　事業者は、前項の作業の一部を請負人に請け負わせるときは、当該請負人に対し、当該作業を行う作業場におけるダイオキシン類を含む物の発散源を湿潤な状態のものとする必要がある旨を周知させなければならない。ただし、同項ただし書の場合は、この限りでない。

保護具の使用

（保護具）

第五百九十二条の五　事業者は、第三十六条第三十四号から第三十六号までに掲げる業務に係る作業に労働者を従事させるときは、第五百九十二条の二第一項及び第二項の規定によるダイオキシン類の濃度及び含有率の測定の結果に応じて、当該作業に従事する労働者に保護衣、保護眼鏡、呼吸用保護具等適切な保護具を使用させなければならない。ただし、ダイオキシン類を含む物の発散源を密閉する設備の設置等当該作業に係るダイオキシン類を含む物の発散を防止するために有効な措置を講じたときは、この限りでない。

2　労働者は、前項の規定により保護具の使用を命じられたときは、当該保護具を使用しなければならない。

3　事業者は、第一項の作業の一部を請負人に請け負わせるときは、当該請負人に対し、第五百九十二条の二第一項及び第二項の規定によるダイオキシン類の濃度及び含有率の測定の結果

第三編　衛生基準

に応じて、保護衣、保護眼鏡、呼吸用保護具等適切な保護具を使用する必要がある旨を周知させなければならない。ただし、第一項ただし書の場合は、この限りでない。

作業指揮者の選任

（作業指揮者）

第五百九十二条の六　事業者は、第三十六条第三十四号から第三十六号までに掲げる業務に係る作業を行うときは、当該作業の指揮者を定め、その者に当該作業を指揮させるとともに、前三条の措置がこれらの規定に適合して講じられているかどうかについて点検させなければならない。

特別教育の実施

（特別の教育）

第五百九十二条の七　事業者は、第三十六条第三十四号から第三十六号までに掲げる業務に労働者を就かせるときは、当該労働者に対し、次の科目について、特別の教育を行わなければならない。

一　ダイオキシン類の有害性

二　作業の方法及び事故の場合の措置

三　作業開始時の設備の点検

四　保護具の使用方法

五　前各号に掲げるもののほか、ダイオキシン類のばく露の防止に関し必要な事項

掲示

（掲示）

第五百九十二条の八　事業者は、第三十六条第三十四号から第三十六号までに掲げる業務に労働者を就かせるときは、次の事項を、見やすい箇所に掲示しなければならない。

一　第三十六条第三十四号から第三十六号までに掲げる業務に係る作業を行う作業場である旨

二　ダイオキシン類により生ずるおそれのある疾病の種類及びその症状

三　ダイオキシン類の取扱い上の注意事項
四　第三十六条第三十四号から第三十六号までに掲げる業務に係る作業を行う場合においては適切な保護具を使用しなければならない旨及び使用すべき保護具

第二章　保護具等

呼吸用保護具等

（呼吸用保護具等）

第五百九十三条　事業者は、著しく暑熱又は寒冷な場所における業務、多量の高熱物体、低温物体又は有害物を取り扱う業務、有害な光線にさらされる業務、ガス、蒸気又は粉じんを発散する有害な場所における業務、病原体による汚染のおそれの著しい業務その他有害な業務においては、当該業務に従事する労働者に使用させるために、保護衣、保護眼鏡、呼吸用保護具等適切な保護具を備えなければならない。

２　事業者は、前項の業務の一部を請負人に請け負わせるときは、当該請負人に対し、保護衣、保護眼鏡、呼吸用保護具等適切な保護具について、備えておくこと等によりこれらを使用することができるようにする必要がある旨を周知させなければならない。

皮膚障害等防止用の保護具

（皮膚障害等防止用の保護具）

第五百九十四条　事業者は、皮膚若しくは眼に障害を与える物を取り扱う業務又は有害物が皮膚から吸収され、若しくは侵入して、健康障害若しくは感染をおこすおそれのある業務においては、当該業務に従事する労働者に使用させるために、塗布剤、不浸透性の保護衣、保護手袋、履物又は保護眼鏡等適切な保護具を備えなければならない。

２　事業者は、前項の業務の一部を請負人に請け負わせるときは、当該請負人に対し、塗布剤、不浸透性の保護衣、保護手袋、履物又は保護眼鏡等適切な保護具について、備えておくこと等によりこれらを使用することができるようにする必要がある旨を周知させなければならない。

第五百九十四条の二　事業者は、化学物質又は化学物質を含有する製剤（皮膚若しくは眼に障害を与えるおそれ又は皮膚から吸収され、若しくは皮膚に侵入して、健康障害を生ずるおそれがあることが明らかなものに限る。以下「皮膚等障害化学物質等」という。）を製造し、又は取り扱う業務（法及びこれに基づく命令の規定により労働者に保護具を使用させなければならない業務及び皮膚等障害化学物質等を密閉して製造し、又は取り扱う業務を除く。）に労働者を従事させるときは、不浸透性の保護衣、保護手袋、履物又は保護眼鏡等適切な保護具を使用させなければならない。

2　事業者は、前項の業務の一部を請負人に請け負わせるときは、当該請負人に対し、同項の保護具を使用する必要がある旨を周知させなければならない。

第五百九十四条の三　事業者は、化学物質又は化学物質を含有する製剤（皮膚等障害化学物質等及び皮膚若しくは眼に障害を与えるおそれ又は皮膚から吸収され、若しくは皮膚に侵入して、健康障害を生ずるおそれがないことが明らかなものを除く。）を製造し、又は取り扱う業務（法及びこれに基づく命令の規定により労働者に保護具を使用させなければならない業務及びこれらの物を密閉して製造し、又は取り扱う業務を除く。）に労働者を従事させるときは、当該労働者に保護衣、保護手袋、履物又は保護眼鏡等適切な保護具を使用させるよう努めなければならない。

2　事業者は、前項の業務の一部を請負人に請け負わせるときは、当該請負人に対し、同項の保護具について、これらを使用する必要がある旨を周知させるよう努めなければならない。

騒音障害防止

（騒音障害防止用の保護具）

（専用の保護具）の続き

用の保護具

第五百九十五条　事業者は、強烈な騒音を発する場所における業務においては、当該業務に従事する労働者に使用させるために、耳栓その他の保護具を備えなければならない。

2　事業者は、前項の業務の一部を請負人に請け負わせるときは、当該請負人に対し、耳栓その他の保護具について、備えておくこと等によりこれらを使用することができるようにする必要がある旨を周知させなければならない。

3　事業者は、第一項の業務に従事する労働者に耳栓その他の保護具の使用を命じたときは、遅滞なく、当該保護具を使用しなければならない旨を、作業中の労働者が容易に知ることができるよう、見やすい場所に掲示しなければならない。

4　事業者は、第二項の請負人に耳栓その他の保護具を使用する必要がある旨を周知させたときは、遅滞なく当該保護具を使用する必要がある旨を、見やすい場所に掲示しなければならない。

保護具の数等

（保護具の数等）

第五百九十六条　事業者は、第五百九十三条第一項、第五百九十四条第一項、第五百九十四条の二第一項及び前条第一項に規定する保護具については、同時に就業する労働者の人数と同数以上を備え、常時有効かつ清潔に保持しなければならない。

労働者の保護具の使用義務

（労働者の使用義務）

第五百九十七条　第五百九十三条第一項、第五百九十四条第一項、第五百九十四条の二第一項及び第五百九十五条第一項に規定する業務に従事する労働者は、事業者から当該業務に必要な保護具の使用を命じられたときは、当該保護具を使用しなければならない。

専用の保護具

（専用の保護具等）

の備付け

第五百九十八条 事業者は、保護具又は器具の使用によつて、労働者に疾病感染のおそれがあるときは、各人専用のものを備え、又は疾病感染を予防する措置を講じなければならない。

第五百九十九条 削除

第三章　気積及び換気

屋内作業場の気積

（気積）

第六百条　事業者は、労働者を常時就業させる屋内作業場の気積を、設備の占める容積及び床面から四メートルをこえる高さにある空間を除き、労働者一人について、十立方メートル以上としなければならない。

屋内作業場の換気

（換気）

第六百一条　事業者は、労働者を常時就業させる屋内作業場においては、窓その他の開口部の直接外気に向つて開放することができる部分の面積が、常時床面積の二十分の一以上になるようにしなければならない。ただし、換気が十分行なわれる性能を有する設備を設けたときは、この限りでない。

2　事業者は、前条の屋内作業場の気温が十度以下であるときは、換気に際し、労働者を毎秒一メートル以上の気流にさらしてはならない。

坑内の通気設備

（坑内の通気設備）

第六百二条　事業者は、坑内の作業場においては、衛生上必要な分量の空気を坑内に送給するために、通気設備を設けなければならない。ただし、自然換気により衛生上必要な分量の空気が供給される坑内の作業場については、この限りでない。

坑内の通気量の測定

（坑内の通気量の測定）

第六百三条　事業者は、第五百八十九条第三号の坑内の作業場について、半月以内ごとに一回、定期に、当該作業場における通気量を測定しなければならない。

2　第五百九十条第二項の規定は、前項の規定による測定を行つた場合について準用する。

第四章　採光及び照明

照度の基準

（照度）

第六百四条　事業者は、労働者を常時就業させる場所の作業面の照度を、次の表の上欄に掲げる作業の区分に応じて、同表の下欄に掲げる基準に適合させなければならない。ただし、感光材料を取り扱う作業場、坑内の作業場その他特殊な作業を行なう作業場については、この限りでない。

作業の区分	基　　準
精密な作業	三百ルクス以上
普通の作業	百五十ルクス以上
粗な作業	七十ルクス以上

採光及び照明の方法

（採光及び照明）

第六百五条　事業者は、採光及び照明については、明暗の対照が著しくなく、かつ、まぶしさを生じさせない方法によらなければならない。

2　事業者は、労働者を常時就業させる場所の照明設備について、六月以内ごとに一回、定期に、点検しなければならない。

第五章　温度及び湿度

温湿度調節の実施

（温湿度調節）

第六百六条　事業者は、暑熱、寒冷又は多湿の屋内作業場で、有害のおそれがあるものについては、冷房、暖房、通風等適当な温湿度調節の措置を講じなければならない。

気温、湿度等の測定

（気温、湿度等の測定）

第六百七条　事業者は、第五百八十七条に規定する暑熱、寒冷又は多湿の屋内作業場について、半月以内ごとに一回、定期に、当該屋内作業場における気温、湿度及びふく射熱（ふく射熱については、同条第一号から第八号までの屋内作業場に限る。）を測定しなければならない。

2　第五百九十一条第二項の規定は、前項の規定による測定を行つた場合について準用する。

ふく射熱からの保護

（ふく射熱からの保護）

第六百八条　事業者は、屋内作業場に多量の熱を放散する溶融炉等があるときは、加熱された空気を直接屋外に排出し、又はその放射するふく射熱から労働者を保護する措置を講じなければならない。

2　事業者は、屋内作業場に前項の溶融炉等があるときは、当該屋内作業場において作業に従事する者（労働者を除く。）に対し、当該溶融炉等の放射するふく射熱からの保護措置を講ずる必要がある旨を周知させなければならない。ただし、加熱された空気を直接屋外に排出するときは、この限りでない。

加熱された炉の修理

（加熱された炉の修理）

第六百九条　事業者は、加熱された炉の修理に際しては、当該炉の修理に係る作業に従事する者が適当に冷却される前にその内部に入ることについて、当該炉を適当に冷却した後でなければその内部に入つてはならない旨を見やすい箇所に表示することその他の方法により禁止しなければならない。

給湿を行う場合の措置

（給湿）

第六百十条　事業者は、作業の性質上給湿を行なうときは、有害にならない限度においてこれを行ない、かつ、噴霧には清浄な水を用いなければならない。

坑内の気温の上限

（坑内の気温）

第六百十一条　事業者は、坑内における気温を三十七度以下としなければならない。ただし、高温による健康障害を防止するため必要な措置を講じて人命救助又は危害防止に関する作業をさせるときは、この限りでない。

坑内の気温測定等

（坑内の気温測定等）

第六百十二条　事業者は、第五百八十九条第二号の坑内の作業場について、半月以内ごとに一回、定期に、当該作業場における気温を測定しなければならない。

2　第五百九十条第二項の規定は、前項の規定による測定を行つた場合について準用する。

第六章　休養

（休憩設備）

休憩設備の設置

第六百十三条　事業者は、労働者が有効に利用することができる休憩の設備を設けるように努めなければならない。

（有害作業場の休憩設備）

有害作業場の休憩設備の設置

第六百十四条　事業者は、著しく暑熱、寒冷又は多湿の作業場、有害なガス、蒸気又は粉じんを発散する作業場その他有害な作業場においては、作業場外に休憩の設備を設けなければならない。ただし、坑内等特殊な作業場でこれによることができないやむを得ない事由があるときは、この限りでない。

（立業のためのいす）

立業のためのいすの備付け

第六百十五条　事業者は、持続的立業に従事する労働者が就業中しばしばすわることのできる機会のあるときは、当該労働者が利用することのできるいすを備えなければならない。

（睡眠及び仮眠の設備）

仮眠場所の設置

第六百十六条　事業者は、夜間に労働者に睡眠を与える必要のあるとき、又は労働者が就業の途中に仮眠することのできる機会があるときは、適当な睡眠又は仮眠の場所を、男性用と女性用に区別して設けなければならない。

2　事業者は、前項の場所には、寝具、かやその他必要な用品を備え、かつ、疾病感染を予防する措置を講じなければならない。

発汗作業に関する措置

（発汗作業に関する措置）

第六百十七条　事業者は、多量の発汗を伴う作業場においては、労働者に与えるために、塩及び飲料水を備えなければならない。

休養室等の設置

（休養室等）

第六百十八条　事業者は、常時五十人以上又は常時女性三十人以上の労働者を使用するときは、労働者がが床することのできる休養室又は休養所を、男性用と女性用に区別して設けなければならない。

第七章　清潔

清掃等の実施

（清掃等の実施）

第六百十九条　事業者は、次の各号に掲げる措置を講じなければならない。

一　日常行う清掃のほか、大掃除を、六月以内ごとに一回、定期に、統一的に行うこと。

二　ねずみ、昆虫等の発生場所、生息場所及び侵入経路並びにねずみ、昆虫等による被害の状況について、六月以内ごとに一回、定期に、統一的に調査を実施し、当該調査の結果に基づき、ねずみ、昆虫等の発生を防止するため必要な措置を講ずること。

三　ねずみ、昆虫等の防除のため殺そ剤又は殺虫剤を使用する場合は、医薬品、医療機器等の品質、有効性及び安全性の確保等に関する法律（昭和三十五年法律第百四十五号）第十四条又は第十九条の二の規定による承認を受けた医薬品又は医薬部外品を用いること。

労働者の清潔保持義務

（労働者の清潔保持義務）

第六百二十条　労働者は、作業場の清潔に注意し、廃棄物を定められた場所以外の場所にすてないようにしなければならない。

第六百二十一条　削除

汚染床等の洗浄

（汚染床等の洗浄）

第六百二十二条　事業者は、有害物、腐敗しやすい物又は悪臭のある物による汚染のおそれがある床及び周壁を、必要に応じ、洗浄しなければならない。

汚染床等の構造等

（床の構造等）

第六百二十三条　事業者は、前条の床及び周壁並びに水その他の液体を多量に使用することにより湿潤のおそれがある作業場の床及び周壁を、不浸透性の材料で塗装し、かつ、排水に便利な構造としなければならない。

汚物の処理

（汚物の処理）

第六百二十四条　事業者は、汚物を、一定の場所において露出しないように処理しなければならない。

2　事業者は、病原体による汚染のおそれがある床、周壁、容器等を、必要に応じ、消毒しなければならない。

洗浄設備等の設置

（洗浄設備等）

第六百二十五条　事業者は、身体又は被服を汚染するおそれのある業務に労働者を従事させるときは、洗眼、洗身若しくはうがいの設備、更衣設備又は洗たくのための設備を設けなければならない。

2　事業者は、前項の設備には、それぞれ必要な用具を備えなければならない。

被服の乾燥設備の設置

（被服の乾燥設備）

第六百二十六条　事業者は、労働者の被服が著しく湿潤する作業場においては、被服の乾燥設備を設けなければならない。

飲料水の供給と水質基準

（給水）

第六百二十七条　事業者は、労働者の飲用に供する水その他の飲料を、十分供給するようにしなければならない。

2 事業者は、水道法（昭和三十二年法律第百七十七号）第三条第九項に規定する給水装置以外の給水に関する設備を設けて飲用し、又は食器の洗浄に使用する水を供給するときは、当該水について次に定めるところによらなければならない。

一 地方公共団体等の行う水質検査により、水道法第四条の規定による水質基準に適合していることを確認すること。

二 給水せんにおける水に含まれる遊離残留塩素の含有率を百万分の〇・一（結合残留塩素の場合は、百万分の〇・四）以上に保持するようにすること。ただし、供給する水が病原生物に著しく汚染されるおそれのあるとき又は病原生物に汚染されたことを疑わせるような生物若しくは物質を多量に含むおそれのあるときは、百万分の〇・二（結合残留塩素の場合は、百万分の一・五）以上にすること。

三 有害物、汚水等によつて水が汚染されないように、適当な汚染防止の措置を講ずること。

便所の設置と構造

（便所）

第六百二十八条 事業者は、次に定めるところにより便所を設けなければならない。ただし、坑内等特殊な作業場でこれによることができないやむを得ない事由がある場合で、適当な数の便所又は便器を備えたときは、この限りでない。

一 男性用と女性用に区別すること。

二 男性用大便所の便房の数は、次の表の上欄に掲げる同時に就業する男性労働者の数に応じて、同表の下欄に掲げる数以上とすること。

同時に就業する男性労働者の数	便房の数
六十人以内	一
六十人超	一に、同時に就業する男性労働者の数が六十人を超える六十人又はその端数を増すごとに一を加えた数

三　男性用小便所の箇所数は、次の表の上欄に掲げる同時に就業する男性労働者の数に応じて、同表の下欄に掲げる数以上とすること。

同時に就業する男性労働者の数	箇所数
三十人以内	一
三十人超	一に、同時に就業する男性労働者の数が三十人を超える三十人又はその端数を増すごとに一を加えた数

四　女性用便所の便房の数は、次の表の上欄に掲げる同時に就業する女性労働者の数に応じて、同表の下欄に掲げる数以上とすること。

同時に就業する女性労働者の数	便房の数
二十人以内	一
二十人超	一に、同時に就業する女性労働者の数が二十人を超える二十人又はその端数を増すごとに一を加えた数

五　便池は、汚物が土中に浸透しない構造とすること。

六　流出する清浄な水を十分に供給する手洗い設備を設けること。

2　事業者は、前項の便所及び便器を清潔に保ち、汚物を適当に処理しなければならない。

（独立個室型の便所の特例）

第六百二十八条の二　前条第一項第一号から第四号までの規定にかかわらず、同時に就業する労働者の数が常時十人以内である場合は、男性用と女性用に区別しない四方を壁等で囲まれた一個の便房により構成される便所（次項において「独立個室型の便所」という。）を設けることで足りるものとする。

2　前条第一項の規定にかかわらず、独立個室型の便所を設ける場合（前項の規定により独立個室型の便所を設ける場合を除く。）は、次に定めるところにより便所を設けなければならない。

一　独立個室型の便所を除き、男性用と女性用に区別すること。

二　男性用大便所の便房の数は、次の表の上欄に掲げる同時に就業する男性労働者の数に応じて、同表の下欄に掲げる数以上とすること。

同時に就業する男性労働者の数	便房の数
設ける独立個室型の便所の数に十を乗じて得た数以下	一
設ける独立個室型の便所の数に十を乗じて得た数を超える数	一に、設ける独立個室型の便所の数に十を乗じて得た数を同時に就業する男性労働者の数から減じて得た数が六十人を超える六十人又はその端数を増すごとに一を加えた数

三　男性用小便所の箇所数は、次の表の上欄に掲げる同時に就業する男性労働者の数に応じて、同表の下欄に掲げる数以上とすること。

同時に就業する男性労働者の数	箇所数
設ける独立個室型の便所の数に十を乗じて得た数以下	一
設ける独立個室型の便所の数に十を乗じて得た数を超える数	一に、設ける独立個室型の便所の数に十を乗じて得た数を同時に就業する男性労働者の数から減じて得た数が三十人を超える三十人又はその端数を増すごとに一を加えた数

四　女性用便所の便房の数は、次の表の上欄に掲げる同時に就業する女性労働者の数に応じて、同表の下欄に掲げる数以上とすること。

同時に就業する女性労働者の数	便房の数
設ける独立個室型の便所の数に十を乗じて得た数以下	一
設ける独立個室型の便所の数に十を乗じて得た数を超える数	一に、設ける独立個室型の便所の数に十を乗じて得た数を同時に就業する女性労働者の数から減じて得た数が二十人を超える二十人又はその端数を増すごとに一を加えた数

五　便池は、汚物が土中に浸透しない構造とすること。

六　流出する清浄な水を十分に供給する手洗い設備を設けること。

第八章　食堂及び炊事場

（食堂）
食事場所の設置

第六百二十九条　事業者は、第六百十四条本文に規定する作業場においては、作業場外に適当な食事の設備を設けなければならない。ただし、労働者が事業場内において食事をしないときは、この限りでない。

（食堂及び炊事場）
食堂及び炊事場の構造

第六百三十条　事業者は、事業場に附属する食堂又は炊事場については、次に定めるところによらなければならない。

一　食堂と炊事場とは区別して設け、採光及び換気が十分であつて、そうじに便利な構造とすること。
二　食堂の床面積は、食事の際の一人について、一平方メートル以上とすること。
三　食堂には、食卓及び労働者が食事をするためのいすを設けること（いすについては、坐食の場合を除く。）。
四　便所及び廃物だめから適当な距離のある場所に設けること。
五　食器、食品材料等の消毒の設備を設けること。
六　食器、食品材料及び調味料の保存のために適切な設備を設けること。
七　はえその他のこん虫、ねずみ、犬、猫等の害を防ぐための設備を設けること。

八　飲用及び洗浄のために、清浄な水を十分に備えること。
九　炊事場の床は、不浸透性の材料で造り、かつ、洗浄及び排水に便利な構造とすること。
十　汚水及び廃物は、炊事場外において露出しないように処理し、沈でん槽（そう）を設けて排出する等有害とならないようにすること。
十一　炊事従業員専用の休憩室及び便所を設けること。
十二　炊事従業員には、炊事に不適当な伝染性の疾病にかかつている者を従事させないこと。
十三　炊事従業員には、炊事専用の清潔な作業衣を使用させること。
十四　炊事場には、炊事従業員以外の者をみだりに出入りさせないこと。
十五　炊事場には、炊事場専用の履（はき）物を備え、土足のまま立ち入らせないこと。

給食についての栄養の確保と向上

（栄養の確保及び向上）

第六百三十一条　事業者は、事業場において労働者に対し給食を行なうときは、当該給食に関し、栄養の確保及び向上に必要な措置を講ずるように努めなければならない。

栄養士の配置

（栄養士）

第六百三十二条　事業者は、事業場において、労働者に対し、一回百食以上又は一日二百五十食以上の給食を行なうときは、栄養士を置くように努めなければならない。

2　事業者は、栄養士が、食品材料の調査又は選択、献立の作成、栄養価の算定、廃棄量の調査、労働者のし好調査、栄養指導等を衛生管理者及び給食関係者と協力して行なうようにさせなければならない。

第九章　救急用具

救急用具の備付け

（救急用具）

第六百三十三条　事業者は、負傷者の手当に必要な救急用具及び材料を備え、その備付け場所及び使用方法を労働者に周知させなければならない。

2　事業者は、前項の救急用具及び材料を常時清潔に保たなければならない。

第六百三十四条　削除

第四編　特別規制

第一章　特定元方事業者等に関する特別規制

元方事業者が措置を講ずべき場所

（法第二十九条の二の厚生労働省令で定める場所）

第六百三十四条の二　法第二十九条の二の厚生労働省令で定める場所は、次のとおりとする。

一　土砂等が崩壊するおそれのある場所（関係請負人の労働者に危険が及ぶおそれのある場所に限る。）

一の二　土石流が発生するおそれのある場所（河川内にある場所であつて、関係請負人の労働者に危険が及ぶおそれのある場所に限る。）

二　機械等が転倒するおそれのある場所（関係請負人の労働者が用いる車両系建設機械のうち令別表第七第三号に掲げるもの又は移動式クレーンが転倒するおそれのある場所に限る。）

三　架空電線の充電電路に近接する場所であつて、当該充電電路に労働者の身体等が接触し、又は接近することにより感電の危険が生ずるおそれのあるもの（関係請負人の労働者により工作物の建設、解体、点検、修理、塗装等の作業若しくはこれらに附帯する作業又はくい打機、くい抜機、移動式クレーン等を使用する作業が行われる場所に限る。）

四　埋設物等又はれんが壁、コンクリートブロック塀、擁壁等の建設物が損壊する等のおそれのある場所（関係請負人の労働者により当該埋設物等又は建設物に近接する場所において明かり掘削の作業が行われる場所に限る。）

協議組織の設置と運営

（協議組織の設置及び運営）

第六百三十五条 特定元方事業者（法第十五条第一項の特定元方事業者をいう。以下同じ。）は、法第三十条第一項第一号の協議組織の設置及び運営については、次に定めるところによらなければならない。

一 特定元方事業者及びすべての関係請負人が参加する協議組織を設置すること。

二 当該協議組織の会議を定期的に開催すること。

2 関係請負人は、前項の規定により特定元方事業者が設置する協議組織に参加しなければならない。

作業間の連絡と調整

（作業間の連絡及び調整）

第六百三十六条 特定元方事業者は、法第三十条第一項第二号の作業間の連絡及び調整については、随時、特定元方事業者と関係請負人との間及び関係請負人相互間における連絡及び調整を行なわなければならない。

作業場所の巡視

（作業場所の巡視）

第六百三十七条 特定元方事業者は、法第三十条第一項第三号の規定による巡視については、毎作業日に少なくとも一回、これを行なわなければならない。

2 関係請負人は、前項の規定により特定元方事業者が行なう巡視を拒み、妨げ、又は忌避してはならない。

（教育に対する指導及び援助）

第六百三十八条　特定元方事業者は、法第三十条第一項第四号の教育に対する指導及び援助については、当該教育を行なう場所の提供、当該教育に使用する資料の提供等の措置を講じなければならない。

（法第三十条第一項第五号の厚生労働省令で定める業種）

第六百三十八条の二　法第三十条第一項第五号の厚生労働省令で定める業種は、建設業とする。

（計画の作成）

第六百三十八条の三　法第三十条第一項第五号に規定する特定元方事業者は、同号の計画の作成については、工程表等の当該仕事の工程に関する計画並びに当該作業場所における主要な機械、設備及び作業用の仮設の建設物の配置に関する計画を作成しなければならない。

（関係請負人の講ずべき措置についての指導）

第六百三十八条の四　法第三十条第一項第五号に規定する特定元方事業者は、同号の関係請負人の講ずべき措置についての指導については、次に定めるところによらなければならない。

一　車両系建設機械のうち令別表第七各号に掲げるもの（同表第五号に掲げるもの以外のものにあつては、機体重量が三トン以上のものに限る。）を使用する作業に関し第百五十五条第一項の規定に基づき関係請負人が定める作業計画が、法第三十条第一項第五号の計画に適合するよう指導すること。

二　つり上げ荷重が三トン以上の移動式クレーンを使用する作業に関しクレーン則第六十六条の

教育に対する指導と援助

仕事の工程に関する計画等の作成を要する業種

計画の作成

関係請負人の講ずべき措置についての指導

二第一項の規定に基づき関係請負人が定める同項各号に掲げる事項が、法第三十条第一項第五号の計画に適合するよう指導すること。

クレーン等の運転についての合図の統一

（クレーン等の運転についての合図の統一）

第六百三十九条 特定元方事業者は、その労働者及び関係請負人の労働者の作業が同一の場所において行われる場合において、当該作業がクレーン等（クレーン、移動式クレーン、デリック、簡易リフト又は建設用リフトで、クレーン則の適用を受けるものをいう。以下同じ。）を用いて行うものであるときは、当該クレーン等の運転についての合図を統一的に定め、これを関係請負人に周知させなければならない。

2 特定元方事業者及び関係請負人は、自ら行なう作業について前項のクレーン等の運転についての合図を定めるときは、同項の規定により統一的に定められた合図と同一のものを定めなければならない。

事故現場等の標識の統一等

（事故現場等の標識の統一等）

第六百四十条 特定元方事業者は、その労働者及び関係請負人の労働者の作業が同一の場所において行われる場合において、当該場所に次の各号に掲げる事故現場等があるときは、当該事故現場等を表示する標識を統一的に定め、これを関係請負人に周知させなければならない。

一 有機則第二十七条第二項本文（特化則第三十八条の八において準用する場合を含む。以下同じ。）の規定により労働者を立ち入らせてはならない事故現場

二 高圧則第一条の二第四号の作業室又は同条第五号の気こう室

三 電離則第三条第一項の区域、電離則第十五条第一項の室、電離則第十八条第一項本文の規定

第四編 特別規制

により労働者を立ち入らせてはならない場所又は電離則第四十二条第一項の区域

四　酸素欠乏症等防止規則（昭和四十七年労働省令第四十二号。以下「酸欠則」という。）第九条第一項の酸素欠乏危険場所又は酸欠則第十四条第一項の規定により労働者を退避させなければならない場所

2　特定元方事業者及び関係請負人は、当該場所において自ら行なう作業に係る前項各号に掲げる事故現場等を、同項の規定により統一的に定められた標識と同一のものによつて明示しなければならない。

3　特定元方事業者及び関係請負人は、その労働者のうち必要がある者以外の者を第一項各号に掲げる事故現場等に立ち入らせてはならない。

有機溶剤等の容器の集積箇所の統一

（有機溶剤等の容器の集積箇所の統一）

第六百四十一条　特定元方事業者は、その労働者及び関係請負人の労働者の作業が同一の場所において行われる場合において、当該場所に次の容器が集積されるとき（第二号に掲げる容器については、屋外に集積されるときに限る。）は、当該容器を集積する箇所を統一的に定め、これを関係請負人に周知させなければならない。

一　有機溶剤等（有機則第一条第一項第二号の有機溶剤等をいう。以下同じ。）又は特別有機溶剤等（特化則第二条第一項第三号の三の特別有機溶剤等をいう。以下同じ。）を入れてある容器

二　有機溶剤等又は特別有機溶剤等を入れてあつた空容器で有機溶剤又は特別有機溶剤（特化則第二条第一項第三号の二の特別有機溶剤をいう。以下同じ。）の蒸気が発散するおそれのある

もの

2 特定元方事業者及び関係請負人は、当該場所に前項の容器を集積するとき（同項第二号に掲げる容器については、屋外に集積するときに限る。）は、同項の規定により統一的に定められた箇所に集積しなければならない。

警報の統一等

（警報の統一等）

第六百四十二条 特定元方事業者は、その労働者及び関係請負人の労働者の作業が同一の場所において行なわれるときには、次の場合に行なう警報を統一的に定め、これを関係請負人に周知させなければならない。

一 当該場所にあるエックス線装置（令第六条第五号のエックス線装置をいう。以下同じ。）に電力が供給されている場合

二 当該場所にある電離則第二条第二項に規定する放射性物質を装備している機器により照射が行なわれている場合

三 当該場所において発破が行なわれる場合

四 当該場所において火災が発生した場合

五 当該場所において、土砂の崩壊、出水若しくはなだれが発生した場合又はこれらが発生するおそれのある場合

2 特定元方事業者及び関係請負人は、当該場所において、エックス線装置に電力を供給する場合、前項第二号の機器により照射を行なう場合又は発破を行なう場合は、同項の規定により統一的に定められた警報を行なわなければならない。当該場所において、火災が発生したこと又は土砂の

崩壊、出水若しくはなだれが発生したこと若しくはこれらが発生するおそれのあることを知ったときも、同様とする。

3　特定元方事業者及び関係請負人は、第一項第三号から第五号までに掲げる場合において、前項の規定により警報が行なわれたときは、危険がある区域にいるその労働者のうち必要がある者以外の者を退避させなければならない。

避難訓練の実施方法等の統一等

（避難等の訓練の実施方法等の統一等）

第六百四十二条の二　特定元方事業者は、ずい道等の建設の作業を行う場合において、その労働者及び関係請負人の労働者の作業が同一の場所において行われるときは、第三百八十九条の十一第一項の規定に基づき特定元方事業者及び関係請負人が行う避難等の訓練について、その実施時期及び実施方法を統一的に定め、これを関係請負人に周知させなければならない。

2　特定元方事業者及び関係請負人は、避難等の訓練を行うときは、前項の規定により統一的に定められた実施時期及び実施方法により行わなければならない。

3　特定元方事業者は、関係請負人が行う避難等の訓練に対して、必要な指導及び資料の提供等の援助を行わなければならない。

土石流危険河川の避難訓練の実施方法等の統一等

第六百四十二条の二の二　前条の規定は、特定元方事業者が土石流危険河川において建設工事の作業を行う場合について準用する。この場合において、同条第一項中「第三百八十九条の十一第一項の規定」とあるのは「第五百七十五条の十六第一項の規定」と、同項から同条第三項までの規定中「避難等の訓練」とあるのは「避難の訓練」と読み替えるものとする。

周知のための資料の提供等

（周知のための資料の提供等）

第六百四十二条の三　建設業に属する事業を行う特定元方事業者は、その労働者及び関係請負人の労働者の作業が同一の場所において行われるときは、当該場所の状況（労働者に危険を生ずるおそれのある箇所の状況を含む。以下この条において同じ。）、当該場所において行われる作業相互の関係等に関し関係請負人がその労働者であつて当該場所で新たに作業に従事することとなつたものに対して周知を図ることに資するため、当該関係請負人に対し、当該周知を図るための場所の提供、当該周知を図るために使用する資料の提供等の措置を講じなければならない。ただし、当該特定元方事業者が、自ら当該関係請負人の労働者に当該場所の状況、作業相互の関係等を周知させるときは、この限りでない。

特定元方事業者の指名

（特定元方事業者の指名）

第六百四十三条　法第三十条第二項の規定による指名は、次の者について、あらかじめその者の同意を得て行わなければならない。

一　法第三十条第二項の場所において特定事業（法第十五条第一項の特定事業をいう。）の仕事を自ら行う請負人で、建築工事における躯体工事等当該仕事の主要な部分を請け負つたもの（当該仕事の主要な部分が数次の請負契約によつて行われることにより当該請負人が二以上あるときは、これらの請負人のうち、最も先次の請負契約の当事者である者）

二　前号の者が二以上あるときは、これらの者が互選した者

2　法第三十条第二項の規定により特定元方事業者を指名しなければならない発注者（同項の発注者をいう。）又は請負人は、同項の規定による指名ができないときは、遅滞なく、その旨を当該

場所を管轄する労働基準監督署長に届け出なければならない。

（作業間の連絡及び調整）

第六百四十三条の二　第六百三十六条の規定は、法第三十条の二第一項の元方事業者（次条から第六百四十三条の六までにおいて「元方事業者」という。）について準用する。この場合において、第六百三十六条中「第三十条第一項第二号」とあるのは、「第三十条の二第一項」と読み替えるものとする。

作業間の連絡及び調整

（クレーン等の運転についての合図の統一）

第六百四十三条の三　第六百三十九条第一項の規定は、元方事業者について準用する。

2　第六百三十九条第二項の規定は、元方事業者及び関係請負人について準用する。

クレーン等の運転についての合図の統一

（事故現場の標識の統一等）

第六百四十三条の四　元方事業者は、その労働者及び関係請負人の労働者の作業が同一の場所において行われる場合において、当該場所に次の各号に掲げる事故現場等があるときは、当該事故現場等を表示する標識を統一的に定め、これを関係請負人に周知させなければならない。

事故現場の標識の統一等

一　有機則第二十七条第二項本文の規定により労働者を立ち入らせてはならない事故現場

二　電離則第三条第一項の区域、電離則第十五条第一項の室、電離則第十八条第一項本文の規定により労働者を立ち入らせてはならない場所又は電離則第四十二条第一項の区域

三　酸欠則第九条第一項の酸素欠乏危険場所又は酸欠則第十四条第一項の規定により労働者を退避させなければならない場所

2　元方事業者及び関係請負人は、当該場所において自ら行う作業に係る前項各号に掲げる事故現場等を、同項の規定により統一的に定められた標識と同一のものによつて明示しなければならない。

3　元方事業者及び関係請負人は、その労働者のうち必要がある者以外の者を第一項各号に掲げる事故現場等に立ち入らせてはならない。

有機溶剤等の容器の集積箇所の統一

（有機溶剤等の容器の集積箇所の統一）

第六百四十三条の五　第六百四十一条第一項の規定は、元方事業者について準用する。

2　第六百四十一条第二項の規定は、元方事業者及び関係請負人について準用する。

警報の統一等

（警報の統一等）

第六百四十三条の六　元方事業者は、その労働者及び関係請負人の労働者の作業が同一の場所において行われるときには、次の場合に行う警報を統一的に定め、これを関係請負人に周知させなければならない。

一　当該場所にあるエックス線装置に電力が供給されている場合

二　当該場所にある電離則第二条第二項に規定する放射性物質を装備している機器により照射が行われている場合

三　当該場所において火災が発生した場合

2　元方事業者及び関係請負人は、当該場所において、エックス線装置に電力を供給する場合又は前項第二号の機器により照射を行う場合は、同項の規定により統一的に定められた警報を行わなければならない。当該場所において、火災が発生したこと又は火災が発生するおそれのあることを知つたときも、同様とする。

3　元方事業者及び関係請負人は、第一項第三号に掲げる場合において、前項の規定により警報が行われたときは、危険がある区域にいるその労働者のうち必要がある者以外の者を退避させなければならない。

法第三十条の二第一項の元方事業者の指名

（法第三十条の二第一項の元方事業者の指名）

第六百四十三条の七　第六百四十三条の規定は、法第三十条の二第二項において準用する法第三十条第二項の規定による指名について準用する。この場合において、第六百四十三条第一項第一号中「第三十条第二項の場所」とあるのは「第三十条の二第二項において準用する法第三十条第二項の場所」と、「特定事業（法第十五条第一項の特定事業をいう。）の仕事」とあるのは「法第三十条の二第一項に規定する事業の仕事」と、「建築工事における軀体工事等当該仕事」とあるのは「当該仕事」と、同条第二項中「特定元方事業者」とあるのは「元方事業者」と読み替えるものとする。

法第三十条の三第一項の元方事業者の指名

（法第三十条の三第一項の元方事業者の指名）

第六百四十三条の八　第六百四十三条の規定は、法第三十条の三第二項において準用する法第三十条第二項の規定による指名について準用する。この場合において、第六百四十三条第一項第一号中「第三十条第二項の場所」とあるのは「第三十条の三第二項において準用する法第三十条第二項の場所」と、「特定事業（法第十五条第一項の特定事業をいう。）の仕事」とあるのは「法第二十五条の二第一項に規定する仕事」と、「建築工事における軀体工事等」とあるのは「ずい道等の建設の仕事における掘削工事等」と、同条第二項中「特定元方事業者」とあるのは「元方事業者」と読み替えるものとする。

救護に関する技術的事項を管理する者

（救護に関する技術的事項を管理する者）

第六百四十三条の九　第二十四条の七及び第二十四条の九の規定は、法第三十条の三第五項において準用する法第二十五条の二第二項の救護に関する技術的事項を管理する者について準用する。

2　法第三十条の三第五項において準用する法第二十五条の二第二項の厚生労働省令で定める資格を有する者は、第二十四条の八に規定する者とする。

くい打機、くい抜機についての措置

（くい打機及びくい抜機についての措置）

第六百四十四条　法第三十一条第一項の注文者（以下「注文者」という。）は、同項の場合において、請負人（同項の請負人をいう。以下この章において同じ。）の労働者にくい打機又はくい抜機を使用させるときは、当該くい打機又はくい抜機については、第二編第二章第二節（第百七十二条、第百七十四条から第百七十六条まで、第百七十八条から第百八十一条まで及び第百八十三条に限る。）に規定するくい打機又はくい抜機の基準に適合するものとしなければならない。

軌道装置についての措置

（軌道装置についての措置）

第六百四十五条　注文者は、法第三十一条第一項の場合において、請負人の労働者に軌道装置を使用させるときは、当該軌道装置については、第二編第二章第三節（第百九十六条から第二百四条まで、第二百七条から第二百九条まで、第二百十二条、第二百十三条及び第二百十五条から第二百十七条までに限る。）に規定する軌道装置の基準に適合するものとしなければならない。

型わく支保工についての措置

（型わく支保工についての措置）

第六百四十六条　注文者は、法第三十一条第一項の場合において、請負人の労働者に型わく支保工を使用させるときは、当該型わく支保工については、法第四十二条の規定に基づき厚生労働大臣が定める規格及び第二編第三章（第二百三十七条から第二百三十九条まで、第二百四十二条及び第二百四十三条に限る。）に規定する型わく支保工の基準に適合するものとしなければならない。

アセチレン溶接装置についての措置

（アセチレン溶接装置についての措置）

第六百四十七条 注文者は、法第三十一条第一項の場合において、請負人の労働者にアセチレン溶接装置を使用させるときは、当該アセチレン溶接装置について、次の措置を講じなければならない。

一 第三百二条第二項及び第三項並びに第三百三条に規定する発生器室の基準に適合する発生器室内に設けること。

二 ゲージ圧力七キロパスカル以上のアセチレンを発生し、又は使用するアセチレン溶接装置にあつては、第三百五条第一項に規定する基準に適合するものとすること。

三 前号のアセチレン溶接装置以外のアセチレン溶接装置の清浄器、導管等でアセチレンが接触するおそれのある部分には、銅を使用しないこと。

四 発生器及び安全器は、法第四十二条の規定に基づき厚生労働大臣が定める規格に適合するものとすること。

五 安全器の設置については、第三百六条に規定する基準に適合するものとすること。

交流アーク溶接機についての措置

（交流アーク溶接機についての措置）

第六百四十八条 注文者は、法第三十一条第一項の場合において、請負人の労働者に交流アーク溶接機（自動溶接機を除く。）を使用させるときは、当該交流アーク溶接機に、法第四十二条の規定に基づき厚生労働大臣が定める規格に適合する交流アーク溶接機用自動電撃防止装置を備えな

電動機械器具についての措置

潜函等についての措置

ければならない。ただし、次の場所以外の場所において使用させるときは、この限りでない。

一　船舶の二重底又はピークタンクの内部その他導電体に囲まれた著しく狭あいな場所

二　墜落により労働者に危険を及ぼすおそれのある高さが二メートル以上の場所で、鉄骨等導電性の高い接地物に労働者が接触するおそれのあるところ

（電動機械器具についての措置）

第六百四十九条　注文者は、法第三十一条第一項の場合において、請負人の労働者に電動機を有する機械又は器具（以下この条において「電動機械器具」という。）で、対地電圧が百五十ボルトをこえる移動式若しくは可搬式のもの又は水等導電性の高い液体によって湿潤している場所その他鉄板上、鉄骨上、定盤上等導電性の高い場所において使用する移動式若しくは可搬式のものを使用させるときは、当該電動機械器具が接続される電路に、当該電路の定格に適合し、感度が良好であり、かつ、確実に作動する感電防止用漏電しゃ断装置を接続しなければならない。

2　前項の注文者は、同項に規定する措置を講ずることが困難なときは、電動機械器具の金属性外わく、電動機の金属製外被等の金属部分を、第三百三十三条第二項各号に定めるところにより接地できるものとしなければならない。

（潜函等についての措置）

第六百五十条　注文者は、法第三十一条第一項の場合において、請負人の労働者に潜函等を使用させる場合で、当該労働者が当該潜函等の内部で明り掘削の作業を行なうときは、当該潜函等について、次の措置を講じなければならない。

一　掘下げの深さが二十メートルをこえるときは、送気のための設備を設けること。

二　前号に定めるもののほか、第二編第六章第一節第三款（第三百七十六条第二号並びに第三百七十七条第一項第二号及び第三号に限る。）に規定する潜函等の基準に適合するものとすること。

ずい道等についての措置

（ずい道等についての措置）

第六百五十一条　注文者は、法第三十一条第一項の場合において、請負人の労働者にずい道等を使用させる場合で、当該労働者がずい道等の建設の作業を行なうとき（落盤又は肌落ちにより労働者に危険を及ぼすおそれのあるときに限る。）は、当該ずい道等についてずい道支保工を設け、ロックボルトを施す等落盤又は肌落ちを防止するための措置を講じなければならない。

2　注文者は、前項のずい道支保工については、第二編第六章第二節第二款（第三百九十条、第三百九十一条及び第三百九十四条に限る。）に規定するずい道支保工の基準に適合するものとしなければならない。

ずい道型わく支保工についての措置

（ずい道型わく支保工についての措置）

第六百五十二条　注文者は、法第三十一条第一項の場合において、請負人の労働者にずい道型わく支保工を使用させるときは、当該ずい道型わく支保工を、第二編第六章第二節第三款に規定するずい道型わく支保工の基準に適合するものとしなければならない。

物品揚卸口等についての措置

（物品揚卸口等についての措置）

第六百五十三条　注文者は、法第三十一条第一項の場合において、請負人の労働者に、作業床、物品揚卸口、ピット、坑又は船舶のハッチを使用させるときは、これらの建設物等の高さが二メートル以上の箇所で墜落により労働者に危険を及ぼすおそれのあるところに囲い、手すり、覆い等を設けなければならない。ただし、囲い、手すり、覆(おお)い等を設けることが作業の性質上困難なときは、この限りでない。

2　注文者は、前項の場合において、作業床で高さ又は深さが一・五メートルをこえる箇所にあるものについては、労働者が安全に昇降するための設備等を設けなければならない。

架設通路についての措置

（架設通路についての措置）

第六百五十四条　注文者は、法第三十一条第一項の場合において、請負人の労働者に架設通路を使用させるときは、当該架設通路を、第五百五十二条に規定する架設通路の基準に適合するものとしなければならない。

足場についての措置

（足場についての措置）

第六百五十五条　注文者は、法第三十一条第一項の場合において、請負人の労働者に、足場を使用させるときは、当該足場について、次の措置を講じなければならない。

一　構造及び材料に応じて、作業床の最大積載荷重を定め、かつ、これを足場の見やすい場所に表示すること。

二　強風、大雨、大雪等の悪天候若しくは中震以上の地震又は足場の組立て、一部解体若しくは変更の後においては、点検者を指名して、足場における作業を開始する前に、次の事項について点検させ、危険のおそれがあるときは、速やかに修理すること。

イ　床材の損傷、取付け及び掛渡しの状態

ロ　建地、布、腕木等の緊結部、接続部及び取付部の緩みの状態

ハ　緊結材及び緊結金具の損傷及び腐食の状態

ニ　足場用墜落防止設備の取り外し及び脱落の有無
ホ　幅木等の取付状態及び取り外しの有無
ヘ　脚部の沈下及び滑動の状態
ト　筋かい、控え、壁つなぎ等の補強材の取付けの状態
チ　建地、布及び腕木の損傷の有無
リ　突りようとつり索との取付部の状態及びつり装置の歯止めの機能
三　前二号に定めるもののほか、法第四十二条の規定に基づき厚生労働大臣が定める規格及び第二編第十章第二節（第五百五十九条から第五百六十一条まで、第五百六十二条第二項、第五百六十三条、第五百六十九条から第五百七十二条まで及び第五百七十四条に限る。）に規定する足場の基準に適合するものとすること。

2　注文者は、前項第二号の点検を行つたときは、次の事項を記録し、足場を使用する作業を行う仕事が終了するまでの間、これを保存しなければならない。
一　当該点検の結果及び点検者の氏名
二　前号の結果に基づいて修理等の措置を講じた場合にあつては、当該措置の内容

作業構台についての措置

（作業構台についての措置）

第六百五十五条の二　注文者は、法第三十一条第一項の場合において、請負人の労働者に、作業構台を使用させるときは、当該作業構台について、次の措置を講じなければならない。
一　構造及び材料に応じて、作業床の最大積載荷重を定め、かつ、これを作業構台の見やすい場所に表示すること。

二　強風、大雨、大雪等の悪天候若しくは中震以上の地震又は作業構台の組立て、一部解体若しくは変更の後においては、作業構台における作業を開始する前に、次の事項について点検し、危険のおそれがあるときは、速やかに修理すること。
イ　支柱の滑動及び沈下の状態
ロ　支柱、はり等の損傷の有無
ハ　床材の損傷、取付け及び掛渡しの状態
ニ　支柱、はり、筋かい等の緊結部、接続部及び取付部の緩みの状態
ホ　緊結材及び緊結金具の損傷及び腐食の状態
ヘ　水平つなぎ、筋かい等の補強材の取付状態及び取り外しの有無
ト　手すり等及び中桟等の取り外し及び脱落の有無
三　前二号に定めるもののほか、第二編第十一章（第五百七十五条の二、第五百七十五条の三及び第五百七十五条の六に限る。）に規定する作業構台の基準に適合するものとしなければならない。
2　注文者は、前項第二号の点検を行つたときは、次の事項を記録し、作業構台を使用する作業を行う仕事が終了するまでの間、これを保存しなければならない。
一　当該点検の結果
二　前号の結果に基づいて修理等の措置を講じた場合にあつては、当該措置の内容

クレーン等についての措置

（クレーン等についての措置）
第六百五十六条　注文者は、法第三十一条第一項の場合において、請負人の労働者にクレーン等を

使用させるときは、当該クレーン等を、法第三十七条第二項の規定に基づき厚生労働大臣が定める基準（特定機械等の構造に係るものに限る。）又は法第四十二条の規定に基づき厚生労働大臣が定める規格に適合するものとしなければならない。

ゴンドラについての措置

（ゴンドラについての措置）

第六百五十七条　注文者は、法第三十一条第一項の場合において、請負人の労働者にゴンドラを使用させるときは、当該ゴンドラを、法第三十七条第二項の規定に基づき厚生労働大臣が定める基準（特定機械等の構造に係るものに限る。）に適合するものとしなければならない。

局所排気装置についての措置

（局所排気装置についての措置）

第六百五十八条　注文者は、法第三十一条第一項の場合において、請負人の労働者に局所排気装置を使用させるとき（有機則第五条若しくは第六条第二項（特化則第三十八条の八においてこれらの規定を準用する場合を含む。）又は粉じん則第四条若しくは第二十七条第一項ただし書の規定により請負人が局所排気装置を設けなければならない場合に限る。）は、当該局所排気装置の性能については、有機則第十六条（特化則第三十八条の八において準用する場合を含む。）又は粉じん則第十一条に規定する基準に適合するものとしなければならない。

プッシュプル型換気装置についての措置

（プッシュプル型換気装置についての措置）

第六百五十八条の二　注文者は、法第三十一条第一項の場合において、請負人の労働者にプッシュプル型換気装置を使用させるとき（有機則第五条若しくは第六条第二項（特化則第三十八条の八においてこれらの規定を準用する場合を含む。）又は粉じん則第四条若しくは第二十七条第一項ただし書の規定により請負人がプッシュプル型換気装置を設けなければならない場合に限る。）は、当該プッシュプル型換気装置の性能については、有機則第十六条の二（特化則第三十八条の八において準用する場合を含む。）又は粉じん則第十一条に規定する基準に適合するものとしなければならない。

全体換気装置についての措置

（全体換気装置についての措置）

第六百五十九条　注文者は、法第三十一条第一項の場合において、請負人の労働者に全体換気装置を使用させるとき（有機則第六条第一項、第八条第二項、第九条第一項、第十条又は第十一条（特化則第三十八条の八においてこれらの規定を準用する場合を含む。）の規定により請負人が全体換気装置を設けなければならない場合に限る。）であるときは、当該全体換気装置の性能については、有機則第十七条（特化則第三十八条の八において準用する場合を含む。）に規定する基準に適合するものとしなければならない。

圧気工法に用いる設備についての措置

（圧気工法に用いる設備についての措置）

第六百六十条　注文者は、法第三十一条第一項の場合において、請負人の労働者に潜函（かん）工法その他の圧気工法に用いる設備で、その作業室の内部の圧力が大気圧を超えるものを使用させるときは、当該設備を、高圧則第四条から第七条の三まで及び第二十一条第二項に規定する基準に適合するものとしなければならない。

エックス線装置についての措置

（エックス線装置についての措置）

第六百六十一条　注文者は、法第三十一条第一項の場合において、請負人の労働者に令第十三条第三項第二十二号のエックス線装置を使用させるときは、当該エックス線装置については法第四十二条の規定に基づき厚生労働大臣が定める規格に適合するものとしなければならない。

ガンマ線照射装置についての措置

（ガンマ線照射装置についての措置）

第六百六十二条　注文者は、法第三十一条第一項の場合において、請負人の労働者に令第十三条第三項第二十三号のガンマ線照射装置を使用させるときは、当該ガンマ線照射装置については法第四十二条の規定に基づき厚生労働大臣が定める規格でガンマ線照射装置に係るものに適合するものとしなければならない。

令第十五条第一項第十号の厚生労働省令で定める第二類物質

（令第十五条第一項第十号の厚生労働省令で定める第二類物質）

第六百六十二条の二　令第十五条第一項第十号の厚生労働省令で定めるものは、特化則第二条第三号に規定する特定第二類物質とする。

法第三十一条の二で定める作業

（法第三十一条の二の厚生労働省令で定める作業）

第六百六十二条の三　法第三十一条の二の厚生労働省令で定める作業は、同条に規定する設備の改造、修理、清掃等で、当該設備を分解する作業又は当該設備の内部に立ち入る作業とする。

文書の交付等

（文書の交付等）

第六百六十二条の四　法第三十一条の二の注文者（その仕事を他の者から請け負わないで注文している者に限る。）は、次の事項を記載した文書（その作成に代えて電磁的記録の作成がされている場合における当該電磁的記録を含む。次項において同じ。）を作成し、これをその請負人に交付しなければならない。

一　法第三十一条の二に規定する物の危険性及び有害性

二　当該仕事の作業において注意すべき安全又は衛生に関する事項

三　当該仕事の作業について講じた安全又は衛生を確保するための措置

四　当該物の流出その他の事故が発生した場合において講ずべき応急の措置

2　前項の注文者（その仕事を他の者から請け負わないで注文している者を除く。）は、同項又はこの項の規定により交付を受けた文書の写しをその請負人に交付しなければならない。

3　前二項の規定による交付は、請負人が前条の作業を開始する時までに行わなければならない。

法第三十一条の三第一項で定める機械

（法第三十一条の三第一項の厚生労働省令で定める機械）

第六百六十二条の五　法第三十一条の三第一項の厚生労働省令で定める機械は、次のとおりとする。

一　機体重量が三トン以上の車両系建設機械のうち令別表第七第二号1、2及び4に掲げるもの

二　車両系建設機械のうち令別表第七第三号1から3まで及び6に掲げるもの

三　つり上げ荷重が三トン以上の移動式クレーン

パワー・ショベル等についての措置

（パワー・ショベル等についての措置）

第六百六十二条の六　法第三十一条の三第一項に規定する特定作業に係る仕事を自ら行う発注者又は当該仕事の全部を請け負つた者で、当該場所において当該仕事の一部を請け負わせているもの（次条及び第六百六十二条の八において「特定発注者等」という。）は、当該仕事に係る作業として前条第一号の機械を用いて行う荷のつり上げに係る作業を行うときは、当該特定発注者等とその請負人であつて当該機械に係る運転、玉掛け又は誘導の作業その他当該機械に係る作業を行う

ものとの間及び当該請負人相互間における作業の内容、作業に係る指示の系統及び立入禁止区域について必要な連絡及び調整を行わなければならない。

（くい打機等についての措置）

第六百六十二条の七　特定発注者等は、当該仕事に係る作業として第六百六十二条の五第二号の機械に係る作業を行うときは、当該特定発注者等とその請負人であつて当該機械に係る運転、作業装置の操作（車体上の運転者席における操作を除く。）、玉掛け、くいの建て込み、くい若しくはオーガーの接続又は誘導の作業その他当該機械に係る作業を行うものとの間及び当該請負人相互間における作業の内容、作業に係る指示の系統及び立入禁止区域について必要な連絡及び調整を行わなければならない。

（移動式クレーンについての措置）

第六百六十二条の八　特定発注者等は、当該仕事に係る作業として第六百六十二条の五第三号の機械に係る作業を行うときは、当該特定発注者等とその請負人であつて当該機械に係る運転、玉掛け又は運転についての合図の作業その他当該機械に係る作業を行うものとの間及び請負人相互間における作業の内容、作業に係る指示の系統及び立入禁止区域について必要な連絡及び調整を行わなければならない。

（法第三十二条第三項の請負人の義務）

第六百六十二条の九　法第三十二条第三項の請負人は、法第三十条の三第一項又は第四項の規定による措置を講ずべき元方事業者又は指名された事業者が行う労働者の救護に関し必要な事項についての訓練に協力しなければならない。

くい打機等についての措置

移動式クレーンについての措置

法第三十二条第三項の請負人の義務

（法第三十二条第四項の請負人の義務）

法第三十二条第四項の請負人の義務

第六百六十三条　法第三十二条第四項の請負人は、第六百四十四条から第六百六十二条までに規定する措置が講じられていないことを知つたときは、速やかにその旨を注文者に申し出なければならない。

2　法第三十二条第四項の請負人は、注文者が第六百四十四条から第六百六十二条までに規定する措置を講ずるために行う点検、補修その他の措置を拒み、妨げ、又は忌避してはならない。

（法第三十二条第五項の請負人の義務）

法第三十二条第五項の請負人の義務

第六百六十三条の二　法第三十二条第五項の請負人は、第六百六十二条の四第一項又は第二項に規定する措置が講じられていないことを知つたときは、速やかにその旨を注文者に申し出なければならない。

（報告）

特定元方事業者が報告すべき事項

第六百六十四条　特定元方事業者（法第三十条第二項又は第三項の規定により指名された事業者を除く。）は、その労働者及び関係請負人の労働者の作業が同一の場所において行われるときは、当該作業の開始後、遅滞なく、次の事項を当該場所を管轄する労働基準監督署長に報告しなければならない。

一　事業の種類並びに当該事業場の名称及び所在地

二　関係請負人の事業の種類並びに当該事業場の名称及び所在地

三　法第十五条の規定により統括安全衛生責任者を選任しなければならないときは、その旨及び統括安全衛生責任者の氏名

四　法第十五条の二の規定により元方安全衛生管理者を選任しなければならないときは、その旨及び元方安全衛生管理者の氏名

五　法第十五条の三の規定により店社安全衛生管理者を選任しなければならないときは、その旨及び店社安全衛生管理者の氏名（第十八条の六第二項の事業者にあつては、統括安全衛生責任者の職務を行う者及び元方安全衛生管理者の職務を行う者の氏名）

2　前項の規定は、法第三十条第二項の規定により指名された事業者について準用する。この場合において、前項中「当該作業の開始後」とあるのは、「指名された後」と読み替えるものとする。

第二章　機械等貸与者等に関する特別規制

機械等貸与者

（機械等貸与者）

第六百六十五条　法第三十三条第一項の厚生労働省令で定める者は、令第十条各号に掲げる機械等を、相当の対価を得て業として他の事業者に貸与する者とする。

機械等貸与者の講ずべき措置

（機械等貸与者の講ずべき措置）

第六百六十六条　前条に規定する者（以下「機械等貸与者」という。）は、当該機械等を他の事業者に貸与するときは、次の措置を講じなければならない。

一　当該機械等をあらかじめ点検し、異常を認めたときは、補修その他必要な整備を行なうこと。

二　当該機械等の貸与を受ける事業者に対し、次の事項を記載した書面を交付すること。

イ　当該機械等の能力

ロ　当該機械等の特性その他その使用上注意すべき事項

2　前項の規定は、機械等の貸与で、当該貸与の対象となる機械等についてその購入の際の機種の選定、貸与後の保守等当該機械等の所有者が行うべき業務を当該機械等の貸与を受ける事業者が行うもの（小規模企業者等設備導入資金助成法（昭和三十一年法律第百十五号）第二条第六項に規定する都道府県の設備貸与機関が行う設備貸与事業を含む。）については、適用しない。

機械等の貸与

（機械等の貸与を受けた者の講ずべき措置）

を受けた者の講ずべき措置

第六百六十七条　機械等貸与者から機械等の貸与を受けた者は、当該機械等を操作する者がその使用する労働者でないときは、次の措置を講じなければならない。

一　機械等を操作する者が、当該機械等の操作について法令に基づき必要とされる資格又は技能を有する者であることを確認すること。

二　機械等を操作する者に対し、次の事項を通知すること。

イ　作業の内容

ロ　指揮の系統

ハ　連絡、合図等の方法

ニ　運行の経路、制限速度その他当該機械等の運行に関する事項

ホ　その他当該機械等の操作による労働災害を防止するため必要な事項

機械等を操作する者の義務

（機械等を操作する者の義務）

第六百六十八条　前条の機械等を操作する者は、機械等の貸与を受けた者から同条第二号に掲げる事項について通知を受けたときは、当該事項を守らなければならない。

第六百六十九条　削除

第三章　建築物貸与者に関する特別規制

共用の避難用出入口等の表示

（共用の避難用出入口等）

第六百七十条　法第三十四条の建築物貸与者（以下「建築物貸与者」という。）は、当該建築物の避難用の出入口若しくは通路又はすべり台、避難用はしご等の避難用の器具で、当該建築物の貸与を受けた二以上の事業者が共用するものについては、避難用である旨の表示をし、かつ、容易に利用することができるように保持しておかなければならない。

2　建築物貸与者は、前項の出入口又は通路に設ける戸を、引戸又は外開戸としなければならない。

共用の警報設備等の設置

（共用の警報設備等）

第六百七十一条　建築物貸与者は、当該建築物の貸与を受けた事業者が危険物その他爆発性若しくは発火性の物の製造若しくは取扱いをするとき、又は当該建築物の貸与を受けた事業者の労働者で、当該建築物の内部で就業するものの数が五十人以上であるときは、非常の場合に関係労働者にすみやかに知らせるための自動警報設備、非常ベル等の警報用の設備又は携帯用拡声器、手動式サイレン等の警報用の器具を備え、かつ、有効に作動するように保持しておかなければならない。

貸与建築物の有効維持

（貸与建築物の有効維持）

第六百七十二条　建築物貸与者は、工場の用に供される建築物で、次の各号のいずれかの装置を設けたものを貸与する場合において、当該建築物の貸与を受けた二以上の事業者が当該装置の全部又は一部を共用することとなるときは、その共用部分の機能を有効に保持するため、点検、補修等の必要な措置を講じなければならない。

一　局所排気装置

二　プッシュプル型換気装置

三　全体換気装置

四　排気処理装置

五　排液処理装置

貸与建築物の給水設備

（貸与建築物の給水設備）

第六百七十三条　建築物貸与者は、工場の用に供される建築物で飲用又は食器洗浄用の水を供給する設備を設けたものを貸与するときは、当該設備を、水道法第三条第九項に規定する給水装置又は同法第四条の水質基準に適合する水を供給することができる設備としなければならない。

貸与建築物の排水設備

（貸与建築物の排水設備）

第六百七十四条　建築物貸与者は、工場の用に供される建築物で排水に関する設備を設けたものを貸与するときは、当該設備の正常な機能が阻害されることにより汚水の漏水等が生じないよう、補修その他の必要な措置を講じなければならない。

貸与建築物の清掃等

（貸与建築物の清掃等）

第六百七十五条　建築物貸与者は、工場の用に供される建築物を貸与するときは、当該建築物の清潔を保持するため、当該建築物の貸与を受けた事業者との協議等により、清掃及びねずみ、昆虫等の防除に係る措置として、次の各号に掲げる措置が講じられるようにしなければならない。

一　日常行う清掃のほか、大掃除を、六月以内ごとに一回、定期に、統一的に行うこと。

二　ねずみ、昆虫等の発生場所、生息場所及び侵入経路並びにねずみ、昆虫等による被害の状況について、六月以内ごとに一回、定期に、統一的に調査を実施し、当該調査の結果に基づき、ねずみ、昆虫等の発生を防止するため必要な措置を講ずること。

三　ねずみ、昆虫等の防除のため殺そ剤又は殺虫剤を使用する場合は、医薬品、医療機器等の品質、有効性及び安全性の確保等に関する法律第十四条又は第十九条の二の規定による承認を受けた医薬品又は医薬部外品を用いること。

便宜の供与

（便宜の供与）

第六百七十六条　建築物貸与者は、当該建築物の貸与を受けた事業者から、局所排気装置、騒音防止のための障壁その他労働災害を防止するため必要な設備の設置について、当該設備の設置に伴う建築物の変更の承認、当該設備の設置の工事に必要な施設の利用等の便宜の供与を求められたときは、これを供与するようにしなければならない。

貸与建築物の便所

（貸与建築物の便所）

第六百七十七条　建築物貸与者は、貸与する建築物に設ける便所で当該建築物の貸与を受けた二以上の事業者が共用するものについては、第六百二十八条第一項各号及び第六百二十八条の二に規定する基準に適合するものとするようにしなければならない。この場合において、労働者の数に応じて設けるべき便房等については、当該便所を共用する事業者の労働者数を合算した数に基づいて設けるものとする。

警報と標識の統一

（警報及び標識の統一）

第六百七十八条　建築物貸与者は、貸与する建築物において火災の発生、特に有害な化学物質の漏えい等の非常の事態が発生したときに用いる警報を、あらかじめ統一的に定め、これを当該建築物の貸与を受けた事業者に周知させなければならない。

2 建築物貸与者は、工場の用に供される建築物を貸与する場合において、当該建築物の内部に第六百四十条第一項第一号、第三号又は第四号に掲げる事故現場等があるときは、当該事故現場等を表示する標識を統一的に定め、これを当該建築物の貸与を受けた事業者に周知させなければならない。

別表第一（第十六条、第十七条関係）

作業の区分	資格を有する者	名称
令第六条第一号の作業	高圧室内作業主任者免許を受けた者	高圧室内作業主任者
令第六条第二号の作業	ガス溶接作業主任者免許を受けた者	ガス溶接作業主任者
令第六条第三号の作業	林業架線作業主任者免許を受けた者	林業架線作業主任者
令第六条第四号の作業のうち取り扱うボイラーの伝熱面積の合計が五百平方メートル以上の場合（貫流ボイラーのみを取り扱う場合を除く。）における当該ボイラーの取扱いの作業	特級ボイラー技士免許を受けた者	ボイラー取扱作業主任者
令第六条第四号の作業のうち取り扱うボイラーの伝熱面積の合計が二十五平方メートル以上五百平方メートル未満の場合（貫流ボイラーのみを取り扱う場合において、その伝熱面積の合計が五百平方メートル以上のときを含む。）における当該ボイラーの取扱いの作業	特級ボイラー技士免許又は一級ボイラー技士免許を受けた者	
令第六条第四号の作業のうち取り扱うボイラーの伝熱面積の合計が二十五平方メートル未満の場合における当該ボイラーの取扱いの作業	特級ボイラー技士免許、一級ボイラー技士免許又は二級ボイラー技士免許を受けた者	
令第六条第四号の作業のうち令第二十条第五号イからニまでに掲げるボイラーのみを取り扱う作業	特級ボイラー技士免許、一級ボイラー技士免許若しくは二級ボイラー技士免許を受けた者又はボイラー取扱技能講習を修	

	了した者	
令第六条第五号の作業	エックス線作業主任者免許を受けた者	エックス線作業主任者
令第六条第五号の二の作業	ガンマ線透過写真撮影作業主任者免許を受けた者	ガンマ線透過写真撮影作業主任者
令第六条第六号の作業	木材加工用機械作業主任者技能講習を修了した者	木材加工用機械作業主任者
令第六条第七号の作業	プレス機械作業主任者技能講習を修了した者	プレス機械作業主任者
令第六条第八号の作業	乾燥設備作業主任者技能講習を修了した者	乾燥設備作業主任者
令第六条第八号の二の作業	コンクリート破砕器作業主任者技能講習を修了した者	コンクリート破砕器作業主任者
令第六条第九号の作業	地山の掘削及び土止め支保工作業主任者技能講習を修了した者	地山の掘削作業主任者
令第六条第十号の作業	地山の掘削及び土止め支保工作業主任者技能講習を修了した者	土止め支保工作業主任者
令第六条第十号の二の作業	ずい道等の掘削等作業主任者技能講習を修了した者	ずい道等の掘削等作業主任者
令第六条第十号の三の作業	ずい道等の覆工作業主任者技能講習を修了した者	ずい道等の覆工作業主任者
令第六条第十一号の作業	採石のための掘削作業主任者技能講習を修了した者	採石のための掘削作業主任者
令第六条第十二号の作業	はい作業主任者技能講習を修了した者	はい作業主任者

令第六条第十三号の作業	船内荷役作業主任者技能講習を修了した者	船内荷役作業主任者
令第六条第十四号の作業	型枠支保工の組立て等作業主任者技能講習を修了した者	型枠支保工の組立て等作業主任者
令第六条第十五号の作業	足場の組立て等作業主任者技能講習を修了した者	足場の組立て等作業主任者
令第六条第十五号の二の作業	建築物等の鉄骨の組立て等作業主任者技能講習を修了した者	建築物等の鉄骨の組立て等作業主任者
令第六条第十五号の三の作業	鋼橋架設等作業主任者技能講習を修了した者	鋼橋架設等作業主任者
令第六条第十五号の四の作業	木造建築物の組立て等作業主任者技能講習を修了した者	木造建築物の組立て等作業主任者
令第六条第十五号の五の作業	コンクリート造の工作物の解体等作業主任者技能講習を修了した者	コンクリート造の工作物の解体等作業主任者
令第六条第十六号の二の作業	コンクリート橋架設等作業主任者技能講習を修了した者	コンクリート橋架設等作業主任者
令第六条第十七号の作業のうち化学設備に係る第一種圧力容器の取扱いの作業	化学設備関係第一種圧力容器取扱作業主任者技能講習を修了した者	第一種圧力容器取扱作業主任者
令第六条第十七号の作業のうち化学設備に係る第一種圧力容器の取扱いの作業以外の作業	特級ボイラー技士免許、一級ボイラー技士免許若しくは二級ボイラー技士免許を受けた者又は化学設備関係第一種圧力容器取扱作業主任者技能講習若しくは普通第一種圧力容器取扱作業主任者技能講習を修了した者	

令第六条第十八号の作業のうち、次の二項に掲げる作業以外の作業	特定化学物質及び四アルキル鉛等作業主任者技能講習（講習科目を次項の金属アーク溶接等作業に係るものに限定したもの（以下「金属アーク溶接等作業主任者限定技能講習」という。）を除く。令第六条第二十号の作業の項において同じ。）を修了した者	特定化学物質作業主任者
令第六条第十八号の作業のうち、金属をアーク溶接する作業、アークを用いて金属を溶断し、又はガウジングする作業その他の溶接ヒュームを製造し、又は取り扱う作業（以下この項において「金属アーク溶接等作業」という。）	特定化学物質及び四アルキル鉛等作業主任者技能講習（金属アーク溶接等作業主任者限定技能講習を含む。）を修了した者	金属アーク溶接等作業主任者
令第六条第十八号の作業のうち、特別有機溶剤又は令別表第三第二号37に掲げる物で特別有機溶剤に係るものを製造し、又は取り扱う作業	有機溶剤作業主任者技能講習を修了した者	特定化学物質作業主任者（特別有機溶剤等関係）
令第六条第十九号の作業	鉛作業主任者技能講習を修了した者	鉛作業主任者
令第六条第二十号の作業	特定化学物質及び四アルキル鉛等作業主任者技能講習を修了した者	四アルキル鉛等作業主任者
令第六条第二十一号の作業のうち、次の項に掲げる作業以外の作業	酸素欠乏危険作業主任者技能講習又は酸素欠乏・硫化水素危険作業主任者技能講習を修了した者	酸素欠乏危険作業主任者

令第六条第二十一号の作業のうち、令別表第六第三号の三、第九号又は第十二号に掲げる酸素欠乏危険場所（同号に掲げる場所にあつては、酸素欠乏症にかかるおそれ及び硫化水素中毒にかかるおそれのある場所として厚生労働大臣が定める場所に限る。）における作業	酸素欠乏・硫化水素危険作業主任者技能講習を修了した者	
令第六条第二十二号の作業	有機溶剤作業主任者技能講習を修了した者	有機溶剤作業主任者
令第六条第二十三号の作業	石綿作業主任者技能講習を修了した者	石綿作業主任者

備考　令第六条第四号の作業に係る伝熱面積の合計は、次に定めるところにより算定するものとする。

一　ボイラーの伝熱面積の算定方法は、ボイラー則第二条に規定するところによること。

二　貫流ボイラーについては、前号により算定したその伝熱面積に十分の一を乗じて得た値を当該ボイラーの伝熱面積とすること。

三　廃熱ボイラーについては、その伝熱面積に二分の一を乗じて得た値を当該廃熱ボイラーの伝熱面積とすること。

四　令第二十条第五号イからニまでに掲げるボイラーについては、その伝熱面積を算入しないこと。

五　ボイラーに圧力、温度、水位又は燃焼の状態に係る異常があつた場合に当該ボイラーを安全に停止させることができる機能その他の機能を有する自動制御装置であつて厚生労働大臣の定めるものを備えたボイラーについては、当該ボイラー（当該ボイラーのうち、最大の伝熱面積を有するボイラーを除く。）の伝熱面積を算入しないことができること。

別表第二（第三十条、第三十四条の二関係）

物	第三十条に規定する含有量（重量パーセント）	第三十四条の二に規定する含有量（重量パーセント）
アクリルアミド	〇・一パーセント未満	〇・一パーセント未満
アクリル酸	一パーセント未満	一パーセント未満
アクリル酸エチル	一パーセント未満	〇・一パーセント未満
アクリル酸二―（ジメチルアミノ）エチル	一パーセント未満	〇・一パーセント未満
アクリル酸ノルマル―ブチル	一パーセント未満	〇・一パーセント未満
アクリル酸二―ヒドロキシプロピル	一パーセント未満	〇・一パーセント未満
アクリル酸メチル	一パーセント未満	〇・一パーセント未満
アクリロニトリル	一パーセント未満	〇・一パーセント未満
アクロレイン	一パーセント未満	一パーセント未満
アザチオプリン	〇・一パーセント未満	〇・一パーセント未満
アジ化ナトリウム	一パーセント未満	一パーセント未満
アジピン酸	一パーセント未満	一パーセント未満
アジポニトリル	一パーセント未満	一パーセント未満
亜硝酸イソブチル	一パーセント未満	〇・一パーセント未満
アスファルト	一パーセント未満	〇・一パーセント未満
アセタゾラミド（別名アセタゾールアミド）	〇・三パーセント未満	〇・一パーセント未満
アセチルアセトン	一パーセント未満	一パーセント未満

アセチルサリチル酸（別名アスピリン）	○・三パーセント未満	○・一パーセント未満
アセトアミド	一パーセント未満	○・一パーセント未満
アセトアルデヒド	一パーセント未満	○・一パーセント未満
アセトニトリル	一パーセント未満	一パーセント未満
アセトフェノン	一パーセント未満	一パーセント未満
アセトン	一パーセント未満	○・一パーセント未満
アセトンシアノヒドリン	一パーセント未満	一パーセント未満
アセトンチオセミカルバゾン	一パーセント未満	一パーセント未満
アニリン	一パーセント未満	○・一パーセント未満
アニリンとホルムアルデヒドの重縮合物	○・一パーセント未満	○・一パーセント未満
アフラトキシン	○・一パーセント未満	○・一パーセント未満
アミド硫酸アンモニウム	一パーセント未満	一パーセント未満
二―アミノエタノール	一パーセント未満	○・一パーセント未満
二―アミノエタンチオール（別名システアミン）	○・三パーセント未満	○・一パーセント未満
N―（二―アミノエチル）―二―アミノエタノール	○・二パーセント未満	○・一パーセント未満
三―アミノ―N―エチルカルバゾール	○・一パーセント未満	○・一パーセント未満
四―アミノ―六―ターシャリ―ブチル―三―メチルチオ―一・二・四―トリアジン―五（四H）―オン（別名メトリブジン）	一パーセント未満	一パーセント未満
三―アミノ―一H―一・二・四―トリアゾール（別名アミトロール）	一パーセント未満	○・一パーセント未満
四―アミノ―三・五・六―トリクロロピリジン―二―カルボン酸（別名ピクロラム）	一パーセント未満	一パーセント未満

（S）―二―アミノ―三―［四―［ビス（二―クロロエチル）アミノ］フェニル］プロパン酸（別名メルファラン）	〇・一パーセント未満	〇・一パーセント未満
二―アミノ―四―［ヒドロキシ（メチル）ホスホリル］ブタン酸及びそのアンモニウム塩	〇・三パーセント未満	〇・一パーセント未満
二―アミノピリジン	一パーセント未満	一パーセント未満
三―アミノ―一―プロペン	一パーセント未満	一パーセント未満
四―アミノ―一―ベータ―D―リボフラノシル―一・三・五―トリアジン―二（一H）―オン	〇・一パーセント未満	〇・一パーセント未満
亜硫酸水素ナトリウム	一パーセント未満	一パーセント未満
アリルアルコール	一パーセント未満	一パーセント未満
一―アリルオキシ―二・三―エポキシプロパン	一パーセント未満	〇・一パーセント未満
四―アリル―一・二―ジメトキシベンゼン	〇・一パーセント未満	〇・一パーセント未満
アリル水銀化合物	一パーセント未満	〇・一パーセント未満
アリル―ノルマル―プロピルジスルフィド	一パーセント未満	〇・一パーセント未満
亜りん酸トリメチル	一パーセント未満	一パーセント未満
アルキルアルミニウム化合物	一パーセント未満	一パーセント未満
アルキル水銀化合物	〇・三パーセント未満	〇・一パーセント未満
十七アルファ―アセチルオキシ―六―クロロ―プレグナ―四・六―ジエン―三・二十―ジオン	〇・三パーセント未満	〇・一パーセント未満
三―（アルファ―アセトニルベンジル）―四―ヒドロキシクマリン（別名ワルファリン）	〇・三パーセント未満	〇・一パーセント未満
アルファ・アルファ―ジクロロトルエン	〇・一パーセント未満	〇・一パーセント未満

アルファ—メチルスチレン	一パーセント未満	〇・一パーセント未満
アルミニウム	一パーセント未満	一パーセント未満
アルミニウム水溶性塩	一パーセント未満	〇・一パーセント未満
アンチモン及びその化合物（三酸化二アンチモンに限る。）	〇・一パーセント未満	〇・一パーセント未満
アンチモン及びその化合物（三酸化二アンチモンを除く。）	一パーセント未満	〇・一パーセント未満
アントラセン	〇・一パーセント未満	〇・一パーセント未満
アンモニア	〇・二パーセント未満	〇・一パーセント未満
石綿（令第十六条第一項第四号イからハまでに掲げる物で同号の厚生労働省令で定めるものに限る。）	〇・一パーセント未満	〇・一パーセント未満
三—イソシアナトメチル—三・五・五—トリメチルシクロヘキシル＝イソシアネート	一パーセント未満	〇・一パーセント未満
イソシアン酸三・四—ジクロロフェニル	一パーセント未満	一パーセント未満
イソシアン酸メチル	〇・三パーセント未満	〇・一パーセント未満
イソプレン	一パーセント未満	〇・一パーセント未満
四・四′—イソプロピリデンジフェノール（別名ビスフェノールA）	〇・三パーセント未満	〇・一パーセント未満
N—イソプロピルアニリン	一パーセント未満	〇・一パーセント未満
N—イソプロピルアミノホスホン酸O—エチル—O—（三—メチル—四—メチルチオフェニル）（別名フェナミホス）	一パーセント未満	〇・一パーセント未満
イソプロピルアミン	一パーセント未満	一パーセント未満
イソプロピルエーテル	一パーセント未満	〇・一パーセント未満
イソペンチルアルコール（別名イソアミルアルコール）	一パーセント未満	一パーセント未満

イソホロン	一パーセント未満	〇・一パーセント未満
一塩化硫黄	一パーセント未満	一パーセント未満
一酸化炭素	〇・三パーセント未満	〇・一パーセント未満
一酸化窒素	一パーセント未満	一パーセント未満
一酸化二窒素	〇・三パーセント未満	〇・一パーセント未満
イットリウム及びその化合物	一パーセント未満	一パーセント未満
イプシロン―カプロラクタム	一パーセント未満	一パーセント未満
イブプロフェン	〇・三パーセント未満	〇・一パーセント未満
二―イミダゾリジンチオン	〇・三パーセント未満	〇・一パーセント未満
四・四′―（四―イミノシクロヘキサ―二・五―ジエニリデンメチル）ジアニリン塩酸塩（別名CＩベイシックレッド九）	一パーセント未満	〇・一パーセント未満
インジウム	一パーセント未満	一パーセント未満
インジウム化合物	〇・一パーセント未満	〇・一パーセント未満
インデン	一パーセント未満	一パーセント未満
ウラン	〇・一パーセント未満	〇・一パーセント未満
ウレタン	〇・一パーセント未満	〇・一パーセント未満
エタノール	〇・一パーセント未満	〇・一パーセント未満
エタンチオール	一パーセント未満	一パーセント未満
エチリデンノルボルネン	一パーセント未満	〇・一パーセント未満
エチルアミン	一パーセント未満	一パーセント未満

O—エチル—O—（二—イソプロポキシカルボニルフェニル）—N—イソプロピルチオホスホルアミド（別名イソフェンホス）	一パーセント未満	〇・一パーセント未満
エチルエーテル	一パーセント未満	〇・一パーセント未満
O—エチル＝S・S—ジプロピル＝ホスホロジチオアート（別名エトプロホス）	〇・一パーセント未満	〇・一パーセント未満
エチル—セカンダリ—ペンチルケトン	一パーセント未満	一パーセント未満
N—エチル—N—ニトロソ尿素	〇・一パーセント未満	〇・一パーセント未満
エチル—パラ—ニトロフェニルチオノベンゼンホスホネイト（別名EPN）	一パーセント未満	〇・一パーセント未満
一—エチルピロリジン—二—オン	〇・三パーセント未満	〇・一パーセント未満
O—エチル—S—フェニル＝エチルホスホノチオロチオナート（別名ホノホス）	一パーセント未満	〇・一パーセント未満
五—エチル—五—フェニルバルビツル酸（別名フェノバルビタール）	〇・一パーセント未満	〇・一パーセント未満
S—エチル＝ヘキサヒドロ—一H—アゼピン—一—カルボチオアート（別名モリネート）	〇・三パーセント未満	〇・一パーセント未満
二—エチルヘキサン酸	〇・三パーセント未満	〇・一パーセント未満
エチルベンゼン	〇・一パーセント未満	〇・一パーセント未満
（三S・四R）—三—エチル—四—［（一—メチル—一H—イミダゾール—五—イル）メチル］オキソラン—二—オン（別名ピロカルピン）	一パーセント未満	一パーセント未満
エチルメチルケトンペルオキシド	一パーセント未満	一パーセント未満
O—エチル＝S—一—メチルプロピル＝（二—オキソ—三—チアゾリジニル）ホスホノチオアート（別名ホスチアゼート）	〇・三パーセント未満	〇・一パーセント未満
N—エチルモルホリン	一パーセント未満	一パーセント未満
エチレン	一パーセント未満	一パーセント未満

エチレンイミン	〇・一パーセント未満	〇・一パーセント未満
エチレンオキシド	〇・一パーセント未満	〇・一パーセント未満
エチレングリコール	一パーセント未満	一パーセント未満
エチレングリコールジエチルエーテル（別名一・二―ジエトキシエタン）	〇・三パーセント未満	〇・一パーセント未満
エチレングリコールモノイソプロピルエーテル	一パーセント未満	一パーセント未満
エチレングリコールモノエチルエーテル（別名セロソルブ）	〇・三パーセント未満	〇・一パーセント未満
エチレングリコールモノエチルエーテルアセテート（別名セロソルブアセテート）	〇・三パーセント未満	〇・一パーセント未満
エチレングリコールモノ―ノルマル―ブチルエーテル（別名ブチルセロソルブ）	一パーセント未満	〇・一パーセント未満
エチレングリコールモノブチルエーテルアセタート	一パーセント未満	〇・一パーセント未満
エチレングリコールモノメチルエーテル（別名メチルセロソルブ）	〇・三パーセント未満	〇・一パーセント未満
エチレングリコールモノメチルエーテルアセテート	〇・三パーセント未満	〇・一パーセント未満
エチレンクロロヒドリン	〇・一パーセント未満	〇・一パーセント未満
エチレンジアミン	一パーセント未満	〇・一パーセント未満
N・N′―エチレンビス（ジチオカルバミン酸）マンガン（別名マンネブ）	〇・三パーセント未満	〇・一パーセント未満
一・一′―エチレン―二・二′―ビピリジニウム＝ジブロミド（別名ジクアット）	一パーセント未満	〇・一パーセント未満
二―エトキシ―二・二―ジメチルエタン	一パーセント未満	一パーセント未満
二―（四―エトキシフェニル）―二―メチルプロピル＝三―フェノキシベンジルエーテル（別名エトフェンプロックス）	一パーセント未満	一パーセント未満
エピクロロヒドリン	〇・一パーセント未満	〇・一パーセント未満
エフェドリン	〇・三パーセント未満	〇・一パーセント未満

一・二―エポキシ―三―イソプロポキシプロパン	一パーセント未満	一パーセント未満
二・三―エポキシ―一―プロパナール	一パーセント未満	〇・一パーセント未満
二・三―エポキシ―一―プロパノール	〇・一パーセント未満	〇・一パーセント未満
二・三―エポキシプロピル＝フェニルエーテル	一パーセント未満	〇・一パーセント未満
エメリー	一パーセント未満	一パーセント未満
エリオナイト	〇・一パーセント未満	〇・一パーセント未満
塩化亜鉛	一パーセント未満	〇・一パーセント未満
塩化アクリロイル	一パーセント未満	一パーセント未満
塩化アリル	一パーセント未満	〇・一パーセント未満
塩化アンモニウム	一パーセント未満	一パーセント未満
塩化シアン	一パーセント未満	一パーセント未満
塩化水素	〇・二パーセント未満	〇・一パーセント未満
塩化チオニル	一パーセント未満	一パーセント未満
塩化ビニル	〇・一パーセント未満	〇・一パーセント未満
塩化ベンジル	一パーセント未満	〇・一パーセント未満
塩化ベンゾイル	一パーセント未満	一パーセント未満
塩化ホスホリル	一パーセント未満	一パーセント未満
塩基性フタル酸鉛	〇・一パーセント未満	〇・一パーセント未満
塩素	一パーセント未満	一パーセント未満
塩素化カンフェン（別名トキサフェン）	一パーセント未満	〇・一パーセント未満

別表

塩素化ジフェニルオキシド	一パーセント未満	一パーセント未満
黄りん	一パーセント未満	〇・一パーセント未満
四・四′—オキシビス（二—クロロアニリン）	一パーセント未満	〇・一パーセント未満
オキシビス（チオホスホン酸）O・O・O′・O′—テトラエチル（別名スルホテップ）	一パーセント未満	〇・一パーセント未満
四・四′—オキシビスベンゼンスルホニルヒドラジド	一パーセント未満	一パーセント未満
一・一′—オキシビス（二・三・四・五・六—ペンタブロモベンゼン）（別名デカブロモジフェニルエーテル）	〇・三パーセント未満	〇・一パーセント未満
オキシビスホスホン酸四ナトリウム	一パーセント未満	一パーセント未満
オキシラン—二—カルボキサミド	〇・一パーセント未満	〇・一パーセント未満
オクタクロルテトラヒドロメタノフタラン	一パーセント未満	〇・一パーセント未満
オクタクロロナフタレン	一パーセント未満	一パーセント未満
一・二・四・五・六・七・八・八—オクタクロロ—二・三・三a・四・七・七a—ヘキサヒドロ—四・七—メタノ—一H—インデン（別名クロルデン）	一パーセント未満	〇・一パーセント未満
二—オクタノール	一パーセント未満	一パーセント未満
オクタブロモジフェニルエーテル	〇・三パーセント未満	〇・一パーセント未満
オクタメチルピロホスホルアミド（別名シュラーダン）	一パーセント未満	一パーセント未満
オクタン	一パーセント未満	一パーセント未満
オクチルアミン（別名モノオクチルアミン）	一パーセント未満	一パーセント未満
オゾン	一パーセント未満	〇・一パーセント未満
オメガ—クロロアセトフェノン	一パーセント未満	〇・一パーセント未満

オーラミン	一パーセント未満	〇・一パーセント未満
オルト―アニシジン	一パーセント未満	〇・一パーセント未満
オルト―クロロスチレン	一パーセント未満	一パーセント未満
オルト―クロロトルエン	一パーセント未満	一パーセント未満
オルト―ジクロロベンゼン	一パーセント未満	一パーセント未満
オルト―セカンダリ―ブチルフェノール	一パーセント未満	一パーセント未満
オルト―ニトロアニソール	一パーセント未満	〇・一パーセント未満
オルト―フタロジニトリル	一パーセント未満	一パーセント未満
過酢酸	一パーセント未満	一パーセント未満
過酸化水素	一パーセント未満	〇・一パーセント未満
ガソリン	一パーセント未満	〇・一パーセント未満
カテコール	一パーセント未満	〇・一パーセント未満
カドミウム及びその化合物	〇・一パーセント未満	〇・一パーセント未満
カーボンブラック	一パーセント未満	〇・一パーセント未満
カルシウムシアナミド	一パーセント未満	一パーセント未満
ぎ酸	一パーセント未満	一パーセント未満
ぎ酸エチル	一パーセント未満	一パーセント未満
ぎ酸メチル	一パーセント未満	一パーセント未満
キシリジン	一パーセント未満	〇・一パーセント未満
キシレン	〇・三パーセント未満	〇・一パーセント未満

キノリン及びその塩酸塩	〇・一パーセント未満	〇・一パーセント未満
銀及びその水溶性化合物	一パーセント未満	〇・一パーセント未満
クメン	一パーセント未満	〇・一パーセント未満
グルタルアルデヒド	一パーセント未満	〇・一パーセント未満
クレオソート油	〇・一パーセント未満	〇・一パーセント未満
クレゾール	一パーセント未満	〇・一パーセント未満
クロム及びその化合物（クロム酸及びクロム酸塩並びに重クロム酸及び重クロム酸塩に限る。）	〇・一パーセント未満	〇・一パーセント未満
クロム及びその化合物（クロム酸及びクロム酸塩並びに重クロム酸及び重クロム酸塩を除く。）	一パーセント未満	〇・一パーセント未満
クロロアセチル＝クロリド	一パーセント未満	一パーセント未満
クロロアセトアルデヒド	一パーセント未満	〇・一パーセント未満
クロロアセトン	一パーセント未満	一パーセント未満
クロロエタン（別名塩化エチル）	一パーセント未満	〇・一パーセント未満
二―クロロエタンスルホニル＝クロリド	一パーセント未満	一パーセント未満
二―クロロ―四―エチルアミノ―六―イソプロピルアミノ―一・三・五―トリアジン（別名アトラジン）	一パーセント未満	〇・一パーセント未満
N―（二―クロロエチル）―N′―シクロヘキシル―N―ニトロソ尿素	〇・一パーセント未満	〇・一パーセント未満
N―（二―クロロエチル）―N―ニトロソ―N′―［（二R・三R・四S・五R）―三・四・五・六―テトラヒドロキシ―一―オキソヘキサン―二―イル］尿素	〇・一パーセント未満	〇・一パーセント未満

N―(二―クロロエチル)―N′―(四―メチルシクロヘキシル)―N―ニトロソ尿素	〇・一パーセント未満	〇・一パーセント未満
二―クロロ―N―(エトキシメチル)―N―(二―エチル―六―メチルフェニル)アセトアミド	〇・一パーセント未満	〇・一パーセント未満
四―クロロ―オルト―フェニレンジアミン	一パーセント未満	〇・一パーセント未満
クロロぎ酸エチル(別名クロロ炭酸エチル)	一パーセント未満	一パーセント未満
三―クロロ―N―(三―クロロ―五―トリフルオロメチル―二―ピリジル)―アルファ・アルファ・アルファ―トリフルオロ―二・六―ジニトロ―パラ―トルイジン(別名フルアジナム)	〇・三パーセント未満	〇・一パーセント未満
クロロ酢酸	一パーセント未満	一パーセント未満
クロロジフルオロメタン(別名HCFC―二二)	一パーセント未満	〇・一パーセント未満
クロロ炭酸フェニルエステル	一パーセント未満	一パーセント未満
二―クロロ―六―トリクロロメチルピリジン(別名ニトラピリン)	一パーセント未満	一パーセント未満
一―クロロ―四―(トリクロロメチル)ベンゼン	〇・一パーセント未満	〇・一パーセント未満
クロロトリフルオロエタン(別名HCFC―一三三)	〇・三パーセント未満	〇・一パーセント未満
二―クロロ―一・一・二―トリフルオロエチルジフルオロメチルエーテル(別名エンフルラン)	一パーセント未満	〇・一パーセント未満
一―クロロ―一―ニトロプロパン	一パーセント未満	一パーセント未満
二―クロロニトロベンゼン	〇・一パーセント未満	〇・一パーセント未満
クロロピクリン	一パーセント未満	一パーセント未満
三―(六―クロロピリジン―三―イルメチル)―一・三―チアゾリジン―二―イリデンシアナミド(別名チアクロプリド)	〇・三パーセント未満	〇・一パーセント未満

四―〔四―（四―クロロフェニル）―四―ヒドロキシピペリジン―一―イル〕―一―（四―フルオロフェニル）ブタン―一―オン（別名ハロペリドール）	〇・三パーセント未満	〇・一パーセント未満
クロロフェノール	一パーセント未満	〇・一パーセント未満
二―クロロ―一・三―ブタジエン	一パーセント未満	〇・一パーセント未満
一―クロロ―二―プロパノール	一パーセント未満	一パーセント未満
二―クロロ―一―プロパノール	一パーセント未満	一パーセント未満
三―クロロ―一・二―プロパンジオール	〇・三パーセント未満	〇・一パーセント未満
二―クロロプロピオン酸	一パーセント未満	一パーセント未満
二―クロロベンジリデンマロノニトリル	一パーセント未満	一パーセント未満
クロロベンゼン	一パーセント未満	〇・一パーセント未満
クロロペンタフルオロエタン（別名CFC―一一五）	一パーセント未満	一パーセント未満
クロロホルム	一パーセント未満	〇・一パーセント未満
クロロメタン（別名塩化メチル）	〇・三パーセント未満	〇・一パーセント未満
四―クロロ―二―メチルアニリン及びその塩酸塩	〇・一パーセント未満	〇・一パーセント未満
O―三―クロロ―四―メチル―二―オキソ―二H―クロメン―七―イル＝O′O″―ジエチル＝ホスホロチオアート	一パーセント未満	一パーセント未満
一―クロロ―二―メチル―一―プロペン（別名一―クロロイソブチレン）	一パーセント未満	〇・一パーセント未満
クロロメチルメチルエーテル	〇・一パーセント未満	〇・一パーセント未満
軽油	一パーセント未満	〇・一パーセント未満
けつ岩油	〇・一パーセント未満	〇・一パーセント未満
結晶質シリカ	〇・一パーセント未満	〇・一パーセント未満

ケテン	一パーセント未満	一パーセント未満
ゲルマン	一パーセント未満	一パーセント未満
鉱油	一パーセント未満	○・一パーセント未満
五塩化りん	一パーセント未満	一パーセント未満
固形パラフィン	一パーセント未満	一パーセント未満
五酸化バナジウム	○・一パーセント未満	○・一パーセント未満
コバルト及びその化合物	○・一パーセント未満	○・一パーセント未満
五弗化臭素	一パーセント未満	一パーセント未満
コールタール	○・一パーセント未満	○・一パーセント未満
コールタールナフサ	一パーセント未満	一パーセント未満
コレカルシフェロール（別名ビタミンD三）	○・三パーセント未満	○・一パーセント未満
酢酸	一パーセント未満	一パーセント未満
酢酸エチル	一パーセント未満	一パーセント未満
酢酸一・三―ジメチルブチル	一パーセント未満	一パーセント未満
酢酸鉛	○・三パーセント未満	○・一パーセント未満
酢酸ビニル	一パーセント未満	○・一パーセント未満
酢酸ブチル	一パーセント未満	一パーセント未満
酢酸プロピル	一パーセント未満	一パーセント未満
酢酸ベンジル	一パーセント未満	一パーセント未満
酢酸ペンチル（別名酢酸アミル）	一パーセント未満	○・一パーセント未満

酢酸マンガン（Ⅱ）	〇・三パーセント未満	〇・一パーセント未満
酢酸メチル	一パーセント未満	一パーセント未満
サチライシン	一パーセント未満	〇・一パーセント未満
三塩化ほう素	〇・三パーセント未満	〇・一パーセント未満
三塩化りん	一パーセント未満	一パーセント未満
酸化亜鉛	一パーセント未満	〇・一パーセント未満
酸化カルシウム	一パーセント未満	一パーセント未満
酸化チタン(IV)	一パーセント未満	〇・一パーセント未満
酸化鉄	一パーセント未満	一パーセント未満
一・二—酸化ブチレン	一パーセント未満	〇・一パーセント未満
酸化プロピレン	〇・一パーセント未満	〇・一パーセント未満
酸化メシチル	一パーセント未満	〇・一パーセント未満
三酸化二ほう素	一パーセント未満	一パーセント未満
三臭化ほう素	一パーセント未満	一パーセント未満
三弗化アルミニウム	一パーセント未満	〇・一パーセント未満
三弗化塩素	一パーセント未満	一パーセント未満
三弗化ほう素	一パーセント未満	一パーセント未満
次亜塩素酸カルシウム	一パーセント未満	〇・一パーセント未満
N・N′—ジアセチルベンジジン	一パーセント未満	〇・一パーセント未満
ジアセトキシプロペン	一パーセント未満	一パーセント未満

ジアセトンアルコール	一パーセント未満	〇・一パーセント未満
ジアゾメタン	〇・二パーセント未満	〇・一パーセント未満
シアナミド	一パーセント未満	〇・一パーセント未満
二―シアノアクリル酸エチル	一パーセント未満	〇・一パーセント未満
二―シアノアクリル酸メチル	一パーセント未満	〇・一パーセント未満
二・四―ジアミノアニソール	一パーセント未満	〇・一パーセント未満
四・四′―ジアミノジフェニルエーテル	一パーセント未満	〇・一パーセント未満
四・四′―ジアミノジフェニルスルフィド	一パーセント未満	〇・一パーセント未満
四・四′―ジアミノ―三・三′―ジメチルジフェニルメタン	一パーセント未満	〇・一パーセント未満
二・四―ジアミノトルエン	一パーセント未満	〇・一パーセント未満
四アルキル鉛	―	〇・一パーセント未満
シアン化カリウム	一パーセント未満	一パーセント未満
シアン化カルシウム	一パーセント未満	一パーセント未満
シアン化水素	一パーセント未満	一パーセント未満
シアン化ナトリウム	一パーセント未満	〇・一パーセント未満
(SP―四―二)―ジアンミンジクロリド白金(別名シスプラチン)	〇・一パーセント未満	〇・一パーセント未満
ジイソブチルアミン	一パーセント未満	一パーセント未満
ジイソブチルケトン	一パーセント未満	一パーセント未満
二・三:四・五―ジ―O―イソプロピリデン―一―O―スルファモイル―ベータ―D―フルクトピラノース	〇・三パーセント未満	〇・一パーセント未満
ジイソプロピルアミン	一パーセント未満	一パーセント未満

ジイソプロピル―S―（エチルスルフィニルメチル）―ジチオホスフェイト	一パーセント未満	一パーセント未満
ジエタノールアミン	一パーセント未満	〇・一パーセント未満
N・N―ジエチル亜硝酸アミド	〇・一パーセント未満	〇・一パーセント未満
二―（ジエチルアミノ）エタノール	一パーセント未満	一パーセント未満
ジエチルアミン	一パーセント未満	一パーセント未満
ジエチル―四―クロルフェニルメルカプトメチルジチオホスフェイト	一パーセント未満	〇・一パーセント未満
ジエチルケトン	一パーセント未満	一パーセント未満
ジエチル―一―（二′・四′―ジクロルフェニル）―二―クロルビニルホスフェイト	一パーセント未満	一パーセント未満
ジエチル―（一・三―ジチオシクロペンチリデン）―チオホスホルアミド	一パーセント未満	一パーセント未満
ジエチルスチルベストロール（別名スチルベストロール）	〇・一パーセント未満	〇・一パーセント未満
ジエチル―パラ―ニトロフェニルチオホスフェイト（別名パラチオン）	一パーセント未満	〇・一パーセント未満
一・二―ジエチルヒドラジン	一パーセント未満	〇・一パーセント未満
N・N―ジエチルヒドロキシルアミン	一パーセント未満	一パーセント未満
ジエチルホスホロクロリドチオネート	一パーセント未満	一パーセント未満
ジエチレングリコールモノブチルエーテル	一パーセント未満	一パーセント未満
ジエチレングリコールモノメチルエーテル（別名メチルカルビトール）	〇・三パーセント未満	〇・一パーセント未満
ジエチレントリアミン	〇・三パーセント未満	〇・一パーセント未満
四塩化炭素	一パーセント未満	〇・一パーセント未満
一・四―ジオキサン	一パーセント未満	〇・一パーセント未満

一・四―ジオキサン―二・三―ジイルジチオビス（チオホスホン酸）O・O・O′・O′―テトラエチル（別名ジオキサチオン）	一パーセント未満	一パーセント未満
一・三―ジオキソラン	一パーセント未満	〇・一パーセント未満
二―（一・三―ジオキソラン―二―イル）―フェニル―N―メチルカルバメート	〇・三パーセント未満	〇・一パーセント未満
シクロスポリン	〇・一パーセント未満	〇・一パーセント未満
シクロヘキサノール	一パーセント未満	〇・一パーセント未満
シクロヘキサノン	一パーセント未満	〇・一パーセント未満
シクロヘキサン	一パーセント未満	一パーセント未満
シクロヘキシミド	〇・三パーセント未満	〇・一パーセント未満
シクロヘキシルアミン	〇・一パーセント未満	〇・一パーセント未満
二―シクロヘキシルビフェニル	一パーセント未満	〇・一パーセント未満
シクロヘキセン	一パーセント未満	一パーセント未満
シクロペンタジエニルトリカルボニルマンガン	一パーセント未満	一パーセント未満
シクロペンタジエン	一パーセント未満	一パーセント未満
シクロペンタン	一パーセント未満	一パーセント未満
シクロホスファミド及びその一水和物	〇・一パーセント未満	〇・一パーセント未満
二・四・ジクロルフェニル四′―ニトロフェニルエーテル（別名NIP）	〇・三パーセント未満	〇・一パーセント未満
ジクロロアセチレン	一パーセント未満	一パーセント未満
ジクロロエタン	一パーセント未満	〇・一パーセント未満
四・四′―（二・二―ジクロロエタン―一・一―ジイル）ジ（クロロベンゼン）	〇・一パーセント未満	〇・一パーセント未満

ジクロロエチルホルマール	一パーセント未満	一パーセント未満
ジクロロエチレン	一パーセント未満	〇・一パーセント未満
四・四′—(二・二—ジクロロエテン—一・一—ジイル)ジ(クロロベンゼン)	〇・一パーセント未満	〇・一パーセント未満
ジクロロ酢酸	一パーセント未満	〇・一パーセント未満
三・三′—ジクロロ—四・四′—ジアミノジフェニルメタン	〇・一パーセント未満	〇・一パーセント未満
ジクロロジフルオロメタン(別名CFC—一二)	一パーセント未満	一パーセント未満
一・三—ジクロロ—五・五—ジメチルイミダゾリジン—二・四—ジオン	一パーセント未満	一パーセント未満
三・五—ジクロロ—二・六—ジメチル—四—ピリジノール(別名クロピドール)	一パーセント未満	一パーセント未満
ジクロロテトラフルオロエタン(別名CFC—一一四)	一パーセント未満	一パーセント未満
二・二—ジクロロ—一・一・一—トリフルオロエタン(別名HCFC—一二三)	一パーセント未満	一パーセント未満
一・一—ジクロロ—一—ニトロエタン	一パーセント未満	一パーセント未満
一・四—ジクロロ—二—ニトロベンゼン	〇・一パーセント未満	〇・一パーセント未満
二・四—ジクロロ—一—ニトロベンゼン	〇・一パーセント未満	〇・一パーセント未満
二・二—ジクロロ—N—[二—ヒドロキシ—一—(ヒドロキシメチル)—二—(四—ニトロフェニル)エチル]アセトアミド(別名クロラムフェニコール)	〇・一パーセント未満	〇・一パーセント未満
三—(三・四—ジクロロフェニル)—一・一—ジメチル尿素(別名ジウロン)	一パーセント未満	一パーセント未満
(RS)—三—(三・五—ジクロロフェニル)—五—メチル—五—ビニル—一・三—オキサゾリジン—二・四—ジオン(別名ビンクロゾリン)	〇・三パーセント未満	〇・一パーセント未満

三―(三・四―ジクロロフェニル)―一―メトキシ―一―メチル尿素(別名リニュロン)	〇・三パーセント未満	〇・一パーセント未満
二・四―ジクロロフェノキシエチル硫酸ナトリウム	一パーセント未満	一パーセント未満
二・四―ジクロロフェノキシ酢酸	一パーセント未満	〇・一パーセント未満
(RS)―二―(二・四―ジクロロフェノキシ)プロピオン酸(別名ジクロルプロップ)	〇・三パーセント未満	〇・一パーセント未満
一・四―ジクロロ―二―ブテン	〇・一パーセント未満	〇・一パーセント未満
ジクロロフルオロメタン(別名HCFC―二一)	一パーセント未満	〇・一パーセント未満
一・二―ジクロロプロパン	〇・一パーセント未満	〇・一パーセント未満
二・二―ジクロロプロピオン酸	一パーセント未満	一パーセント未満
一・三―ジクロロプロペン	一パーセント未満	〇・一パーセント未満
ジクロロメタン(別名二塩化メチレン)	一パーセント未満	〇・一パーセント未満
四酸化オスミウム	一パーセント未満	一パーセント未満
ジシアノメタン(別名マロノニトリル)	一パーセント未満	一パーセント未満
ジシアン	一パーセント未満	一パーセント未満
ジシクロペンタジエニル鉄	一パーセント未満	一パーセント未満
ジシクロペンタジエン	一パーセント未満	一パーセント未満
二・六―ジ―ターシャリ―ブチル―四―クレゾール	一パーセント未満	〇・一パーセント未満
一・三―ジチオラン―二―イリデンマロン酸ジイソプロピル(別名イソプロチオラン)	一パーセント未満	一パーセント未満

ジチオりん酸O―エチル―O―（四―メチルチオフェニル）―S―ノルマル―プロピル（別名スルプロホス）	一パーセント未満	一パーセント未満
ジチオりん酸O・O―ジエチル―S―（二―エチルチオエチル）（別名ジスルホトン）	一パーセント未満	〇・一パーセント未満
ジチオりん酸O・O―ジエチル―S―エチルチオメチル（別名ホレート）	一パーセント未満	〇・一パーセント未満
ジチオりん酸O・O―ジエチル―S―（ターシャリ―ブチルチオメチル）（別名テルブホス）	一パーセント未満	〇・一パーセント未満
ジチオりん酸O・O―ジメチル―S―［（四―オキソ―一・二・三―ベンゾトリアジン―三（四H）―イル）メチル］（別名アジンホスメチル）	一パーセント未満	〇・一パーセント未満
ジチオりん酸O・O―ジメチル―S―一・二―ビス（エトキシカルボニル）エチル（別名マラチオン）	一パーセント未満	〇・一パーセント未満
ジナトリウム＝四―アミノ―三―［四′―（二・四―ジアミノフェニルアゾ）―一・一′―ビフェニル―四―イルアゾ］―五―ヒドロキシ―六―フェニルアゾ―二・七―ナフタレンジスルホナート（別名CIダイレクトブラック三十八）	〇・一パーセント未満	〇・一パーセント未満
ジナトリウム＝四―［（二・四―ジメチルフェニル）アゾ］―三―ヒドロキシ―二・七―ナフタレンジスルホナート（別名ポンソーMX）	一パーセント未満	〇・一パーセント未満
ジナトリウム＝八―［［三・三′―ジメチル―四′―［［四―［［（四―メチルフェニル）スルホニル］オキシ］フェニル］アゾ］［一・一′―ビフェニル］―四―イル］アゾ］―七―ヒドロキシ―一・三―ナフタレンジスルホナート（別名CIアシッドレッド百十四）	一パーセント未満	〇・一パーセント未満
ジナトリウム＝三―ヒドロキシ―四―［（二・四・五―トリメチルフェニル）アゾ］―二・七―ナフタレンジスルホナート（別名ポンソー三R）	一パーセント未満	〇・一パーセント未満

二・四―ジニトロトルエン	一パーセント未満	〇・一パーセント未満
二・六―ジニトロトルエン	〇・一パーセント未満	〇・一パーセント未満
二・四―ジニトロフェノール	一パーセント未満	〇・一パーセント未満
ジニトロベンゼン	一パーセント未満	〇・一パーセント未満
二・四―ジニトロ―六―（一―メチルプロピル）―フェノール	一パーセント未満	〇・一パーセント未満
二―（ジ―ノルマル―ブチルアミノ）エタノール	一パーセント未満	一パーセント未満
ジ―ノルマル―プロピルケトン	一パーセント未満	一パーセント未満
ジビニルスルホン（別名ビニルスルホン）	一パーセント未満	一パーセント未満
ジビニルベンゼン	一パーセント未満	〇・一パーセント未満
二―ジフェニルアセチル―一・三―インダンジオン	一パーセント未満	一パーセント未満
ジフェニルアミン	一パーセント未満	〇・一パーセント未満
五・五―ジフェニル―二・四―イミダゾリジンジオン	〇・一パーセント未満	〇・一パーセント未満
ジフェニルエーテル	一パーセント未満	一パーセント未満
ジプロピル―四―メチルチオフェニルホスフェイト	一パーセント未満	一パーセント未満
一・二―ジブロモエタン（別名ＥＤＢ）	〇・一パーセント未満	〇・一パーセント未満
一・二―ジブロモ―三―クロロプロパン	〇・一パーセント未満	〇・一パーセント未満
ジブロモジフルオロメタン	一パーセント未満	一パーセント未満
ジベンゾ［a・j］アクリジン	〇・一パーセント未満	〇・一パーセント未満
ジベンゾ［a・h］アントラセン（別名一・二：五・六―ジベンゾアントラセン）	〇・一パーセント未満	〇・一パーセント未満

別表

ジベンゾイルペルオキシド	一パーセント未満	〇・一パーセント未満
ジボラン	一パーセント未満	一パーセント未満
N・N—ジメチルアセトアミド	一パーセント未満	〇・一パーセント未満
N・N—ジメチルアニリン	一パーセント未満	一パーセント未満
［四—［［四—（ジメチルアミノ）フェニル］［四—［エチル（三—スルホベンジル）アミノ］フェニル］メチリデン］シクロヘキサン—二・五—ジエン—一—イリデン］（エチル）（三—スルホナトベンジル）アンモニウムナトリウム塩（別名ベンジルバイオレット四B）	一パーセント未満	〇・一パーセント未満
（四—［［四—（ジメチルアミノ）フェニル］（フェニル）メチリデン］シクロヘキサ—二・五—ジエン—一—イリデン）（ジメチル）アンモニウム＝クロリド（別名マラカイトグリーン塩酸塩）	〇・一パーセント未満	〇・一パーセント未満
ジメチルアミン	一パーセント未満	〇・一パーセント未満
N・N—ジメチルエチルアミン	一パーセント未満	一パーセント未満
ジメチルエチルメルカプトエチルチオホスフェイト（別名メチルジメトン）	一パーセント未満	〇・一パーセント未満
ジメチルエトキシシラン	一パーセント未満	〇・一パーセント未満
ジメチルカルバモイル＝クロリド	〇・一パーセント未満	〇・一パーセント未満
三・七—ジメチルキサンチン（別名テオブロミン）	〇・三パーセント未満	〇・一パーセント未満
ジメチル—二・二—ジクロロビニルホスフェイト（別名DDVP）	一パーセント未満	〇・一パーセント未満
ジメチルジスルフィド	一パーセント未満	〇・一パーセント未満
N・N—ジメチルチオカルバミン酸S—四—フェノキシブチル（別名フェノチオカルブ）	〇・三パーセント未満	〇・一パーセント未満
O・O—ジメチル—チオホスホリル＝クロリド	一パーセント未満	一パーセント未満

ジメチル＝二・二・二―トリクロロ―一―ヒドロキシエチルホスホナート（別名ＤＥＰ）	一パーセント未満	〇・一パーセント未満
Ｎ・Ｎ―ジメチルニトロソアミン	〇・一パーセント未満	〇・一パーセント未満
ジメチル―パラ―ニトロフェニルチオホスフェイト（別名メチルパラチオン）	一パーセント未満	〇・一パーセント未満
ジメチルヒドラジン	〇・一パーセント未満	〇・一パーセント未満
一・一′―ジメチル―四・四′―ビピリジニウム塩（一・一′―ジメチル―四・四′―ビピリジニウム＝ジクロリド（別名パラコート）及び一・一′―ジメチル―四・四′―ビピリジニウム二メタンスルホン酸塩に限る。）	一パーセント未満	一パーセント未満
一・一′―ジメチル―四・四′―ビピリジニウム塩（一・一′―ジメチル―四・四′―ビピリジニウム＝ジクロリド（別名パラコート）及び一・一′―ジメチル―四・四′―ビピリジニウム二メタンスルホン酸塩を除く。）	一パーセント未満	〇・一パーセント未満
二―（四・六―ジメチル―二―ピリミジニルアミノカルボニルアミノスルフォニル）安息香酸メチル（別名スルホメチュロンメチル）	一パーセント未満	〇・一パーセント未満
Ｎ・Ｎ―ジメチルホルムアミド	〇・三パーセント未満	〇・一パーセント未満
（一Ｒ・三Ｒ）―二・二―ジメチル―三―（二―メチル―一―プロペニル）シクロプロパンカルボン酸（五―フェニルメチル―三―フラニル）メチル	〇・三パーセント未満	〇・一パーセント未満
一・二―ジメトキシエタン	〇・三パーセント未満	〇・一パーセント未満
一―［（二・五―ジメトキシフェニル）アゾ］―二―ナフトール（別名シトラスレッドナンバー二）	一パーセント未満	〇・一パーセント未満
臭化エチル	一パーセント未満	〇・一パーセント未満
臭化水素	一パーセント未満	一パーセント未満
臭化メチル	一パーセント未満	〇・一パーセント未満

別表

しゆう酸	一パーセント未満	○・一パーセント未満
十三酸化八ほう素二ナトリウム四水和物	○・三パーセント未満	○・一パーセント未満
臭素	一パーセント未満	一パーセント未満
臭素化ビフェニル	一パーセント未満	○・一パーセント未満
硝酸	一パーセント未満	一パーセント未満
硝酸アンモニウム	―	―
硝酸ノルマル―プロピル	一パーセント未満	一パーセント未満
硝酸リチウム	○・三パーセント未満	○・一パーセント未満
しよう脳	一パーセント未満	一パーセント未満
シラン	一パーセント未満	一パーセント未満
ジルコニウム化合物	一パーセント未満	一パーセント未満
人造鉱物繊維（リフラクトリーセラミックファイバーに限る。）	一パーセント未満	○・一パーセント未満
人造鉱物繊維（リフラクトリーセラミックファイバーを除く。）	一パーセント未満	一パーセント未満
水銀及びその無機化合物	○・三パーセント未満	○・一パーセント未満
水酸化カリウム	一パーセント未満	一パーセント未満
水酸化カルシウム	一パーセント未満	一パーセント未満
水酸化セシウム	一パーセント未満	一パーセント未満
水酸化ナトリウム	一パーセント未満	一パーセント未満
水酸化リチウム	○・三パーセント未満	○・一パーセント未満
水素化リチウム	○・三パーセント未満	○・一パーセント未満

すず及びその化合物	一パーセント未満	〇・一パーセント未満
スチレン	〇・三パーセント未満	〇・一パーセント未満
ステアリン酸ナトリウム	一パーセント未満	一パーセント未満
ステアリン酸鉛	〇・一パーセント未満	〇・一パーセント未満
ステアリン酸マグネシウム	一パーセント未満	一パーセント未満
ストリキニーネ	一パーセント未満	一パーセント未満
石油エーテル	一パーセント未満	一パーセント未満
石油ナフサ	一パーセント未満	一パーセント未満
石油ベンジン	一パーセント未満	一パーセント未満
セスキ炭酸ナトリウム	一パーセント未満	一パーセント未満
L—セリル—L—バリル—L—セリル—L—グルタミル—L—イソロイシル—L—グルタミニル—L—ロイシル—L—メチオニル—L—ヒスチジル—L—アスパラギニル—L—ロイシルグリシル—L—リシル—L—ヒスチジル—L—ロイシル—L—アスパラギニル—L—セリル—L—メチオニル—L—グルタミル—L—アルギニル—L—バリル—L—グルタミル—L—トリプトフィル—L—ロイシル—L—アルギニル—L—リシル—L—リシル—L—ロイシル—L—グルタミニル—L—アスパルチル—L—バリル—L—ヒスチジル—L—アスパラギニル—L—フェニルアラニン（別名テリパラチド）	〇・一パーセント未満	〇・一パーセント未満
セレン及びその化合物	一パーセント未満	〇・一パーセント未満
ダイオキシン類（二・三・七・八—テトラクロロジベンゾ—一・四—ジオキシンに限る。）	〇・一パーセント未満	〇・一パーセント未満
ダイオキシン類（令別表第三第一号3に掲げる物に該当するもの及び二・三・七・八—テトラクロロジベンゾ—一・四—ジオキシンを除く。）	〇・三パーセント未満	〇・一パーセント未満

二―ターシャリ―ブチルイミノ―三―イソプロピル―五―フェニルテトラヒドロ―四H―一・三・五―チアジアジン―四―オン（別名ブプロフェジン）	一パーセント未満	一パーセント未満
三―（四―ターシャリ―ブチルフェニル）―二―メチルプロパナール	〇・三パーセント未満	〇・一パーセント未満
タリウム及びその水溶性化合物	〇・一パーセント未満	〇・一パーセント未満
炭化けい素	〇・一パーセント未満	〇・一パーセント未満
タングステン及びその水溶性化合物	一パーセント未満	一パーセント未満
炭酸リチウム	〇・三パーセント未満	〇・一パーセント未満
タンタル及びその酸化物	一パーセント未満	一パーセント未満
二―（一・三―チアゾール―四―イル）―一H―ベンゾイミダゾール	〇・三パーセント未満	〇・一パーセント未満
二―チオキソ―三・五―ジメチルテトラヒドロ―二H―一・三・五―チアジアジン（別名ダゾメット）	〇・三パーセント未満	〇・一パーセント未満
チオジ（パラ―フェニレン）―ジオキシ―ビス（チオホスホン酸）O・O・O′・O′―テトラメチル（別名テメホス）	一パーセント未満	一パーセント未満
チオ尿素	一パーセント未満	〇・一パーセント未満
四・四′―チオビス（六―ターシャリ―ブチル―三―メチルフェノール）	一パーセント未満	一パーセント未満
チオフェノール	一パーセント未満	〇・一パーセント未満
チオりん酸O・O―ジエチル―O―（二―イソプロピル―六―メチル―四―ピリミジニル）（別名ダイアジノン）	一パーセント未満	〇・一パーセント未満
チオりん酸O・O―ジエチル―エチルチオエチル（別名ジメトン）	一パーセント未満	〇・一パーセント未満
チオりん酸O・O―ジエチル―O―（六―オキソ―一―フェニル―一・六―ジヒドロ―三―ピリダジニル）（別名ピリダフェンチオン）	一パーセント未満	一パーセント未満

チオりん酸Ｏ・Ｏ―ジエチル―Ｏ―（三・五・六―トリクロロ―二―ピリジル）（別名クロルピリホス）	一パーセント未満	一パーセント未満
チオりん酸Ｏ・Ｏ―ジエチル―Ｏ―（二―ピラジニル）（別名チオナジン）	一パーセント未満	一パーセント未満
チオりん酸Ｏ・Ｏ―ジエチル―Ｏ―［四―（メチルスルフィニル）フェニル］（別名フェンスルホチオン）	一パーセント未満	一パーセント未満
チオりん酸Ｏ・Ｏ―ジメチル―Ｏ―（二・四・五―トリクロロフェニル）（別名ロンネル）	一パーセント未満	○・一パーセント未満
チオりん酸Ｏ・Ｏ―ジメチル―Ｏ―（三―メチル―四―ニトロフェニル）（別名フェニトロチオン）	一パーセント未満	一パーセント未満
チオりん酸Ｏ・Ｏ―ジメチル―Ｏ―（三―メチル―四―メチルチオフェニル）（別名フェンチオン）	一パーセント未満	○・一パーセント未満
デカボラン	一パーセント未満	一パーセント未満
デキストラン鉄	○・一パーセント未満	○・一パーセント未満
鉄水溶性塩	一パーセント未満	一パーセント未満
一・四・七・八―テトラアミノアントラキノン（別名ジスパースブルー一）	一パーセント未満	○・一パーセント未満
テトラエチルチウラムジスルフィド（別名ジスルフィラム）	一パーセント未満	○・一パーセント未満
テトラエチルピロホスフェイト（別名ＴＥＰＰ）	一パーセント未満	一パーセント未満
テトラエトキシシラン	一パーセント未満	一パーセント未満
一・一・二・二―テトラクロロエタン（別名四塩化アセチレン）	一パーセント未満	○・一パーセント未満
Ｎ―（一・一・二・二―テトラクロロエチルチオ）―一・二・三・六―テトラヒドロフタルイミド（別名キャプタフォル）	○・一パーセント未満	○・一パーセント未満
テトラクロロエチレン（別名パークロルエチレン）	○・一パーセント未満	○・一パーセント未満

テトラクロロジフルオロエタン（別名ＣＦＣ―一一二）	一パーセント未満	一パーセント未満
テトラクロロナフタレン	一パーセント未満	一パーセント未満
一・二・三・四―テトラクロロベンゼン	○・三パーセント未満	○・一パーセント未満
テトラナトリウム＝三・三′―［（三・三′―ジメチル―四・四′―ビフェニリレン）ビス（アゾ）］ビス［五―アミノ―四―ヒドロキシ―二・七―ナフタレンジスルホナート］（別名トリパンブルー）	一パーセント未満	○・一パーセント未満
テトラナトリウム＝三・三′―［（三・三′―ジメトキシ―四・四′―ビフェニリレン）ビス（アゾ）］ビス［五―アミノ―四―ヒドロキシ―二・七―ナフタレンジスルホナート］（別名ＣＩダイレクトブルー十五）	一パーセント未満	○・一パーセント未満
テトラニトロメタン	一パーセント未満	○・一パーセント未満
テトラヒドロフラン	一パーセント未満	○・一パーセント未満
テトラヒドロメチル無水フタル酸	一パーセント未満	○・一パーセント未満
テトラフルオロエチレン	一パーセント未満	○・一パーセント未満
二・三・五・六―テトラフルオロ―四―メチルベンジル＝（Ｚ）―三―（二―クロロ―三・三・三―トリフルオロ―一―プロペニル）―二・二―ジメチルシクロプロパンカルボキシラート（別名テフルトリン）	一パーセント未満	一パーセント未満
一・一・二・二―テトラブロモエタン	一パーセント未満	一パーセント未満
テトラブロモメタン	一パーセント未満	一パーセント未満
テトラメチルこはく酸ニトリル	一パーセント未満	一パーセント未満
テトラメチルチウラムジスルフィド（別名チウラム）	○・一パーセント未満	○・一パーセント未満
テトラメチル尿素	○・三パーセント未満	○・一パーセント未満
テトラメトキシシラン	一パーセント未満	一パーセント未満

テトリル	一パーセント未満	〇・一パーセント未満
テルフェニル	一パーセント未満	一パーセント未満
テルル及びその化合物	一パーセント未満	〇・一パーセント未満
テレビン油	一パーセント未満	〇・一パーセント未満
テレフタル酸	一パーセント未満	一パーセント未満
銅及びその化合物	一パーセント未満	〇・一パーセント未満
灯油	一パーセント未満	〇・一パーセント未満
(一S―トランス)―七―クロロ―二′・四・六―トリメトキシ―六′―メチルスピロ[ベンゾフラン―二(三H)・一′―シクロヘキサ―二′―エン]―三・四′―ジオン(別名グリセオフルビン)	〇・一パーセント未満	〇・一パーセント未満
トリウム=ビス(エタンジオアート)	〇・一パーセント未満	〇・一パーセント未満
トリエタノールアミン	一パーセント未満	〇・一パーセント未満
トリエチルアミン	一パーセント未満	一パーセント未満
トリエチレンチオホスホルアミド(別名チオテパ)	〇・一パーセント未満	〇・一パーセント未満
トリクロロアセトアルデヒド(別名クロラール)	〇・一パーセント未満	〇・一パーセント未満
トリクロロエタン	一パーセント未満	〇・一パーセント未満
二・二・二―トリクロロ―一・一―エタンジオール(別名抱水クロラール)	〇・一パーセント未満	〇・一パーセント未満
トリクロロエチレン	〇・一パーセント未満	〇・一パーセント未満
トリクロロ酢酸	一パーセント未満	〇・一パーセント未満
一・一・二―トリクロロ―一・二・二―トリフルオロエタン	一パーセント未満	一パーセント未満
トリクロロナフタレン	一パーセント未満	一パーセント未満

一・一・一―トリクロロ―二・二―ビス（四―クロロフェニル）エタン（別名ＤＤＴ）	〇・一パーセント未満	〇・一パーセント未満
一・一・一―トリクロロ―二・二―ビス（四―メトキシフェニル）エタン（別名メトキシクロル）	一パーセント未満	〇・一パーセント未満
トリクロロ（フェニル）シラン	一パーセント未満	一パーセント未満
二・四・五―トリクロロフェノキシ酢酸	〇・三パーセント未満	〇・一パーセント未満
トリクロロフルオロメタン（別名ＣＦＣ―一一）	一パーセント未満	〇・一パーセント未満
一・二・三―トリクロロプロパン	〇・一パーセント未満	〇・一パーセント未満
一・二・四―トリクロロベンゼン	一パーセント未満	一パーセント未満
トリクロロメチルスルフェニル＝クロリド	一パーセント未満	一パーセント未満
Ｎ―（トリクロロメチルチオ）―一・二・三・六―テトラヒドロフタルイミド（別名キャプタン）	一パーセント未満	〇・一パーセント未満
トリシクロヘキシルすず＝ヒドロキシド	一パーセント未満	一パーセント未満
一・三・五―トリス（二・三―エポキシプロピル）―一・三・五―トリアジン―二・四・六（一Ｈ・三Ｈ・五Ｈ）―トリオン	〇・一パーセント未満	〇・一パーセント未満
トリス（Ｎ・Ｎ―ジメチルジチオカルバメート）鉄（別名ファーバム）	一パーセント未満	〇・一パーセント未満
トリニトロトルエン	一パーセント未満	〇・一パーセント未満
トリニトロレゾルシン鉛	〇・一パーセント未満	〇・一パーセント未満
トリフェニルアミン	一パーセント未満	一パーセント未満
トリブチルアミン	一パーセント未満	一パーセント未満
トリブロモメタン	一パーセント未満	〇・一パーセント未満

二―トリメチルアセチル―一・三―インダンジオン	一パーセント未満	一パーセント未満
二・四・六―トリメチルアニリン（別名メシジン）	一パーセント未満	一パーセント未満
トリメチルアミン	一パーセント未満	一パーセント未満
一・三・七―トリメチルキサンチン（別名カフェイン）	〇・三パーセント未満	〇・一パーセント未満
トリメチルベンゼン	一パーセント未満	一パーセント未満
一・一・一―トリメチロールプロパントリアクリル酸エステル	〇・三パーセント未満	〇・一パーセント未満
五―［（三・四・五―トリメトキシフェニル）メチル］ピリミジン―二・四―ジアミン	〇・三パーセント未満	〇・一パーセント未満
トリレンジイソシアネート	一パーセント未満	〇・一パーセント未満
トルイジン	〇・一パーセント未満	〇・一パーセント未満
トルエン	〇・三パーセント未満	〇・一パーセント未満
ナトリウム＝二―プロピルペンタノアート	〇・三パーセント未満	〇・一パーセント未満
ナフタレン	一パーセント未満	〇・一パーセント未満
ナフタレン―一・四―ジオン	一パーセント未満	一パーセント未満
一―ナフチルチオ尿素	一パーセント未満	一パーセント未満
一―ナフチル―N―メチルカルバメート（別名カルバリル）	一パーセント未満	一パーセント未満
鉛及びその無機化合物	〇・一パーセント未満	〇・一パーセント未満
二亜硫酸ナトリウム	一パーセント未満	一パーセント未満
ニコチン	一パーセント未満	〇・一パーセント未満
二酢酸ジオキシドウラン（VI）及びその二水和物	〇・一パーセント未満	〇・一パーセント未満

二酸化硫黄	一パーセント未満	一パーセント未満
二酸化塩素	一パーセント未満	一パーセント未満
二酸化窒素	一パーセント未満	〇・一パーセント未満
二硝酸ジオキシドウラン（Ⅵ）六水和物	〇・一パーセント未満	〇・一パーセント未満
二硝酸プロピレン	一パーセント未満	一パーセント未満
ニッケル	一パーセント未満	〇・一パーセント未満
ニッケル化合物	〇・一パーセント未満	〇・一パーセント未満
ニトリロ三酢酸	一パーセント未満	〇・一パーセント未満
五―ニトロアセナフテン	一パーセント未満	〇・一パーセント未満
ニトロエタン	一パーセント未満	一パーセント未満
ニトログリコール	一パーセント未満	一パーセント未満
ニトログリセリン	―	―
六―ニトロクリセン	〇・一パーセント未満	〇・一パーセント未満
ニトロセルローズ	―	―
N―ニトロソフェニルヒドロキシルアミンアンモニウム塩	〇・一パーセント未満	〇・一パーセント未満
N―ニトロソモルホリン	一パーセント未満	〇・一パーセント未満
ニトロトルエン	〇・一パーセント未満	〇・一パーセント未満
一―ニトロピレン	〇・一パーセント未満	〇・一パーセント未満
一―（四―ニトロフェニル）―三―（三―ピリジルメチル）ウレア	一パーセント未満	一パーセント未満
ニトロプロパン	一パーセント未満	〇・一パーセント未満
ニトロベンゼン	一パーセント未満	〇・一パーセント未満

ニトロメタン	一パーセント未満	〇・一パーセント未満
二ナトリウム＝エタン―一・二―ジイルジカルバモジチオアート	〇・三パーセント未満	〇・一パーセント未満
乳酸ノルマル―ブチル	一パーセント未満	一パーセント未満
二硫化炭素	〇・三パーセント未満	〇・一パーセント未満
ノナン	一パーセント未満	一パーセント未満
ノルマル―ブチルアミン	一パーセント未満	一パーセント未満
ノルマル―ブチルエチルケトン	一パーセント未満	一パーセント未満
ノルマル―ブチル―二・三―エポキシプロピルエーテル	一パーセント未満	〇・一パーセント未満
N―［一―（N―ノルマル―ブチルカルバモイル）―一H―二―ベンゾイミダゾリル］カルバミン酸メチル（別名ベノミル）	〇・一パーセント未満	〇・一パーセント未満
発煙硫酸	〇・一パーセント未満	〇・一パーセント未満
白金及びその水溶性塩	一パーセント未満	〇・一パーセント未満
ハフニウム及びその化合物	一パーセント未満	一パーセント未満
パラ―アニシジン	一パーセント未満	一パーセント未満
パラ―エトキシアセトアニリド（別名フェナセチン）	〇・一パーセント未満	〇・一パーセント未満
パラ―クロロアニリン	一パーセント未満	〇・一パーセント未満
パラ―クロロ―アルファ・アルファ・アルファ―トリフルオロトルエン	〇・一パーセント未満	〇・一パーセント未満
パラ―クロロトルエン	〇・三パーセント未満	〇・一パーセント未満
パラ―ジクロロベンゼン	〇・三パーセント未満	〇・一パーセント未満
パラ―ジメチルアミノアゾベンゼン	一パーセント未満	〇・一パーセント未満

パラ―ターシャリ―ブチル安息香酸	〇・三パーセント未満	〇・一パーセント未満
パラ―ターシャリ―ブチルトルエン	〇・三パーセント未満	〇・一パーセント未満
パラ―ニトロアニリン	一パーセント未満	〇・一パーセント未満
パラ―ニトロ安息香酸	〇・三パーセント未満	〇・一パーセント未満
パラ―ニトロクロロベンゼン	一パーセント未満	〇・一パーセント未満
パラ―フェニルアゾアニリン	一パーセント未満	〇・一パーセント未満
パラ―ベンゾキノン	一パーセント未満	一パーセント未満
パラ―メトキシニトロベンゼン	〇・一パーセント未満	〇・一パーセント未満
パラ―メトキシフェノール	一パーセント未満	一パーセント未満
バリウム及びその水溶性化合物	一パーセント未満	一パーセント未満
二・二′―ビオキシラン	〇・一パーセント未満	〇・一パーセント未満
ピクリン酸	―	―
ビス（二・三―エポキシプロピル）エーテル	一パーセント未満	一パーセント未満
一・三―ビス［（二・三―エポキシプロピル）オキシ］ベンゼン	一パーセント未満	〇・一パーセント未満
四―［四―［ビス（二―クロロエチル）アミノ］フェニル］ブタン酸	〇・一パーセント未満	〇・一パーセント未満
ビス（二―クロロエチル）エーテル	一パーセント未満	一パーセント未満
ビス（二―クロロエチル）スルフィド（別名マスタードガス）	〇・一パーセント未満	〇・一パーセント未満
N・N―ビス（二―クロロエチル）―二―ナフチルアミン	〇・一パーセント未満	〇・一パーセント未満
N・N′―ビス（二―クロロエチル）―N―ニトロソ尿素	〇・一パーセント未満	〇・一パーセント未満
ビス（二―クロロエチル）メチルアミン（別名HN二）	〇・一パーセント未満	〇・一パーセント未満

N・N—ビス（二—クロロエチル）メチルアミン—N—オキシド	〇・一パーセント未満	〇・一パーセント未満
ビス（三・四—ジクロロフェニル）ジアゼン	〇・一パーセント未満	〇・一パーセント未満
ビス（ジチオりん酸）S・S′—メチレン—O・O・O′・O′—テトラエチル（別名エチオン）	一パーセント未満	一パーセント未満
ビス（二—ジメチルアミノエチル）エーテル	一パーセント未満	一パーセント未満
二・二′—ビス（四′—ハイドロキシ—三′・五′—ジブロモフェニル）プロパン	〇・一パーセント未満	〇・一パーセント未満
五・八—ビス［二—（二—ヒドロキシエチルアミノ）エチルアミノ］—一・四—アントラキノンジオール＝二塩酸塩	〇・三パーセント未満	〇・一パーセント未満
三・三—ビス（四—ヒドロキシフェニル）—一・三—ジヒドロイソベンゾフラン—一—オン（別名フェノールフタレイン）	〇・三パーセント未満	〇・一パーセント未満
S・S—ビス（一—メチルプロピル）＝O—エチル＝ホスホロジチオアート（別名カズサホス）	一パーセント未満	〇・一パーセント未満
砒素及びその化合物	〇・一パーセント未満	〇・一パーセント未満
ヒドラジン及びその一水和物	一パーセント未満	〇・一パーセント未満
ヒドラジンチオカルボヒドラジド	一パーセント未満	一パーセント未満
二—ヒドロキシアセトニトリル	一パーセント未満	一パーセント未満
三—ヒドロキシ—一・三・五（十）—エストラトリエン—十七—オン（別名エストロン）	〇・一パーセント未満	〇・一パーセント未満
八—ヒドロキシキノリン（別名八—キノリノール）	〇・三パーセント未満	〇・一パーセント未満

（五S・五aR・八aR・九R）—九—（四—ヒドロキシ—三・五—ジメトキシフェニル）—八—オキソ—五・五a・六・八・八a・九—ヘキサヒドロフロ［三′・四′：六・七］ナフト［二・三—d］［一・三］ジオキソール—五—イル＝四・六—O—［（R）—エチリデン］—ベータ—D—グルコピラノシド（別名エトポシド）	○・一パーセント未満	○・一パーセント未満
（五S・五aR・八aR・九R）—九—（四—ヒドロキシ—三・五—ジメトキシフェニル）—八—オキソ—五・五a・六・八・八a・九—ヘキサヒドロフロ［三′・四′：六・七］ナフト［二・三—d］［一・三］ジオキソール—五—イル＝四・六—O—［（R）—二—チエニルメチリデン］—ベータ—D—グルコピラノシド（別名テニポシド）	○・一パーセント未満	○・一パーセント未満
N—（ヒドロキシメチル）アクリルアミド	○・三パーセント未満	○・一パーセント未満
ヒドロキノン	○・一パーセント未満	○・一パーセント未満
四—ビニル—一—シクロヘキセン	一パーセント未満	○・一パーセント未満
四—ビニルシクロヘキセンジオキシド	一パーセント未満	○・一パーセント未満
ビニルトルエン	一パーセント未満	一パーセント未満
四—ビニルピリジン	一パーセント未満	○・一パーセント未満
N—ビニル—二—ピロリドン	一パーセント未満	○・一パーセント未満
ビフェニル	一パーセント未満	○・一パーセント未満
ピペラジン二塩酸塩	一パーセント未満	一パーセント未満
ピリジン	一パーセント未満	○・一パーセント未満
ピレトラム	一パーセント未満	○・一パーセント未満
フィゾスチグミン（別名エセリン）	一パーセント未満	一パーセント未満

フェニルアセトニトリル（別名シアン化ベンジル）	一パーセント未満	一パーセント未満
フェニルイソシアネート	一パーセント未満	〇・一パーセント未満
フェニルオキシラン	〇・一パーセント未満	〇・一パーセント未満
二―（フェニルパラクロルフェニルアセチル）―一・三―インダンジオン	〇・三パーセント未満	〇・一パーセント未満
フェニルヒドラジン	一パーセント未満	〇・一パーセント未満
フェニルホスフィン	一パーセント未満	〇・一パーセント未満
フェニレンジアミン	一パーセント未満	〇・一パーセント未満
フェノチアジン	一パーセント未満	一パーセント未満
フェノール	〇・一パーセント未満	〇・一パーセント未満
フェロバナジウム	一パーセント未満	一パーセント未満
一・三―ブタジエン	〇・一パーセント未満	〇・一パーセント未満
ブタノール	一パーセント未満	〇・一パーセント未満
フタル酸ジイソブチル	〇・三パーセント未満	〇・一パーセント未満
フタル酸ジエチル	一パーセント未満	〇・一パーセント未満
フタル酸ジシクロヘキシル	〇・三パーセント未満	〇・一パーセント未満
フタル酸ジ―ノルマル―ブチル	〇・三パーセント未満	〇・一パーセント未満
フタル酸ジヘキシル	〇・三パーセント未満	〇・一パーセント未満
フタル酸ジペンチル	〇・三パーセント未満	〇・一パーセント未満
フタル酸ジメチル	一パーセント未満	一パーセント未満
フタル酸ノルマル―ブチル＝ベンジル	〇・三パーセント未満	〇・一パーセント未満

フタル酸ビス（二―エチルヘキシル）（別名DEHP）	〇・三パーセント未満	〇・一パーセント未満
ブタン	一パーセント未満	一パーセント未満
ブタン―一・四―ジイル＝ジメタンスルホナート	〇・一パーセント未満	〇・一パーセント未満
二・三―ブタンジオン（別名ジアセチル）	一パーセント未満	〇・一パーセント未満
一―ブタンチオール	一パーセント未満	一パーセント未満
ブチルイソシアネート	一パーセント未満	〇・一パーセント未満
ブチルリチウム	〇・三パーセント未満	〇・一パーセント未満
弗化カルボニル	一パーセント未満	一パーセント未満
弗化ビニリデン	一パーセント未満	一パーセント未満
弗化ビニル	〇・一パーセント未満	〇・一パーセント未満
弗素及びその水溶性無機化合物	一パーセント未満	〇・一パーセント未満
弗素エデン閃(せん)石	〇・一パーセント未満	〇・一パーセント未満
二―ブテナール	〇・一パーセント未満	〇・一パーセント未満
ブテン	一パーセント未満	一パーセント未満
五―フルオロウラシル	〇・三パーセント未満	〇・一パーセント未満
フルオロ酢酸ナトリウム	一パーセント未満	一パーセント未満
フルフラール	一パーセント未満	〇・一パーセント未満
フルフリルアルコール	一パーセント未満	一パーセント未満
一・三―プロパンスルトン	〇・一パーセント未満	〇・一パーセント未満
プロパンニトリル（別名プロピオノニトリル）	〇・三パーセント未満	〇・一パーセント未満

プロピオンアルデヒド	一パーセント未満	一パーセント未満
プロピオン酸	一パーセント未満	一パーセント未満
プロピルアルコール	一パーセント未満	〇・一パーセント未満
二―プロピル吉草酸	〇・三パーセント未満	〇・一パーセント未満
プロピレンイミン	一パーセント未満	〇・一パーセント未満
プロピレングリコールモノメチルエーテル	一パーセント未満	一パーセント未満
N・N′―プロピレンビス（ジチオカルバミン酸）と亜鉛の重合物（別名プロピネブ）	〇・一パーセント未満	〇・一パーセント未満
二―プロピン―一―オール	一パーセント未満	一パーセント未満
プロペン	一パーセント未満	一パーセント未満
ブロムアセトン	一パーセント未満	一パーセント未満
ブロモエチレン	〇・一パーセント未満	〇・一パーセント未満
二―ブロモ―二―クロロ―一・一・一―トリフルオロエタン（別名ハロタン）	一パーセント未満	〇・一パーセント未満
ブロモクロロメタン	一パーセント未満	一パーセント未満
ブロモジクロロ酢酸	〇・一パーセント未満	〇・一パーセント未満
ブロモジクロロメタン	一パーセント未満	〇・一パーセント未満
五―ブロモ―三―セカンダリ―ブチル―六―メチル―一・二・三・四―テトラヒドロピリミジン―二・四―ジオン（別名ブロマシル）	一パーセント未満	〇・一パーセント未満
ブロモトリフルオロメタン	一パーセント未満	一パーセント未満
一―ブロモプロパン	一パーセント未満	〇・一パーセント未満
二―ブロモプロパン	〇・三パーセント未満	〇・一パーセント未満

三―ブロモ―一―プロペン（別名臭化アリル）	一パーセント未満	一パーセント未満
ヘキサクロロエタン	一パーセント未満	○・一パーセント未満
一・二・三・四・十・十―ヘキサクロロ―六・七―エポキシ―一・四・四a・五・六・七・八・八a―オクタヒドロ―エキソ―一・四―エンド―五・八―ジメタノナフタレン（別名ディルドリン）	○・三パーセント未満	○・一パーセント未満
一・二・三・四・十・十―ヘキサクロロ―六・七―エポキシ―一・四・四a・五・六・七・八・八a―オクタヒドロ―エンド―一・四―エンド―五・八―ジメタノナフタレン（別名エンドリン）	一パーセント未満	一パーセント未満
一・二・三・四・五・六―ヘキサクロロシクロヘキサン（別名リンデン）	一パーセント未満	○・一パーセント未満
ヘキサクロロシクロペンタジエン	一パーセント未満	○・一パーセント未満
ヘキサクロロナフタレン	一パーセント未満	一パーセント未満
一・四・五・六・七・七―ヘキサクロロビシクロ［二・二・一］―五―ヘプテン―二・三―ジカルボン酸（別名クロレンド酸）	一パーセント未満	○・一パーセント未満
一・二・三・四・十・十―ヘキサクロロ―一・四・四a・五・八・八a―ヘキサヒドロ―エキソ―一・四―エンド―五・八―ジメタノナフタレン（別名アルドリン）	一パーセント未満	○・一パーセント未満
ヘキサクロロヘキサヒドロメタノベンゾジオキサチエピンオキサイド（別名ベンゾエピン）	一パーセント未満	一パーセント未満
ヘキサクロロベンゼン	○・三パーセント未満	○・一パーセント未満
ヘキサヒドロ―一・三・五―トリニトロ―一・三・五―トリアジン（別名シクロナイト）	一パーセント未満	一パーセント未満
ヘキサフルオロアセトン	一パーセント未満	○・一パーセント未満

ヘキサフルオロアルミン酸三ナトリウム	一パーセント未満	一パーセント未満
ヘキサフルオロプロペン	一パーセント未満	一パーセント未満
ヘキサブロモシクロドデカン	〇・三パーセント未満	〇・一パーセント未満
ヘキサメチルパラローズアニリンクロリド（別名クリスタルバイオレット）	〇・一パーセント未満	〇・一パーセント未満
ヘキサメチルホスホリックトリアミド	〇・一パーセント未満	〇・一パーセント未満
ヘキサメチレンジアミン	一パーセント未満	〇・一パーセント未満
ヘキサメチレン＝ジイソシアネート	一パーセント未満	〇・一パーセント未満
ヘキサン	一パーセント未満	〇・一パーセント未満
一―ヘキセン	一パーセント未満	一パーセント未満
ベータ―ブチロラクトン	一パーセント未満	〇・一パーセント未満
ベータ―プロピオラクトン	〇・一パーセント未満	〇・一パーセント未満
一・四・五・六・七・八・八―ヘプタクロロ―二・三―エポキシ―二・三・三a・四・七・七a―ヘキサヒドロ―四・七―メタノ―一H―インデン（別名ヘプタクロルエポキシド）	〇・三パーセント未満	〇・一パーセント未満
一・四・五・六・七・八・八―ヘプタクロロ―三a・四・七・七a―テトラヒドロ―四・七―メタノ―一H―インデン（別名ヘプタクロル）	〇・三パーセント未満	〇・一パーセント未満
ヘプタン	一パーセント未満	一パーセント未満
ペルオキソ二硫酸アンモニウム	一パーセント未満	〇・一パーセント未満
ペルオキソ二硫酸カリウム	一パーセント未満	〇・一パーセント未満
ペルオキソ二硫酸ナトリウム	一パーセント未満	〇・一パーセント未満
ペルフルオロオクタン酸	〇・三パーセント未満	〇・一パーセント未満

ペルフルオロオクタン酸アンモニウム	一パーセント未満	〇・一パーセント未満
ペルフルオロ（オクタン―一―スルホン酸）（別名ＰＦＯＳ）	〇・三パーセント未満	〇・一パーセント未満
ペルフルオロノナン酸	〇・三パーセント未満	〇・一パーセント未満
ベンジルアルコール	一パーセント未満	一パーセント未満
ベンゼン	〇・一パーセント未満	〇・一パーセント未満
一・二・四―ベンゼントリカルボン酸一・二―無水物	一パーセント未満	〇・一パーセント未満
ベンゾ［a］アントラセン	一パーセント未満	〇・一パーセント未満
ベンゾ［a］ピレン	〇・一パーセント未満	〇・一パーセント未満
ベンゾフラン	一パーセント未満	〇・一パーセント未満
ベンゾ［e］フルオラセン	〇・一パーセント未満	〇・一パーセント未満
ペンタカルボニル鉄	一パーセント未満	一パーセント未満
ペンタクロロナフタレン	一パーセント未満	一パーセント未満
ペンタクロロニトロベンゼン	一パーセント未満	〇・一パーセント未満
ペンタクロロフェノール（別名ＰＣＰ）及びそのナトリウム塩	〇・三パーセント未満	〇・一パーセント未満
一―ペンタナール	一パーセント未満	一パーセント未満
一・一・三・三・三―ペンタフルオロ―二―（トリフルオロメチル）―一―プロペン（別名ＰＦＩＢ）	一パーセント未満	一パーセント未満
ペンタボラン	一パーセント未満	一パーセント未満
ペンタン	一パーセント未満	一パーセント未満
ほう酸アンモニウム	〇・三パーセント未満	〇・一パーセント未満
ほう酸	〇・三パーセント未満	〇・一パーセント未満

ほう酸ナトリウム	一パーセント未満	〇・一パーセント未満
ホスゲン	一パーセント未満	一パーセント未満
ポリ［グアニジン―N・N′―ジイルヘキサン―一・六―ジイルイミノ（イミノメチレン）］塩酸塩	一パーセント未満	〇・一パーセント未満
（二―ホルミルヒドラジノ）―四―（五―ニトロ―二―フリル）チアゾール	一パーセント未満	〇・一パーセント未満
ホルムアミド	〇・三パーセント未満	〇・一パーセント未満
ホルムアルデヒド	〇・一パーセント未満	〇・一パーセント未満
マゼンタ	一パーセント未満	〇・一パーセント未満
マンガン	〇・三パーセント未満	〇・一パーセント未満
無機マンガン化合物	一パーセント未満	〇・一パーセント未満
ミネラルスピリット（ミネラルシンナー、ペトロリウムスピリット、ホワイトスピリット及びミネラルターペンを含む。）	一パーセント未満	一パーセント未満
無水酢酸	一パーセント未満	一パーセント未満
無水フタル酸	一パーセント未満	〇・一パーセント未満
無水マレイン酸	一パーセント未満	〇・一パーセント未満
メタ―キシリレンジアミン	一パーセント未満	〇・一パーセント未満
メタクリル酸	一パーセント未満	一パーセント未満
メタクリル酸二―イソシアナトエチル	一パーセント未満	一パーセント未満
メタクリル酸二・三―エポキシプロピル	〇・一パーセント未満	〇・一パーセント未満
メタクリル酸クロリド	一パーセント未満	一パーセント未満
メタクリル酸二―（ジエチルアミノ）エチル	〇・三パーセント未満	〇・一パーセント未満

メタクリル酸メチル	一パーセント未満	〇・一パーセント未満
メタクリロニトリル	〇・三パーセント未満	〇・一パーセント未満
メタ―ジシアノベンゼン	一パーセント未満	一パーセント未満
メタノール	〇・三パーセント未満	〇・一パーセント未満
メタバナジン酸アンモニウム	〇・一パーセント未満	〇・一パーセント未満
メタンスルホニル＝クロリド	一パーセント未満	一パーセント未満
メタンスルホニル＝フルオリド	一パーセント未満	一パーセント未満
メタンスルホン酸エチル	〇・一パーセント未満	〇・一パーセント未満
メタンスルホン酸メチル	〇・一パーセント未満	〇・一パーセント未満
メチラール	一パーセント未満	一パーセント未満
メチルアセチレン	一パーセント未満	一パーセント未満
N―メチルアニリン	一パーセント未満	一パーセント未満
二・二′―［［四―（メチルアミノ）―三―ニトロフェニル］アミノ］ジエタノール（別名HCブルーナンバー一）	一パーセント未満	〇・一パーセント未満
N―メチルアミノホスホン酸O―（四―ターシャリ―ブチル―二―クロロフェニル）―O―メチル（別名クルホメート）	一パーセント未満	一パーセント未満
メチルアミン	〇・一パーセント未満	〇・一パーセント未満
メチル＝イソチオシアネート	一パーセント未満	一パーセント未満
メチルイソブチルケトン	一パーセント未満	〇・一パーセント未満
メチルイソプロペニルケトン	一パーセント未満	一パーセント未満
メチルエチルケトン	一パーセント未満	一パーセント未満

N―メチルカルバミン酸二―イソプロピルオキシフェニル（別名プロポキスル）	〇・一パーセント未満	〇・一パーセント未満
N―メチルカルバミン酸二・三―ジヒドロ―二・二―ジメチル―七―ベンゾ［b］フラニル（別名カルボフラン）	一パーセント未満	一パーセント未満
N―メチルカルバミン酸二―セカンダリ―ブチルフェニル（別名フェノブカルブ）	一パーセント未満	一パーセント未満
メチル＝カルボノクロリダート	一パーセント未満	一パーセント未満
メチル＝三―クロロ―五―（四・六―ジメトキシ―二―ピリミジニルカルバモイルスルファモイル）―一―メチルピラゾール―四―カルボキシラート（別名ハロスルフロンメチル）	〇・三パーセント未満	〇・一パーセント未満
メチルシクロヘキサノール	一パーセント未満	一パーセント未満
メチルシクロヘキサノン	一パーセント未満	一パーセント未満
メチルシクロヘキサン	一パーセント未満	一パーセント未満
二―メチルシクロペンタジエニルトリカルボニルマンガン	一パーセント未満	一パーセント未満
N―メチルジチオカルバミン酸（別名カーバム）	〇・三パーセント未満	〇・一パーセント未満
二―メチル―四・六―ジニトロフェノール	〇・一パーセント未満	〇・一パーセント未満
二―メチル―三・五―ジニトロベンズアミド（別名ジニトルミド）	一パーセント未満	一パーセント未満
メチル―N′・N′―ジメチル―N―［（メチルカルバモイル）オキシ］―一―チオオキサムイミデート（別名オキサミル）	一パーセント未満	〇・一パーセント未満
メチル―ターシャリ―ブチルエーテル（別名MTBE）	一パーセント未満	〇・一パーセント未満
五―メチル―一・二・四―トリアゾロ［三・四―b］ベンゾチアゾール（別名トリシクラゾール）	一パーセント未満	一パーセント未満
二―メチル―四―（二―トリルアゾ）アニリン	〇・一パーセント未満	〇・一パーセント未満

メチルナフタレン	一パーセント未満	一パーセント未満
二―メチル―五―ニトロアニリン	一パーセント未満	〇・一パーセント未満
二―メチル―一―ニトロアントラキノン	一パーセント未満	〇・一パーセント未満
N―メチル―N―ニトロソカルバミン酸エチル	一パーセント未満	〇・一パーセント未満
N―メチル―N―ニトロソ尿素	〇・一パーセント未満	〇・一パーセント未満
N―メチル―N′―ニトロ―N―ニトロソグアニジン	〇・一パーセント未満	〇・一パーセント未満
メチル―ノルマル―ブチルケトン	一パーセント未満	一パーセント未満
メチル―ノルマル―ペンチルケトン	一パーセント未満	一パーセント未満
メチルヒドラジン	一パーセント未満	〇・一パーセント未満
メチルビニルケトン	一パーセント未満	〇・一パーセント未満
三―(一―メチル―二―ピロリジニル)ピリジン硫酸塩(別名ニコチン硫酸塩)	一パーセント未満	〇・一パーセント未満
N―メチル―二―ピロリドン	一パーセント未満	〇・一パーセント未満
一―[(二―メチルフェニル)アゾ]―二―ナフトール(別名オイルオレンジSS)	一パーセント未満	〇・一パーセント未満
三―メチル―一―(プロパン―二―イル)―一H―ピラゾール―五―イル＝ジメチルカルバマート	一パーセント未満	一パーセント未満
メチルプロピルケトン	一パーセント未満	一パーセント未満
メチル―(四―ブロム―二・五―ジクロルフェニル)―チオノベンゼンホスホネイト	〇・三パーセント未満	〇・一パーセント未満
五―メチル―二―ヘキサノン	一パーセント未満	一パーセント未満
メチル＝ベンゾイミダゾール―二―イルカルバマート(別名カルベンダジム)	〇・一パーセント未満	〇・一パーセント未満

四―メチル―二―ペンタノール	一パーセント未満	一パーセント未満
二―メチル―二・四―ペンタンジオール	一パーセント未満	一パーセント未満
メチルホスホン酸ジクロリド	一パーセント未満	一パーセント未満
メチルホスホン酸ジメチル	〇・一パーセント未満	〇・一パーセント未満
N―メチルホルムアミド	〇・三パーセント未満	〇・一パーセント未満
S―メチル―N―（メチルカルバモイルオキシ）チオアセチミデート（別名メソミル）	一パーセント未満	一パーセント未満
二―メチル―一―［四―（メチルチオ）フェニル］―二―モルホリノ―一―プロパノン	〇・三パーセント未満	〇・一パーセント未満
七―メチル―三―メチレン―一・六―オクタジエン	〇・三パーセント未満	〇・一パーセント未満
メチルメルカプタン	一パーセント未満	一パーセント未満
四・四′―メチレンジアニリン	一パーセント未満	〇・一パーセント未満
メチレンビス（四・一―シクロヘキシレン）＝ジイソシアネート	一パーセント未満	〇・一パーセント未満
四・四′―メチレンビス（N・N―ジメチルアニリン）	〇・一パーセント未満	〇・一パーセント未満
メチレンビスチオシアネート	一パーセント未満	〇・一パーセント未満
メチレンビス（四・一―フェニレン）＝ジイソシアネート（別名MDI）	一パーセント未満	〇・一パーセント未満
四・四′―メチレンビス（二―メチルシクロヘキサンアミン）	一パーセント未満	一パーセント未満
メトキシ酢酸	〇・三パーセント未満	〇・一パーセント未満
四―メトキシ―七H―フロ［三・二―g］［一］ベンゾピラン―七―オン	〇・一パーセント未満	〇・一パーセント未満
九―メトキシ―七H―フロ［三・二―g］［一］ベンゾピラン―七―オン	〇・一パーセント未満	〇・一パーセント未満
四―メトキシベンゼン―一・三―ジアミン硫酸塩	〇・一パーセント未満	〇・一パーセント未満

二―メトキシ―五―メチルアニリン	一パーセント未満	○・一パーセント未満
一―（二―メトキシ―二―メチルエトキシ）―二―プロパノール	一パーセント未満	一パーセント未満
二―メトキシ―二―メチルブタン（別名ターシャリ―アミルメチルエーテル）	一パーセント未満	○・一パーセント未満
メルカプト酢酸	一パーセント未満	○・一パーセント未満
六―メルカプトプリン	○・一パーセント未満	○・一パーセント未満
二―メルカプトベンゾチアゾール	○・一パーセント未満	○・一パーセント未満
モノフルオール酢酸	一パーセント未満	一パーセント未満
モノフルオール酢酸アミド	一パーセント未満	○・一パーセント未満
モノフルオール酢酸パラブロムアニリド	一パーセント未満	一パーセント未満
モリブデン及びその化合物	一パーセント未満	○・一パーセント未満
モルホリン	一パーセント未満	一パーセント未満
沃化物	一パーセント未満	一パーセント未満
沃素	一パーセント未満	○・一パーセント未満
ヨードホルム	一パーセント未満	一パーセント未満
四ナトリウム＝六・六′―［（三・三′―ジメトキシ［一・一′―ビフェニル］―四・四′―ジイル）ビス（ジアゼニル）］ビス（四―アミノ―五―ヒドロキシナフタレン―一・三―ジスルホナート）	○・一パーセント未満	○・一パーセント未満
四ナトリウム＝六・六′―［（［一・一′―ビフェニル］―四・四′―ジイル）ビス（ジアゼニル）］ビス（四―アミノ―五―ヒドロキシナフタレン―二・七―ジスルホナート）	○・一パーセント未満	○・一パーセント未満
ラクトニトリル（別名アセトアルデヒドシアンヒドリン）	一パーセント未満	一パーセント未満

ラサロシド	○・三パーセント未満	○・一パーセント未満
リチウム＝ビス（トリフルオロメタンスルホン）イミド	○・三パーセント未満	○・一パーセント未満
硫化カリウム	一パーセント未満	一パーセント未満
硫化カルボニル	一パーセント未満	一パーセント未満
硫化ジメチル	一パーセント未満	一パーセント未満
硫化水素	一パーセント未満	一パーセント未満
硫化水素ナトリウム	一パーセント未満	一パーセント未満
硫化ナトリウム	一パーセント未満	一パーセント未満
硫化りん	一パーセント未満	一パーセント未満
硫酸	一パーセント未満	一パーセント未満
硫酸ジイソプロピル	一パーセント未満	○・一パーセント未満
硫酸ジエチル	○・一パーセント未満	○・一パーセント未満
硫酸ジメチル	○・一パーセント未満	○・一パーセント未満
りん化水素	一パーセント未満	一パーセント未満
りん酸	一パーセント未満	一パーセント未満
りん酸ジ―ノルマル―ブチル	一パーセント未満	一パーセント未満
りん酸ジ―ノルマル―ブチル＝フェニル	一パーセント未満	一パーセント未満
りん酸一・二―ジブロモ―二・二―ジクロロエチル＝ジメチル（別名ナレド）	一パーセント未満	○・一パーセント未満
りん酸ジメチル＝（E）―一―（N・N―ジメチルカルバモイル）―一―プロペン―二―イル（別名ジクロトホス）	一パーセント未満	一パーセント未満

りん酸ジメチル＝（E）－一－（N－メチルカルバモイル）－一－プロペン－二－イル（別名モノクロトホス）	一パーセント未満	一パーセント未満
りん酸ジメチル＝一－メトキシカルボニル－一－プロペン－二－イル（別名メビンホス）	一パーセント未満	一パーセント未満
りん酸トリス（二－クロロエチル）	〇・三パーセント未満	〇・一パーセント未満
りん酸トリス（二・三－ジブロモプロピル）	〇・一パーセント未満	〇・一パーセント未満
りん酸トリス（ジメチルフェニル）	〇・三パーセント未満	〇・一パーセント未満
りん酸トリトリル（りん酸トリ（オルト－トリル）に限る。）	一パーセント未満	一パーセント未満
りん酸トリトリル（りん酸トリ（オルト－トリル）を除く。）	〇・三パーセント未満	〇・一パーセント未満
りん酸トリ－ノルマル－ブチル	一パーセント未満	一パーセント未満
りん酸トリフェニル	一パーセント未満	一パーセント未満
りん酸トリメチル	〇・一パーセント未満	〇・一パーセント未満
レソルシノール	一パーセント未満	〇・一パーセント未満
六塩化ブタジエン	一パーセント未満	〇・一パーセント未満
ロジウム及びその化合物	一パーセント未満	〇・一パーセント未満
ロジン	一パーセント未満	〇・一パーセント未満
ロテノン	一パーセント未満	一パーセント未満

※**〔編注〕** 別表第二は、令五省令第一二一号により改正され、令和七年四月一日から施行される〈略〉。

別表第三（第四十一条関係）

業務の区分	業務につくことができる者
令第二十条第一号の業務	一　発破技士免許を受けた者 二　火薬類取締法第三十一条の火薬類取扱保安責任者免状を有する者 三　鉱山保安法施行規則（平成十六年経済産業省令第九十六号）附則第二条の規定による廃止前の保安技術職員国家試験規則（昭和二十五年通商産業省令第七十二号。以下「旧保安技術職員国家試験規則」という。）による甲種上級保安技術職員試験、乙種上級保安技術職員試験若しくは丁種上級保安技術職員試験、甲種発破係員試験若しくは乙種発破係員試験、甲種坑外保安係員試験若しくは丁種坑外保安係員試験又は甲種坑内保安係員試験、乙種坑内保安係員試験若しくは丁種坑内保安係員試験に合格した者
令第二十条第二号の業務	揚貨装置運転士免許を受けた者
令第二十条第三号の業務のうち次の項に掲げる業務以外の業務	特級ボイラー技士免許、一級ボイラー技士免許又は二級ボイラー技士免許を受けた者
令第二十条第三号の業務のうち令第二十条第五号イからニまでに掲げるボイラーの取扱いの業務	一　特級ボイラー技士免許、一級ボイラー技士免許又は二級ボイラー技士免許を受けた者 二　ボイラー取扱技能講習を修了した者
令第二十条第四号の業務のうち次の項に掲げる業務以外の業務	特別ボイラー溶接士免許を受けた者
令第二十条第四号の業務のうち溶接部の厚さが二十五ミリメートル以下の場合又は管台、フランジ等を取り付ける場合における溶接の業務	特別ボイラー溶接士免許又は普通ボイラー溶接士免許を受けた者

令第二十条第五号の業務	ボイラー整備士免許を受けた者
令第二十条第六号の業務のうち次の項に掲げる業務以外の業務	クレーン・デリック運転士免許を受けた者
令第二十条第六号の業務のうち床上で運転し、かつ、当該運転をする者が荷の移動とともに移動する方式のクレーンの運転の業務	一　クレーン・デリック運転士免許を受けた者 二　床上操作式クレーン運転技能講習を修了した者
令第二十条第七号の業務のうち次の項に掲げる業務以外の業務	移動式クレーン運転士免許を受けた者
令第二十条第七号の業務のうちつり上げ荷重が五トン未満の移動式クレーンの運転の業務	一　移動式クレーン運転士免許を受けた者 二　小型移動式クレーン運転技能講習を修了した者
令第二十条第八号の業務	クレーン・デリック運転士免許を受けた者
令第二十条第九号の業務	潜水士免許を受けた者
令第二十条第十号の業務	一　ガス溶接作業主任者免許を受けた者 二　ガス溶接技能講習を修了した者 三　その他厚生労働大臣が定める者
令第二十条第十一号の業務	一　フォークリフト運転技能講習を修了した者 二　職業能力開発促進法第二十七条第一項の準則訓練である普通職業訓練のうち職業能力開発促進法施行規則別表第二の訓練科の欄に定める揚重運搬機械運転系港湾荷役科の訓練（通信の方法によつて行うものを除く。）を修了した者で、フォークリフトについての訓練を受けた者 三　その他厚生労働大臣が定める者
令第二十条第十二号の業務のうち令別表第七第一号又は第二号に掲げる建設機械の運転の業務	一　車両系建設機械（整地・運搬・積込み用及び掘削用）運転技能講習を修了した者 二　建設業法施行令（昭和三十一年政令第二百七十三号）第三十四条に規定する建設機械施工管理技術検定に合格した者

	（厚生労働大臣が定める者を除く。） 三　職業能力開発促進法第二十七条第一項の準規訓練である普通職業訓練のうち職業能力開発促進法施行規則別表第四の訓練科の欄に掲げる建設機械運転科の訓練（通信の方法によつて行うものを除く。）を修了した者 四　その他厚生労働大臣が定める者
令第二十条第十二号の業務のうち令別表第七第三号に掲げる建設機械の運転の業務	一　車両系建設機械（基礎工事用）運転技能講習を修了した者 二　建設業法施行令第三十四条に規定する建設機械施工管理技術検定に合格した者（厚生労働大臣が定める者を除く。） 三　その他厚生労働大臣が定める者
令第二十条第十二号の業務のうち令別表第七第六号1に掲げる建設機械の運転の業務	一　車両系建設機械（解体用）運転技能講習を修了した者 二　建設業法施行令第三十四条に規定する建設機械施工管理技術検定に合格した者（厚生労働大臣が定める者を除く。） 三　その他厚生労働大臣が定める者
令第二十条第十二号の業務のうち令別表第七第六号2に掲げる建設機械の運転の業務	一　車両系建設機械（解体用）運転技能講習（平成二十五年七月一日以後に開始されたものに限る。）を修了した者 二　その他厚生労働大臣が定める者
令第二十条第十三号の業務	一　ショベルローダー等運転技能講習を修了した者 二　職業能力開発促進法第二十七条第一項の準則訓練である普通職業訓練のうち職業能力開発促進法施行規則別表第二の訓練科の欄に定める揚重運搬機械運転系港湾荷役科の訓練（通信の方法によつて行うものを除く。）を修了した者で、ショベルローダー等についての訓練を受けたもの 三　その他厚生労働大臣が定める者

令第二十条第十四号の業務	一　不整地運搬車運転技能講習を修了した者 二　建設業法施行令第二十七条の三に規定する建設機械施工技術検定に合格した者（厚生労働大臣が定める者を除く。） 三　その他厚生労働大臣が定める者
令第二十条第十五号の業務	一　高所作業車運転技能講習を修了した者 二　その他厚生労働大臣が定める者
令第二十条第十六号の業務	一　玉掛け技能講習を修了した者 二　職業能力開発促進法第二十七条第一項の準則訓練である普通職業訓練のうち職業能力開発促進法施行規則別表第四の訓練科の欄に掲げる玉掛け科の訓練（通信の方法によつて行うものを除く。）を修了した者 三　その他厚生労働大臣が定める者

別表第四（第六十二条関係）

第一種衛生管理者免許	一　第一種衛生管理者免許試験に合格した者 二　学校教育法による大学又は高等専門学校において、医学に関する課程を修めて卒業した者（大学改革支援・学位授与機構により学士の学位を授与された者（当該課程を修めた者に限る。）又はこれと同等以上の学力を有すると認められる者を含む。） 三　学校教育法による大学において、保健衛生に関する学科を専攻して卒業した者（大学改革支援・学位授与機構により学士の学位を授与された者（当該学科を専攻した者に限る。）若しくはこれと同等以上の学力を有すると認められる者又は当該学科を専攻して専門職大学前期課程を修了した者を含む。）で労働衛生に関する講座又は学科目を修めたもの 四　その他厚生労働大臣が定める者
第二種衛生管理者免許	一　第二種衛生管理者免許試験に合格した者 二　その他厚生労働大臣が定める者
衛生工学衛生管理者免許	一　学校教育法による大学又は高等専門学校において、工学又は理学に関する課程を修めて卒業した者（大学改革支援・学位授与機構により学士の学位を授与された者（当該課程を修めた者に限る。）若しくはこれと同等以上の学力を有すると認められる者又は当該課程を修めて専門職大学前期課程を修了した者を含む。）で、都道府県労働局長の登録を受けた者が行う衛生工学衛生管理者講習を修了したもの 二　その他厚生労働大臣が定める者
高圧室内作業主任者免許	一　高圧室内業務に二年以上従事した者であつて、高圧室内作業主任者免許試験に合格したもの 二　高圧則第四十七条第二号に掲げる者
ガス溶接作業主任者免許	一　次のいずれかに掲げる者であつて、ガス溶接作業主任者免許試験に合格したもの イ　ガス溶接技能講習を修了した者であつて、その後三年以上ガス溶接等の業務に従事した経験を有するもの ロ　学校教育法による大学又は高等専門学校において、溶接に関する学科を専攻して卒業した者（当該学科を専攻して専門職大学前期課程を修了した者を含む。）

	ハ　学校教育法による大学又は高等専門学校において、工学又は化学に関する学科を専攻して卒業した者（大学改革支援・学位授与機構により学士の学位を授与された者（当該学科を専攻した者に限る。）又はこれと同等以上の学力を有すると認められる者又は当該学科を専攻して専門職大学前期課程を修了した者を含む。）であつて、その後一年以上ガス溶接等の業務に従事した経験を有するもの ニ　職業能力開発促進法第二十八条第一項の職業訓練指導員免許のうち職業能力開発促進法施行規則別表第十一の免許職種の欄に掲げる塑性加工科、構造物鉄工科又は配管科の職種に係る職業訓練指導員免許を受けた者 ホ　職業能力開発促進法第二十七条第一項の準則訓練である普通職業訓練のうち、職業能力開発促進法施行規則別表第二の訓練科の欄に定める金属加工系溶接科の訓練を修了した者であつて、その後二年以上ガス溶接等の業務に従事した経験を有するもの ヘ　職業能力開発促進法施行規則別表第十一の三の三に掲げる検定職種のうち、鉄工、建築板金、工場板金又は配管に係る一級又は二級の技能検定に合格した者であつて、その後一年以上ガス溶接等の業務に従事した経験を有するもの ト　旧保安技術職員国家試験規則による溶接係員試験に合格した者であつて、その後一年以上ガス溶接等の業務に従事した経験を有するもの チ　その他厚生労働大臣が定める者 二　職業能力開発促進法による職業能力開発総合大学校が行う同法第二十七条第一項の指導員訓練のうち職業能力開発促進法施行規則別表第八の五の訓練科の欄に掲げる塑性加工科又は溶接科の訓練を修了した者 三　その他厚生労働大臣が定める者
林業架線作業主任者免許	一　林業架線作業の業務に三年以上従事した経験を有する者であつて、林業架線作業主任者免許試験に合格したもの 二　学校教育法による大学又は高等専門学校において機械集材装置及び運材索道に関する講座又は学科目を修めて卒業した者で、その後一年以上林業架線作業の業務に従事した経験を有するもの 三　学校教育法による高等学校又は中等教育学校において機械集材装置及び運材索道に関する講座又は学科目を修めて卒業した者で、その後三年以上林業架線作業の業務に従事した経験を有するもの

	四 その他厚生労働大臣が定める者
特級ボイラー技士免許	一 一級ボイラー技士免許を受けた後、五年以上ボイラー（令第二十条第五号イからニまでに掲げるボイラー及び小型ボイラーを除く。以下この欄において同じ。）を取り扱った経験がある者又は当該免許を受けた後、三年以上ボイラー取扱作業主任者としての経験がある者であって、特級ボイラー技士免許試験に合格したもの 二 ボイラー則第百一条第一号ロ又はハに掲げる者で、特級ボイラー技士免許試験に合格したもの
一級ボイラー技士免許	一 二級ボイラー技士免許を受けた後、二年以上ボイラーを取り扱った経験がある者又は当該免許を受けた後、一年以上ボイラー取扱作業主任者としての経験がある者であって、一級ボイラー技士免許試験に合格したもの 二 ボイラー則第百一条第二号ロ又はハに掲げる者で、一級ボイラー技士免許試験に合格したもの
二級ボイラー技士免許	一 ボイラー則第九十七条第三号イに掲げる者 二 ボイラー則第九十七条第三号ロ及びハに掲げる者
エックス線作業主任者免許	一 エックス線作業主任者免許試験に合格した者 二 電離則第四十八条各号に掲げる者
ガンマ線透過写真撮影作業主任者免許	一 ガンマ線透過写真撮影作業主任者免許試験に合格した者 二 電離則第五十二条の四各号に掲げる者
特定第一種圧力容器取扱作業主任者免許	ボイラー則第百十九条第一項各号に掲げる者
発破技士免許	一 次のいずれかに掲げる者であって、発破技士免許試験に合格したもの イ 学校教育法による大学、高等専門学校、高等学校又は中等教育学校において、応用化学、採鉱学又は土木工学に関する学科を専攻して卒業した者（大学改革支援・学位授与機構により学士の学位を授与された者（当該学科を専攻した者に限る。）若しくはこれと同等以上の学力を有すると認められる者又は当該学科を専攻して専門職大学前期課程を修了した者を含む。次号において同じ。）であって、その後三月以上発破の業務について実地修習を経たもの ロ 発破の補助作業の業務に六月以上従事した経験を有する者

	ハ　都道府県労働局長の登録を受けた者が行う発破実技講習を修了した者 二　学校教育法による大学、高等専門学校、高等学校又は中等教育学校において応用化学、採鉱学又は土木工学に関する学科を専攻して卒業した者で、その後一年以上発破の業務について実地修習を経たもの
揚貨装置運転士免許	一　揚貨装置運転士免許試験に合格した者 二　揚貨装置運転士免許試験の学科試験に合格した者で、当該学科試験が行われた日から起算して一年以内に揚貨装置運転実技教習を修了したもの 三　職業能力開発促進法第二十七条第一項の準則訓練である普通職業訓練のうち職業能力開発促進法施行規則別表第二の訓練科の欄に定める揚重運搬機械運転系クレーン運転科若しくは揚重運搬機械運転系港湾荷役科又は同令別表第四の訓練科の欄に掲げるクレーン運転科若しくは港湾荷役科の訓練（通信の方法によつて行うものを除く。）を修了した者で揚貨装置についての訓練を受けたもの 四　その他厚生労働大臣が定める者
特別ボイラー溶接士免許	特別ボイラー溶接士免許試験に合格した者
普通ボイラー溶接士免許	一　普通ボイラー溶接士免許試験に合格した者 二　普通ボイラー溶接士免許試験の学科試験の全科目及び実技試験の全部の免除を受けることができる者
ボイラー整備士免許	ボイラー則第百十三条各号のいずれかに掲げる者であつて、ボイラー整備士免許試験に合格したもの
クレーン・デリック運転士免許	一　クレーン・デリック運転士免許試験に合格した者 二　クレーン則第二百二十三条第二号から第六号までに掲げる者
移動式クレーン運転士免許	一　移動式クレーン運転士免許試験に合格した者 二　クレーン則第二百二十九条第二号から第五号までに掲げる者
潜水士免許	一　潜水士免許試験に合格した者 二　高圧則第五十二条第二号に掲げる者

別表第五（第七十条関係）

一　第一種衛生管理者免許試験

受験資格	試験科目	試験科目の免除を受けることができる者	免除する試験科目
一　学校教育法による大学又は高等専門学校を卒業した者で、その後一年以上労働衛生の実務に従事した経験を有するもの 二　学校教育法による高等学校又は中等教育学校を卒業した者で、その後三年以上労働衛生の実務に従事した経験を有するもの 三　船員法（昭和二十二年法律第百号）第八十二条の二第三項の衛生管理者適任証書の交付を受けた者で、その後一年以上労働衛生の実務に従事した経験を有するもの 四　その他厚生労働大臣が定める者	学科試験 イ　労働衛生 ロ　労働生理 ハ　関係法令	一　受験資格の欄第三号に掲げる者 二　第二種衛生管理者免許を受けた者	労働生理

一の二　第二種衛生管理者免許試験

受験資格	試験科目	試験科目の免除を受けることができる者	免除する試験科目
一　学校教育法による大学又は高等専門学校を卒業した者で、その後一年以上労働衛生の実務に従事した経験を有するもの 二　学校教育法による高等学校又は中等教育学校を卒業した者で、その後三年以上労働衛生の実務に従事した経験を有するもの 三　船員法第八十二条の二第三項の衛生管理者適任証書の交付を受けた者で、その後一年以上労働衛生の実務に従事した経験を有するもの 四　その他厚生労働大臣が定める者	学科試験 イ　労働衛生 ロ　労働生理 ハ　関係法令	受験資格の欄第三号に掲げる者	労働生理

二　ガス溶接作業主任者免許試験

受験資格	試験科目	試験科目の免除を受けることができる者	免除する試験科目
	学科試験 イ　アセチレン溶接装置及びガス集合溶接装置に関する知識 ロ　アセチレンその他の可燃性ガス、カーバイド及び酸素に関する知識 ハ　ガス溶接等の作業に関する知識 ニ　関係法令	一　別表第四ガス溶接作業主任者免許の項第一号ロからヘまでに掲げる者（ヘに掲げる者にあっては、一級の技能検定に合格した者に限る。） 二　その他厚生労働大臣が定める者	一　アセチレン溶接装置及びガス集合溶接装置に関する知識 二　アセチレンその他の可燃性ガス、カーバイド及び酸素に関する知識

三　林業架線作業主任者免許試験

受験資格	試験科目	試験科目の免除を受けることができる者	免除する試験科目
	学科試験 イ　機械集材装置及び運材索道に関する知識 ロ　林業架線作業に関する知識 ハ　林業架線作業に必要な力学に関する知識 ニ　関係法令	一　学校教育法による大学、高等専門学校、高等学校又は中等教育学校において力学に関する講座又は学科を修めて卒業した者（大学改革支援・学位授与機構により学士の学位を授与された者（当該講座又は学科を修めた者に限る。）若しくはこれと同等以上の学力を有すると認められる者又は当該講座若しくは学科を修めて専門職大学前期課程	林業架線作業に必要な力学に関する知識

		を修了した者を含む。） 二　その他厚生労働大臣が定める者	

四　発破技士免許試験

受験資格	試験科目	試験科目の免除を受けることができる者	免除する試験科目
	学科試験 イ　火薬類の知識 ロ　火薬類の取扱い ハ　発破の方法		

五　揚貨装置運転士免許試験

受験資格	試験科目	試験科目の免除を受けることができる者	免除する試験科目
	一　学科試験 イ　揚貨装置に関する知識 ロ　原動機及び電気に関する知識 ハ　揚貨装置の運転のために必要な力学に関する知識 ニ　関係法令	クレーン・デリック運転士免許又は移動式クレーン運転士免許を受けた者	一　学科試験のうち、次の科目 イ　原動機及び電気に関する知識 ロ　揚貨装置の運転のために必要な力学に関する知識 二　実技試験のうち、揚貨装置の運転のための合図

	二 実技試験 イ 揚貨装置の運転 ロ 揚貨装置の運転のための合図	揚貨装置運転実技教習を修了した者で、修了した日から起算して一年を経過しないもの	実技試験の科目の全部
		床上操作式クレーン運転技能講習、小型移動式クレーン運転技能講習又は玉掛け技能講習を修了した者	実技試験のうち、揚貨装置の運転のための合図
		一 当該免許試験を行う都道府県労働局長が行つた前回の揚貨装置運転士免許試験の学科試験に合格した者 二 当該免許試験を行う指定試験機関が行つた揚貨装置運転士免許試験の学科試験に合格した者で、当該学科試験が行われた日から起算して一年を超えないもの	学科試験の科目の全部

別表第六（第七十九条関係）

区分	受講資格	講習科目
木材加工用機械作業主任者技能講習	一 木材加工用機械による作業に三年以上従事した経験を有する者 二 その他厚生労働大臣が定める者	学科講習 イ 作業に係る機械、その安全装置等の種類、構造及び機能に関する知識 ロ 作業に係る機械、その安全装置等の保守点検に関する知識 ハ 作業の方法に関する知識 ニ 関係法令
プレス機械作業主任者技能講習	一 プレス機械による作業に五年以上従事した経験を有する者 二 その他厚生労働大臣が定める者	学科講習 イ 作業に係る機械、その安全装置等の種類、構造及び機能に関する知識 ロ 作業に係る機械、その安全装置等の保守点検に関する知識 ハ 作業の方法に関する知識 ニ 関係法令
乾燥設備作業主任者技能講習	一 乾燥設備の取扱いの作業に五年以上従事した経験を有する者 二 学校教育法による大学又は高等専門学校において理科系統の正規の学科を専攻して卒業した者（大学改革支援・学位授与機構により学士の学位を授与された者（当該学科を専攻した者に限る。）若しくはこれと同等以上の学力を有すると認められる者又は当該学科を専攻して専門職大学前期課程を修了した者を含む。）で、その後一年以上乾燥設備の設計、製作、検査又は取扱いの作業に従事した経験を有するもの 三 学校教育法による高等学校又は中等教育学校において理科系統の正規の学科を専攻して卒業した者で、その後二年以上乾燥	学科講習 イ 乾燥設備及びその附属設備の構造及び取扱いに関する知識 ロ 乾燥設備、その附属設備等の点検整備及び異常時の処置に関する知識 ハ 乾燥作業の管理に関する知識 ニ 関係法令

	設備の設計、製作、検査又は取扱いの作業に従事した経験を有するもの 四 その他厚生労働大臣が定める者	
コンクリート破砕器作業主任者技能講習	一 コンクリート破砕器を用いて行う破砕の作業に二年以上従事した経験を有する者 二 学校教育法による大学、高等専門学校、高等学校又は中等教育学校において応用化学、採鉱又は土木に関する学科を専攻して卒業した者（大学改革支援・学位授与機構により学士の学位を授与された者（当該学科を専攻した者に限る。）若しくはこれと同等以上の学力を有すると認められる者又は当該学科を専攻して専門職大学前期課程を修了した者を含む。）で、その後一年以上コンクリート破砕器を用いて行う破砕の作業に従事した経験を有するもの 三 発破技士免許を受けた者で、その後一年以上コンクリート破砕器を用いて行う破砕の作業又は発破の作業に従事した経験を有するもの 四 その他厚生労働大臣が定める者	学科講習 イ 火薬類に関する知識 ロ コンクリート破砕器の取扱いに関する知識 ハ コンクリート破砕器を用いて行う破砕の方法に関する知識 ニ 作業者に対する教育等に関する知識 ホ 関係法令
地山の掘削及び土止め支保工作業主任者技能講習	一 地山の掘削の作業又は土止め支保工の切りばり若しくは腹おこしの取付け若しくは取りはずしに関する作業に三年以上従事した経験を有する者 二 学校教育法による大学、高等専門学校、高等学校又は中等教育学校において土木、建築又は農業土木に関する学科を専攻して卒業した者（大学改革支援・学位授与機構により学士の学位を授与された者（当該学科を専攻した者に限る。）若しくはこれと同等以上の学力を有すると認められる者又は当該学科を専攻して専門職大学前期課程を修了した者を含む。次項第二号及びずい道等の覆工作業主任者技能講習の項第二号において同じ。）	学科講習 イ 作業の方法に関する知識 ロ 工事用設備、機械、器具、作業環境等に関する知識 ハ 作業者に対する教育等に関する知識 ニ 関係法令

	で、その後二年以上地山の掘削の作業又は土止め支保工の切りばり若しくは腹おこしの取付け若しくは取りはずしに関する作業に従事した経験を有するもの 三　その他厚生労働大臣が定める者	
ずい道等の掘削等作業主任者技能講習	一　ずい道等の掘削の作業又はこれに伴うずり積み、ずい道支保工の組立て、ロックボルトの取付け若しくはコンクリート等の吹付けの作業（次号において「ずい道等の掘削等の作業」という。）に三年以上従事した経験を有する者 二　学校教育法による大学、高等専門学校、高等学校又は中等教育学校において土木、建築又は農業土木に関する学科を専攻して卒業した者で、その後二年以上ずい道等の掘削等の作業に従事した経験を有するもの 三　その他厚生労働大臣が定める者	学科講習 イ　作業の方法に関する知識 ロ　工事用設備、機械、器具、作業環境の改善方法等に関する知識 ハ　作業者に対する教育等に関する知識 ニ　関係法令
ずい道等の覆工作業主任者技能講習	一　ずい道等の覆工の作業に三年以上従事した経験を有する者 二　学校教育法による大学、高等専門学校、高等学校又は中等教育学校において土木、建築又は農業土木に関する学科を専攻して卒業した者で、その後二年以上ずい道等の覆工の作業に従事した経験を有するもの 三　その他厚生労働大臣が定める者	学科講習 イ　作業の方法に関する知識 ロ　工事用設備、機械、器具、作業環境等に関する知識 ハ　作業者に対する教育等に関する知識 ニ　関係法令
型枠支保工の組立て等作業主任者技能講習	一　型枠支保工の組立て又は解体に関する作業に三年以上従事した経験を有する者 二　学校教育法による大学、高等専門学校、高等学校又は中等教育学校において土木又は建築に関する学科を専攻して卒業した者（大学改革支援・学位授与機構により学士の学位を授与された者（当該学科を専攻した者に限る。）若しくはこれと同等以上の学力を有すると認められる者又は当該学科を専攻して専門職	学科講習 イ　作業の方法に関する知識 ロ　工事用設備、機械、器具、作業環境等に関する知識 ハ　作業者に対する教育等に関する知識 ニ　関係法令

	大学前期課程を修了した者を含む。以下同じ。）で、その後二年以上型枠支保工の組立て又は解体に関する作業に従事した経験を有するもの 三　その他厚生労働大臣が定める者	
足場の組立て等作業主任者技能講習	一　足場の組立て、解体又は変更に関する作業に三年以上従事した経験を有する者 二　学校教育法による大学、高等専門学校、高等学校又は中等教育学校において土木、建築又は造船に関する学科を専攻して卒業した者（大学改革支援・学位授与機構により学士の学位を授与された者（当該学科を専攻した者に限る。）若しくはこれと同等以上の学力を有すると認められる者又は当該学科を専攻して専門職大学前期課程を修了した者を含む。）で、その後二年以上足場の組立て、解体又は変更に関する作業に従事した経験を有するもの 三　その他厚生労働大臣が定める者	学科講習 イ　作業の方法に関する知識 ロ　工事用設備、機械、器具、作業環境等に関する知識 ハ　作業者に対する教育等に関する知識 ニ　関係法令
建築物等の鉄骨の組立て等作業主任者技能講習	一　建築物の骨組み又は塔であつて、金属製の部材により構成されるものの組立て、解体又は変更の作業（次号において「建築物等の鉄骨の組立て等作業」という。）に関する作業に三年以上従事した経験を有する者 二　学校教育法による大学、高等専門学校、高等学校又は中等教育学校において土木又は建築に関する学科を専攻して卒業した者で、その後二年以上建築物等の鉄骨の組立て等の作業に従事した経験を有する者 三　その他厚生労働大臣が定める者	学科講習 イ　作業の方法に関する知識 ロ　工事用設備、機械、器具、作業環境等に関する知識 ハ　作業者に対する教育等に関する知識 ニ　関係法令

鋼橋架設等作業主任者技能講習	一 橋梁の上部構造であつて、金属製の部材により構成されるものの架設、解体又は変更の作業（次号において「鋼橋架設等の作業」という。）に関する作業に三年以上従事した経験を有する者 二 学校教育法による大学、高等専門学校、高等学校又は中等教育学校において土木又は建築に関する学科を専攻して卒業した者で、その後二年以上鋼橋架設等の作業に従事した経験を有するもの 三 その他厚生労働大臣が定める者	学科講習 イ 作業の方法に関する知識 ロ 工事用設備、機械、器具等に関する知識 ハ 作業環境等に関する知識 ニ 作業者に対する教育等に関する知識 ホ 関係法令
コンクリート造の工作物の解体等作業主任者技能講習	一 コンクリート造の工作物の解体又は破壊の作業（次号において「工作物の解体等の作業」という。）に三年以上従事した経験を有する者 二 学校教育法による大学、高等専門学校、高等学校又は中等教育学校において土木又は建築に関する学科を専攻して卒業した者で、その後二年以上工作物の解体等の作業に従事した経験を有するもの 三 その他厚生労働大臣が定める者	学科講習 イ 作業の方法に関する知識 ロ 工事用設備、機械、器具、作業環境等に関する知識 ハ 作業者に対する教育等に関する知識 ニ 関係法令
コンクリート橋架設等作業主任者技能講習	一 橋梁の上部構造であつて、コンクリート造のものの架設又は変更の作業（次号において「コンクリート橋架設等の作業」という。）に関する作業に三年以上従事した経験を有する者 二 学校教育法による大学、高等専門学校、高等学校又は中等教育学校において土木又は建築に関する学科を専攻して卒業した者で、その後二年以上コンクリート橋架設等の作業に従事した経験を有するもの 三 その他厚生労働大臣が定める者	学科講習 イ 作業の方法に関する知識 ロ 工事用設備、機械、器具、作業環境等に関する知識 ハ 作業者に対する教育等に関する知識 ニ 関係法令

採石のための掘削作業主任者技能講習	一　岩石の掘削の作業に三年以上従事した経験を有する者 二　学校教育法による大学、高等専門学校、高等学校又は中等教育学校において、土木又は採鉱に関する学科を専攻して卒業した者（大学改革支援・学位授与機構により学士の学位を授与された者（当該学科を専攻した者に限る。）若しくはこれと同等以上の学力を有すると認められる者又は当該学科を専攻して専門職大学前期課程を修了した者を含む。）で、その後二年以上岩石の掘削の作業に従事した経験を有するもの 三　その他厚生労働大臣が定める者	学科講習 イ　岩石の種類、岩石の採取のための掘削の方法等に関する知識 ロ　設備、機械、器具、作業環境等に関する知識 ハ　作業者に対する教育等に関する知識 ニ　関係法令
はい作業主任者技能講習	はい付け又ははい崩しの作業に三年以上従事した経験を有する者	学科講習 イ　はい（倉庫、上屋又は土場に積み重ねられた荷の集団をいう。以下同じ。）に関する知識 ロ　人力によるはい付け又ははい崩しの作業に関する知識 ハ　機械等によるはい付け又ははい崩しに必要な機械荷役に関する知識 ニ　関係法令
船内荷役作業主任者技能講習	一　揚貨装置運転士免許、クレーン・デリック運転士免許又は移動式クレーン運転士免許を受けた者で、その後四年以上船内荷役作業に従事した経験を有するもの 二　その他厚生労働大臣が定める者	学科講習 イ　作業の指揮に必要な知識 ロ　船舶設備、荷役機械等の構造及び取扱いの方法に関する知識 ハ　玉掛け作業及び合図の方法に関する知識 ニ　荷役の方法に関する知識 ホ　関係法令

木造建築物の組立て等作業主任者技能講習	一　木造建築物の構造部材の組立て又はこれに伴う屋根下地若しくは外壁下地の取付けの作業（次号において「構造部材の組立て等の作業」という。）に三年以上従事した経験を有する者 二　学校教育法による大学、高等専門学校、高等学校又は中等教育学校において土木又は建築に関する学科を専攻して卒業した者で、その後二年以上構造部材の組立て等の作業に従事した経験を有するもの 三　その他厚生労働大臣が定める者	一　学科講習 イ　木造建築物の構造部材の組立て、屋根下地の取付け等に関する知識 ロ　工事用設備、機械、器具、作業環境等に関する知識 ハ　作業者に対する教育等に関する知識 ニ　関係法令
ガス溶接技能講習		一　学科講習 イ　ガス溶接等の業務のために使用する設備の構造及び取扱いの方法に関する知識 ロ　ガス溶接等の業務のために使用する可燃性ガス及び酸素に関する知識 ハ　関係法令 二　実技講習 ガス溶接等の業務のために使用する設備の取扱い
フォークリフト運転技能講習		一　学科講習 イ　走行に関する装置の構造及び取扱いの方法に関する知識 ロ　荷役に関する装置の構造及び取扱いの方法に関する知識 ハ　運転に必要な力学に関する知識 ニ　関係法令 二　実技講習

	イ 走行の操作 ロ 荷役の操作
ショベルローダー等運転技能講習	一 学科講習 イ 走行に関する装置の構造及び取扱いの方法に関する知識 ロ 荷役に関する装置の構造及び取扱いの方法に関する知識 ハ 運転に必要な力学に関する知識 ニ 関係法令 二 実技講習 イ 走行の操作 ロ 荷役の操作
車両系建設機械（整地・運搬・積込み用及び掘削用）運転技能講習	一 学科講習 イ 走行に関する装置の構造及び取扱いの方法に関する知識 ロ 作業に関する装置の構造、取扱い及び作業方法に関する知識 ハ 車両系建設機械（整地・運搬・積込み用及び掘削用）の運転に必要な一般的事項に関する知識 ニ 関係法令 二 実技講習 イ 車両系建設機械（整地・運搬・積込み用及び掘削用）の走行の操作 ロ 車両系建設機械（整地・運搬・

		積込み用及び掘削用）の作業のための装置の操作
車両系建設機械（解体用）運転技能講習		一　学科講習 イ　走行に関する装置の構造及び取扱いの方法に関する知識 ロ　作業に関する装置の構造、取扱い及び作業方法に関する知識 ハ　運転に必要な一般的事項に関する知識 ニ　関係法令 二　実技講習 イ　走行の操作 ロ　作業のための装置の操作
車両系建設機械（基礎工事用）運転技能講習		一　学科講習 イ　走行に関する装置の構造及び取扱いの方法に関する知識 ロ　作業に関する装置の構造、取扱い及び作業方法に関する知識 ハ　運転に必要な一般的事項に関する知識 ニ　関係法令 二　実技講習 イ　走行の操作 ロ　作業のための装置の操作及び合図

不整地運搬車運転技能講習		一 学科講習 イ 走行に関する装置の構造及び取扱いの方法に関する知識 ロ 荷の運搬に関する知識 ハ 運転に必要な力学に関する知識 ニ 関係法令 二 実技講習 イ 走行の操作 ロ 荷の運搬
高所作業車運転技能講習		一 学科講習 イ 作業に関する装置の構造及び取扱いの方法に関する知識 ロ 原動機に関する知識 ハ 運転に必要な一般的事項に関する知識 ニ 関係法令 二 実技講習 作業のための装置の操作

別表第七（第八十五条、第八十六条関係）

機械等の種類	事項	図面等
一 動力プレス（機械プレスでクランク軸等の偏心機構を有するもの及び液圧プレスに限る。）	一 種類 二 圧力能力 三 ストローク長さ 四 停止性能 五 切替えスイッチの種類 六 機械プレスでクランク軸等の偏心機構を有するものにあつては、 イ クラッチの型式 ロ ブレーキの型式 ハ 毎分ストローク数 ニ ダイハイト ホ スライド調節量 ヘ オーバーラン監視装置の設定位置 ト クラッチの掛合いの箇所の数 七 液圧プレスにあつては、 イ スライドの最大下降速度 ロ 慣性下降値 八 使用の概要 イ 用途 ロ 行程 ハ 加工 九 安全措置の概要 十 スライドによる危険を防止するための機構を有するものにあつては、その性能	一 動力プレスの構造図又はカタログ 二 型式検定に合格した動力プレスにあつては、型式検定合格標章の写し 三 安全装置を取付ける動力プレスにあつては、当該安全装置に係る型式検定合格標章の写し及び当該安全装置の構造図又はカタログ 四 前二号に掲げる動力プレス以外の動力プレスにあつては、安全措置の概要を示す図面又はカタログ

二　金属その他の鉱物の溶解炉（容量が一トン以上のものに限る。）	一　種類、型式、製造者及び製造年月 二　取り扱う金属その他の鉱物の種類及び性状 三　加熱の方法 四　標準仕込量、温度、圧力その他の使用条件 五　構造、材質及び主要寸法 六　冷却装置、酸素吹込装置、ピットその他の主要な附属設備の構造、材質及び主要寸法	一　当該溶解炉及び主要な附属設備の構造図 二　設置場所の四隣の概要を示す図面
三　化学設備（配管を除く。）（製造し、若しくは取り扱う危険物又は製造し、若しくは取り扱う引火点が六十五度以上の物の量が厚生労働大臣が定める基準に満たないものを除く。）	一　種類、型式及び機能 二　製造し、若しくは取り扱う危険物又は製造し、若しくは取り扱う引火点が六十五度以上の物の名称及び性状 三　標準仕込量、温度、圧力その他の使用条件 四　構造、材質及び主要寸法 五　主要な附属設備及び配管の構造、材質及び主要寸法	当該化学設備、主要な附属設備及び配管の配置図及び構造図
四　乾燥設備（令第六条第八号イ又はロの乾燥設備に限る。）	一　種類、型式、能力、製造者及び製造年月 二　乾燥物の種類及び性状 三　加熱の方法 四　温度、圧力その他の使用条件 五　構造、材質及び主要寸法 六　換気装置、温度測定装置、温度調整装置その他の主要な附属設備の機能、構造、材質及び主要寸法	一　構造図 二　設置場所の四隣の概要を示す図面
五　アセチレン溶接装置（移動式のものを除く。）	一　発生器室の床面積、壁、屋根、天井、出入口の戸及び排気筒の構造、材質及び主要寸法並びに収容する装置の数	一　配置図 二　発生器及び安全器の構造図 三　発生器室の構造図

	二　発生器の種類、型式、製造者及び製造年月 三　安全器の種類、型式、製造者、製造年月及び個数並びに構造、材質及び主要寸法 四　清浄器その他の附属器具の名称、構造、材質及び主要寸法 五　カーバイドのかすだめの構造及び容積	四　設置場所の四隣の概要を示す図面
六　ガス集合溶接装置（移動式のものを除く。）	一　ガス装置室の構造及び主要寸法並びに貯蔵するガスの名称及び最大ガス貯蔵量 二　ガス集合装置の構造及び主要寸法 三　安全器の種類、型式、製造者、製造年月及び個数並びに構造、材質及び主要寸法 四　配管、バルブその他の附属器具の名称、構造、材質及び主要寸法	一　配置図 二　安全器の構造図 三　ガス装置室の構造図 四　設置場所の四隣の概要を示す図面
七　機械集材装置（原動機の定格出力が七・五キロワットを超えるものに限る。）	一　索張り方式 二　最大使用荷重 三　支間の斜距離、傾斜角及び中央垂下比 四　主索及び作業索の構造及び直径 五　主索及び作業索の安全係数（強度計算書を添付すること。） 六　集材機の型式、定格出力及び最大けん引力 七　設置期間	配置図
八　運材索道（支間の斜距離の合計が三百五十メートル以上のものに限る。）	一　種類 二　最大使用荷重及び搬器と搬器との間隔 三　支間の斜距離の合計 四　最長の支間の斜距離、傾斜角及び中央垂下比 五　主索及びえい索の構造及び直径	配置図

	六　主索及びえい索の安全係数（強度計算書を添付すること。） 七　動力式のものにあつては、運材機の型式及び定格出力 八　設置期間	
九　軌道装置	一　使用目的 二　起点及び終点の位置並びにその高低差（平均勾配） 三　軌道の長さ 四　最小曲線半径及び最急勾配 五　軌間、単線又は複線の区別及び軌条の重量 六　橋梁又は桟橋の長さ、幅及び構造 七　動力車の種類、数、形式、自重、けん引力及び主要寸法 八　巻上げ機の形式、能力及び主要寸法 九　ブレーキの種類及び作用 十　信号、警報及び照明設備の状況 十一　最大運転速度 十二　逸走防止装置の設置箇所及び構造 十三　地下に設置するものにあつては、軌道装置と周囲との関係	中欄に掲げる事項が書面により明示できないときは、当該事項に係る平面図、断面図、構造図等の図面
十　型枠支保工（支柱の高さが三・五メートル以上のものに限る。）	一　打設しようとするコンクリート構造物の概要 二　構造、材質及び主要寸法 三　設置期間	組立図及び配置図

十一　架設通路（高さ及び長さがそれぞれ十メートル以上のものに限る。）	一　設置箇所 二　構造、材質及び主要寸法 三　設置期間	平面図、側面図及び断面図
十二　足場（つり足場、張出し足場以外の足場にあつては、高さが十メートル以上の構造のものに限る。）	一　設置箇所 二　種類及び用途 三　構造、材質及び主要寸法	組立図及び配置図
十三　有機則第五条又は第六条（特化則第三十八条の八において準用する場合を含む。）の有機溶剤の蒸気の発散源を密閉する設備、局所排気装置、プッシュプル型換気装置又は全体換気装置（移動式のものを除く。）	一　有機溶剤業務（有機則第一条第一項第六号に掲げる有機溶剤業務をいう。以下この項において同じ。）の概要 二　有機溶剤（令別表第六の二に掲げる有機溶剤をいう。以下この項において同じ。）の蒸気の発散源となる機械又は設備の概要 三　有機溶剤の蒸気の発散の抑制の方法 四　有機溶剤の蒸気の発散源を密閉する設備にあつては、密閉の方式及び当該設備の主要部分の構造の概要 五　全体換気装置にあつては、型式、当該装置の主要部分の構造の概要及びその機能	一　設備等の図面 二　有機溶剤業務を行う作業場所の図面 三　局所排気装置にあつては局所排気装置摘要書（様式第二十五号） 四　プッシュプル型換気装置にあつてはプッシュプル型換気装置摘要書（様式第二十六号）
十四　鉛則第二条、第五条から第十五条まで及び第十七条から第二十条までに規定する鉛等又は焼結鉱等の粉じん	一　鉛業務（鉛則第一条第五号に掲げる鉛業務をいう。以下この項において同じ。）の概要 二　鉛等（鉛則第一条第一号に掲げる鉛等をいう。以下この項において同じ。）又は焼結鉱等（同条第二号に掲げる焼結鉱等をいう。以	一　設備等の図面 二　鉛業務を行う作業場所の図面 三　局所排気装置にあつては局所排気装置摘要書（様式第二十五号） 四　プッシュプル型換気装置にあつてはプッシュ

の発散源を密閉する設備、局所排気装置又はプッシュプル型換気装置	下この項において同じ。）の粉じんの発散源となる機械又は設備の概要 三 鉛等又は焼結鉱等の粉じんの発散の抑制の方法 四 鉛等又は焼結鉱等の粉じんの発散源を密閉する設備にあつては、密閉の方法及び当該設備の主要構造部分の構造の概要	プル型換気装置摘要書（様式第二十六号）
十五 令別表第五第二号に掲げる業務（以下この項において「業務」という。）に用いる機械又は装置	一 業務の概要 二 四アルキル鉛（令別表第五第一号の四アルキル鉛をいう。以下この項において同じ。）の蒸気の発散源となる機械又は設備の概要 三 四アルキル鉛を混入するガソリンの取扱量 四 業務に用いる機械又は装置の型式並びにその主要部分の構造の概要及び機能 五 保護具、消毒薬等の備付け状況 六 洗身設備の概要	一 業務に用いる機械又は装置の図面 二 業務を行う作業場所の図面
十六 特化則第二条第一項第一号に掲げる第一類物質（以下この項において「第一類物質」という。）又は特化則第四条第一項の特定第二類物質等（以下この項において「特定第二類物質等」という。）を製造する設備	一 第一類物質又は特定第二類物質等を製造する業務の概要 二 主要構造部分の構造の概要 三 密閉の方式及び労働者に当該物質を取り扱わせるときは健康障害防止の措置の概要	一 周囲の状況及び四隣との関係を示す図面 二 第一類物質又は特定第二類物質等を製造する設備を設置する建築物の構造 三 第一類物質又は特定第二類物質等を製造する設備の配置の状況を示す図面 四 局所排気装置が設置されている場合にあつては、局所排気装置摘要書（様式第二十五号） 五 プッシュプル型換気装置が設置されている場合にあつては、プッシュプル型換気装置摘要書（様式第二十六号）

十七　令第十五条第一項第十号の特定化学設備（以下この項において「特定化学設備」という。）及びその附属設備	一　特定第二類物質（特化則第二条第一項第三号に掲げる特定第二類物質をいう。以下この項及び次項において同じ。）又は第三類物質（令別表第三第三号に掲げる物をいう。）を製造し、又は取り扱う業務の概要 二　主要構造部分の構造の概要 三　附属設備の構造の概要	一　周囲の状況及び四隣との関係を示す図面 二　特定化学設備を設置する建築物の構造 三　特定化学設備及びその附属設備の配置状況を示す図面 四　局所排気装置が設置されている場合にあつては、局所排気装置摘要書（様式第二十五号） 五　プッシュプル型換気装置が設置されている場合にあつてはプッシュプル型換気装置摘要書（様式第二十六号）
十八　特定第二類物質又は特化則第二条第一項第五号に掲げる管理第二類物質（以下この項において「管理第二類物質」という。）のガス、蒸気又は粉じんが発散する屋内作業場に設ける発散抑制の設備（特化則第二条の二第二号又は第四号から第八号までに掲げる業務のみに係るものを除く。）	一　特定第二類物質又は管理第二類物質を製造し、又は取り扱う業務の概要 二　特定第二類物質又は管理第二類物質のガス、蒸気又は粉じんの発散源を密閉する設備にあつては、密閉の方式、主要構造部分の構造の概要及びその機能 三　全体換気装置にあつては、型式、主要構造部分の構造の概要及びその機能	一　周囲の状況及び四隣との関係を示す図面 二　作業場所の全体を示す図面 三　特定第二類物質又は管理第二類物質のガス、蒸気又は粉じんの発散源を密閉する設備又は全体換気装置の図面 四　局所排気装置が設置されている場合にあつては、局所排気装置摘要書（様式第二十五号） 五　プッシュプル型換気装置が設置されている場合にあつてはプッシュプル型換気装置摘要書（様式第二十六号）
十九　特化則第十条第一項の排ガス処理装置であつて、アクロレインに係るもの	一　アクロレインを製造し、又は取り扱う業務の概要 二　排気の処理方式及び処理能力 三　主要構造部分の構造の概要	一　周囲の状況及び四隣との関係を示す図面 二　排ガス処理装置の構造の図面 三　局所排気装置が設置されている場合にあつては、局所排気装置摘要書（様式第二十五号） 四　プッシュプル型換気装置が設置されている場

		合にあつてはプッシュプル型換気装置摘要書（様式第二十六号）
二十　特化則第十一条第一項の排液処理装置	一　排液処理の業務の概要 二　排液の処理方式及び処理能力 三　主要構造部分の構造の概要	一　周囲の状況及び四隣との関係を示す図面 二　排液処理装置の構造の図面 三　局所排気装置が設置されている場合にあつては、局所排気装置摘要書（様式第二十五号） 四　プッシュプル型換気装置が設置されている場合にあつてはプッシュプル型換気装置摘要書（様式第二十六号）
二十の二　特化則第三十八条の十七第一項の一・三―ブタジエン等（以下この項において「一・三―ブタジエン等」という。）に係る発散抑制の設備（屋外に設置されるものを除く。）	一　一・三―ブタジエン等を製造し、若しくは取り扱う設備から試料を採取し、又は当該設備の保守点検を行う作業の概要 二　一・三―ブタジエン等のガスの発散源を密閉する設備にあつては、密閉の方式、主要構造部分の構造の概要及びその機能 三　全体換気装置にあつては、型式、主要構造部分の構造の概要及びその機能	一　周囲の状況及び四隣との関係を示す図面 二　作業場所の全体を示す図面 三　一・三―ブタジエン等のガスの発散源を密閉する設備又は全体換気装置の図面 四　局所排気装置が設置されている場合にあつては、局所排気装置摘要書（様式第二十五号） 五　プッシュプル型換気装置が設置されている場合にあつてはプッシュプル型換気装置摘要書（様式第二十六号）
二十の三　特化則第三十八条の十八第一項の硫酸ジエチル等（以下この項において「硫酸ジエチル等」という。）に係る発散抑制の設備（屋外に設置されるものを除く。）	一　硫酸ジエチル等を触媒として取り扱う作業の概要 二　硫酸ジエチル等の蒸気の発散源を密閉する設備にあつては、密閉の方式、主要構造部分の構造の概要及びその機能 三　全体換気装置にあつては、型式、主要構造部分の構造の概要及びその機能	一　周囲の状況及び四隣との関係を示す図面 二　作業場所の全体を示す図面 三　硫酸ジエチル等の蒸気の発散源を密閉する設備又は全体換気装置の図面 四　局所排気装置が設置されている場合にあつては、局所排気装置摘要書（様式第二十五号） 五　プッシュプル型換気装置が設置されている場合にあつてはプッシュプル型換気装置摘要書（様式第二十六号）

二十の四　特化則第三十八条の十九の一・三―プロパンスルトン等（以下この項において「一・三―プロパンスルトン等」という。）を製造し、又は取り扱う設備及びその附属設備	一　一・三―プロパンスルトン等を製造し、又は取り扱う業務の概要 二　主要構造部分の構造の概要 三　附属設備の構造の概要 四　密閉の方式及び労働者に当該物質を取り扱わせるときは健康障害防止の措置の概要	一　周囲の状況及び四隣との関係を示す図面 二　一・三―プロパンスルトン等を製造し、又は取り扱う設備を設置する建築物の構造 三　一・三―プロパンスルトン等を製造し、又は取り扱う設備及びその附属設備の配置状況を示す図面 四　一・三―プロパンスルトン等を製造し、又は取り扱う設備及びその附属設備の図面
二十一　電離則第十五条第一項の放射線装置（放射性同位元素等の規制に関する法律（昭和三十二年法律第百六十七号）第十二条の五第二項に規定する表示付認証機器又は同条第三項に規定する表示付特定認証機器を除く。以下この項において同じ。）	放射線装置を用いる業務、製品及び作業工程の概要	一　管理区域を示す図面 二　放射線装置摘要書（様式第二十七号）
二十二　事務所衛生基準規則（昭和四十七年労働省令第四十三号）第五条の空気調和設備又は機械換気設備で中央管理方式のもの	一　空気の処理方法 イ　空気の浄化方法 ロ　減湿・与湿方法 ハ　加湿方法 ニ　冷却方法 二　換気能力	中欄に掲げる事項が書面により明示できないときは、当該事項に係る構造図、配管の配置図等の図面

	三　送風機又は排風機の種類及び能力 四　主要構造部分の構造 五　空気の供給又は排気の系統 六　設置点検の要領	
二十三　粉じん則別表第二第六号及び第八号に掲げる特定粉じん発生源を有する機械又は設備並びに同表第十四号の型ばらし装置	一　粉じん作業（粉じん則第二条第一項第一号の粉じん作業をいう。以下同じ。）の概要 二　機械又は設備の種類、名称、能力、台数及び粉じんの飛散を防止する方法 三　粉じんの飛散を防止する方法として粉じんの発生源を密閉する設備によるときは、密閉の方式、主要構造部分の構造の概要及びその機能 四　前号の方法及び局所排気装置により粉じんの飛散を防止する方法以外の方法によるときは、粉じんの飛散を防止するための設備の型式、主要構造部分の構造の概要及びその能力	一　周囲の状況及び四隣との関係を示す図面 二　作業場における主要な機械又は設備の配置を示す図面 三　局所排気装置以外の粉じんの飛散を防止するための設備の構造を示す図面
二十四　粉じん則第四条又は第二十七条第一項ただし書の規定により設ける局所排気装置又はプッシュプル型換気装置	粉じん作業の概要	一　周囲の状況及び四隣との関係を示す図面 二　作業場における主要な機械又は設備の配置を示す図面 三　局所排気装置にあつては局所排気装置摘要書（様式第二十五号） 四　プッシュプル型換気装置にあつてはプッシュプル型換気装置摘要書（様式第二十六号）
二十五　石綿等の粉じんが発散する屋内作業場に設ける発散抑制の設備	一　石綿等を取り扱い、若しくは試験研究のため製造する業務又は石綿分析用試料等（令第六条第二十三号に規定する石綿分析用試料等をいう。）を製造する業務の概要	一　周囲の状況及び四隣との関係を示す図面 二　作業場所の全体を示す図面 三　石綿等の粉じんの発散源を密閉する設備又は全体換気装置の図面

	二 石綿等の粉じんの発散源を密閉する設備が設置されている場所にあつては、密閉の方式、主要構造部分の構造の概要及びその機能 三 全体換気装置にあつては、型式、主要構造部分の構造の概要及びその機能 四 局所排気装置が設置されている場所にあつては、局所排気装置摘要書（様式第二十五号） 五 プッシュプル型換気装置が設置されている場合にあつてはプッシュプル型換気装置摘要書（様式第二十六号）

別表第八 削除

別表第九（第九十二条の三関係）

工事又は仕事の区分	資格
別表第七の上欄第十号に掲げる機械等に係る工事	一 次のイ及びロのいずれにも該当する者 イ 次のいずれかに該当する者 (1) 型枠支保工に係る工事の設計監理又は施工管理の実務に三年以上従事した経験を有すること。 (2) 建築士法（昭和二十五年法律第二百二号）第四条第二項に規定する一級建築士の免許を受けることができる者であること。 (3) 建設業法施行令第三十四条に規定する一級土木施工管理技術検定又は一級建築施工管理技術検定に合格したこと。 ロ 工事における安全衛生の実務に三年以上従事した経験を有すること又は厚生労働大臣の登録を受けた者が行う研修を修了したこと。 二 労働安全コンサルタント試験に合格した者で、その試験の区分が土木又は建築であるもの 三 その他厚生労働大臣が定める者

別表第七の上欄第十二号に掲げる機械等に係る工事	一　次のイ及びロのいずれにも該当する者 イ　次のいずれかに該当する者 (1)　足場に係る工事の設計監理又は施工管理の実務に三年以上従事した経験を有すること。 (2)　建築士法第四条第二項に規定する一級建築士の免許を受けることができる者であること。 (3)　建設業法施行令第三十四条に規定する一級土木施工管理技術検定又は一級建築施工管理技術検定に合格したこと。 ロ　工事における安全衛生の実務に三年以上従事した経験を有すること又は厚生労働大臣の登録を受けた者が行う研修を修了したこと。 二　労働安全コンサルタント試験に合格した者で、その試験の区分が土木又は建築であるもの 三　その他厚生労働大臣が定める者
第八十九条第一号に掲げる仕事及び第九十条第一号に掲げる仕事のうち建設の仕事（ダムの建設の仕事を除く。）	一　次のイ及びロのいずれにも該当する者 イ　次のいずれかに該当すること。 (1)　学校教育法による大学又は高等専門学校において理科系統の正規の課程を修めて卒業し（大学改革支援・学位授与機構により学士の学位を授与された者（当該課程を修めた者に限る。）若しくはこれと同等以上の学力を有すると認められる者又は当該課程を修めて専門職大学前期課程を修了した者である場合を含む。次項第一号イ(1)において同じ。）、その後十年以上建築工事の設計監理又は施工管理の実務に従事した経験を有すること。 (2)　学校教育法による高等学校又は中等教育学校において理科系統の正規の学科を修めて卒業し、その後十五年以上建築工事の設計監理又は施工管理の実務に従事した経験を有すること。 (3)　建築士法第四条第二項に規定する一級建築士の免許を受けることができる者であること。 ロ　建設工事における安全衛生の実務に三年以上従事した経験を有すること又は厚生労働大臣の登録を受けた者が行う研修を修了したこと。 二　労働安全コンサルタント試験に合格した者で、その試験の区分が建築であるもの 三　その他厚生労働大臣が定める者

第八十九条第二号から第六号までに掲げる仕事及び第九十条第一号から第五号までに掲げる仕事（同条第一号に掲げる仕事にあつてはダムの建設の仕事に、同条第二号、第二号の二及び第三号に掲げる仕事にあつては建設の仕事に限る。）	一　次のイからハまでのいずれにも該当する者 イ　次のいずれかに該当すること。 (1)　学校教育法による大学又は高等専門学校において理科系統の正規の課程を修めて卒業し、その後十年以上土木工事の設計監理又は施工管理の実務に従事した経験を有すること。 (2)　学校教育法による高等学校又は中等教育学校において理科系統の正規の学科を修めて卒業し、その後十五年以上土木工事の設計監理又は施工管理の実務に従事した経験を有すること。 (3)　技術士法（昭和五十八年法律第二十五号）第四条第一項に規定する第二次試験で建設部門に係るものに合格したこと。 (4)　建設業法施行令第三十四条に規定する一級土木施工管理技術検定に合格したこと。 ロ　次に掲げる仕事の区分に応じ、それぞれに掲げる仕事の設計管理又は施工管理の実務に三年以上従事した経験を有すること。 (1)　第八十九条第二号の仕事及び第九十条第一号の仕事のうちダムの建設の仕事　ダムの建設の仕事 (2)　第八十九条第三号の仕事並びに第九十条第二号及び第二号の二の仕事のうち建設の仕事　橋梁（りょう）の建設の仕事 (3)　第八十九条第四号及び第五号の仕事並びに第九十条第三号の仕事のうち建設の仕事　ずい道等の建設の仕事 (4)　第八十九条第六号及び第九十条第五号の仕事　圧気工法による作業を行う仕事 (5)　第九十条第四号の仕事　地山の掘削の作業を行う仕事 ハ　建設工事における安全衛生の実務に三年以上従事した経験を有すること又は厚生労働大臣の登録を受けた者が行う研修を修了したこと。 二　労働安全コンサルタント試験に合格した者で、その試験の区分が土木であるもの 三　その他厚生労働大臣が定める者

労働安全衛生規則実務便覧

平成４年11月15日　初版発行
令和６年７月18日　改訂24版第１刷発行

編　者　労　働　調　査　会
発行人　藤　澤　直　明
発行所　労　働　調　査　会
〒170-0004　東京都豊島区北大塚２－４－５
TEL 03（3915）６４０１
FAX 03（3918）８６１８
https://www.chosakai.co.jp/

ISBN978-4-86788-050-0 C2032
落丁・乱丁はお取り替え致します。